全国勘察设计注册工程师执业资格考试用书

注册道路工程师执业资格考试
基础考试复习教程

Zhuce Daolu Gongchengshi Zhiye Zige Kaoshi
Jichu Kaoshi Fuxi Jiaocheng

（下册）

注册工程师考试复习用书编委会 | 编
魏道升　曹纬浚 | 主　编
夏毓超　王林峰 | 副主编

人民交通出版社股份有限公司
China Communications Press Co.,Ltd.

内 容 提 要

本书根据考试大纲及近几年相关执业资格考试真题编写，内容贴合考试实际，是考生复习必备的教材。

本书编写人员是多年从事道路工程教学、设计和公路工程相关执业资格考试培训工作的专家。本书内容以现行考试大纲和近几年相近注册执业资格考试培训的经验为依据，以最新规范、教材为基础进行编写，力求简明扼要，联系实际，着重对概念和规范的理解运用，并注意突出重点。教程的每一章节后均附有习题，可以检验考生复习效果。

本书适合参加注册道路工程师[即注册土木工程师(道路工程)]基础考试的人员使用。

图书在版编目(CIP)数据

注册道路工程师执业资格考试基础考试复习教程：全2册 / 魏道升，曹纬浚主编. —北京：人民交通出版社股份有限公司，2015.12

ISBN 978-7-114-12694-9

Ⅰ.①注… Ⅱ.①魏… ②曹… Ⅲ.①道路工程—工程师—资格考试—自学参考资料 Ⅳ.①U41

中国版本图书馆 CIP 数据核字(2015)第 312571 号

书　　名：注册道路工程师执业资格考试基础考试复习教程
著 作 者：魏道升　曹纬浚
责任编辑：李　坤　刘彩云
出版发行：人民交通出版社股份有限公司
地　　址：(100011)北京市朝阳区安定门外外馆斜街3号
网　　址：http://www.ccpress.com.cn
销售电话：(010)59757973
总 经 销：人民交通出版社股份有限公司发行部
经　　销：各地新华书店
印　　刷：北京市密东印刷有限公司
开　　本：787×1092　1/16
印　　张：67.5
字　　数：1620千
版　　次：2015年12月　第1版
印　　次：2016年3月　第4次印刷　累计第4次印刷
书　　号：ISBN 978-7-114-12694-9
定　　价：138.00元(含上、下两册)

博观而约取　厚积而薄发

——注考微课程上线

致考生

选择注考，意味着选择了一条荆棘之路，想通过，没有捷径，唯有奋力前行！

本平台依托人民交通出版社、"注考网"积聚的学习资源，推出微视频、微题库，发布考试资讯、备考计划、专家答疑，希望能够助考生一臂之力。

推荐关注

本号为“注册岩土工程师考试微课程”，其中“基础考试”板块适用于**勘察设计注册工程师公共基础**考试备考学习(即岩土、结构、电气、设备、环保、道路、水利水电基础考试上午段通用)。

注意事项

①购正版图书，可获价值50～100元的增值贴(见上册封面)，登录“注考网”(网址 www. zhukaowang. com. cn)激活后即可使用。

②关注本号，可申请获赠价值20元的充值服务，详见关注信息。

③“注考网”适用PC端学习(固定地点学习)，“微课程”适用移动端学习(碎片化学习)，凡购买“注考网”课程的用户均可申请免费开通"微课程"移动端，详见关注后信息。

④“微课程”不断升级中，微题库随后推出，相关微课程也在开发之中，敬请考生关注！

注考之路漫漫其修远兮，吾将上下而求索，与考生共勉！

注考网

前　言

交通运输部、人力资源和社会保障部从2016年起正式实施注册土木工程师(道路工程)执业资格考试制度。

本教程的编写老师都是本专业有较深造诣的教授和高级工程师，分别来自重庆交通大学、北京工业大学、北京交通大学、北京建筑大学、郑州大学和北京市建筑设计研究院。为了帮助道路工程师们准备考试，教师们根据多年的教学实践经验，依据考试大纲和现行教材、规范，编写了这套教程。本教程力求简明扼要，联系实际，着重对概念和原理的理解应用，并注意突出重点，是一套值得考生信赖的考前辅导和培训用书。

为方便考生复习，本教程分上、下册出版。上册第一章至第十一章为上午段公共基础考试内容，下册第一章至第六章为下午段专业基础考试内容。

(1)在结构设置上，首先对大纲要求的知识点进行精简阐述，然后辅以经典例题并进行解析，每一小节后附有经典练习题，并在每一章后提供提示及参考答案。

(2)上册中的例题、练习题、模拟题等多来自勘察设计注册工程师考试公共基础考试的历年真题，下册中的练习题参考相近的勘察设计注册工程师考试专业基础考试历年真题编写而成，考生可在复习、练习过程中熟悉本考试的深度和广度。

(3)全书是对考试大纲内容的精炼，考生通过对本书的复习和练习，可在较短时间内完成对考试大纲的理解和掌握。

本书中的部分知识点和试题配有视频讲解，考生可扫描“二维码”在线学习，或者刮开封面上的“增值卡”，登录“注考网”(www. zhukaowang. com. cn)，观看更多精彩视频。

本教程上册由曹纬浚负责统稿，主要编写人员有：吴昌泽、范元玮(第一章)，程学平(第二章)，谢亚勃(第三章)，刘燕(第四章)，钱民刚(第五章)，李兆年(第六章)，许怡生(第七章、第八章)，许小重(第九章)，陈向东(第十章)，李奎元(第十一章)。

本教程下册由魏道升负责统稿，主要编写人员有：赵宁雨(第一章、第五章)，王林峰(第二章、第三章)，夏毓超(第四章)，魏道升(第六章)。

参与本教程编写的人员还有：贾玲华、毛怀珍、朋改非、吴景坤、吴扬、张翠兰、王彬、张超艳、张文娟、李平、邓华、冯嘉骝、钱程、李广秋、韩雪、陈启佳、翟平、郭虹、曹京、孙琳、李智民、赵思儒、吴越恺、许博超、张云龙、王坤、刘若禹、楼香林、莫培佳、段修谓、王蓓、宋方佳、杨守俊、王志刚、何承奎、葛宝金、李丹枫、王凯、王志伟、韩智铭、涂洪亮、孙玮、黄丽华、高璐、曹欣、阮文依、王金羽、康义荣、杨洪波、任东勇、曹铎、耿京、李铁柱、仲晓雯、冯存强、阮广青、赵欣然、霍新民、何玉章、颜志敏、曹一兰、周庄、张文革、张岩、周迎旭。

由于考试涉及面广，书中难免存在疏漏和不足，真诚地希望读者批评指正，提出宝贵意见，以便本书再版时改进。

魏道升　曹纬浚

2015 年 10 月

目　录

下　册

第一章 建筑材料

复习指导

考试大纲提供了一个对复习的基本指南与宏观框架,但很多具体、详细的复习内容不可能在考试大纲中给出,必须加以注意。如果仅仅关注大纲的宏观框架,就可能对复习内容的一些细节掉以轻心,复习得不够全面、充分,致使做题的准确率不高,最终影响考试成绩。因此,在这里综合常见的教材、复习资料、练习题资料和考生普遍、常见的问题,对复习内容整理出尽量具体、详细的提示,希望能对考生的自学复习起到良好的指导作用。

总体而言,常用的道路建筑材料主要包括:石料与集料、水泥与石灰、水泥混凝土、沥青与沥青混合料、无机结合稳定材料等。它们应作为复习的重点。这些材料的基本性质、技术指标、测试技术、组成设计等基本知识点应系统掌握。建筑钢材、木材和土工合成材料的内容较少,但也要掌握这些材料的基本特点。

(一)砂石材料

掌握砂石材料的技术性质及测定方法;岩石、集料的物理性质:密度、毛体积密度、孔隙率、吸水性等的相关定义和计算方法;力学性质、化学性质;掌握矿质混合料的组成设计方法。

(二)水泥和石灰

总体而言,主要应掌握六大通用水泥(硅酸盐水泥、普通硅酸盐水泥、矿渣硅酸盐水泥、火山灰质硅酸盐水泥、粉煤灰硅酸盐水泥和复合硅酸盐水泥)的特性。可根据共性特点将六大通用水泥分为两大类,即硅酸盐水泥、普通硅酸盐水泥为一类,矿渣水泥、火山灰水泥、粉煤灰水泥和复合水泥为另一类,分别掌握;具体在矿渣水泥、火山灰水泥、粉煤灰水泥和复合水泥中,还可分别掌握四种水泥的各自特性。这样就便于化繁为简,理解准确而不易混淆、遗忘,牢固掌握水泥的主要内容。

在硅酸盐水泥中,首先应掌握四大矿物熟料的水化速度、放热量、硬化速度。不必死记硬背水化的每一个化学方程式,但应知主要由哪些反应物得到哪些主要产物,可将 C_3S、C_2S 同等看待,然后了解 C_3A,C_4AF 也可看作与 C_3A 类似。应了解水泥硬化产物的组成与结构。应理解水泥细度、凝结(初凝、终凝)时间的实际意义,理解颗粒尺寸与比表面积的关系。掌握体积安定性的含义,牢固掌握引起安定性不良的三种因素及有关检验方法与标准规定。了解易导致水泥石侵蚀的组成与结构方面的原因,了解防侵蚀的措施。

普通硅酸盐水泥是一种掺加了混合材料的水泥,但由于掺量不大,其性能接近于硅酸盐水泥,故凡硅酸盐水泥的特点基本也适用于普通水泥。

应了解活性混合材料与非活性混合材料的区别。在掺混合材料水泥中应掌握矿渣水泥、火山灰水泥、粉煤灰水泥这三种水泥的共性,也应区别掌握三者的特性。注意这里提到的抗冻性主要指早期抗冻性,抗碳化性在混凝土耐久性中将有详细讲述。复合水泥一般不需专门了解,因为其性能特点主要取决于哪一种混合材料掺量较大,共性则仍同于矿渣水泥、火山灰水泥、粉煤灰水泥。

在石灰中，应掌握过火石灰的危害与陈伏的作用。在石灰的硬化中，应掌握两个过程结晶与碳化的含义，掌握建筑石灰和石灰硬化产物的化学组成。分别理解石灰硬化速度慢和气硬性的根源所在。了解石灰的应用，如灰土、三合土、灰砂砖、碳化石灰板。

（三）无机结合料稳定材料

掌握水泥稳定材料、石灰稳定材料、石灰粉煤灰稳定材料的技术性质；无机稳定材料配合比设计方法和石灰粉煤灰稳定粒料的强度形成机理。

（四）水泥混凝土和砂浆

主要应掌握普通混凝土的组成材料、混凝土性能，如和易性、力学性能、耐久性、配合比设计。了解重混凝土与轻混凝土的特点与应用。

在混凝土组成材料中，应理解水泥与水组成水泥浆、砂石构成集料，水泥浆与集料分别所起的作用。在砂石中，结合第一节的空隙率概念，考虑砂或石子堆积形成骨架、填充空隙的效果；从颗粒尺寸—比表面积—水泥消耗量的关系和级配—空隙率—水消耗量的关系两个主要角度，理解对砂石细度与级配的技术要求，以满足良好的和易性与降低水泥用量的要求。在以上学习中应重点掌握集料细度与级配两个概念。了解砂石中的有害杂质的种类与影响。掌握石子压碎指标的含义。结合混凝土耐久性的碱—集料反应内容，了解石子的碱—集料反应检测。了解对混凝土拌和水的要求。

在混凝土外加剂中，主要应掌握减水剂、引气剂、速凝剂、缓凝剂与早强剂的作用，了解五种减水剂、三乙醇胺早强剂的特点。在混凝土掺和料中，主要了解掺和料与水泥混合材料的同与异。

了解混凝土和易性的含义与测定方法、坍落度的范围划分、施工中混凝土坍落度选择的原则与要求。理解和易性的影响因素，理解改善和易性的措施。

了解混凝土强度几个主要概念的实际含义。理解强度的影响因素及改善强度的措施。牢固掌握混凝土强度公式（即保罗米公式），其中回归系数不必记。了解氯离子（Cl^-）对钢筋混凝土结构耐久性的影响。

了解混凝土配合比设计的三大步骤，即设计计算、试配与调整、施工配合比换算。在设计计算中，掌握配制强度的计算、水灰比的确定。掌握施工配合比的换算公式，可与第一节吸材与吸湿性计算内容相联系。

（五）沥青及沥青混合料

主要掌握石油沥青内容。了解石油沥青的组成特点、组成的划分及其对沥青性能的影响。掌握沥青主要技术性质如黏性、塑性、温度稳定性、大气稳定性，尤其是前几个的表达方式、与沥青性能的关系。

主要掌握热拌沥青混合料的组成结构、强度形成原理，沥青混合料的技术性质、影响因素及评价方法，了解热拌沥青混合料的组成设计方法。

（六）建筑钢材

了解建筑钢材分别按化学成分与脱氧程度划分的方式。掌握钢材的主要力学性能、工艺性能及指标，注意了解其中低碳钢与硬钢的应力—应变曲线特点、屈服点、屈强比、伸长率、冷脆性。了解钢材中合金元素与有害元素的划分，掌握各有害元素对钢材性能的影响。掌握钢材的冷加工和冷加工时效两个概念及其对钢材性能的不同影响。

掌握钢材牌号的表达方法与含义，了解常用的 Q235 号钢特点和沸腾钢的使用限制。了解型钢与钢板的使用。了解各种钢筋和钢丝的特点，尤其注意掌握热轧钢筋Ⅰ、Ⅱ、Ⅲ级的选用特点。了解冷拉热轧钢筋Ⅰ、Ⅱ、Ⅲ、Ⅳ级的选用特点，掌握最为经济、常用的冷拔低碳钢丝甲级、乙级的选用。了解冷轧扭钢筋的特点，了解预应力用钢丝、钢绞线的材质与适用范围，了解钢材防锈与防火的措施。

(七)木材

掌握木材的分类。掌握含水量、纤维饱和点、平衡含水量的含义与数值范围，掌握大于或小于纤维饱和点的含水量对木材强度与体积膨胀的不同影响。掌握木材在不同方向的胀缩变化特点。掌握木材强度的各向异性，如顺纹抗拉、横纹抗拉、横纹抗压等的数值高低。了解木材的防腐、木材初级产品种类。

(八)土工合成材料

掌握土工合成材料的主要技术性能。掌握土工合成材料的物理性质、力学性质、水力学特性、筋土界面特性等主要技术性能及相关的检测方法。

第一节　砂 石 材 料

一、砂石材料的技术性质及测定方法

(一)岩石性质

1. 物理性质

岩石的物理性质包括密度、毛体积密度、孔隙率、吸水率、饱和吸水率、抗冻性、坚固性等。

(1)密度。岩石的密度又称真实密度，是岩石在规定条件[(105±5)℃下烘至恒重，温度(20±2)℃时称量]下，矿质实体单位体积(不包括开、闭口孔隙体积)的质量，用 ρ_t 表示。

$$\rho_t = \frac{m_s}{V_s} \tag{1-1}$$

式中：ρ_t——岩石的真实密度(g/cm^3)；

m_s——岩石矿质实体的质量(g)；

V_s——岩石矿质实体的体积(cm^3)。

(2)毛体积密度。毛体积密度是指在规定试验条件下，烘干岩石(包括孔隙在内)的单位体积的质量。

根据岩石含水状态，毛体积密度可分为干密度、饱和密度和天然密度，用字母 ρ_0 表示，即

$$\rho_0 = \frac{m_s}{V_s + V_i + V_n} \tag{1-2}$$

式中：ρ_0——岩石的毛体积密度(g/cm^3)；

V_i、V_n——岩石开口孔隙和闭口孔隙的体积(cm^3)；

其他符号意义同前。

岩石的矿质实体体积和孔隙体积之和即岩石的毛体积，$V = V_s + V_i + V_n$。

岩石毛体积密度的测定方法，按我国现行《公路工程岩石试验规程》(JTG E41—2005)规定，可分为量积法、水中称量法和蜡封法。量积法适用于能制备成规则试件的各类岩石；水中称量法适用于除遇水崩解、溶解和干缩湿胀的其他各类岩石；蜡封法适用于不能用量积法或直

接在水中称量进行试验的岩石。

(3)孔隙率。岩石的孔隙率是指岩石孔隙体积占岩石总体积的百分率。岩石孔隙率可表示为

$$n=\frac{V_0}{V}\times 100\% \tag{1-3a}$$

式中：n——岩石的孔隙率(%)；

V_0——岩石的孔隙(包括开口孔隙和闭口孔隙)的体积(cm^3)，即：$V_0=V_i+V_n$；

V——岩石的总体积(cm^3)。

孔隙率也可用真实密度和毛体积密度计算求得

$$n=\left(1-\frac{\rho_0}{\rho_t}\right)\times 100\% \tag{1-3b}$$

式中：n——岩石的孔隙率(%)；

ρ_0——岩石的毛体积密度(g/cm^3)；

ρ_t——岩石的真实密度(g/cm^3)。

(4)吸水性。岩石的吸水性是岩石在规定条件下吸水的能力，采用吸水率、饱和吸水率两项指标来表征。

①吸水率。岩石吸水率是指在规定条件下，岩石试样最大的吸水质量与烘干岩石试件质量之比，以百分率表示(一般采用自由浸水法测定)。按下式计算

$$\omega_a=\frac{m_1-m}{m}\times 100\% \tag{1-4}$$

式中：ω_a——岩石吸水率(%)；

m——烘至恒重时的试件质量(g)；

m_1——吸水至恒重时的试件质量(g)。

②饱和吸水率。岩石的饱和吸水率是指在强制条件下，岩石试样最大的吸水质量与烘干岩石试件质量之比，以百分率表示。我国规定采用煮沸法或真空抽气法测定，按下式计算

$$\omega_{sa}=\frac{m_2-m}{m}\times 100\% \tag{1-5}$$

式中：ω_{sa}——岩石饱和吸水率(%)；

m——烘至恒重时的试件质量(g)；

m_2——试样经强制饱和后的质量(g)。

(5)抗冻性。岩石抗冻性是指岩石在吸水饱和状态下，经受规定次数的冻融循环后抵抗破坏的能力，可用质量损失率和耐冻系数来表征。

岩石抗冻性试验通常采用直接冻融法。该方法是将岩石加工为规则的块状试样，试件在饱水状态下，在-15℃时冻结4h后，放入(20 ± 5)℃水中融解4h，为冻融循环一次，如此反复冻融至规定次数为止。公式如下

$$L=\frac{m_s-m_f}{m_s}\times 100\% \tag{1-6}$$

式中：L——试件经冻融后的质量损失率(%)；

m_s——试验前烘干试件的质量(g)；

m_f——试验后烘干试件的质量(g)。

耐冻系数(或抗冻系数)采用未经冻融的岩石试件饱水抗压强度与冻融循环后的岩石试件

饱水抗压强度的比值表示，按式(1-7)计算

$$K_f = \frac{R_f}{R_s} \tag{1-7}$$

式中：K_f——耐冻系数；

R_f——未经冻融循环试验的岩石试件饱水抗压强度(MPa)；

R_s——经冻融循环试验后的岩石试件饱水抗压强度(MPa)。

(6)坚固性。坚固性是评定岩石试样经饱和硫酸钠溶液多次浸泡与烘干循环后，不发生显著破坏或强度降低的性能。

试验时将烘干岩石试件置入饱和硫酸钠溶液中浸泡 20h 后，将试件取出置于(105±5)℃的烘箱中烘烤 4h，至此完成第 1 个循环。待试样冷却至 20～25℃后，即开始第 2 个循环。从第 2 个循环起，浸泡和烘烤时间均为 4h。完成 5 次循环后，仔细观察试件有无破坏现象，将试件洗净烘至恒量，准确称出其质量，按式(1-8)计算质量损失率

$$Q = \frac{m_1 - m_2}{m_1} \times 100\% \tag{1-8}$$

式中：Q——试件经硫酸钠溶液浸泡后的质量损失率(%)；

m_1——试验前烘干试件的质量(g)；

m_2——试验后烘干试件的质量(g)。

2. 力学性质

工程结构物中用的岩石除受上述物理性质影响外，还受到外力的作用，所以岩石还应具有一定的力学性质。除了一般的抗压、抗拉、抗剪、抗弯、弹性模量等纯力学性质外，还有一些特殊要求的力学指标，如抗磨光、抗冲击和抗磨耗等。

(1)单轴抗压强度。岩石的单轴抗压强度是指岩石试件抵抗单轴压力时保持自身不破坏的极限应力，按下式计算

$$R = \frac{P}{A} \tag{1-9}$$

式中：R——岩石的单轴抗压强度(MPa)；

P——试件破坏时的荷载(N)；

A——试件的截面面积(mm^2)。

(2)磨耗性。磨耗性是岩石抵抗撞击、边缘剪力和摩擦的联合作用的性能，以磨耗率表示。我国铁路工程和公路工程规范规定，岩石磨耗试验方法与粗集料的磨耗试验方法相同，采用洛杉矶式磨耗试验。岩石磨耗率按下式计算

$$Q = \frac{m_1 - m_2}{m_1} \times 100\% \tag{1-10}$$

式中：Q——洛杉矶磨耗率(%)；

m_1——装入圆筒中的试样质量(g)；

m_2——试验后在 1.7mm 筛上洗净烘干的试样质量(g)。

3. 风化性质

风化是指岩石在各种因素的复合或者相互促进下发生的物理或化学变化，直至破坏的复杂现象。风化包括物理风化和化学风化。物理风化是地表岩石发生机械破碎而不改变其化学性质，也不形成新矿物的风化作用。化学风化是指雨水和大气中的气体(O_2、CO_2、CO、SO_2、SO_3 等)与造岩矿物发生化学反应的现象。由于这些作用在表面产生，风化破坏表现为岩石表

面有剥落现象。化学风化与物理风化经常相互促进，例如，在物理风化作用下石材产生裂缝，雨水就渗入其中，因此促进了化学风化作用。

（二）集料的技术性质

1. 粗集料的技术性质

1）物理性质

（1）物理常数。在计算粗集料的物理常数时，不仅要考虑到粗集料颗粒中的孔隙（开口孔隙或闭口孔隙），还要考虑颗粒间的空隙。

①表观密度。粗集料的表观密度简称视密度，是在规定条件[（105±5）℃烘干至恒重]下，单位体积（包括集料矿质实体和闭口孔隙的体积）物质颗粒的质量。其表观密度以 ρ_s 表示，计算公式如下

$$\rho_s = \frac{m_s}{V_s + V_n} \tag{1-11}$$

式中：ρ_s——粗集料表观密度（g/cm^3）；

m_s——矿质实体质量（g）；

V_s——矿质实体体积（cm^3）；

V_n——粗集料矿质实体中闭口孔隙体积（cm^3）。

②毛体积密度。粗集料的毛体积密度是在规定条件下，单位体积（包括矿质实体、闭口孔隙和开口孔隙的体积）物质颗粒的质量。粗集料毛体积密度可由下式求得

$$\rho_b = \frac{m_s}{V_s + V_n + V_i} \tag{1-12}$$

式中：　ρ_b——粗集料毛体积密度（g/cm^3）；

V_s、V_n、V_i——粗集料矿质实体、闭口孔隙和开口孔隙体积（cm^3）。

③堆积密度。粗集料的堆积密度是单位体积（包括矿质实体、闭口孔隙和开口孔隙及颗粒间空隙的体积）物质颗粒的质量，可按下式求得

$$\rho = \frac{m_s}{V_s + V_n + V_i + V_v} \tag{1-13}$$

式中：　ρ——粗集料的堆积密度（g/cm^3）；

V_s、V_n、V_i、V_v——矿质实体、闭口孔隙、开口孔隙和颗粒间空隙的体积（cm^3）。

④空隙率。空隙率是指粗集料颗粒之间空隙体积占粗集料总体积的百分率。粗集料空隙率 n 可按下式计算

$$n = \left(1 - \frac{\rho}{\rho_s}\right) \times 100\% \tag{1-14}$$

（2）级配。粗集料中各组成颗粒的分级和搭配称为级配，级配是通过筛分试验确定的。对水泥混凝土用粗集料可采用干筛法筛分试验，对沥青混合料及基层用粗集料必须采用水洗法筛分试验。

（3）坚固性。对已轧制成的碎石或天然卵石亦可采用规定级配的各粒级集料，按《公路工程集料试验规程》（JTG E42—2005）选取规定数量，分别装在金属网篮浸入饱和硫酸钠溶液中进行干湿循环试验。经过 5 次循环后，观察其表面破坏情况，并用质量损失百分率来计算其坚固性。

2)力学性质

粗集料的力学性质主要是强度。粗集料的强度可用岩石立方体抗压强度和压碎指标来表示。

(1)压碎值。粗集料压碎值用于衡量集料在逐渐增加的荷载下,抵抗压碎的能力。按《公路工程集料试验规程》(JTG E42—2005)的规定,由下式计算

$$Q'_a = \frac{m_1}{m_0} \times 100\% \tag{1-15}$$

式中:Q'_a——石料压碎值(%);

m_0——试验前试样质量(g);

m_1——试验后通过 2.36mm 筛孔的细料质量(g)。

(2)冲击值。冲击值是反映集料抵抗多次连续重复冲击荷载作用的性能,可采用冲击试验仪测定。按下式计算

$$\mathrm{AIV} = \frac{m_1}{m} \times 100\% \tag{1-16}$$

式中:AIV——集料的冲击值(%);

m——试样总质量(g);

m_1——冲击破碎后通过 2.36mm 筛孔的试样质量(g)。

(3)磨耗值。集料道瑞磨耗值用于评定抗滑表层的集料抵抗车轮撞击及磨耗的能力。按我国现行试验规程《公路工程集料试验规程》(JTG E42—2005)采用道瑞磨耗试验机来测定集料磨耗值。其磨耗值按下式计算

$$\mathrm{AAV} = \frac{3(m_1 - m_2)}{\rho_s} \times 100\% \tag{1-17}$$

式中:AAV——集料的道瑞磨耗值(cm^3);

m_1——磨耗前试件的质量(g);

m_2——磨耗后试件的质量(g);

ρ_s——集料表观密度(g/cm^3)。

(4)磨光值。集料磨光值是反映集料抵抗轮胎磨光作用能力的指标,是利用加速磨光机磨光集料并以摆式摩擦系数测定仪测得的磨光后集料的摩擦系数值来确定的。

2. 细集料的技术性质

细集料技术性质主要包括物理常数、级配和粗度。

1)物理常数

细集料的物理常数主要有表观密度、堆积密度和空隙率等,其含义与粗集料完全相同,具体数值可通过试验测定。细集料的物理常数计算方法与粗集料相同,详见"粗集料物理常数"部分。

2)级配

级配是集料各级粒径颗粒的分配情况,砂的级配可通过筛分试验确定。对水泥混凝土用细集料可采用干筛法,如果需要也可采用水洗法筛分;对沥青混合料及基层用细集料必须用水洗法筛分。

(1)分计筛余百分率。各号筛的分计筛余百分率为各号筛上的筛余质量除以试样总质量(M)的百分率,精确至 0.1%。按下式计算

$$\alpha_i = \frac{m_i}{M} \times 100\% \tag{1-18}$$

式中：α_i——各号筛的分计筛余百分率(%)；

m_i——各号筛上的筛余质量(g)；

M——试样的总质量(g)。

(2)累计筛余百分率。各号筛的累计筛余百分率为该号筛及大于该号筛的各号筛的分计筛余百分率之和，精确至0.1%。按下式计算

$$A_i = \alpha_1 + \alpha_2 + \cdots + \alpha_i \tag{1-19}$$

式中：A_i——各号筛的累计筛余百分率(%)；

α_i——i号筛的分计筛余百分率(%)。

(3)通过百分率。各号筛的通过百分率等于100%减去该号筛的累计筛余百分率，精确至0.1%。按下式计算

$$P_i = 100\% - A_i \tag{1-20}$$

式中：P_i——各号筛的通过百分率(%)；

A_i——各号筛的累计筛余百分率(%)。

3)粗度

粗度是评价砂粗细程度的一种指标，用细度模数表示，精确至0.01，可按下式计算

$$M_x = \frac{A_{0.15} + A_{0.3} + A_{0.6} + A_{1.18} + A_{2.36} - 5A_{4.75}}{100 - A_{4.75}} \tag{1-21}$$

式中：M_x——砂的细度模数；

$A_{0.15}$、$A_{0.3}$、$A_{0.6}$、$A_{1.18}$、$A_{2.36}$、$A_{4.75}$——0.15mm、0.3mm、0.6mm、1.18mm、2.36mm、4.75mm各筛上的累计筛余百分率(%)。

细度模数越大，细集料越粗。我国现行标准《建设用砂》(GB/T 14684—2011)规定砂的粗度按细度模数可分为下列三级：M_x=3.7～3.1，为粗砂；M_x=3.0～2.3，为中砂；M_x=2.2～1.6，为细砂。

二、矿质混合料的组成设计方法(数解法)

用数解法解矿质混合料组成的方法很多，最常用的为"试算法"和"正规方程法"(或称"线性规划法")。试算法用于由3～4种矿料组成的混合料；正规方程法用于多种矿料组成的混合料，所得结果准确，但计算较为繁杂，不如图解法简便。下面介绍一下试算法。

1.基本原理

试算法的基本原理是，设有几种矿质集料，欲配制某一种一定级配要求的混合料。在决定各组成集料在混合料中的比例时，先假定混合料中某种粒径的颗粒是由某一种对该粒径占优势的集料所组成，而其他各种集料不含这种粒径。如此根据各个主要粒径去试算各种集料在混合料中的大致比例。如果比例不合适，则稍加调整，这样逐步渐进，最终达到符合混合料级配要求的各集料配合比例。

2.计算步骤

设有A、B、C三种集料，欲配制成级配为M的矿质混合料，求A、B、C集料在混合料中的比例(即配合比)。计算步骤如下：

(1)计算A料在矿质混合料中的用量

在计算A料在混合料中的用量时，按A料占优势含量的某一粒径计算，而忽略其他集料在此粒径的含量。

设按粒径尺寸为i(mm)的粒径来进行计算，则B料和C料在该粒径的含量$a_{M(i)}$和$a_{C(j)}$均等于零。由式(1-22)可得：试算法可采用通过量或累计筛余直接计算，为便于理解，此处采用分计筛余计算A料在混合料中的用量，即

$$X = \frac{a_{M(i)}}{a_{A(i)}} \times 100 \tag{1-22}$$

(2)计算C料在矿质混合料中的用量

在计算C料在混合料中的用量时，按C料占优势的某一粒径计算，而忽略其他集料在此粒径的含量。设按C料粒径尺寸为j(mm)的粒径来进行计算，则A料和B料在该粒径的含量$a_{A(j)}$、$a_{B(j)}$均等于零。由式(1-22)可得

$$a_{C(j)} \times Z = a_{M(j)} \tag{1-23}$$

即C料在混合料中的用量为

$$Z = \frac{a_{M(j)}}{a_{C(j)}} \times 100 \tag{1-24}$$

(3)计算B料在矿质混合料中的用量

由式(1-23)和式(1-24)求得A料和C料在混合料中的含量X和Z后，由式(1-22)可得

$$Y - 100 - (X + Z) \tag{1-25}$$

如为四种集料配合时，C料和D料仍可按其占优势粒径用试算法确定。

(4)校核调整按以上计算的配合比

经校核，如不在要求的级配范围内，应调整配合比重新计算和复核，经几次调整，逐步渐进，直到符合要求为止。如经计算确不能满足级配要求，可掺加某些单粒级集料，或调换其他原始集料。

习　题

1-1　吸水率为5%的岩石220g，将其干燥后的重量为(　　)g。

A. 209　B. 209.52　C. 210　D. 210.95

1-2　细集料的体积随含水率的增大而(　　)。

A. 减小　B. 增大　C. 先增大后减小　D. 先减小后增大

1-3　对同一料源的矿料，其①密度；②毛体积密度；③表观密度；④堆积密度四项指标从大到小的正确排列是(　　)。

A. ②①④③　B. ①③②④　C. ③①②④　D. ③②①④

1-4　与孔隙体积无关的物理常数是(　　)。

A. 密度　B. 表观密度　C. 毛体积密度　D. 堆积密度

1-5　评价粗集料力学性能的指标是(　　)。

A. 抗压强度　B. 压碎值　C. 坚固性　D. 磨耗率

1-6　反映混凝土砂子粗细程度的指标是(　　)。

A. 平均粒径　B. 细度模数　C. 最小粒径　D. 最大粒径

第二节　水泥和石灰

一、水泥

水泥属于水硬性胶凝材料，品种很多，按其用途和性能可分为通用水泥、专用水泥与特种水泥三大类。用于一般建筑工程的水泥为通用水泥，如硅酸盐水泥、矿渣硅酸盐水泥等；适应专门用途的水泥称为专用水泥，如道路水泥、砌筑水泥、大坝水泥等；具有比较突出的某种性能的水泥称为特种水泥，如快硬硅酸盐水泥、膨胀水泥等。按主要水硬性物质名称，水泥又可分为硅酸盐水泥、铝酸盐水泥、硫铝酸盐水泥等。建筑工程常用的主要是各种硅酸盐水泥。

（一）硅酸盐水泥熟料的各矿物成分特性

熟料是以适当成分的生料（由石灰质原料与黏土质原料等配成）烧至部分熔融，所得以硅酸钙为主要成分的产物。熟料的主要矿物组成有硅酸三钙、硅酸二钙、铝酸三钙与铁铝酸四钙，其中硅酸钙占绝大部分。各种熟料矿物单独与水作用时的特性见表 1-1。若调整熟料中各矿物组成之间的比例，水泥的性质即发生相应的变化。如提高硅酸三钙、铝酸三钙含量，硅酸盐水泥凝结硬化快，早期强度高。

各种熟料矿物单独与水作用时的特性　　表 1-1

名　称	硅酸三钙 $3CaO \cdot SiO_2$ (C_3S)	硅酸二钙 $2CaO \cdot SiO_2$ (C_2S)	铝酸三钙 $3CaO \cdot Al_2O_3$ (C_3A)	铁铝酸四钙 $4CaO \cdot Al_2O_3 \cdot Fe_2O_3$ (C_4AF)
凝结硬化速度	快	慢	最快	快
28d 水化放热量	多	少	最多	中
强度	高	早期低、后期高	低	低

（二）硅酸盐水泥的水化及凝结、硬化

硅酸盐水泥是由多种化合物组成的，这些化合物与水作用后，最终将导致水泥的凝结、硬化。

1. 硅酸盐水泥的水化

硅酸盐水泥的性能是由其熟料矿物的性能决定的，水泥具有许多优良的技术性能，主要是水泥熟料中几种主要矿物水化作用的结果。

熟料矿物与水发生的水解或水化作用统称为水化。熟料矿物与水发生水化反应，生成水化产物，并放出一定的热量。水泥单矿物水化的反应式如下

$$2(3CaO \cdot SiO_2) + 6H_2O = 3CaO \cdot 2SiO_2 \cdot 3H_2O + 3Ca(OH)_2$$

$$2(2CaO \cdot SiO_2) + 4H_2O = 3CaO \cdot 2SiO_2 \cdot 3H_2O + Ca(OH)_2$$

$$3CaO \cdot Al_2O_3 + 6H_2O = 3CaO \cdot Al_2O_3 \cdot 6H_2O$$

$$4CaO \cdot Al_2O_3 \cdot Fe_2O_3 + 7H_2O = 3CaO \cdot Al_2O_3 \cdot 6H_2O + CaO \cdot Fe_2O_3 \cdot H_2O$$

水泥中掺入的石膏与铝酸三钙反应生成高硫型水化硫铝酸钙（钙矾石，$3CaO \cdot Al_2O_3 \cdot 3CaSO_4 \cdot 32H_2O$）和单硫型水化硫铝酸钙（$3CaO \cdot Al_2O_3 \cdot CaSO4 \cdot 12H_2O$），这两种水化物均为难溶于水的针状晶体。

水泥水化后生成的主要水化产物有凝胶与晶体两类。凝胶有水化硅酸钙（CSH）与水化铁酸钙（CFH）；晶体有氢氧化钙［$Ca(OH)_2$］、水化铝酸钙（C_3AH_6）与水化硫铝酸钙（$3CaO \cdot Al_2O_3 \cdot 3CaSO_4 \cdot 32H_2O$）等。在完全水化的水泥石中，水化硅酸钙凝胶约占 70%，氢氧化钙

约占 20%，水化硫铝酸钙约占 7%。

2. 硅酸盐水泥的凝结、硬化

水泥加水生成的胶体状水化产物聚集在颗粒表面形成凝胶薄膜，使水泥反应减慢，并使水泥浆体具有可塑性，由于生成的胶体状水化产物不断增多并在某些点接触，构成疏松的网状结构，使浆体失去流动性及可塑性，这就是水泥的凝结。此后由于生成的水化产物（凝胶、晶体）不断增多，它们相互接触连接，到一定程度，建立起比较紧密的网状结晶结构，并在网状结构内部不断充实水化产物，使水泥具有初步的强度，此后水化产物不断增加，强度不断提高，最后形成有较高强度的水泥石，这就是水泥的硬化。硬化后的水泥石是由水泥水化产物、未水化完的水泥颗粒、孔隙与水所组成。

水泥的水化、凝结、硬化，除了与水泥矿物组成有关外，还与水泥的细度、拌和水量、温度、湿度、养护时间及石膏掺量等有关。

瞬凝与缓凝。如果硅酸盐水泥中未掺石膏或石膏掺量不足，则水泥凝结中将出现瞬凝（或急凝）。这是一种不正常的凝结现象，其特征是：水泥与水拌和后，水泥浆很快凝结，形成一种很粗糙、非塑性的混合物，并放出大量热量。这主要是由于熟料中 C_3A 含量高，水泥中未掺石膏或石膏掺量不足引起的。解决瞬凝问题的方法是缓凝，即掺加石膏。石膏能够与水化铝酸钙反应，生成水化硫铝酸钙，该产物阻止 C_3A 的迅速水化，从而延缓了水泥的凝结，起到了缓凝的作用。

（三）硅酸盐水泥的技术性质

国家标准《通用硅酸盐水泥》（GB 175—2007）规定，硅酸盐水泥有不溶物、氧化镁、$CaSO_3$、烧失量、细度、凝结时间、体积安定性、强度、碱含量和氯离子含量十项技术要求。其中影响水泥性质的主要指标有细度、凝结时间、体积安定性和强度四项。

1. 细度

水泥的细度是指水泥的粗细程度。水泥颗粒越细，与水起反应的表面积越大，因而水泥颗粒细，水化迅速且完全，早期强度及后期强度均较高，但在空气中的硬化收缩较大，成本也较高。若水泥颗粒过粗，则不利于水泥活性的发挥。国家标准规定，硅酸盐水泥的细度用比表面积（单位质量物料所具有的总面积）表示，应大于 $300m^2/kg$；其他通用水泥的细度用筛析法表示，即 0.080mm方孔筛筛余不大于 10%。

2. 凝结时间

水泥的凝结时间分初凝时间与终凝时间。初凝时间为自加水起至水泥净浆开始失去可塑性所需的时间；终凝时间为自加水起至水泥净浆完全失去可塑性并开始产生强度所需的时间。

水泥的凝结时间以标准稠度的水泥净浆，用标准维卡仪测定。所谓标准稠度的水泥净浆，是指在标准维卡仪上，试杆沉入净浆并距底板（6±1）mm 时的水泥净浆。要配制标准稠度的水泥净浆，需测出达到标准稠度时所需的拌和水量，以占水泥质量的百分率表示标准稠度用水量。硅酸盐水泥的标准稠度用水量一般为 24%～30%。

国家标准规定，硅酸盐水泥的初凝时间不得早于 45min，终凝时间不得迟于 6h，其他通用水泥的初凝时间不得早于 45min，终凝时间不得迟于 10h。

3. 体积安定性

水泥的体积安定性是反映水泥加水硬化后体积变化均匀性的物理指标。体积安定性不良，是指水泥硬化后，产生不均匀的体积变化。使用体积安定性不良的水泥，会使构件产生膨胀性裂缝，降低建筑物质量，甚至引起严重事故。因此体积安定性不良的水泥，在工程中应严禁使用。

水泥体积安定性不良的主要原因是熟料中所含的游离氧化钙或游离氧化镁过多，或水泥磨细时掺入的石膏过量。

国家标准规定，由熟料中游离氧化钙引起的体积安定性不良可用沸煮法检验。沸煮法分为饼法（观察标准稠度的水泥净浆试饼沸煮后的外形变化）与雷氏夹法（测定标准稠度的水泥净浆在雷氏夹中沸煮后的膨胀值）。由于游离氧化镁在压蒸条件下才加速熟化，石膏的危害则需长期在常温水中才能发现，两者均不便于快速检查。因此，国家标准规定，水泥中游离氧化镁含量不得超过 5.0%，SO_3 含量不得超过 3.5%。

4. 强度

水泥的强度是表征水泥质量的重要指标。国标规定，水泥与标准砂和水以 1∶3∶0.5 的比例混合，按规定的方法制成 40mm×40mm×160mm 的试件，在标准温度[(20±2)℃]的水中养护，分别测定其 3d 与 28d 的抗压强度与抗折强度。根据测定结果，将硅酸盐水泥分为 42.5、42.5R、52.5、52.5R、62.5、62.5R，其中有代号 R 者为早强型水泥。各强度等级硅酸盐水泥的各龄期强度不得低于表 1-2 中的数值。

硅酸盐水泥的强度要求(GB 175—2007)　　表 1-2

强度等级	抗压强度(MPa)		弯拉强度(MPa)	
	3d	28d	3d	28d
42.5	17.0	42.5	3.5	6.5
42.5R	22.0	42.5	4.0	6.5
52.5	23.0	52.5	4.0	7.0
52.5R	27.0	52.5	5.0	7.0
62.5	28.0	62.5	5.0	8.0
62.5R	32.0	62.5	5.5	8.0

二、石灰

石灰包括生石灰(块状)、生石灰粉和消石灰粉。产生石灰的原料是以 $CaCO_3$ 为主要成分的石灰石。石灰石经煅烧分解得到生石灰(CaO)，即

$$CaCO_3 \xrightarrow{900\sim1100℃} CaO + CO_2$$

(一)石灰的性质

1. 保水性和可塑性好

生石灰消解为石灰浆时生成 $Ca(OH)_2$，其颗粒极微小，呈胶体状态，比表面积大，对水的吸附能力强，表面吸附了一层较厚的水膜，因而保水性能好，同时水膜使颗粒间的摩擦力减小，故可塑性好。

2. 硬化慢、强度低

由于空气中 CO_2 的体积分数低，而且表面碳化后，形成紧密的 $CaCO_3$ 硬壳，不但不利于 CO_2 向内部扩散，同时也阻止水分向外蒸发，致使 $CaCO_3$ 和 $Ca(OH)_2$ 结晶体生成量减少，所以石灰浆硬化慢、强度低。

3. 耐水性差

在石灰硬化体中，大部分仍然是尚未碳化的 $Ca(OH)_2$，$Ca(OH)_2$ 微溶于水，在流水中易溶解流失，当已硬化的石灰浆体受潮时强度丧失，耐水性极差，软化系数近于零。

4. 体积收缩大

石灰浆体中游离水，特别是吸附水蒸发，引起硬化时体积收缩、开裂。碳化过程也引起体

积收缩，故石灰浆一般不宜单独使用，通常掺入一定量的集料(如砂子)或纤维材料(如麻刀、纸筋等)。

(二)石灰的技术标准

建筑工程中使用的石灰，分成三个品种：建筑生石灰、建筑生石灰粉和建筑消石灰粉。根据建材行业标准，可将其各分成三个等级，相应的技术指标如表1-3～表1-5所示。

建筑生石灰的技术指标(JC/T 479—2013) 表1-3

项目	钙质生石灰			镁质生石灰		
	优等品	一等品	合格品	优等品	一等品	合格品
有效(CaO+MgO)的质量分数(%)，不小于	90	85	80	85	80	75
未消解残渣的质量分数(5mm圆孔筛筛余，%)，不大于	5	10	15	5	10	15
CO_2的质量分数(%)，不大于	5	7	9	6	8	10
产浆量(L/kg)，不小于	2.8	2.3	2.0	2.8	2.3	2.0

建筑生石灰粉的技术指标(JC/T 480—2013) 表1-4

项目		钙质生石灰			镁质生石灰		
		优等品	一等品	合格品	优等品	一等品	合格品
有效(CaO+MgO)的质量分数(%)，不小于		85	80	75	80	75	70
CO_2的质量分数(%)，不大于		7	9	11	8	10	12
细度	0.9mm筛筛余(%)，不大于	0.2	0.5	1.5	0.2	0.5	1.5
	0.125mm筛筛余(%)，不大于	7.0	12.0	18.0	7.0	12.0	18.0

建筑消石灰粉的技术指标(JC/T 481—2013) 表1-5

项目		钙质消石灰粉			镁质消石灰粉			白云石消石灰粉		
		优等品	一等品	合格品	优等品	一等品	合格品	优等品	一等品	合格品
有效(CaO+MgO)质量分数(%)，不小于		70	65	60	65	60	55	65	60	55
游离水(%)		0.4～2	0.4～2	0.4～2	0.4～2	0.4～2	0.4～2	0.4～2	0.4～2	0.4～2
体积安定性		合格	—	合格	—	合格	—	合格	—	合格
细度	0.9mm筛筛余(%)，不大于	0	0	0.50	0	0	0.5	0	0	0.5
	0.125mm筛筛余(%)，不大于	3	10	15	3	10	15	3	10	15

(三)石灰的消化、硬化

1.石灰的消化

石灰的消化也称熟化，是指生石灰与水发生水化反应，生成$Ca(OH)_2$的水化过程，其反应式如下

$$CaO+H_2O=Ca(OH)_2+64.9kJ$$

熟化过程的特点：

(1)速度快。煅烧良好的生石灰与水接触时反应速度快。

(2)体积膨胀。生石灰与水反应生成熟石灰时，体积膨胀1.5～3.5倍。

(3)放出大量的热。1mol CaO熟化生成1mol $Ca(OH)_2$约产生64.9kJ热量。

由于石灰中常含有过火石灰，它表面覆盖一层玻璃釉状物，熟化很慢。若在石灰使用并硬

化后再继续熟化，则产生的体积膨胀将引起局部起泡、隆起和开裂。为消除过火石灰的危害，石灰熟化使用前应在化灰池中存放2周以上，使过火石灰充分熟化，这个过程叫作“陈伏”。“陈伏”期间，石灰浆表面应留有一层水，与空气隔绝，以免石灰碳化。

2. 石灰的凝结硬化

石灰浆体在空气中的硬化，是由下列两个同时进行的过程完成的。

(1)干燥硬化与结晶硬化。石灰浆在干燥过程中，因游离水分蒸发毛细管紧缩，使$Ca(OH)_2$颗粒相互靠拢并产生良好的搭接，同时$Ca(OH)_2$逐渐从过饱和溶液中结晶析出，促进石灰浆硬化。

(2)碳化作用。空气中的CO_2遇水生成弱碳酸，再与$Ca(OH)_2$发生化学反应生成$CaCO_3$晶体。

$$Ca(OH)_2+CO_2+nH_2O=CaCO_3+(n+1)H_2O$$

硬化石灰浆体的强度一般不高，受潮后更低，强度增长慢，硬化过程中体积收缩大，通常需加入砂子、纸筋等，以防止收缩开裂。

习 题

1-7 水泥颗粒的大小通常用水泥的细度来表征，水泥的细度是指(　　)。

A. 单位质量水泥占有的体积

B. 单位体积水泥的颗粒总表面积

C. 单位质量水泥的颗粒总表面积

D. 单位颗粒表面积的水泥质量

1-8 普通硅酸盐水泥的水化反应为放热反应，并且有两个典型的放热峰，其中第二个放热峰对应(　　)。

A. 硅酸三钙的水化　　B. 硅酸二钙的水化

C. 铁铝酸四钙的水化　　D. 铝酸三钙的水化

1-9 测定水泥强度，是将水泥与标准砂按一定比例混合，再加入一定量的水，制成标准尺寸试件进行试验。水泥与标准砂应按(　　)比例进行混合。

A. 1∶1　　B. 1∶2　　C. 1∶3　　D. 1∶4

1-10 水泥熟料矿物中水化速度最快的熟料是(　　)。

A. 硅酸三钙　　B. 硅酸二钙　　C. 铝酸三钙　　D. 铁铝酸四钙

1-11 建筑石灰熟化时进行陈伏的目的是(　　)。

A. 使$Ca(OH)_2$结晶与碳化　　B. 消除过火石灰的危害

C. 减少熟化产生的热量并增加产量　　D. 消除欠火石灰的危害

1-12 石灰不适用于的情况是(　　)。

A. 用于基础垫层　　B. 用于硅酸盐水泥的原料

C. 制品可长期用于65℃以上高温中　　D. 石膏制品的强度一般比石灰制品低

1-13 以下叙述的生石灰性能，不正确的是(　　)。

A. 生石灰吸收空气中的水分变成熟石灰

B. 生石灰的粉末越多，质量越次

C. 钙质石灰凝固较慢，镁质石灰凝固较快

D. 磨细生石灰粉强度较高

1-14　石灰在建筑工程的应用中，用途错误的是(　　)。

A. 硅酸盐建筑制品　　B. 灰土和三合土

C. 烧土制品　　D. 砂浆和石灰乳

1-15　硅酸盐水泥最适用于(　　)工程。

A. 大体积混凝土　　B. 干燥环境中的混凝土

C. 耐热混凝土　　D. 水泥混凝土路面

第三节　无机结合料稳定材料

一、水泥稳定材料、石灰稳定材料、石灰粉煤灰稳定材料的技术性质

(一)水泥稳定材料

1. 水泥稳定土的强度形成原理

利用水泥来稳定土的过程中，水泥、土和水之间发生了非常复杂的作用，从而使土的性能发生了明显的变化。这些作用可以分为：

(1)化学作用：如水泥颗粒的水化、硬化作用，有机物的聚合作用，以及水泥水化产物与黏土矿物之间的化学作用等。

(2)物理—化学作用：如黏土颗粒与水泥及水泥水化产物之间的吸附作用，微粒的凝聚作用，水及水化产物的扩散、渗透作用，水化产物的溶解、结晶作用等。

(3)物理作用：如土块的机械粉碎作用，混合料的拌和、压实作用等。

2. 水化作用

在水泥稳定土中，首先发生的是水泥自身的水化反应，从而产生出具有胶结能力的水化产物，这是水泥稳定土强度的主要来源。水泥的水化反应简式如下所示。

硅酸三钙：　$2C_3S+6H_2O \rightarrow C_3S_2H_3+3CH$

硅酸二钙：　$2C_2S+4H_2O \rightarrow C_3S_2H_3+CH$

铝酸三钙：　$C_3A+6H_2O \rightarrow C_3AH_6$

铁铝酸四钙：　$C_4AF+7H_2O \rightarrow C_4AFH_7$

水泥水化生成的水化产物，在土的孔隙中相互交织搭接，将土颗粒包覆连接起来，使土逐渐丧失了原有的塑性性质，并且随着水化产物的增加，混合料也逐渐坚固起来。但水泥稳定土中水泥的水化与水泥混凝土中水泥的水化之间有所不同。

3. 离子交换作用

在硅酸盐水泥中，硅酸三钙和硅酸二钙占主要部分，其水化后所生成的氢氧化钙所占的比例也较高，可达水化产物质量的25%，大量的氢氧化钙溶于水以后，在土中形成了一个富含Ca^{2+}的碱性溶液环境。当溶液中富含Ca^{2+}时，因为Ca^{2+}的电价高于K^+、Na^+等离子，因此与电位离子的吸引力较强，从而取代K^+、Na^+成为反离子，同时Ca^{2+}双电层电位的降低速度加快。因而使电动电位减小、双电层的厚度减小，使黏土颗粒之间的距离减小，相互靠拢，导致土的凝聚，从而改变土的塑性，使土具有一定的强度和稳定度。这种作用就称为离子交换作用。

4. 化学激发作用

钙离子的存在不仅影响到了黏土颗粒表面双电层的结构，而且在这种碱性溶液环境下，土

本身的化学性质也将发生变化。

土的矿物组成基本上都属于硅铝酸盐，黏土矿物中的部分 SiO_2 和 Al_2O_3 的活性将被激发出，与溶液中的 Ca^{2+} 进行反应，生成新的矿物，这些矿物主要是硅酸钙和铝酸钙系列，具有胶凝能力。生成的这些胶结物质包裹着黏土颗粒表面，与水泥的水化产物一起将黏土颗粒凝结成一个整体。因此，氢氧化钙对黏土矿物的激发作用，进一步提高水泥稳定土的强度和水稳定性。

5. 碳酸化作用

水泥水化生成的 $Ca(OH)_2$，除了可与黏土矿物发生化学反应外，还可以进一步与空气中的 CO_2 发生碳化反应并生成碳酸钙晶体。

（二）石灰稳定土材料

石灰加入土中后，由于石灰与土的相互作用，使土的性质得到了改善，以满足工程的要求。在初期，主要表现在土的结团，塑性降低，最佳含水量的增加和最大干密度的减小等。在后期，由于结晶结构的形成，提高了板体性、强度和耐久性。因此，对石灰稳定土作用原理的研究是一个复杂的综合性课题。国内外研究资料表明，石灰与土的作用可以归纳为以下四种反应过程。

1. 离子交换作用

石灰加入土中后，氢氧化钙能够溶解于水，所以其进入溶液内并离解成带正电荷的钙离子和带负荷的氢氧根离子

$$Ca(OH)_2 = Ca^{2+} + 2OH^-$$

同样，石灰中的氢氧化钙离解成钙离子和氢氧根离子。当土中的黏土胶体颗粒的扩散层大都是一价的 K^+、Na^+ 等离子时，由离子 Ca^{2+} 和 Mg^{2+} 与土的吸附综合体中的低价阳离子 K^+、Na^+ 进行交换作用。这种离子交换作用，在初期进行得很迅速，随着 Ca^{2+} 和 Mg^{2+} 在土中的扩散逐步地进行，这是土加入石灰后初期性质得到改善的主要原因。

2. 氢氧化钙的碳酸化反应

石灰加入土中后，氢氧化钙从空气中吸收水分和二氧化碳可以生成不溶解的碳酸钙，此种反应称为氢氧化钙的碳酸化反应，简称碳化反应。其化学反应式为

$$Ca(OH)_2 + CO_2 + nH_2O = CaCO_3 + (n+1)H_2O$$

3. 火山灰反应

石灰加入土中后，氢氧化钙与土中的活性氧化硅和氧化铝作用，生成水化硅酸钙和水化铝酸钙，此种反应称为火山灰反应。其反应式为

活性 $SlO_2 + xCa(OH)_2 + mH_2O \rightarrow xCaO \cdot SiO_2 \cdot nH_2O$

活性 $Al_2O_3 + xCa(OH)_2 + mH_2O \rightarrow xCaO \cdot Al_2O_3 \cdot nH_2$

生成的水化硅酸钙和水化铝酸钙的化学组成不固定，其类型和结晶程度不仅与石灰土中 CaO 和 SlO_2 或 CaO 和 Al_2O_3 的比值有关，而且与温度、湿度等有关。它们具有水硬性，是一种强度较高、水稳性较好的反应生成物。由于它们的形成、长大以及晶体之间互相接触和联系，使得土颗粒之间的连接得到加强，即增加了土颗粒之间的固化凝聚力，因此提高了石灰土的强度和水稳定性，并促使石灰土在相当长的时期内增长强度。

4. 氢氧化钙的结晶反应

石灰加入土中后，氢氧化钙溶解于水，形成 $Ca(OH)_2$ 的饱和溶液，随着水分的蒸发和石灰土反应的进行，特别是石灰剂量较高时，有可能会引起土中溶液某种程度的过饱和。$Ca(OH)_2$ 晶体即从过饱和溶液中析出，从而产生 $Ca(OH)_2$ 的结晶反应。其反应可用下式表达

$$Ca(OH)_2 + nH_2O \rightarrow Ca(OH)_2 \cdot nH_2O$$

（三）石灰工业废渣稳定材料

1.粉煤灰

粉煤灰是以煤为燃料的火力发电厂排出的一种工业废料。在火力发电厂的锅炉中，磨成一定细度的煤粉在1100～1600℃的高温下剧烈燃烧，不可燃烧部分随尾气排出，经收尘器收集下来的细灰就称为粉煤灰。

2.粉煤灰的化学组成

粉煤灰的化学组成主要为氧化硅、氧化铝，两者总的质量分数可达60％以上。粉煤灰的活性取决于Al_2O_3、SiO_2的质量分数。我国的粉煤灰中$SiO_2+Al_2O_3+Fe_2O_3$的质量分数都大于70％。CaO对粉煤灰的活性极为有利，有些粉煤灰由于原料特殊，其中CaO的质量分数可达34％～45％，加水后粉煤灰可自行水化。

3.石灰粉煤灰的水化活性

由于粉煤灰中的CaO的质量分数较小，所以通常不能自行水化。但在适宜的激发条件下，粉煤灰的活性可以发挥出来，激发条件包括生石灰、熟石灰、水泥水化生成的$Ca(OH)_2$、石膏、碱性物质等，特别是$Ca(OH)_2$，由于活性非常高，因此对粉煤灰具有明显的激发效果。

$$CaO+H_2O \rightarrow Ca(OH)_2$$

$$Ca(OH)_2+CO_2 \rightarrow CaCO_3+H_2O$$

$$Ca(OH)_2+SiO_2+H_2O \rightarrow xCaO \cdot ySiO_2 \cdot zH_2O$$

$$Ca(OH)_2+Al_2O_3+H_2O \rightarrow xCaO \cdot yAl_2O_3 \cdot zH_2O$$

$$Ca(OH)_2+SiO_2+Al_2O_3+H_2O \rightarrow xCaO \cdot yAl_2O_3 \cdot zSiO_2 \cdot wH_2O$$

$$Ca(OH)_2+SO_4^{2-}+Al_2O_3+H_2O \rightarrow xCaO \cdot yAl_2O_3 \cdot zCaSO_4 \cdot wH_2O$$

4.石灰粉煤灰稳定土的强度形成机理

强度的形成主要依靠集料的骨架作用和石灰粉煤灰的水硬性胶结及填充作用。由于粉煤灰提供较多的活性氧化硅和活性氧化铝成分，在石灰的碱性激发作用下生成较多的水化硅酸钙、水化铝酸钙，具有较高的强度和稳定性。

二、无机稳定材料配合比设计方法

（一）强度标准

进行无机结合料稳定混合料的组成设计时，不同的无机结合料相应的强度标准和颗粒组成如表1-6、表1-7所示。

二灰土混合料的强度标准（单位：MPa）　表1-6

公路等级	二级及二级以下公路	高速公路和一级公路
基层	0.6～0.8	0.8～1.1
底基层	≥0.5	≥0.6

水泥稳定粒料的颗粒组成　表1-7

筛孔尺寸(mm)		40	31.5	26.5	19	9.5	4.75	2.36	0.6	0.075	液限(％)	塑性指数
通过量(％)	基层	—	100	90～100	72～89	47～67	29～49	17～35	8～22	0～7	＜28	＜9
	底基层	100	90～100	—	67～90	45～68	29～50	18～38	8～22	0～7	—	—

(二)材料组成设计步骤

1)从沿线料场或计划使用的远运料场选取有代表性的试样。

2)制备同一种试样、不同结合料剂量(以干试样的质量百分率计)的混合料,一般情况可按下列剂量配制。

(1)对于石灰稳定土。

①当做基层用时,结合料按以下比例采用:

a.砂砾土和碎石土:4%、5%、6%、7%、8%。

b.砂性土:8%、10%、12%、14%、16%。

c.粉性土和黏性土:6%、8%、10%、12%、14%。

②当做底基层用时,结合料按以下比例采用:

a.砂性土:同基层。

b.粉性土和黏性土:5%、7%、9%、11%、13%。

(2)对于水泥稳定土。

①当做基层用时,结合料按以下比例采用:

a.中粒土和粗粒土:3%、4%、5%、6%、7%。

b.砂土:6%、8%、9%、10%、12%。

c.其他细粒土:8%、10%、12%、14%、16%。

②当做底基层用时,结合料按以下比例采用:

a.中粒土和粗粒土:2%、3%、4%、5%、6%。

b.砂土:4%、6%、7%、8%、9%。

c.其他细粒土:6%、8%、9%、10%、12%。

3)确定各种混合料的最佳含水量和最大干密度,至少做三组不同结合料剂量混合料的击实试验,即最小剂量、中间剂量和最大剂量。其他两个剂量混合料的最佳含水量和最大干密度,用内插法确定。

4)按最佳含水量和计算所得的干密度(按规定的现场压实度计算)制备试件。进行强度试验时,作为平行试验的试件数量应符合表1-8的规定。

平行试验的最少试件数 表1-8

稳定土类型	试件尺寸(mm)	偏差系数		
		<10%	<15%	<20%
细粒土	ϕ50×50	6	—	—
中粒土	ϕ100×100	6	9	—
粗粒土	ϕ150×150	—	9	13

5)试件在规定温度[北方地区(20±2)℃,南方地区(25±2)℃]下保湿养生6d,浸水1d,然后进行无侧限抗压强度试验。

6)根据材料的强度标准,选定合适的结合料剂量。此剂量的试件,室内试件试验结果的平均抗压强度应符合$\bar{\sigma} \geqslant \sigma_d/(1-Z_a \cdot C_v)$要求,其中$\sigma_d$为设计抗压强度,$Z_a$为保证率系数,可查相关规范。

7)考虑到室内试验和现场条件的差别,工地实际采用的结合料剂量应较室内试验确定的剂量多0.5%~1.0%。拌和机械的拌和效果好,可只增加0.5%;如拌和机械的拌和效果较差，则需要增加1.0%。

习　题

1-16　下列胶凝材料中，(　　)的凝结硬化过程属于结晶、碳化过程。

A. 石灰　　B. 石膏

C. 矿渣硅酸盐水泥　　D. 硅酸盐水泥

1-17　为消除过火石灰的危害，所采取的措施是(　　)。

A. 碳化　　B. 结晶　　C. 煅烧　　D. 陈伏

1-18　三合土垫层是用(　　)三种材料拌和铺设。

A. 水泥、碎砖碎石、砂子　　B. 消石灰、碎砖碎石、砂或掺少量黏土

C. 生石灰、碎砖碎石、锯木屑　　D. 石灰、砂子、纸筋

1-19　下列胶凝材料中，(　　)在凝结硬化时发生体积微膨胀。

A. 火山灰水泥　　B. 铝酸盐水泥　　C. 石灰　　D. 石膏

第四节　水泥混凝土和砂浆

一、水泥混凝土

普通混凝土原材料为水泥、水、细集料(砂)及粗集料(石子)，必要时还可加入各种外加剂及矿物掺和料。在混凝土中，砂与石子主要起骨架作用，称为集料，又称骨料，还可起到减小混凝土因水泥硬化产生的收缩作用。水泥与水形成水泥浆，包裹在集料表面并填充在集料空隙中。在硬化前(称为混凝土拌和物)，水泥浆起润滑作用，赋予拌和物一定的流动性，便于施工。水泥浆硬化后，则将集料胶结成一个坚实的整体(胶结作用)。

(一)普通水泥混凝土的主要技术性质及影响因素

由混凝土组成材料拌和而成的尚未凝固的混合物，称为混凝土拌和物，又称新拌混凝土。

1. 新拌混凝土的和易性

(1)和易性的概念

和易性又称工作性，是指新拌混凝土在一定的施工工艺及设备条件下，易于进行搅拌、运输、浇灌、捣实等施工操作，并能获得质量均匀、成型密实混凝土的性能。通常认为和易性包括拌和物的流动性、黏聚性和保水性三个方面的含义。混凝土拌和物的流动性以坍落度(e_m)或维勃稠度作为指标。坍落度适用于流动性较大的混凝土拌和物(坍落度值不小于10mm)，维勃稠度适用于干硬的混凝土拌和物。黏聚性与保水性无指标，凭直观经验目测评定。

根据坍落度值的大小，可将混凝土拌和物分为干硬性混凝土(坍落度<10mm)、塑性混凝土(坍落度为1～90mm)、流动性混凝土(坍落度为100～150mm)、大流动性混凝土(坍落度>160mm)四类。

(2)影响和易性的主要因素

影响和易性的主要因素有两大方面：一是拌和物组成材料的性质及其用量比例，二是拌和物所处的环境条件。具体分析如下：

①水泥浆数量与水泥浆稠度。无论是水泥浆数量，还是水泥浆的稀稠，实际对混凝土拌和

物和易性起决定作用的是用水量的多少。因为无论是提高水灰比或增加水泥浆用量，最终都表现为混凝土用水量的增加。在配制混凝土时，根据集料品种、规程及施工要求的坍落度值，按表1-9选择每立方米混凝土的用水量。

塑性和干硬性混凝土的用水量（单位：kg/m^3） 表1-9

项目	指标	卵石最大粒径(mm)			碎石最大粒径(mm)		
		10	20	40	16	20	40
坍落度(mm)	10～30	190	170	150	200	185	165
	30～50	200	180	160	210	195	175
	50～70	210	190	170	220	205	185
	70～90	215	195	175	230	215	195
维勃稠度(s)	15～20	175	160	145	180	170	155
	10～15	180	165	150	185	175	160
	5～10	185	170	155	190	180	165

②砂率。砂率是指混凝土中砂的质量占砂、石总质量的百分率。砂率的变动会使集料的空隙率与总表面积有显著改变，因而对混凝土拌和物的和易性产生显著影响。因此，在配制混凝土时，砂率不能过大，也不能太小，应选用合理砂率值。所谓合理砂率是指在用水量及水泥用量一定的情况下，能使混凝土拌和物获得最大的流动性，且能保持良好黏聚性及保水性的砂率值。确定砂率的方法较多，可参照表1-10选用。

混凝土砂率选用表(%) 表1-10

水灰比 W/C	卵石最大粒径(mm)			碎石最大粒径(mm)		
	40	10	20	40	16	20
0.40	26～32	25～31	24～30	30～35	29～34	27～32
0.50	30～35	29～34	28～33	33～38	32～37	30～35
0.60	33～38	32～37	31～36	36～41	35～40	33～38
0.70	36～41	35～40	34～39	39～44	38～43	36～41

注：1. 表中数值为中砂的选用砂率，对于细砂或粗砂，可相应地减小或增大砂率。

2. 本砂率表适用于坍落度为10～60mm的混凝土，坍落度如大于60mm或小于10mm，则应相应地增大或减小砂率，详见《普通混凝土配合比设计规程》(JGJ 55—2011)中的有关条文。

3. 只用一个单粒级粗集料配制混凝土时，砂率值应适当增大。

4. 掺有各种外加剂或掺和料时，其合理砂率值应经试验或参照其他有关规定选用。

③水泥。由于不同品种和细度的水泥对水的吸附作用不等，会影响到所拌制混凝土拌和物的和易性。如用需水量大(或细度高)的水泥品种拌制的混凝土，在其他条件相同的情况下，比需水量小(或细度低)的水泥品种拌制的混凝土的流动性要小。

④集料。集料的级配、颗粒形状、表面特征及最大粒径均对混凝土的和易性有所影响。一般来说，级配好的集料拌制混凝土的流动性较大，黏聚性和保水性也较好。

⑤外加剂和掺和料。混凝土中加外加剂和掺和料，可显著改善拌和物的和易性，使混凝土在不增加用水量的条件下增加流动性，或减少离析和泌水，具有良好的黏聚性和保水性。

⑥时间、环境条件。随着混凝土拌和物搅拌后时间的增长，一些水分逐渐被集料吸收，一些水分蒸发，还有一些水分参与水化反应而被消耗，因而拌和物的流动性随着时间的延长而逐渐降低。环境气温越高、风速越大，水分蒸发得越快，高温还会加速水泥的水化反应，减小拌和

物的流动性。

2.混凝土强度

(1)混凝土的抗压强度和强度等级

①抗压强度。混凝土的抗压强度是指标准试件加压至破坏时单位面积所承受的最大压应力。根据《普通混凝土力学性能试验方法标准》(GB/T 50081—2002),混凝土的抗压强度是以边长为150mm的标准立方体试件,在温度(20±2)℃,相对湿度95%以上的标准条件下,养护到28d龄期时,在一定的条件下加压至破坏,所测得的立方体抗压强度(简称抗压强度,以 f_{cu} 表示)。

②强度等级。《混凝土强度检验评定标准》(GB/T 50107—2010)规定,混凝土的强度等级应按其立方体抗压强度标准值确定。普通混凝土按立方体抗压强度标准值划分为C10、C15、C20、C25、C30、C35、C40、C45、C50、C55、C60、C65、C70、C75、C80、C85、C90、C95、C100。

(2)抗拉强度

混凝土的抗拉强度很小,只有抗压强度的1/20~1/10,且混凝土的强度等级越高,其拉压比越小。在钢筋混凝土结构中,一般不依靠混凝土来承担结构的拉力,但混凝土的抗拉强度对于确定混凝土抗裂度具有重要意义,它是结构设计中裂缝宽度控制和裂缝间距计算的主要指标,也是抵抗收缩和温度裂缝的主要指标。

国内外普遍采用劈裂法来间接测定混凝土的抗拉强度,即劈裂抗拉强度。混凝土劈裂抗拉强度可以根据弹性理论计算得出,计算式如下

$$f_{st}=\frac{2P}{\pi A}=0.637\frac{P}{A}$$

式中:f_{st}——混凝土劈裂抗拉强度(MPa);

P——破坏荷载(N);

A——试件劈裂面积(mm^2)。

(3)抗弯拉强度

对于道路水泥混凝土,抗弯拉强度是结构设计的主要强度指标(表1-11),抗压强度仅作为参考指标。抗弯拉强度按下式计算:

$$f_{cf}=\frac{P_{cf}L}{bh^2}$$

式中:f_{cf}——混凝土抗弯拉强度(MPa);

P_{cf}——破坏荷载(N);

L——支座间距(mm);

b、h——试件的宽度和高度(mm)。

路面水泥混凝土计算抗弯拉强度 表1-11

交通量分级	特重	重	中等	轻
混凝土计算抗弯拉强度(MPa)	5.0	5.0	4.5	4.0

3.影响混凝土强度的主要因素

(1)水泥强度等级和水灰比

水泥强度等级和水灰比直接影响着水泥石的强度及其与集料的黏结力,是影响混凝土强度最主要的因素。在相同配比、相同成型工艺、相同养护条件下,水泥的强度等级越高,配制的混凝土强度也越高。当水泥品种和强度等级相同

时，水灰比愈小，混凝土的强度愈高；反之，水灰比愈大，混凝土的强度愈低。通过对大量试验数据资料的数理统计分析，混凝土的抗压强度与水灰比和水泥强度可建立以下经验公式（又称鲍罗米公式）

$$f_{cu}=\alpha_a f_{ce}\left(\frac{C}{W}-\alpha_b\right) \tag{1-26}$$

式中：f_{cu}——混凝土28d抗压强度（MPa）；

f_{ce}——水泥的实际强度（MPa）；

C/W——混凝土的灰水比；

α_a、α_b——经验系数，与集料品种等有关，其数值需通过试验求得；《普通混凝土配合比设计规程》（JGJ 55—2011）规定α_a、α_b的取值如下：对于碎石，$\alpha_a=0.46$，$\alpha_b=0.07$；对于卵石，$\alpha_a=0.48$，$\alpha_b=0.33$。

（2）集料

由于集料在混凝土中占较大的体积，集料的强度、级配、表面状况、粒形、粒径等性质都不同程度地影响着混凝土的强度。级配良好的粗集料空隙率小，用其配制的混凝土和易性好、密实度高，从而可获得较高的强度。

（3）外加剂和掺和料

在混凝土中掺入高效减水剂和掺和料是制备高强和高性能混凝土的主要技术途径。

（4）养护温度和湿度

养护温度对混凝土的强度，尤其是早期强度有显著的影响。当养护温度降低时，水泥水化速度减慢；若温度降到冰点以下，混凝土中的水分大部分会结冰，使水泥的水化反应终止，导致混凝土的强度停止发展，并且孔隙内水分结冰，致使混凝土内部结构破坏，强度降低。所以，冬季施工的混凝土应重视早期养护，避免受冻破坏。

（5）龄期

龄期是指混凝土养护所经历的时间。在正常养护条件下，混凝土的强度将随龄期的增加而增加。最初的7～14d，强度增加较快，28d以后增长缓慢，所以混凝土以28d为标准龄期。在标准条件下养护，混凝土强度的发展大致与龄期的对数成正比关系（龄期不小于3d），如下式

$$f_n=f_{28}\frac{\lg n}{\lg 28} \tag{1-27}$$

式中：f_n——龄期为n时混凝土的抗压强度（MPa）；

f_{28}——龄期为28d时混凝土的抗压强度（MPa）；

n——养护龄期（$n\geqslant 3$）（d）。

4. 混凝土的变形性能

（1）化学收缩

混凝土的化学收缩是由于水泥水化引起的。这种收缩是不能恢复的，收缩量随龄期的延长而增加，一般在混凝土成型后40多天内增长较快，以后就渐趋稳定。总收缩量一般不大。

（2）干湿变形

干湿变形是指混凝土随周围环境变化而产生的湿胀干缩变形。一般湿胀的变形量很小，无明显破坏作用，而干缩变形则显著且往往引起混凝土开裂。影响混凝土干缩的因素主要有水泥品种、细度与用量，以及水灰比、集料质量及养护条件等。一般来说，水泥用量大、水灰比

大、砂石用量少，则干缩值也大（水泥用量不宜大于 550kg/m^3）。

在一般工程设计中，通常采用混凝土的线收缩值为$(15\sim20)\times10^{-5}$，即每 1m 收缩 0.15～0.2mm。

(3)温度变形

温度变形即混凝土热胀冷缩的变形，其线膨胀系数约为 1×10^{-5}，即温度每升高 1℃，每 1m 膨胀 0.01mm。

温度变形对大体积混凝土极为不利。混凝土中因水泥水化放出的热量积聚造成内部温度升高，而外部混凝土温度则随气温下降，有时内外温差高达 50～60℃，导致内胀外缩，在混凝土表面产生很大的拉应力，严重的会产生裂缝。因此，大体积混凝土应采用低热水泥、减少水泥用量、人工降温以及对混凝土表层加强养护等措施。对纵长的钢筋混凝土结构应预留伸缩缝，以及在结构物内配置温度钢筋。

(4)在荷载作用下的变形

①在短期荷载作用下的变形。

混凝土是一种弹塑性体，在外力作用下，既能产生可以恢复的弹性变形，又能产生不可恢复的塑性变形，其应力—应变关系不是直线而是曲线。

②徐变。

混凝土在长期荷载作用下随时间而增加的变形称为徐变。在荷载作用初期，徐变变形增长较快，以后逐渐变慢，一般延续 2～3 年渐趋稳定。混凝土的徐变值与水泥品种、水泥用量、水灰比、混凝土的弹性模量、养护条件等因素有关。如水灰比较小或混凝土在水中养护、集料用量较多时，其徐变较小。徐变变形可达$(3\sim5)\times10^{-4}$，即0.3～1.5mm/m。

5.混凝土的耐久性

混凝土在外部和内部不利因素的长期作用下，能够保持其原有的设计性能和使用功能的能力称为耐久性。混凝土的耐久性是一项综合性能，通常包括抗渗、抗冻、抗侵蚀、碳化、碱集料反应及混凝土中的钢筋锈蚀等方面。

(1)抗渗性

抗渗性是指混凝土抵抗压力液体（水、油、溶液等）渗透作用的性能。它是决定混凝土耐久性的主要因素。

混凝土的抗渗性用抗渗等级表示。抗渗等级的测定是采用 6 个圆台体标准试件，在规定的试验条件下，加水压至 6 个试件中有 3 个试件端面渗水时为止（即达 6 个试件中 3 个试件未出现渗水时的最大水压力为止），混凝土的抗渗等级按下式计算

$$P = 10H - 1 \tag{1-28}$$

式中：P——混凝土的抗渗等级（MPa）；

H——6 个试件中 3 个试件表面渗水时的水压力（MPa）。

混凝土抗渗等级分为 P4、P6、P8、P10、P12，相应表示能抵抗 0.4MPa、0.6MPa、0.8MPa、1.0MPa 及 1.2MPa 的水压力。抗渗混凝土是指抗渗等级等于或大于 P6 级的混凝土。

(2)抗冻性

混凝土的抗冻性是指硬化混凝土在水饱和状态下，经受多次冻融循环作用，能保持强度和外观完整性的性能。

混凝土抗冻性以抗冻等级表示。抗冻等级可通过慢冻法试验来确定，即以标准养护 28d 龄期的立方体试块在浸水饱和状态下，承受－15～20℃反复冻融循环，以抗压强度下降不超过

25%,且质量损失不超过5%时所承受的最大冻融循环次数来确定混凝土的抗冻等级。混凝土的抗冻等级分为F10、F15、F25、F50、F100、F150、F200、F250和F300九个等级,分别表示混凝土能够承受的反复冻融循环次数为10、15、25、50、100、150、200、250和300。抗冻混凝土是指抗冻等级等于或大于F50的混凝土。

对抗冻性要求高的混凝土,也可采用100mm×100mm×400mm的棱柱体试件,以快速冻融循环后,相对动弹性模量值不小于60%,且质量损失不超过5%时的最大循环次数来表示。

影响混凝土抗冻性的主要因素有混凝土的密实度、孔隙率、孔隙构造及混凝土的强度。此外,混凝土的抗冻性能还与混凝土中孔隙的充水饱和程度有关。

(3)抗侵蚀性

环境介质对混凝土的侵蚀主要是化学侵蚀,通常有软水侵蚀、硫酸盐侵蚀、镁盐侵蚀、碳酸盐侵蚀等。若是海水侵蚀,通常还伴随着干湿、结晶、冲击等物理作用对混凝土的侵蚀。腐蚀介质主要是通过对水泥石的侵蚀使混凝土性能劣化。

(4)碳化(中性化)

混凝土的碳化是指环境中的CO_2与水泥水化产生的$Ca(OH)_2$发生反应,生成碳酸钙和水的过程。碳化作用对混凝土的最大危害是使混凝土的碱度降低,削弱了混凝土中的强碱环境对钢筋的保护作用,导致钢筋锈蚀。碳化作用还使混凝土的收缩增大,混凝土表面产生拉应力,从而降低了混凝土的抗拉、抗折强度,严重时也可导致混凝土的开裂。

(5)碱集料反应(AAR反应)

碱集料反应是指硬化混凝土中所含的碱(Na_2O和K_2O)与集料中的活性成分发生反应,其反应生成物在有水的条件下吸水膨胀,导致混凝土开裂的现象。碱集料反应的发生必须同时具备以下三个条件:混凝土中含有碱活性的集料;混凝土中有较高的碱的质量分数(Na_2O和K_2O)有充分的水。

影响碱集料反应的因素主要有混凝土中的碱含量,集料的碱活性成分含量,集料颗粒大小,温度、湿度受限情况。

(6)氯离子渗透及钢筋锈蚀

①氯离子渗透。混凝土中的氯离子来源于内部和外部。内部是拌制混凝土时随着原材料加入的;外部是环境中的氯离子通过混凝土孔溶液逐步向内渗透。氯离子对混凝土耐久性的影响表现在两方面:一是氯离子侵蚀导致混凝土破坏;另一万面是氯离子渗入导致钢筋锈蚀。

②钢筋锈蚀。钢筋锈蚀是个电化学过程。混凝土的钢筋表面存在一层致密的钝化膜,钝化膜一旦遭到破坏,在有足够的水和氧的条件下会产生电化学腐蚀。钢筋的锈蚀,一方面使钢筋有效截面面积减小;另一方面,锈蚀产物体积膨胀使混凝土胀裂甚至脱落,钢筋与混凝土黏结作用下降,影响混凝土结构物的安全和正常使用性能。

(二)混凝土外加剂的品种及分类

外加剂是指在混凝土拌和物中掺入不超过水泥质量的5%,且能使混凝土按要求改变性质的物质,并在混凝土配合比设计时,不考虑对混凝土体积或质量的变化。常用的外加剂有减水剂、早强剂、缓凝剂、速凝剂、引气剂、防水剂、防冻剂、膨胀剂等。

1.减水剂

减水剂是指能保持混凝土在稠度不变的条件下,具有减水增强作用的外加剂。混凝土中掺入减水剂,可有如下经济技术效果:

(1)提高流动性

在配合比不变的情况下,可增大坍落度100～200mm,且不影响混凝土强度。

(2)提高强度

在保持坍落度不变的情况下,减少用水量可提高混凝土强度,这种办法提高早期强度效果更显著。

(3)节约水泥

在保持混凝土强度不变时,可节约水泥用量。

(4)改善混凝土的某些性能

如减少混凝土拌和物的泌水、离析现象发生,延缓拌和物凝结,减慢水化放热速度,提高抗渗性及抗冻性等。

常用减水剂品种有以下六种:木质素系减水剂、萘系减水剂、树脂系减水剂、聚羧酸系减水剂、糖蜜系减水剂和复合减水剂。

2.早强剂

(1)氯化物系早强剂

如$CaCl_2$,效果好,除提高混凝土早期强度外,还有促凝、防冻效果,价低,使用方便,一般掺量为1%～2%;缺点是会使钢筋锈蚀。在钢筋混凝土中,$CaCl_2$掺量不得超过水泥用量的1%,通常与阻锈剂$NaNO_2$复合使用。

(2)硫酸盐系早强剂

如硫酸钠,又名元明粉,为白色粉末,适宜掺量为0.5%～2%,多为复合使用,如NC,是硫酸钠、糖钙与青砂混合磨细而成的一种复合早强剂。

(3)三乙醇胺系早强剂

三乙醇胺为无色或淡黄色透明油状液体,易溶于水,一般掺量为0.02%～0.05%,有缓凝作用,一般不单掺,常与其他早强剂复合使用。

3.缓凝剂

缓凝剂是指能延缓混凝土凝结的外加剂,目前常用的有木质素磺酸钙与糖蜜,适用于高温季节施工、大体积混凝土工程、泵送与滑模方法施工及较长时间停放或远距离运送的商品混凝土。

4.速凝剂

速凝剂是指能使混凝土迅速凝结硬化的外加剂,一般初凝时间小于5min,终凝时间小于10h。1h内即产生强度,3d强度可达基准混凝土强度的3倍以上,但后期强度一般低于基准混凝土强度。我国常用的有红星一型、711型等品种,主要用于隧道与地下工程、引水涵洞等工程锚喷支护时的喷射混凝土。

5.引气剂

引气剂是指在搅拌混凝土过程中能引入大量分布均匀、稳定而封闭的微小气泡的外加剂。目前常用的引气剂有松香热聚物、松香皂等,适宜掺量为0.005%～0.012%。采用引气剂主要是为了提高混凝土的抗渗、抗冻等耐久性,改善拌和物的工作性能,多用于水工混凝土。引气剂的使用使得混凝土含气量增大,从而使混凝土的强度较未掺引气剂前有所下降。

外加剂除上述几种外,还有防水剂(三氯化铁防水剂、硅酸钠类防水剂等)、防冻剂(如亚硝酸钙型防冻剂、硝酸钙型防冻剂、氯盐类防冻剂等)、膨胀剂(如硫铝酸钙类膨胀剂等)、发气剂等。

（三）普通水泥混凝土的配合比设计方法

混凝土配合比，是指为配制有一定性能要求的混凝土，单位体积的混凝土中各组成材料的用量或其之间的比例关系。混凝土配合比设计的任务，就是在满足混凝土工作性、强度和耐久性等技术要求的条件下，比较经济合理地确定水泥、水、砂和石子四种材料的用量比例关系。混凝土配合比应根据原材料性能及对混凝土的技术要求进行计算，并经实验室试配试验，再进行调整后确定。

1.计算配合比的确定

(1)计算配制强度($f_{cu,0}$)

为使混凝土的强度保证率能满足95%的要求，混凝土的配制强度应按式(1-29)计算，即

$$f_{cu,0}=f_{cu,k}+1.645\sigma \tag{1-29}$$

式中：σ——混凝土强度标准差(MPa)。

混凝土强度标准差是施工单位混凝土质量控制水平高低的反映，强度标准差宜根据同类混凝土统计资料计算确定，当无统计资料时，可按《普通混凝土配合比设计规程》(JGJ 55—2011)选用。

(2)确定水灰比(W/C)

当混凝土强度等级小于C60时，水灰比可按下式计算

$$W/C=\frac{\alpha_a f_{ce}}{f_{cu,0}+\alpha_a\alpha_b f_{ce}} \tag{1-30}$$

式中：α_a、α_b——经验系数，见式(1-26)的说明；

f_{ce}——水泥28d抗压强度实测值(MPa)。

(3)确定混凝土的单位用水量(m_{wo})

当水灰比为0.40～0.80时，根据所要求的混凝土坍落度值及集料种类、粒径，按规范规定选定混凝土的单位用水量。

应指出，对于流动性和大流动性混凝土的用水量，应以坍落度90mm的用水量为基础，按坍落度每增大20mm，用水量增加5kg，计算出其单位用水量。对于掺外加剂混凝土的单位用水量可按下式计算

$$m_{wo}=m'_{wo}(1-\beta) \tag{1-31}$$

式中：m_{wo}——掺外加剂混凝土每立方米混凝土的用水量(kg)；

m'_{wo}——未掺加外加剂且满足实际坍落度要求的每立方米混凝土用水量(kg/m^3)；

β——外加剂的减水率(%)。

(4)确定混凝土的单位水泥用量(m_{co})

根据已选定的每立方米混凝土用水量(m_{wo})和得出的水灰比(W/C)值，可求出单位水泥用量(m_{co})为

$$m_{co}=\frac{m_{wo}}{W/C} \tag{1-32}$$

(5)确定合理的砂率值(β_s)

合理的砂率值主要应根据混凝土拌和物的坍落度、黏聚性及保水性等要求来确定。对于混凝土用量较大的工程应通过试验找出合理砂率，如无使用经验，可按集料种类、粒径及水灰比参照表1-12选用。

混凝土的砂率(%)　　表 1-12

水灰比 W/C	卵石最大粒径(mm)			碎石最大粒径(mm)		
	10	20	40	16	20	40
0.40	26~32	25~31	24~30	30~35	29~34	30~35
0.50	30~35	29~34	28~33	33~38	32~37	33~38
0.60	33~38	32~37	31~36	36~41	35~40	36~41
0.70	36~41	35~40	34~39	39~41	38~43	30~35

应指出，表 1-12 适用于坍落度为 10~60mm 的混凝土，对于坍落度大于 60mm 的混凝土砂率，可经试验确定，也可在表 1-12 的基础上，按坍落度每增大 20mm，砂率增大 1%的幅度予以调整。对于坍落度小于 10mm 的混凝土，其砂率应经试验确定。

(6)计算粗、细集料的用量(m_{go}、m_{so})

计算粗、细集料用量的方法有质量法和体积法两种。在条件相同时用质量法和体积法计算出的结果基本一致，误差不会太大。

①质量法。粗、细集料的用量按下式计算

$$m_{co}+m_{go}+m_{so}+m_{wo}=m_{cp} \tag{1-33}$$

$$\beta_s=\frac{m_{so}}{m_{so}+m_{go}}\times 100\% \tag{1-34}$$

式中：m_{co}——每立方米混凝土的水泥用量(kg)；

m_{go}——每立方米混凝土的粗集料用量(kg)；

m_{so}——每立方米混凝土的细集料用量(kg)；

m_{wo}——每立方米混凝土的用水量(kg)；

m_{cp}——每立方米混凝土拌和物的假设表观密度，可根据集料的表观密度、粒径及混凝土强度等级，在 2350~2450kg/m^3 范围内选定。

β_s——砂率(%)；

②体积法。粗、细集料的用量按下式计算

$$\frac{m_{co}}{\rho_c}+\frac{m_{go}}{\rho_g}+\frac{m_{so}}{\rho_s}+\frac{m_{wo}}{\rho_w}+0.001\alpha=1 \tag{1-35}$$

式中：ρ_c——水泥密度(kg/m^3)，可取 2900~3100kg/m^3；

ρ_g、ρ_s——粗集料、细集料的表观密度(kg/m^3)；

ρ——水的密度(kg/m^3)，可取 1000kg/m^3；

α——混凝土的气体含量百分数，在不使用引气型外加剂时，α 可取为 1。

2. 试配、调整、确定基准配合比

混凝土初步计算配合比是借助经验公式算得或利用经验资料查得的，尚有一些影响混凝土性质的因素并未考虑进去，所以根据以上计算配合比配制而成的混凝土有可能并不符合实际的要求，因此，必须对初步计算配合比进行试配、调整并提出基准配合比。

水泥用量(m_c)：以用水量乘以选定的灰水比计算确定。

粗、细集料用量(m_g，m_s)：取基准配合比的粗、细集料用量，并按选定的水灰比作适当调整后确定。至此得到的配合比，还应根据实测的混凝土拌和物的表观密度($\rho_{c,t}$)作校正，确定出每立方米混凝土拌和物的各材料用量，步骤如下：

①先按下式计算出混凝土拌和物的计算表观密度($\rho_{c,c}$)

$$\rho_{c,c} = m_c + m_g + m_s + m_w \tag{1-36}$$

②再根据实测的混凝土拌和物的表观密度计算出校正系数(δ)

$$\delta = \frac{\rho_{c,t}}{\rho_{c,c}} \tag{1-37}$$

当混凝土表观密度实测值与计算值之差的绝对值不超过计算值的 2%时，则经强度检验后得出的配合比，即为确定的设计配合比；当两者之差超过 2%时，应将经强度检验后得出的配合比中每项材料用量均乘以校正系数 δ，得到确定的设计配合比。

3. 施工配合比的确定

实验室得出的设计配合比，是以干燥集料(砂含水率小于 0.5%，石子含水量小于 0.2%)为基准计算的，而搅拌现场存放的砂、石材料都含有一定的水分，所以现场材料的实际称量应按砂、石的含水情况进行换算，换算后得到的配合比称作施工配合比。

设搅拌现场测出砂的含水率为 $a\%$、石子的含水率为 $b\%$，则实验室的设计配合比按下列公式换算为施工配合比(每立方米混凝土的各材料用量)

$$m'_c = m_c \tag{1-38}$$

$$m'_s = m_g(1 + a\%) \tag{1-39}$$

$$m'_g = m_g(1 + b\%) \tag{1-40}$$

$$m'_w = m_w - m_s a\% - m_g b\% \tag{1-41}$$

(四)混凝土质量评定

1. 混凝土的质量控制

引起混凝土质量波动的因素有正常因素和异常因素两大类。正常因素是不可避免的微小变化的因素，如砂、石材料质量的微小变化，它们引起的质量波动一般较小，称为正常波动。异常因素是不正常的变化因素，如原材料的称量错误等，它们引起的质量波动一般较大，称为异常波动。

混凝土的质量控制包括初步控制、生产控制和合格性控制三个过程：

(1)混凝土生产前的初步控制，主要包括人员配备、设备调试、组成材料的检验及配合比的确定与调整等内容。

(2)混凝土生产过程中的生产控制，包括控制称量、搅拌、运输、浇筑、振捣及养护等内容。

(3)混凝土配制、浇筑后的合格性控制，包括批量划分、确定批取样数、确定检测方法和验收界限等内容。

工程中通常以混凝土抗压强度作为评定和控制其质量的主要指标。

2. 混凝土强度的合格评定

(1)混凝土强度的波动规律

通过对同一种混凝土进行系统的随机抽样测试，结果表明混凝土强度的波动规律符合正态分布，其正态分布状态可用两个特征统计量——强度平均值(f_{cu})和强度标准差(σ)来进行描述。

强度平均值(f_{cu})按式(1-42)计算

$$\overline{f}_{cu} = \frac{1}{n}\sum_{i=1}^{n} f_{cu,i} \tag{1-42}$$

强度标准差(σ)按式(1-43)计算

$$\sigma=\sqrt{\frac{\sum_{i=1}^{n}(f_{cu,i}-\overline{f}_{cu})^2}{n-1}}=\sqrt{\frac{\sum_{i=1}^{n}f_{cu,i}^2-n\overline{f}_{cu}^2}{n-1}} \tag{1-43}$$

式中:$\overline{f}_{cu}$——n 组试件抗压强度的算术平均值(MPa);

n——试验组数($n\geqslant25$);

$f_{cu,i}$——第 i 组试件的抗压强度(MPa);

σ——n 组试件抗压强度的标准差(MPa)。

强度平均值对应于正态分布曲线中的概率密度峰值处的强度值,故强度平均值反映了混凝土总体强度的平均水平,但不能反映混凝土强度的波动情况。

强度标准差是正态分布曲线上两侧的拐点离开强度平均值处对称轴的距离,它反映了强度离散性(即波动)的情况。σ 值越大,强度分布曲线越矮而宽,说明强度的离散程度较大,反映了生产管理水平低下,强度质量不稳定。

在相同的生产管理水平情况下,对于平均强度不同的混凝土,其强度标准差会随着平均强度的提高而增大。因此,平均强度不同的混凝土之间质量稳定性的比较,可用变异系数 C_v 表征,C_v 可按下式计算

$$C_v=\frac{\sigma}{\overline{f}_{cu}} \tag{1-44}$$

C_v 值越小,说明混凝土强度质量越稳定。

(2)混凝土强度保证率

在混凝土强度质量控制中,除了须考虑混凝土强度质量的稳定性之外,还必须考虑符合设计要求的强度等级的合格率,即强度保证率。它是指在混凝土强度总体中,不小于设计要求的强度等级标准值($f_{cu,k}$)的概率 P(%)。工程中对保证率 P 值可理解为在一定的统计周期内混凝土试件强度不低于要求强度等级标准值的组数 N。

$$P=\frac{N_0}{N}\times100\% \tag{1-45}$$

保证率 P 可通过查表 1-13 确定。

不同 t 值的保证率 P　　表 1-13

t	0.00	0.50	0.84	1.0	1.20	1.28	1.40	1.60
P(%)	50.0	69.2	80.0	84.1	88.5	90.0	91.9	94.5
t	1.645	1.70	1.81	1.88	2.00	2.05	2.33	3.00
P(%)	95.0	95.5	96.5	97.0	97.7	99.0	99.4	99.87

3. 混凝土配制强度

为提高混凝土强度保证率,必须使混凝土的配制强度($f_{cu,0}$)高出设计要求的强度等级标准值($f_{cu,k}$)。令混凝土的配制强度等于平均强度,即 $f_{cu,0}=\overline{f}_{cu}$,则配制强度与设计要求的强度等级标准值必须满足下式要求

$$f_{cu,0}=f_{cu,k}+t\sigma \tag{1-46}$$

根据现行的《普通混凝土配合比设计规程》(JGJ 55—2011)的规定,混凝土强度保证率为95%,由表 1-13 可查得 t=1.645,式(1-46)所示配制强度可表示为

$$f_{cu,0}=f_{cu,k}+1.645\sigma \tag{1-47}$$

式(1-47)中，σ 值可根据混凝土配制强度的历史统计资料得到。若无资料时，可参考表 1-14 中数据。

σ 取 值 表 表 1-14

混凝土强度等级	低于 C20	C20～C35	高于 C35
σ	4.0	5.0	6.0

注：采用本表时，施工单位可根据实际情况，对 σ 值做适当调整。

4. 混凝土强度的合格评定

混凝土强度评定分为统计法和非统计法两种。

当混凝土的生产条件在较长时间内能保持一致且同一品种混凝土的强度变异性能保持稳定时，应由连续的三组试件组成一个验收批，其强度应同时满足下列要求：

$$\overline{f}_{cu}\geqslant f_{cu,k}+0.7\sigma_0 \tag{1-48}$$

$$f_{cu,min}\geqslant f_{cu,k}-0.7\sigma_0 \tag{1-49}$$

式中：$\overline{f}_{cu}$——同一验收批混凝土立方体抗压强度的平均值(MPa)；

$f_{cu,min}$——同一验收批混凝土立方体抗压强度的最小值(MPa)；

σ_0——验收批混凝土立方体抗压强度的标准差(MPa)。

当混凝土强度等级不高于 C20 时，其强度的最小值还应满足下式要求

$$f_{cu,min}\geqslant 0.85f_{cu,k} \tag{1-50}$$

当混凝土强度等级高于 C20 时，其强度的最小值还应满足下式要求

$$f_{cu,min}\geqslant 0.9f_{cu,k} \tag{1-51}$$

立方体抗压强度的标准差应根据前一个检验期内同一品种混凝土试件的强度数据，按下式确定

$$\sigma_0=\frac{0.59}{m}\sum_{i=1}^{m}\Delta f_{cu,i} \tag{1-52}$$

式中：m——用以确定验收批混凝土立方体抗压强度标准差的数据总批数；

$\Delta f_{cu,i}$——第 i 批试件立方体抗压强度中最大值与最小值之差(MPa)。

应注意，上述检验期不应超过两个月，且该期间内强度数据的总批数不得少于 15。

当混凝土的生产条件在较长时间内不能保持一致且混凝土强度变异性不能保持稳定时，或在前一个检验期内的同一品种混凝土没有足够的数据用以确定验收批混凝土立方体抗压强度的标准差时，应由不少于 10 组的试件组成一个验收批，其强度应同时满足下列公式的要求：

$$m\overline{f}_{cu}-\lambda_1 S_{f_{cu}}\geqslant 0.9\overline{f}_{cu,k} \tag{1-53}$$

$$f_{cu,min}\geqslant \lambda_2 S_{f_{cu}} \tag{1-54}$$

以上式中：$S_{f_{cu}}$——同一验收批混凝土立方体抗压强度的标准差(MPa)，当 $S_{f_{cu}}$ 的计算值小于 $0.06f_{cu,k}$时，取 $S_{f_{cu}}=0.06f_{cu,k}$；

λ_1、λ_2——合格判定系数，按表 1-15 取用。

混凝土强度的合格判定系数　表 1-15

试件组数	10～14	15～24	25
λ_1	1.70	1.65	1.60
λ_2	0.90	0.85	

混凝土立方体抗压强度标准差 $S_{f_{cu}}$ 可按下式计算

$$S_{f_{cu}}=\sqrt{\frac{\sum_{i=1}^{n}f_{cu,i}-n\overline{f}_{cu}^{2}}{n-1}} \tag{1-55}$$

式中：$f_{cu,i}$——第 i 组混凝土试件的立方体抗压强度值(MPa)；

n——一个验收批混凝土试件的组数。

对于试件数量有限，不具备按以上两种统计方法评定混凝土强度条件的工程，可采用非统计法评定。其强度应同时满足下列要求

$$\begin{cases}mf_{cu}\geqslant 1.15f_{cu,k}\\ f_{cu}\geqslant 0.95f_{cu,k}\end{cases} \tag{1-56}$$

(五)水泥混凝土强度测定

1. 回弹法检测混凝土强度

(1)基本原理

回弹法的原理是通过混凝土抗压强度—混凝土表层硬度—回弹能量—回弹值建立相互间的关联，即以表面的状况推定混凝土的抗压强度。

(2)主要仪器设备

主要仪器设备包括：回弹仪、碳化深度测试仪、榔头、凿子等。

(3)实验方法及步骤

①在需要测试的构件上按规定要求画出测区，标记测区编号。

②用回弹仪以垂直表面的方式测试各测区的回弹值。每测区布置 16 个测点，测试 16 个回弹值，精确至 1。测点不应在气孔或外露石子上，每个测点只允许回弹一次。

③测量代表性测区或全部测区的碳化深度。

(4)实验结果的计算与评定

①测区回弹值的计算。

将一个测区的 16 个回弹值中剔除 3 个最大值和 3 个最小值，计算余下 10 个回弹值的算术平均值 R，即测区平均回弹值，精确至 0.1。

②非水平方向检测时，对所得回弹值进行角度影响修正，得到修正后的测区平均回弹值 $\overline{R}'$，修正值 R_a 可查阅相关规范。

③检测面为混凝土浇筑表面和底面时，除需要对回弹值进行角度影响修正外，还需进行浇筑面修正，得到修正后的测区平均回弹值 $\overline{R}''$，修正值 R_b 可查阅相关规范。

④测区混凝土强度换算值的计算。

a. 根据测区平均回弹值或修正后的测区平均回弹值和碳化深度值，查相关规范或根据回归公式得到测区混凝土强度换算值 $f_{cu,i}^{c}$。

b. 若混凝土为碳化深度不大于 2.0mm 的泵送混凝土，则需再将测区混凝土强度换算值

进行泵送修正，得到泵送修正后的测区混凝土强度换算值 $f_{cu,i}^{c}$。

c. 若采用同条件试件或混凝土芯样的修正，则需再将测区混凝土强度换算值乘以修正系数 η 进行修正，得到经试块或芯样强度修正后的测区混凝土强度换算值 $f_{cu,i}^{c}$。

⑤结构或构件混凝土强度推定值。

a. 结构或构件测区数少于 10 个时，按下式计算该结构或构件的混凝土强度推定值 $f_{cu,e}^{c}$，精确至 0.1MPa。

$$f_{cu,e}^{c}=f_{cu,min}^{c}$$

式中：$f_{cu,min}^{c}$——经修正或未修正的最小测区混凝土强度换算值。

b. 结构或构件测区数不少于 10 个和按批量检测时，应按下式计算该结构或构件和该批构件的混凝土强度推定值 $f_{cu,e}^{c}$，精确至 0.1MPa。

$$f_{cu,e}^{c}=m_{f_{cu}^{c}}-1.645S_{f_{cu}^{c}} \tag{1-57}$$

$$m_{f_{cu}^{c}}=\frac{\sum_{i=1}^{n}f_{cu,i}^{c}}{n} \tag{1-58}$$

$$S_{f_{cu}^{c}}=\sqrt{\frac{\sum_{i=1}^{n}(f_{cu,i}^{c})^{2}-n(m_{f_{cu}^{c}})^{2}}{n-1}} \tag{1-59}$$

式中：$m_{f_{cu}^{c}}$——结构或构件测区混凝土强度换算值的平均值，精确至 0.1MPa；

$S_{f_{cu}^{c}}$——结构或构件测区混凝土强度换算值的标准差，精确至 0.01MPa；

n——对于单构件，取该构件的测区数；对于批量构件，取所有构件测区数之和。

2. 超声回弹法检测混凝土强度

超声波的传播速度与介质的物理性质以及结构存在密切关系，通过混凝土时其速度与混凝土的弹性模量、强度以及密实程度相关联，超声波波速可在相当程度上反映出混凝土的整体质量。

(1)主要仪器设备

①回弹仪。

②超声波检测仪，要求使用的环境温度应为 0～40℃。

③换能器，频率宜在 50～100kHz。

④空气中实测声速与理论值相比误差不应超过 0.5%。

(2)实验方法及步骤

①在需要测试的构件两侧面上画出对称测区，标记测区编号，并在对称位置标记出超声波探头位置，每测区为 3 点。

②用回弹仪以垂直表面的方式测试各测区的回弹值，每个测点只允许弹一次。每测区在构件两侧分别测试 8 个回弹值 R_i，精确至 1。回弹仪使用方法同回弹法检测混凝土抗压强度实验。

③测试 3 点的声时 t_i，精确至 0.1μs。

(3)实验结果计算与评定

①测区回弹值的计算与修正。

测区回弹值的计算方法、非水平方向检测时的角度影响修正、检测面为混凝土浇筑表面和底面时的浇筑面修正与回弹法检测混凝土抗压强度相同。

②超声声速的计算。

按下式计算测区声速值代表值 v，精确至 0.01km/s。

$$v=\frac{1}{3}\sum_{i=1}^{3}\frac{l_i}{t_i} \tag{1-60}$$

③测区混凝土强度换算值 $f^{c}_{cu,i}$。

按下式计算测区混凝土强度换算值 $f^{c}_{cu,i}$，精确至 0.1MPa。

粗骨料为卵石时　　　　　　$f^{c}_{cu,i}=0.0056v^{1.437}R^{-1.769}$

粗骨料为碎石时　　　　　　$f^{c}_{cu,i}=0.0162v^{1.656}R^{-1.410}$

式中：R——测区回弹平均值或修正后的测区回弹平均值。

④结构或构件混凝土强度推定值。

用超声回弹法检测混凝土强度、结构或构件混凝土强度推定值计算同回弹法检测混凝土强度。

3. 取芯法检测混凝土强度

(1)基本原理

从混凝土结构或构件中直接钻取混凝土，并加工成高径比为 1∶1 的试件，测试得到混凝土的真实强度。

(2)主要仪器设备

钻芯机、磨平机、钢筋探测仪、压力实验机、钢直尺、钢卷尺等。

(3)实验方法及步骤

①确定需要测试混凝土强度的构件。

②根据构件受力特点和其他要求确定出取芯的大概区域，并在此区域用钢筋探测仪确定出钢筋位置。

③根据钢筋位置结合构件截面的受力特点，画出取芯和取芯机固定的位置。

④按取芯机操作要求钻取混凝土芯样。

⑤将芯样按适当方式编号，并记录构件和芯样的位置。

⑥把芯样加工成高径比为 1∶1 的试件，并根据构件所处的潮湿状况调节芯样的干湿状态。

⑦在芯样中部两垂直方向测量直径，取平均值 d，精确至 0.5mm；同时检查垂直度、平整度等是否符合要求。

③按混凝土立方体抗压强度实验方法测试芯样的抗压强度。

(4)实验结果计算与评定

①混凝土芯样试件的抗压强度。

按下式计算芯样试件的抗压强度，精确至 0.1MPa。

$$f^{c}_{cu,cor}=\frac{F_c}{A}=\frac{F_c}{\frac{1}{4}\pi\bar{d}^2} \tag{1-61}$$

②单构件混凝土强度推定值。

单构件混凝土强度推定值取芯样试件抗压强度值中的最小值。

③批量检测混凝土强度推定值。

按下式计算混凝土强度推定区间。

$$f_{cu,e1}=f_{cu,cor,m}-k_1S_{cor} \tag{1-62}$$

$$f_{cu,e2}=f_{cu,cor,m}-k_2S_{cor} \tag{1-63}$$

$$S_{cor}=\sqrt{\frac{\sum_{i=1}^{n}(f_{cu,cor,i}-f_{cu,cor})^2}{n-1}} \tag{1-64}$$

式中：$f_{cu,cor,m}$——芯样试件的混凝土抗压强度平均值，精确至0.1MPa；

$f_{cu,cor,i}$——单个芯样试件的混凝土抗压强度值，精确至0.1MPa；

$f_{cu,e1}$——混凝土抗压强度推定上限值，精确至0.1MPa；

$f_{cu,e2}$——混凝土抗压强度推定下限值，精确至0.1MPa；

k_1、k_2——推定区间上、下限系数，置信度为0.85条件下根据试件数确定；

S_{cor}——芯样试件的抗压强度标准差，精确至0.1MPa。

a. $f_{cu,e1}$和$f_{cu,e2}$之间的差值不宜大于5.0MPa和0.10$f_{cu,cor,m}$两者中的较大值。

b. 宜以$f_{cu,e1}$作为批量检测混凝土强度推定值。

二、砂浆

将砖、石和砌块等黏结成为砌体的砂浆，称为砌筑砂浆。砌筑砂浆在砌筑工程中起黏结砌体材料和传递应力的作用。砌筑砂浆除应有良好的和易性外，硬化后还应有一定的强度、黏结力和耐久性。

（一）和易性

砂浆的和易性是指砂浆拌和物能便于施工操作，并能保证硬化后砂浆的质量均匀以及砂浆与基层材料间质量要求的性能，包括流动性和保水性。

1. 流动性

砂浆的流动性是指砂浆拌和物在自重或者外力的作用下产生流动的性能，按照《建筑砂浆基本性能试验方法标准》(JTG/T 70—2009)的规定采用砂浆稠度仪测定，以圆锥体沉入砂浆的深度（稠度值）表示。

2. 保水性（保水率）

保水性是指砂浆拌和物保持水分及整体均匀一致的能力。保水性良好的砂浆在与块材或基层接触时能保持大部分水分，提高与块材或基层的黏结性能。现行的规范规定砂浆拌和物的保水性用保水率来衡量，参考值见表1-16。

砌筑砂浆拌和物的保水率、体积密度和砂浆的材料用量 表1-16

砂浆种类	保水率(%)	体积密度(kg/m^3)	材料用量(kg/m^3)
水泥砂浆	≥80	≥1900	≥200
水泥混合砂浆	≥84	≥1800	≥350
预拌砂浆	≥88	≥1800	≥200

注：1. 水泥砂浆中的材料用量是指水泥用量。
2. 水泥混合砂浆中的材料用量是指水泥和石灰膏、电石膏材料的总用量。
3. 预拌砂浆中的材料用量是指胶凝材料用量，包括水泥和替代水泥的粉煤灰活性矿物掺和料的用量。

砂浆的保水性也可以用分层度(mm)表示。在砂浆拌和物测定其稠度后，在装入分层度仪中，静止30min后去底部1/3砂浆再测定其稠度值，两次之差即为分层度。砂浆的分层度一般为 10～20mm，如果分层度过大，砂浆容易泌水、分层或水分流失过快，不便于施工。

砌筑砂浆中的水泥和石灰膏、电石膏等材料的用量可按表 1-16 选用。控制砂浆的材料用量，目的在于保证砂浆拌和物的和易性以及强度。

（二）凝结时间

砂浆的凝结时间是指在规定条件下，自加水拌和起，直至砂浆凝结时间测定仪的贯入阻力为 0.5MPa 时所需的时间。在(20±2)℃的试验条件下，将制备好的砂浆[砂浆稠度值为(100±10)mm]装入砂浆容器中，抹平，从成型后 2h 开始测定砂浆的贯入阻力(贯入试针压入砂浆内部 25mm 时所受的阻力)，直到贯入阻力达到 0.7MPa 时为止，并根据记录时间和相应的贯入阻力值绘图，从而得到砂浆的凝结时间。对于水泥砂浆，其凝结时间不宜超过 8h；对于混合砂浆，其凝结时间不宜超过 10h。影响砂浆凝结时间的因素主要有胶凝材料的种类及用量、用水量和气候条件等，必要时可加入调凝剂进行调节。

（三）强度与强度等级

砂浆强度是指在标准养护条件下，用标准试验方法测得的边长为 70.7mm 的立方体试件在 28d 龄期时的抗压强度值(MPa)，其标准养护温度条件为(20±3)℃，在标准养护湿度条件下对于水泥砂浆要求相对湿度大于 90%，对于混合砂浆要求相对湿度为 60%～80%。在评定用于吸水基层的砂浆强度测定结果时，需在采用带底试模测得的砂浆强度测定结果基础上乘以系数 1.35。

习　题

1-20　普通混凝土的抗拉强度只有其抗压强度的(　　)。

A. 1/5～1/2　　B. 1/10～1/5

C. 1/20～1/10　　D. 1/30～1/20

1-21　混凝土的强度受到其材料的组成、养护条件和试验方法的影响，其中试验方法的影响体现在(　　)。

A. 试验设备的选择　　B. 试验地点的选择

C. 试验尺寸的选择　　D. 温湿环境的选择

1-22　减水剂能够使混凝土在保持相同坍落度的前提下，大幅减少用水量，因此能够提高混凝土的(　　)。

A. 流动性　　B. 强度　　C. 黏聚性　　D. 捣实性

1-23　混凝土强度是在标准养护条件下达到标准养护龄期后测量得到的，如实际工程中混凝土的环境温度比标准养护温度低了 10℃，则混凝土的最终强度与标准强度相比(　　)。

A. 一定较低　　B. 一定较高

C. 不能确定　　D. 相同

1-24　在寒冷地区的混凝土发生冻融破坏时，如果表面有盐类作用，其破坏程度(　　)。

A. 会减轻　　B. 会加重

C. 与有无盐类无关　　D. 视盐类浓度而定

1-25　用高强度等级水泥配制低强度混凝土时，为保证工程的技术经济要求，应采用(　　)措施。

A. 掺混合材料　　B. 减小砂率

C. 增大粗集料粒径　　　　D. 增大砂率

1-26　泵送混凝土施工选用的外加剂是(　　)。

A. 早强剂　　B. 速凝剂　　C. 减水剂　　D. 缓凝剂

1-27　混凝土碱—集料反应是指(　　)。

A. 水泥中碱性氧化物与集料中活性氧化硅之间的反应

B. 水泥中 $Ca(OH)_2$ 与集料中活性氧化硅的反应

C. 水泥中的 C_3S 与集料中 $CaCO_3$ 的反应

D. 水泥中的 C_3S 与集料中活性氧化硅之间的反应

1-28　混凝土配合比计算中,试配强度高于混凝土的设计强度,其提高幅度取决于(　　)。

①混凝土强度保证率要求;②施工和易性要求;③耐久性要求;④施工控制水平;⑤水灰比

A. ①②　　B. ①③　　C. ①⑤　　D. ①④

1-29　影响混凝土强度的主要因素有(　　)。

①水泥强度;②水灰比;③水泥用量;④养护温湿度;⑤砂石用量

A. ①②③　　B. ②③④　　C. ①②⑤　　D. ①②④

1-30　进行混凝土配合比设计时,确定水灰比的根据是(　　)。

①强度;②和易性;③耐久性;④坍落度;⑤集料品种

A. ①④　　B. ①⑤　　C. ①③　　D. ②⑤

1-31　配制混凝土,在条件许可时,尽量选用粒径大的粗集料,是为了(　　)。

Ⅰ. 节省集料;Ⅱ. 节省水泥;Ⅲ. 减少混凝土干缩;Ⅳ. 提高混凝土强度

A. Ⅰ、Ⅱ　　B. Ⅱ、Ⅲ　　C. Ⅲ、Ⅳ　　D. Ⅰ、Ⅳ

1-32　采用特细砂配制混凝土时,以下措施中不可取的是(　　)。

A. 采用较小砂率　　　　B. 适当增加水泥用量

C. 采用较小的坍落度　　　　D. 掺减水剂

1-33　影响混凝土拌和物流动性的主要因素是(　　)。

A. 砂率　　　　B. 水泥浆数量

C. 集料的级配　　　　D. 水泥品种

1-34　下列关于混凝土坍落度的叙述中,正确的是(　　)。

A. 坍落度是表示塑性混凝土拌和物和易性的指标

B. 干硬性混凝土拌和物的坍落度小于 10mm 时须用维勃稠度(s)表示其稠度

C. 泵送混凝土拌和物的坍落度一般不低于 200mm

D. 在浇筑板、梁和大型及中型截面的柱子时,混凝土拌和物的坍落度宜选用 20～40mm

1-35　普通混凝土的强度等级是以具有 95%保证率的(　　)d 的标准尺寸立方体抗压强度代表值来确定的。

A. 3、7、28　　B. 3、28　　C. 7、28　　D. 28

1-36　与连续级配相比较,单级配集料用于水泥混凝土的主要缺点是(　　)。

A. 水泥用量大　　　　B. 拌和物易离析

C. 混凝土砂率小　　　　D. 单位用水量低

1-37 混凝土中的水泥浆,在混凝土硬化前和硬化后起(　　)作用。

A. 胶结　　B. 润滑、填充和胶结

C. 润滑和胶结　　D. 填充和胶结

第五节　沥 青 材 料

一、石油沥青的组成结构

地壳中的石油，在各种自然因素的作用下，经过轻质油分蒸发、氧化和缩聚作用，最后形成的天然产物，称为天然沥青(Natural Asphalt)；石油经各种炼制工艺加工而得到的沥青产品，称为石油沥青(Petroleum Asphalt)。在石油沥青中，油分、树脂和地沥青质是三大主要组分。

(1)油分：淡黄色液体，占总量的 40%～60%，赋予沥青以流动性。

(2)树脂(脂胶)：黄色到黑褐色的半固体，占总量 15%～30%，赋予沥青以黏性与塑性。

(3)地沥青质：黑色固体，占总量的 10%～30%，是决定石油沥青热稳定性与黏性的重要组分。

此外，石油沥青中还含有一定量的固体石蜡，可降低沥青的黏性与塑性，增强其对温度的敏感性。

根据沥青中各个组分的比例和流变学特性，沥青胶体的结构类型可以分为溶胶型、凝胶型、溶胶—凝胶型三种结构。

(一)溶胶型

石油沥青的性质随各组分数量比例的不同而变化。当油分和树脂较多时，胶团外膜较厚，胶团之间相对运动较自由，这种胶体结构的石油沥青，称为溶胶型(Sol-like)石油沥青。溶胶型石油沥青的特点是流动性和塑性较好，开裂后自行愈合能力较强，而对温度的敏感性大，即对温度的稳定性较差，温度过高会流淌。

(二)凝胶型

当油分和树脂含量较少时，胶团外膜较薄，胶团靠近聚集，相互吸引力增大，胶团间相互移动比较困难。这种胶体结构的石油沥青称为凝胶型(Gel-like)石油沥青。凝胶型石油沥青的特点是，弹性和黏性较高，温度敏感性较小，开裂后自行愈合能力较差，流动性和塑性较低。

(三)溶胶—凝胶型

当地沥青质不如凝胶型石油沥青中的多，而胶团间靠得又较近，相互间有一定的吸引力，形成一种介于溶胶型和凝胶型两者之间的结构，称为溶胶—凝胶型结构(Sol-gel-like)。溶胶—凝胶型石油沥青的性质也介于溶胶型石油沥青和凝胶型石油沥青两者之间。

溶胶型、溶胶—凝胶型及凝胶型胶体结构的石油沥青示意图如图 1-1 所示。

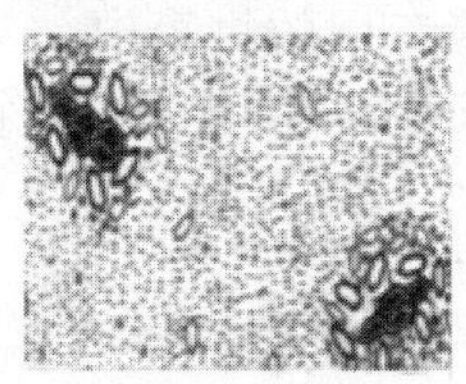

a)溶胶型结构

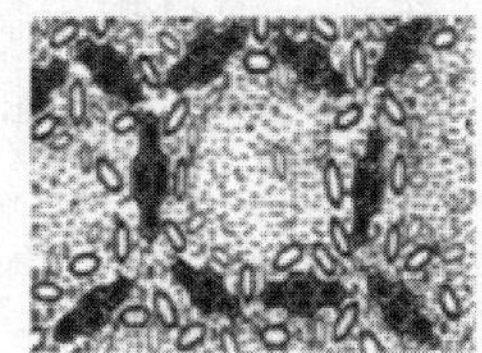

b)凝胶型结构

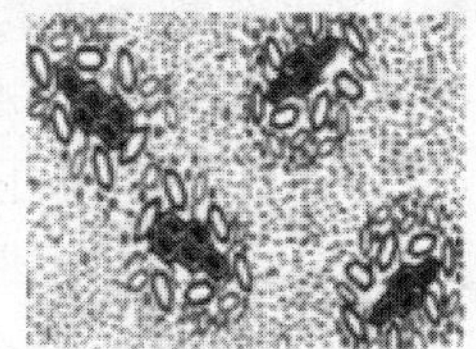

c)溶胶—凝胶型结构

图 1-1　沥青的胶体结构示意图

二、石油沥青的技术性质及测定方法

（一）防水性

石油沥青是憎水性材料，几乎完全不溶于水，而且本身结构致密，加之它与矿物材料表面有很好的黏结力，能紧密黏附于矿物表面，同时，它还具有一定的塑性，能适应材料或构件的变形，故石油沥青具有良好的防水性，广泛用作建筑工程的防潮、防水材料。

（二）黏滞性（黏性）

石油沥青的黏滞性是反映沥青材料内部阻碍其相对流动的一种特性，以绝对黏度表示，黏稠沥青的黏性用针入度表示。针入度是指在规定温度（25℃）下，以规定质量（100g）的标准针，在规定时间（5s）内贯入试样中的深度（按0.1mm计）。按上述方法测定的针入度值愈大，表示沥青愈软，黏稠度愈小。

对于液体石油沥青或较稀的石油沥青，其相对黏度可用标准黏度计测定的标准黏度表示。标准黏度是在规定温度（20℃、25℃、30℃或60℃）、通过规定直径（3mm、5mm或10mm）的孔口流出50cm^{3}沥青所需的时间秒数，常用符号“$C_{T,D}$”表示，其中C为黏度，T为试样温度，D为流口直径。

（三）塑性

石油沥青的塑性用延度（Duetility，$D_{T,v}$）表示。延度愈大，塑性愈好。

沥青延度是把沥青用“∞”字形标准试模制成标准试样（中间最小截面积为1cm^2），在规定温度（25℃）下，以规定速度（5cm/min）进行拉伸，拉断时试样的伸长长度，以cm为单位表示。

（四）温度敏感性

温度敏感性是指石油沥青的黏滞性和塑性随温度升降而变化的性能。

沥青软化点（Softening Point，$T_{R\&B}$）是反映沥青温度敏感性的指标。沥青软化点测定方法很多，国内外一般采用环球法软化点仪测定。它是把沥青试样装入规定尺寸的钢环内，试样上放置一标准钢球，浸入水（估计软化点不高于80℃）或甘油（估计软化点高于80℃）中，以规定的升温速度（5℃/min）加热，使沥青软化下垂，当下垂到规定距离（25.4mm）时的温度，以摄氏度（℃）为单位表示。软化点高表示沥青的耐热性或温度稳定性好。

（五）大气稳定性

在阳光、空气和热的综合作用下，沥青各组分会不断递变。低分子化合物将逐步转变成高分子物质，即油分和树脂逐渐减少，而地沥青质逐渐增多。沥青随着时间的进展流动性和塑性逐渐减弱，硬脆性逐渐增强，直至脆裂，这个过程称为石油沥青的“老化”。大气稳定性可以用抗老化性能来表征。

石油沥青的大气稳定性常以蒸发损失和蒸发后针入度比来评定。其测定方法是：先测定沥青试样的质量及其针入度，然后将试样置于加热损失试验专用的烘箱中，在160℃下蒸发5h，待冷却后再测定其质量及针入度。计算蒸发损失质量占原质量的百分数，称为蒸发损失；计算蒸发后针入度占原针入度的百分数，称为蒸发后针入度比。蒸发损失百分数愈小和蒸发后针入度比愈大，则表示大气稳定性愈高，老化愈慢。

三、改性石油沥青

在石油沥青中加入矿物填充料（粉状，如滑石粉；纤维状，如石棉绒），可提高沥青的黏性和耐热性。这是一种冷用热性，可减少沥青对温度的敏感性。

橡胶是石油沥青的主要改性材料，常用的有氯丁橡胶、再生橡胶、丁基橡胶及耐热性丁苯作防水层的嵌缝材料橡胶(SBS)等。它们与石油沥青有较好的混溶性，并可使改性沥青具有橡胶的许多优点，如高嵌缝油膏的耐温变形性小，低温柔性好，耐老化性高等。

树脂作为改性材料可使得到的改性沥青提高耐寒性、耐热性、黏性及不透气性。但由于树脂与石油沥青的相溶性较差，故可用的树脂品种较少。

四、沥青的应用

(一)冷底子油

冷底子油是一种沥青涂料，由建筑石油沥青(30%～40%)与汽油或其他有机溶剂(60%～70%)相融合而成。冷底子油实际上是常温下的沥青溶液。其黏度小，渗透性好。在常温下将冷底子油刷涂或喷到混凝土、砂浆或木材等材料表面后，即逐渐渗入毛细孔中，待溶剂挥发便形成一层牢固的沥青膜，使其上的防水层与基层得以牢固粘贴。

(二)沥青胶(玛蹄脂)

沥青胶为沥青与矿质填充料的均匀混合物。沥青胶分热用与冷用两种。在热用沥青胶中，填充料掺量一般为10%～30%；而冷用沥青胶的配比一般是：沥青40%～50%，绿油25%～30%，矿粉10%～30%，有时还加入不到5%的石棉。

沥青胶可用来粘贴防水卷材，用作接缝材料等。

(三)建筑防水沥青嵌缝油膏

这是一种冷膏状材料。它以石油沥青为基料，加入改性材料(如废橡胶粉或硫化鱼油)稀释剂(如松节油等)及填充剂(石棉绒、滑石粉等)等混合而成，主要用在屋面、墙面、沟槽等处，作为防水层的嵌缝材料。

(四)沥青防水卷材

1. 常用油毡

常用油毡是指用低软化点沥青浸渍原纸，然后以高软化点沥青涂盖两面，再涂刷或撒布隔离材料(粉状或片状)而制成的纸胎防水卷材，分为石油沥青油毡与煤沥青油毡两类。

2. SBS改性沥青柔性油毡

SBS改性沥青柔性油毡以聚酯纤维无纺布为胎体，以SBS橡胶改性沥青为面层，以塑料薄膜为隔离层，是一种新型防水材料。

3. 沥青再生胶油毯

沥青再生胶油毯是一种无胎防水卷材，由再生橡胶、10号石油沥青及碳酸钙填充料，经混炼、压延而成。沥青再生胶油毯具有较好的弹性、不透水性与低温柔韧性，以及较高的延伸性、抗拉强度与稳定性。

习　题

1-38　评定石油沥青主要性能的三大指标是(　　)。

①延度；②针入度；③抗压强度；④柔度；⑤软化点；⑥坍落度

A. ①②④　　B. ①⑤⑥　　C. ①②⑤　　D. ③⑤⑥

1-39　沥青中掺入一定量的磨细矿物填充料可使沥青的(　　)性能改善。

A. 弹性和延性　　B. 耐寒性与不透水性

C. 黏结力和耐热性　　D. 强度和密实度

1-40　沥青是一种有机胶凝材料，(　　)不属于它。

A. 黏结性　　B. 塑性　　C. 憎水性　　D. 导电性

1-41　石油沥青老化后，其延度较原沥青将(　　)。

A. 保持不变　　B. 升高

C. 降低　　D. 前面三种情况可能都有

1-42　沥青针入度试验属于条件黏度试验，其条件为(　　)。

A. 温度　　B. 时间　　C. 针的质量　　D. ①+②+③

1-43　沥青针入度的单位为"°"，那么1°=(　　)mm。

A. 0.1　　B. 0.01　　C. 1.0　　D. 10

1-44　通常软化点较高的沥青，其(　　)较好(含蜡量高的沥青除外)。

A. 气候稳定性　　B. 热稳定性　　C. 黏结性　　D. 塑性

1-45　延度较大的沥青，其(　　)较好。

A. 气候稳定性　　B. 温度稳定性　　C. 黏结性　　D. 塑性

第六节　沥青混合料

一、沥青混合料的结构形成原理

沥青混合料是一种较好的黏性和弹塑性材料，具有一定的高温稳定性和低温抗裂性，作为路面不需设置施工缝和伸缩缝，施工方便、速度快、能及时开放交通，路面平整、行车比较舒适，因此，沥青混合料是高等级公路最主要的路面材料。

沥青混合料按其组成结构可分为下列三类。

(一)悬浮—密实结构

当采用连续型密级配矿料与沥青组成沥青混合料时，按粒子干涉理论，为避免次级集料对前级集料密排的干涉，前级集料之间必须留出比次级集料粒径稍大的空隙供次级集料排布。按此组成的沥青混合料，经过多级密垛虽然可以获得很大的密实度，但是各级集料均被次级集料所隔开，不能直接靠拢而形成骨架，有如悬浮于次级集料及沥青胶浆之间，其结构组成如图1-2a)所示，称为悬浮—密实结构。这种结构的沥青混合料虽然具有较高的黏聚力，但内摩擦角比较低，因此高温稳定性较差。

(二)骨架—空隙结构

当采用连续型开级配矿料与沥青组成沥青混合料时，这种矿料递减系数较大，粗集料所占的比例较高，而细集料很少，甚至没有。按此组成的沥青混合料，粗集料可以互相靠拢形成骨架，但由于细集料数量过少，不足以填满粗集料之间的空隙，因此形成"骨架—空隙"结构，如图1-2b)所示。这种结构的沥青混合料，虽然具有较大的内摩擦角φ，但黏聚力c较低。

(三)密实—骨架结构

当采用间断型密级配矿料与沥青组成沥青混合料时，由于这种矿料没有中间尺寸粒径的集料，即较多数量的粗集料可形成空间骨架，同时有相当数量的细集料可填充骨架的空隙，因此形成"密实—骨架"结构，如图1-2c)所示。这种结构的沥青混合料，不仅具有较高的黏聚力

c，而且具有较大的内摩擦角 φ。

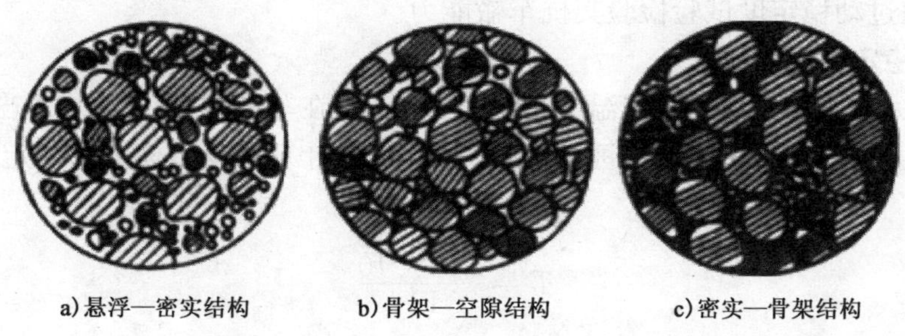

图 1-2 三种典型沥青混合料结构组成示意图

二、混合料的强度形成原理

沥青混合料在路面结构中破坏，主要是在高温时由于抗剪强度不足或塑性变形过剩而产生推挤，以及在低温时由于抗拉强度不足或变形能力较差而产生裂缝。目前沥青混合料的强度和稳定性理论，主要是要求沥青混合料在高温时必须具有一定的抗剪强度，在低温时具有一定抵抗变形的能力。

工程设计时为了防止沥青混合料路面产生高温剪切破坏，在验算沥青混合料路面抗剪强度时，要求沥青混合料破裂面上可能发生的剪应力 τ_a 应小于或等于沥青混合料的许用剪切应力 τ_R，即

$$\tau_a \leqslant \tau_R \tag{1-65}$$

而沥青混合料的许用剪应力 τ_R 取决于沥青混合料的抗剪强度 τ，即

$$\tau_R = \frac{\tau}{K_2} \tag{1-66}$$

沥青混合料的抗剪强度 τ，可通过三轴试验方法应用莫尔—库仑包络线进行计算。其抗剪强度按式(1-67)求得

$$\tau = c + \sigma\tan\varphi \tag{1-67}$$

式中：τ——沥青混合料的抗剪强度(MPa)；

c——沥青混合料的黏聚力(MPa)；

σ——正应力(MPa)；

φ——沥青混合料的内摩擦角(°)。

由式(1-67)可知，沥青混合料的抗剪强度主要取决于黏聚力 c 和内摩擦角 φ 两个参数，即 $\tau = f(c,\varphi)$。

在三轴试验时，采用不同的垂直压应力 σ_v 和侧向压应力 σ_1 可求得 σ_v-σ_1 系的斜率 S 和截距 I。根据 S 和 I 即可计算得沥青混合料的黏聚力 c 和内摩擦角 φ。

三、沥青混合料技术性质和技术标准

(一)高温稳定性

沥青混合料的高温稳定性是指高温条件下，沥青混合料在荷载作用下抵抗永久变形的能力。

我国现行国家标准《公路沥青路面施工技术规范》(JTG F40—2004)规定，采用马歇尔稳

定度试验来评价沥青混合料高温稳定性；对高速公路、一级公路、城市快速路、主干路所用沥青混合料，还应通过动稳定度试验检验其抗车辙能力。

1. 马歇尔稳定度

稳定度是标准尺寸试件在规定温度和加荷速度下，在马歇尔仪中最大的破坏荷载（kN）；流值是达到最大破坏荷载时试件的垂直变形（以 0.1m 计）；马歇尔模数为稳定度除以流值的商，即

$$T=\frac{\mathrm{MS}\times 10}{\mathrm{FL}} \tag{1-68}$$

式中：T——马歇尔模数（kN/mm）；

MS——稳定度（kN）；

FL——流值，以 0.1mm 计。

2. 车辙试验

车辙试验的方法是用标准成型方法，制作 300mm×300mm×50mm 的沥青混合料试件，在 60℃的条件下，以一定荷载的轮子在同一轨迹上作一定时间的反复行走，形成一定的车辙深度，然后计算试件变形 1mm 时车轮行走的次数，即为沥青混合料动稳定度。

$$\mathrm{DS}=\frac{(t_2-t_1)\times 42}{d_2-d_1}\times c_1\times c_2 \tag{1-69}$$

式中：DS——沥青混合料动稳定度（次/mm）；

d_1、d_2——时间 t_1 和 t_2 的变形量（mm）；

42——每分钟行走次数（次/min）；

c_1、c_2——试验机或试样修正系数。

我国现行国家标准《公路沥青路面施工技术规范》（JTG F40—2004）规定：用于上面层、中面层沥青混凝土混合料在 60℃时的动稳定度，对高速公路和城市快车路应不小于 800 次/mm，对一级公路、城市主干道应不小于 600 次/mm。

（二）低温抗裂性

沥青混合料不仅应具备高温稳定性，同时还应具有低温抗裂性，以保证路面在冬季低温时不产生裂缝。

有研究认为，沥青路面在低温时的开裂与沥青混合料的抗疲劳性能有关。建议用沥青混合料在一定变形条件下，达到试件破坏时所需的荷载作用次数来表征沥青混合料的疲劳寿命。破坏时的作用次数称为柔度。

（三）耐久性

沥青混合料在路面中，长期受自然因素的作用。为保证路面具有较长的使用年限，必须具有良好的耐久性。

影响沥青混合料耐久性的因素很多，诸如：沥青的化学性质、矿料的矿物成分和沥青混合料的组成结构（残留空隙、沥青填隙率）等。

我国现行规范采用空隙率、沥青饱和度（即沥青填隙率）和残留稳定度等指标来表征沥青混合料的耐久性。

（四）抗滑性

随着现代高速公路的发展，对沥青混合料路面的抗滑性提出更高的要求。沥青混合料路

面的抗滑性与矿质集料的表面性质、混合料的级配组成以及沥青用量等因素有关。沥青用量对抗滑性非常敏感，沥青用量超过最佳用量的0.5%即可使抗滑系数明显降低。

含蜡量对沥青混合料抗滑性有明显的影响，我国现行交通行业标准规定，重交通量道路用石油沥青的含蜡量应不大于3%。沥青来源确有困难时，对路面下面层含蜡量可加大至4%～5%。

（五）施工和易性

为了保证在现场条件下顺利施工，沥青混合料除了应具备前述的技术要求外，还应具备适宜的施工和易性。影响沥青混合料施工和易性的因素很多，诸如当地气温、施工条件及混合料性质等。

单纯从混合料性质而言，首先影响沥青混合料施工和易性的是混合料的级配情况。粗细集料的颗粒大小相差过大，缺乏中间尺寸，混合料容易分层层积（粗粒集中在表面，细粒集中在底部）；细集料过少，沥青层就不容易均匀地分布在粗颗粒表面；细集料过多，使拌和困难。此外，当沥青用量过少，或矿粉用量过多时，混合料容易疏松，不易压实。反之，若沥青用量过多，或矿粉质量不好，则容易使混合料黏结成团块，不易摊铺。

四、沥青混合料配合比设计方法

沥青混合料配合比设计包括：目标配合比设计、生产配合比设计和生产配合比验证。通过配合比设计决定沥青混合料的材料品种、矿料级配及沥青用量。本节着重介绍目标配合比设计。

目标配合比设计可分为矿料配合比设计和确定沥青混合料最佳用量两部分。

（一）确定沥青混合料类型

沥青混合料的类型，根据道路等级、路面类型、所处的结构层以及具体要求来确定。

（二）确定矿料级配范围

密级配沥青混合料宜根据公路等级、气候及交通条件按表1-17选择采用粗型（C型）或细型（F型）混合料。对于夏季温度高、高温持续时间长的地区，或者重载交通多的路段，宜选用粗型密级配沥青混合料（AC-C），并取较高的设计孔隙率。对于冬季温度低且低温持续时间长的地区，或者重载交通较少的路段，宜选用细型密集配沥青混合料（AC-F），并取低的设计孔隙率，并在表1-18范围内确定工程设计级配范围。通常情况下工程设计级配范围不宜超出表1-18的要求。

粗型和细型密级配沥青混凝土的关键性筛孔通过率（JTG F40—2004）　　表1-17

混合料类型	公称最大粒径（mm）	用以分类的关键性筛孔（mm）	粗型密级配		细型密级配	
			名称	关键性筛孔通过率（%）	名称	关键性筛孔通过率（%）
AC-25	26.5	4.75	AC-25C	<40	AC-25F	>40
AC-20	19	4.75	AC-20C	<45	AC-20F	>45
AC-16	16.0	2.36	AC-16C	<38	AC-16F	>38
AC-13	13.2	2.36	AC-13C	<40	AC-13F	>40
AC-10	9.5	2.36	AC-10C	<45	AC-10F	>45

沥青混合料矿料级配范围(JTG F40—2004)　表1-18

材料总类	级配类型		通过下列筛孔(mm)的质量百分数(%)													
			53	37.5	31.5	26.5	19	16	13.2.	9.5	4.75	2.36	1.18	0.6	0.3	0.15	0.075
密级配沥青混凝土	粗粒式	AC-25			100	90～100	75～90	65～83	57～76	45～65	24～52	16～42	12～33	8～24	5～17	4～13	3～7
	中粒式	AC-20				100	90～100	78～92	62～80	50～72	26～56	16～44	12～33	8～24	5～17	4～13	3～7
		AC-16					100	90～100	76～92	60～80	34～62	20～48	13～36	9～26	7～18	5～14	4～8
	细粒式	AC-13						100	90～100	68～85	38～68	24～50	15～38	10～28	7～20	5～15	4～8
		AC-10							100	90～100	45～75	30～58	20～44	13～32	9～23	6～16	4～8
	砂粒式	AC-5								100	90～100	55～75	35～55	20～40	12～28	7～18	5～10
沥青玛蹄脂碎石	中粒式	SMA-20				100	90～100	72～92	62～82	40～55	18～30	13～22	12～30	10～16	9～14	8～13	8～12
		SMA-16					100	90～100	65～85	45～65	20～32	15～24	14～22	12～18	10～15	9～14	8～12
	细粒式	SMA-13						100	90～100	50～75	20～34	15～26	14～24	12～20	10～16	9～15	8～12
		SMA-10							100	90～100	28～60	20～32	14～26	12～22	10～18	9～16	8～13
开级配排水式磨耗层	中粒式	OGFC-16					100	90～100	70～90	45～70	12～30	10～22	6～18	4～15	3～12	3～8	2～6
		OGFC-13						100	90～100	60～80	12～30	10～22	6～18	4～15	3～12	3～8	2～6
	细粒式	OGFC-10							100	90～100	50～70	10～22	6～18	4～15	3～12	3～8	2～6
密级配沥青稳定碎石	特粗式	ATB-40	100	90～100	75～92	65～85	49～71	43～63	37～57	30～50	20～40	15～32	10～25	8～18	5～14	3～10	2～6
		ATB-30		100	90～100	70～90	53～72	44～66	39～60	31～51	20～40	15～32	10～25	8～18	5～14	3～10	2～6
	粗粒式	ATB-25			100	90～100	60～80	48～68	42～62	32～52	20～40	15～32	10～25	8～18	5～14	3～10	2～6
半开级配沥青碎石	中粒式	AM-20				100	90～100	60～85	50～75	40～65	15～40	5～22	2～16	1～12	0～10	0～8	0～5
		AM-16					100	90～100	60～85	45～68	18～40	6～25	3～18	1～14	0～10	0～8	0～5
	细粒式	AM-13						100	90～100	50～80	20～45	8～28	4～20	2～16	0～10	0～8	0～5
		AM-10							100	90～100	35～65	10～35	5～22	2～16	0～12	0～9	0～6
开级配沥青稳定碎石	特粗式	ATPB-40	100	70～100	65～90	55～85	43～75	32～70	20～65	12～50	0～3	0～3	0～3	0～3	0～3	0～3	0～3
		ATPB-30		100	80～100	70～95	53～85	36～80	26～75	14～60	0～3	0～3	0～3	0～3	0～3	0～3	0～3
	粗粒式	ATPB-25			100	80～100	60～100	45～90	30～82	16～70	0～3	0～3	0～3	0～3	0～3	0～3	0～3

（三）矿料配合比计算

1. 组成材料的原始数据测定

根据现场取样，对粗集料、细集料和矿粉进行筛分试验，按筛分结果分别画出各组成材料的筛分曲线。同时测出各组成材料的相对密度，以便计算物理常数。

2. 计算组成材料的配合比

根据各组成材料的筛分试验资料，采用图解法或试算法，计算符合要求级配范围的各组成材料用量比例。

3. 调整配合比

通常情况下，合成级配曲线宜尽量接近设计级配中限，尤其应使 0.075mm、2.36mm 和 4.75mm筛孔的通过量尽量接近设计级配范围的中限。对高速公路、一级公路、城市快速路、主干路等交通量大、载重量大的道路，宜偏向级配范围的下（粗）限。对一般道路、中小交通量或人行道路等宜偏向级配范围的上（细）限。合成级配曲线应接近连续级配或合理的间断级配，但不应过多地交错。当经过反复调整，仍有两个以上的筛孔超出级配范围时，必须对原材料进行调整或更换原材料，重新试验。

（四）确定沥青混合料的最佳沥青用量

1. 制备试样

①按确定的矿料配合比，计算各种矿料的用量。

②根据经验确定沥青用量范围，估计适宜的沥青用量（或油石比）。

③在估计的沥青用量为中值，按 0.5%间隔变化，取 5 个不同的沥青用量，用小型拌和机与矿料拌和，按规定的击实次数制备马歇尔试件，在此基础上测定沥青混合料的物理指标和力学指标。

2. 测定物理指标

为确定沥青混合料的沥青最佳用量，需测定沥青混合料的下列物理指标。

(1)毛体积密度

沥青混合料压实试件的毛体积密度，根据不同种类的沥青混合料，可分别采用水中重法、表干法、体积法或封蜡法等方法测定。对于密级配沥青混合料，通常可采用水中重法，按式(1-70)计算。

$$\rho_0 = \frac{m_a}{m_a - m_w} \cdot \rho_w \tag{1-70}$$

式中：ρ_0——试件的毛体积密度（g/cm^3）；

m_a——干燥试件的空气中质量(g)；

m_w——试件的水中质量(g)；

ρ_w——常温下水的密度，约等于 1g/cm^3。

(2)理论密度

沥青混合料试件的理论密度，是指压实沥青混合料试件（空隙率为零）全部由矿料（包括矿料内部孔隙）和沥青所组成的最大密度。可按式(1-71)或式(1-72)计算。

①按油石比（即沥青与矿料的质量比）计算。

$$\rho_t = \frac{100 + p_a}{\frac{p_1}{\lambda_1} + \frac{p_2}{\gamma_2} + \cdots + \frac{p_n}{\gamma_n} + \frac{p_a}{\gamma_a}} \cdot \rho_w \tag{1-71}$$

②按沥青含量(沥青质量占混合料总质量的百分数)计算。

$$\rho_t = \frac{100}{\frac{p'_1}{\gamma_1} + \frac{p'_2}{\gamma_2} + \cdots + \frac{p'_n}{\gamma_n} + \frac{p'_b}{\gamma_b}} \cdot \rho_w \tag{1-72}$$

式中：　ρ_t——理论密度(g/cm^3)；

p_1、p_2、…、p_n——各种矿料的配合比(矿料配合比总和为$\sum_{i=1}^{n} p_i = 100$)(%)；

p'_1、p'_2、…、p'_n——各种矿料的配合比(矿料与沥青配合比之和为$\sum_{i=1}^{n} p'_i + p_b = 100 + p_i = 100$)(%)；

γ_1、γ_2、…、γ_n——各种矿料的相对密度；

p_a——油石比(沥青与矿料的质量比)(%)；

p'_b——沥青含量(沥青质量占沥青混合料总质量的百分数)(%)；

γ_a、γ_b——沥青的相对密度。

(3)空隙率

压实沥青混合料试件的空隙率(The Volume of Voids,VV),根据其表观密度和理论密度,按式(1-73)计算。

$$VV = \left(1 - \frac{\rho_0}{\rho_1}\right) \times 100\% \tag{1-73}$$

式中：VV——试件空隙率(%)；

ρ_0——试件表观密度(g/cm^3)；

ρ_1——试件理论密度(g/cm^3)。

(4)沥青体积百分数

压实沥青混合料试件中,沥青体积占试件总体积的百分数称为沥青体积百分数(The Volume of Asphalt,VA),按式(1-74)或式(1-75)计算。

$$VA = \frac{p_b \cdot \rho_0}{\gamma_b \cdot \rho_w} \tag{1-74}$$

或

$$VA = \frac{p_b \cdot \rho_0}{(100 + p_a)\gamma_b \cdot \rho_w} \times 100\% \tag{1-75}$$

式中：VA——沥青混合料试件的沥青体积百分数(100%)。

(5)矿料间隙率

压实沥青混合料试件内,矿料以外的体积占试件总体积的百分数,称为矿料间隙率(Voids in Mineral Aggregate,VMA),亦即试件空隙率与沥青体积百分数之和。按式(1-76)计算。

$$VMA = VA + VV \tag{1-76}$$

式中：VMA——矿料间隙率(%)。

(6)沥青饱和度

压实沥青混合料中,沥青体积占矿料以外空隙体积的百分数,称为沥青饱和度,亦称沥青填隙率(Voids Filled with Asphal,VFA)。按式(1-77)或式(1-78)计算。

$$VFA = \frac{VA}{VA + VV} \times 100\% \tag{1-77}$$

或

$$VFA = \frac{VA}{VMA} \times 100\% \tag{1-78}$$

式中：VFA——沥青混合料中的沥青饱和度(%)；

其他参数意义同前。

3. 测定力学指标

为确定沥青混合料的沥青最佳用量，应测定沥青混合料的下列力学指标。

按标准方法制备的试件，在60℃的条件下，保温45min，然后将试件放置于马歇尔稳定度仪上，以(50±5)mm/min的形变速度加荷，直至试件破坏时的最大荷载(以kN计)称为马歇尔稳定度。

测定稳定度的同时，测定试件的流动变形，当达到最大荷载的瞬间，试件所产生的垂直流动变形值称为流值(Flow Value，FL)。在有xY记录仪的马歇尔稳定度仪上，可自动绘出荷载与变形的关系曲线。

4. 马歇尔试验结果分析

(1)绘制沥青用量与物理—力学指标关系图

沥青用量为横坐标，以表观密度、空隙率、饱和度、稳定度和流值为纵坐标，将试验结果绘成沥青用量与各项指标的关系曲线。如图1-3所示。

(2)根据稳定度、密度及空隙率，确定最佳沥青用量初始值OAC_1

取相应于稳定度最大值的沥青用量a_1、相应于密度最大值的沥青用量a_2、相应于规定空隙中值的沥青用量a_3、相应于沥青饱和度范围中值的沥青用量a_4四者的平均值作为沥青用量的初始值OAC_1。

$$OAC_1 = \frac{a_1 + a_2 + a_3 + a_4}{4} \tag{1-79}$$

(3)根据符合各项技术指标的沥青用量范围确定沥青最佳用量初始值OAC_2

$$OAC_2 = \frac{OAC_{min} + OAC_{max}}{2} \tag{1-80}$$

(4)根据OAC_1和OAC_2综合确定沥青最佳用量OAC

按最佳沥青用量的初始值OAC_1在图1-3中求出相应的各项指标值，检查其是否符合马歇尔配合比技术标准。同时检验VMA是否符合要求，如能符合，由OAC_1及OAC_2综合决定最佳沥青用量。如不能符合，应调整级配，重新进行配合比设计，直至各项指标均能符合要求。

(5)根据气候条件和交通特性调整最佳沥青用量OAC

①一般可将OAC_1、OAC_2的中值作为最佳沥青用量OAC。

②对于热区道路以及车辆渠化交通的高速公路、一级公路、城市快速路、主干路，预计有可能造成较大车辙时，可在OAC_2与下限OAC_{max}范围内决定，但不小于OAC_2的0.5%。

③对于寒区道路以及其他等级公路与城市道路，最佳沥青用量可以在OAC_2与上限值OAC_{max}范围内确定，但不宜大于OAC_2的0.3%。

5. 沥青混合料使用性能检测

(1)水稳定性检验

按最佳沥青用量OAC制作马歇尔试件。进行浸水马歇尔试验或冻融劈裂试验，检验其残留稳定度冻融劈裂强度是否满足要求。当最佳沥青用量OAC与两个初始值OAC_1、OAC_2相差甚大时，按OAC与OAC_1或OAC_2分别制作试件，进行残留稳定度试验。如不符合要求，应重新进行配合比设计，或按规范的规定采取抗剥离措施重新试验，直至符合要求。

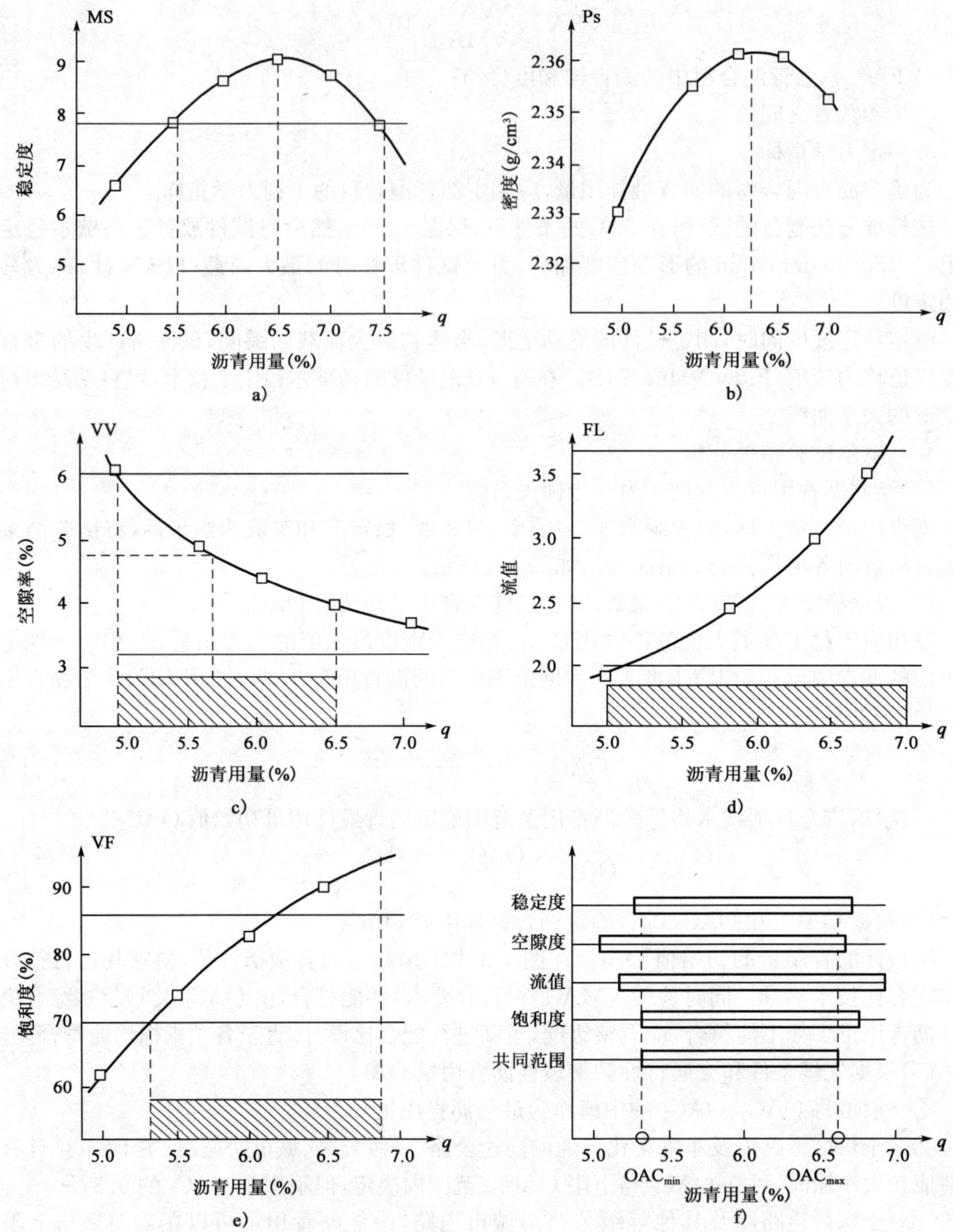

图 1-3　沥青用量与马歇尔稳定度试验物理—力学指标关系曲线图

(2)车辙试验

按最佳沥青用量 OAC 制作车辙试验试件,采用规定的方法进行车辙试验,检验设计的沥青混合料抗车辙能力是否达到规定的动稳定度指标。

(3)低温抗裂性检验

沥青混合料应进行低温抗裂性检验,其低温抗裂能力应符合规范要求,否则应重新进行配合比设计。矿料级配和沥青用量经反复调整及综合以上实验结果,并参考以往工程实践经验,最终决定矿料级配和最佳沥青用量。

习　题

1-46　通常采用马歇尔稳定度和流值作为评价沥青混合料的(　　)主要技术指标。

A. 施工和易性　　B. 高温稳定性　　C. 低温抗裂性　　D. 耐久性

1-47　沥青混合料中填料宜采用(　　)矿粉。

A. 酸性岩石　　B. 碱性岩石　　C. 中性岩石　　D. 亲水性岩石

1-48　车辙试验主要是用来评价沥青混合料的(　　)。

A. 高温稳定性　　B. 低温抗裂性　　C. 耐久性　　D. 抗滑性

1-49　饱和度是用来评价沥青混合料的(　　)。

A. 高温稳定性　　B. 低温抗裂性　　C. 耐久性　　D. 抗滑性

1-50　通常情况下，进行沥青混合料矿料合成设计时，合成级配曲线宜尽量接近设计要求的级配中值线，尤其应使(　　)mm 筛孔的通过量接近设计要求的级配范围的中值。

A. 0.075　　B. 2.36　　C. 4.75　　D. ①、②和③

1-51　影响沥青路面抗滑性能的因素是(　　)。

A. 集料耐磨光性　　B. 沥青用量　　C. 沥青含蜡量　　D. 前三个均是

1-52　用于高等级公路路面抗滑表层的粗集料，除满足沥青混凝土粗集料要求的技术性质外，还应满足的指标是(　　)。

A. 冲击值　　B. 磨光值　　C. 道瑞磨耗值　　D. 压碎值

1-53　矿料配合比例不变，增加沥青用量，混合料的饱和度将(　　)。

A. 增加　　B. 不变　　C. 减小　　D. 先增加后减小

1-54　沥青混合料路面的抗滑性与矿质混合料的表面性质有关，选用(　　)的石料与沥青有较好的黏附性。

A. 酸性　　B. 碱性　　C. 中性　　D. 都不是

1-55　沥青混合料的粗集料要求洁净、干燥、无风化、无杂质，并且具有足够的强度和(　　)。

A. 体积密度　　B. 表面粗糙　　C. 耐磨性　　D. 石料压碎指标

1-56　沥青在矿料表面形成(　　)可以提高沥青的黏结性。

A. 自由沥青　　B. 结构沥青　　C. 沥青薄膜　　D. 沥青厚膜

第七节　建 筑 钢 材

钢材的技术性质主要包括力学性能(如抗拉性能、冲击韧性、耐疲劳强度和硬度)和工艺性能(如冷弯性能和焊接性能等)。

一、建筑钢材主要力学性能及指标

(一)屈服点(σ_s)

试件被拉伸进入塑性变形屈服段 BC(图 1-4)，屈服段的应力上限值对应的点为 $C_{上}$，应力下限值对应的点为 $C_{下}$，对于低碳钢，一般以 $C_{下}$ 对应的应力作为屈服点或屈服强度，记作 σ_s。钢材受力达到屈服点后，由于变形迅速发展，尽管尚未破坏，但已不能满足使用要求，故设计中一般以屈服点作为强度取值的依据。

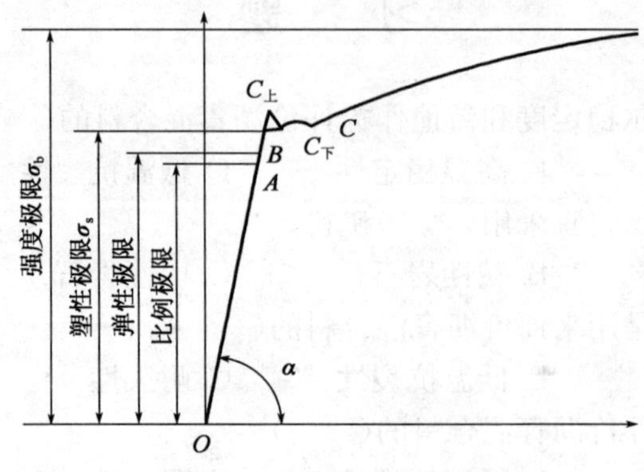

图 1-4　钢材拉伸应力—应变曲线

（二）伸长率

试件拉断后标距的长度 l_1，原始标距长度为 l_0，则伸长率规定为

$$\delta = \frac{l_1 - l_0}{l_0} \times 100\%$$

式中：l_0——试件原始标距长度（mm）；

l_1——试件拉断后的标距长度（mm）。

伸长率是表明钢材塑性的重要指标，伸长率大，塑性大。结构塑性变形大，影响使用。伸长率小，塑性小，超载后易断裂破坏。

（三）冲击韧性

冲击韧性是钢材抵抗冲击荷载的能力，按现行《金属材料夏比摆锤冲击试验方法》（GB/T 229—2007）的规定，将带有 V 形缺口的试件，进行冲击试验。试件在冲击荷载作用下折断时所吸收的功，称为冲击吸收功（或 V 形冲击功）A_{kv}（J）。A_{kv} 值随试验温度的下降而减小，当温度降低达到某一范围时，A_{kv} 急剧下降而呈现脆性断裂，这种现象称为冷脆性。发生冷脆时的温度称为脆性临界温度，其数值越低，说明钢材的低温冲击韧性越好。因此，对直接承受动荷载而且可能在负温下工作的重要结构，必须进行冲击韧性检验。

（四）疲劳强度

钢材在交变荷载反复作用下，往往在远小于其抗拉强度时发生突然破坏，这种现象称为疲劳破坏。疲劳破坏的危险应力用疲劳强度表示。它是指钢材在交变荷载作用下于规定的周期基数内不发生断裂所能承受的最大应力。疲劳强度是衡量钢材耐疲劳性的指标。

（五）硬度

硬度是指钢材抵抗硬物压入表面的能力，是衡量钢材软硬程度的一个指标。测定钢材硬度的方法有布氏法、洛氏法和维氏法三种。常用的测定方法是布氏法和洛氏法。

（六）冷弯性能

冷弯性能是指钢材在常温下承受弯曲变形的能力，是检验钢材缺陷的一种重要的工艺性能。冷弯性能指标用试件被弯曲的角度（90°、180°）及弯心直径 d 与试件厚度（或直径）a 的比值 d/a 来表示。

二、建筑钢材的技术标准

(一)碳素结构钢

根据《碳素结构钢》(GB/T 700—2006)规定,碳素结构钢牌号分为 Q195、Q215、Q235 和 Q275。

碳素结构钢的牌号由屈服强度的字母 Q、屈服强度特征值、质量等级符号(A、B、C、D)、脱氧程度符号(F,b、Z、TZ)四个部分按顺序组成。镇静钢(Z)脱氧程度符号在钢的牌号中可省略。按硫、磷杂质含量由多到少的顺序,质量等级分为 A、B、C、D 四等。如 Q235-A·F,表示此碳素结构钢是屈服强度为 235MPa 以上的 A 级沸腾钢;Q235-C,表示此碳素结构钢是屈服强度为 235MPa 以上的 C 级镇静钢。

1. 碳素结构钢的技术要求

(1)化学成分

各牌号碳素结构钢的化学成分应符合表 1-19 的规定。

碳素钢的化学成分 表 1-19

<table>
<tr><th rowspan="2">牌号</th><th rowspan="2">质量等级</th><th colspan="5">化学成分(%)</th><th rowspan="2">脱 氧 方 法</th></tr>
<tr><th>C</th><th>Mn</th><th>Si</th><th>S</th><th>P</th></tr>
<tr><td>Q195</td><td>—</td><td>0.12</td><td>0.50</td><td>≤0.30</td><td>≤0.40</td><td>≤0.035</td><td>F、Z</td></tr>
<tr><td rowspan="2">Q215</td><td>A</td><td rowspan="2">0.15</td><td rowspan="2">1.20</td><td rowspan="2">≤0.35</td><td>≤0.050</td><td rowspan="2">≤0.045</td><td rowspan="2">F、Z</td></tr>
<tr><td>B</td><td>≤0.045</td></tr>
<tr><td rowspan="4">Q235</td><td>A</td><td>0.22</td><td rowspan="4">1.40</td><td rowspan="4">≤0.35</td><td>≤0.050</td><td rowspan="2">≤0.045</td><td rowspan="2">F、Z</td></tr>
<tr><td>B</td><td>0.20</td><td>≤0.045</td></tr>
<tr><td>C</td><td rowspan="2">0.17</td><td>≤0.040</td><td>≤0.040</td><td>Z</td></tr>
<tr><td>D</td><td>≤0.035</td><td>≤0.035</td><td>TZ</td></tr>
<tr><td rowspan="5">Q275</td><td>A</td><td>0.24</td><td rowspan="5">1.50</td><td rowspan="5">≤0.35</td><td>≤0.050</td><td rowspan="3">≤0.045</td><td>F、Z</td></tr>
<tr><td rowspan="2">B</td><td>0.21</td><td rowspan="2">≤0.045</td><td rowspan="3">Z</td></tr>
<tr><td>0.22</td></tr>
<tr><td>C</td><td rowspan="2">0.20</td><td>≤0.040</td><td>≤0.040</td></tr>
<tr><td>D</td><td>≤0.035</td><td>≤0.035</td><td>TZ</td></tr>
</table>

(2)力学性能

碳素结构钢的强度、冲击韧性等指标应符合相应规定,冷弯性能应符合表 1-20 的要求。

碳素结构钢的冷弯性能 表 1-20

<table>
<tr><th rowspan="4">牌 号</th><th rowspan="4">试 样 方 向</th><th colspan="2">冷弯试验($d=2a$,180℃)</th></tr>
<tr><th colspan="2">钢材厚度(或直径)a(mm)</th></tr>
<tr><th>≤60</th><th>60~100</th></tr>
<tr><th colspan="2">弯心直径 d(mm)</th></tr>
<tr><td rowspan="2">Q195</td><td>纵</td><td>0</td><td rowspan="2">—</td></tr>
<tr><td>横</td><td>0.5a</td></tr>
<tr><td rowspan="2">Q215</td><td>纵</td><td>0.5a</td><td>1.5a</td></tr>
<tr><td>横</td><td>a</td><td>2a</td></tr>
</table>

续上表

牌　号	试样方向	冷弯试验（$d=2a$，180℃）	
		钢材厚度（或直径）a(mm)	
		≤60	60～100
		弯心直径 d(mm)	
Q235	纵	a	$2a$
	横	$1.5a$	$2.5a$
Q275	纵	$1.5a$	$2.5a$
	横	$2a$	$3a$

2. 高强结构钢

（1）低合金高强度结构钢的牌号及其表示方法

根据《低合金高强度结构钢》（GB/T 1591—2008）规定，低合金高强度结构钢共有八个牌号，即Q345、Q390、Q420、Q460、Q500、Q550、Q620、Q690。低合金高强度结构钢的牌号由屈服强度字母Q、屈服强度特征值、质量等级符号（A、B、C、D、E）三个部分组成。

（2）低合金高强度结构钢的技术要求

低合金高强度结构钢与碳素结构钢相比，具有较高的强度，综合性能好，所以在相同使用条件下，可比碳素结构钢节省用钢20%～30%，对减轻结构自重有利。同时低合金高强度结构钢还具有良好的塑性、韧性、可焊性、耐磨性、耐腐蚀性、耐低温性等性能，有利于延长钢材的服役性能，延长结构的使用寿命。

（二）钢筋混凝土结构用钢

1. 热轧钢筋

钢筋混凝土用钢筋，根据其表面形状分为光圆钢筋和带肋钢筋两类。带肋钢筋有月牙肋钢筋和等高肋钢筋等。牌号和化学成分应符合表1-21的规定，力学性能和冷弯性能应符合表1-22的规定。

热轧光圆钢筋和热轧带肋钢筋的牌号和化学成分　　表1-21

表面形状	牌号	化学成分（质量分数）(%)					
		C	Si	Mn	P	S	Ccq（碳含量）
光圆钢筋	HPB235	≤0.22	≤0.30	≤0.65	≤0.045	≤0.050	—
	HPB300	≤0.25	≤0.55	≤1.50			
带肋钢筋	HRB335 HRBF335	≤0.25	≤0.80	≤1.60	≤0.045	≤0.045	≤0.52
	HRB400 HRBF400						≤0.54
	HRB500 HRBF500						≤0.55

热轧光圆钢筋和热轧带肋钢筋的牌号、力学性能和冷弯性能　　表1-22

表面形状	牌号	公称直径 a (mm)	屈服强度 R_{eL} (MPa)	抗拉强度 R_m (MPa)	断后伸长率 A (%)	最大力总伸长率 A_{gt} (%)	冷弯试验(180°) 弯心直径(d) 钢筋公称直径(a)
光圆钢筋	HPB235	5.5～20	≥235	≥370	≥25	≥10	$d=a$
	HPB300		≥300	≥420	≥25	≥10	$d=a$

续上表

表面形状	牌号	公称直径 a (mm)	屈服强度 R_{eL} (MPa)	抗拉强度 R_m (MPa)	断后伸长率 A (%)	最大力总伸长率 A_{gt} (%)	冷弯试验(180°) 弯心直径(d) 钢筋公称直径(a)
带肋钢筋	HRB335 HRBF335	6～25 28～40 >40～50	≥335	≥455	≥17	≥7.5	$3a$ $4a$ $5a$
	HRB400 HRBF400	6～25 28～40 >40～50	≥400	≥540	≥16	≥7.5	$4a$ $5a$ $6a$
	HRB500 HRBF500	6～25 28～40 >40～50	≥500	≥630	≥15	≥7.5	$6a$ $7a$ $8a$

2. 冷轧带肋钢筋

冷轧带肋钢筋是以热轧光圆钢筋为母材，经冷轧减径后在其表面冷轧成二面或三面横肋(月牙肋)的钢筋。

(1)牌号

根据《冷轧带肋钢筋》(GB 13788—2008)的规定，冷轧带肋钢筋的牌号由 CRB 和钢筋的抗拉强度特征值组成，分为 CRB550、CRB650、CRB800、CRB970 四个牌号。

(2)技术性能

冷轧带肋钢筋的化学成分、力学性能和工艺性能应符合《冷轧带肋钢筋》(GB 13788—2008)的有关规定。力学性能和工艺性能要求见表 1-23。

冷轧带肋钢筋的力学性能和工艺性能 表 1-23

牌号	屈服强度 $R_{p0.2}$(MPa)	抗拉强度 R_m(MPa)	伸长率(%)		冷弯(180°) 弯心直径(D) (d 为钢筋公称直径)	反复弯曲次数	应力松弛初始应力相当于公称抗拉强度的 70%
			$A_{11.3}$	A_{100}			1000h 松弛率(%)
CRB550	≥500	≥550	≥80	—	$D=3d$	—	—
CRB650	≥585	≥650	—	≥4.0	—	3	≤8
CRB800	≥720	≥800	—	≥4.0	—	3	≤8
CRB970	≥875	≥970	—	≥4.0	—	3	≤8

注：CRB550 为普通钢筋混凝土用钢筋，其他牌号为预应力混凝土用钢筋。

3. 预应力混凝土用钢丝和钢绞线

悬索结构和斜张拉结构的钢索、桅杆结构的钢丝绳等通常都采用由高强钢丝组成的平行钢丝束、钢绞线和钢丝绳。高强钢丝由优质碳素钢经过多次冷拔而成，分为光面钢丝和镀锌钢丝两种类型。钢丝强度的主要指标是抗拉强度，其值为 1570～1700N/mm^2，而对于屈服强度通常不作要求。根据国家有关标准，对钢丝的化学成分有严格要求，硫、磷的含量不得超过

0.03%，但高强钢丝(和钢索)却有一个不同于一般结构钢材的特点——应力松弛，即在保持长度不变的情况下所承受拉力随时间延长而略有降低。

平行钢丝束由7根、19根、37根或61根钢丝组成。钢丝束内各钢丝受力均匀，弹性模量接近一般受力钢材。用来组成钢丝束的钢丝除圆形截面外，还有梯形和异形截面的钢丝。

4. 钢结构用钢

在钢结构中一般可直接选用各种规格与型号的型钢，构件之间可直接连接或用附加板进行连接。连接方式有铆接、螺栓连接和焊接。因此，钢结构所用钢材主要是型钢和钢板。型钢和钢板的成型有热轧和冷轧。

(1)热轧型钢

热轧型钢主要采用碳素结构钢 Q235-A 以及低合金高强度结构钢 Q345 和 Q390 热轧成型。

常用的热轧型钢有角钢、工字钢、槽钢、T形钢、H形钢、Z形钢等。热轧型钢的标记方式为一组符号，其中需要标出型钢名称、横断面主要尺寸、型钢标准号及钢牌号与钢种标准。

(2)冷弯型钢

冷弯型钢是指用钢板或带钢在冷状态下弯曲成的各种断面形状的成品钢材。冷弯型钢是一种经济的截面轻型薄壁钢材，也称为钢制冷弯型材或冷弯型材。冷弯型钢是制作轻型钢结构的主要材料。它具有热轧所不能生产的各种特薄、形状合理而复杂的截面。与热轧型钢相比较，在相同截面面积的情况下，回转半径可增大50%～60%，截面惯性矩可增大0.5～3.0倍，因而能较合理地利用材料强度；与普通钢结构(即由传统的工字钢、槽钢、角钢和钢板制作的钢结构)相比较，可节约钢材30%～50%。

(3)压型钢板

压型钢板是用薄板经冷压或冷轧成波形、双曲线、V形等形状的钢材。压型钢板有涂层、镀钵、防腐等薄板，具有单位质量轻、强度高、抗震性能好、施工快、外形美观等优点，主要用于围护结构、楼板、屋面等。

三、建筑钢材试验

(一)钢材拉伸试验

1. 主要仪器设备

①万能材料实验机，精度为1%。

②钢板尺，精度为1mm。

③天平，精度为1g。

④游标卡尺、千分尺、钢筋标点机等。

2. 试件的制作与准备

(1)测量试样的实际直径 d_0 和实际横截面面积 S。

①光圆钢筋。可在标点的两端和中间三处，用游标卡尺或千分尺分别测量两个互相垂直方向的直径，精确至0.1mm，计算三处截面的平均直径，精确至0.1mm，再按 $S_0=\pi d^2/4$ 分别计算钢筋的实际横截面面积，取四位有效数字。实际直径 d_0 和实际横截面面积 S_0 分别取三个值中的最小值。

②带肋钢筋。

a. 用钢尺测量试样的长度 L，精确至1mm。

b. 称量试样的质量 m，精确至 1g。

c. 按 $S_0 = m/(\rho L) = m/(7.85L \times 1000)$ 计算实际横截面面积，取四位有效数字。

(2)确定原始标距 L_0。$L_0 = 5.65\sqrt{S_0} = 5.65\sqrt{\pi d_0^2/4}$，约修至最接近 5mm 的倍数。

(3)根据原始标距 L_0、公称直径 d 和实验机夹具长度 h 确定截取钢筋试样的长度 L。L 应大于 $(L+1.5d+2h)$，若需测试最大力总伸长率，则应增大试样长度。

(4)在试样中部用标点机标点，相邻两点之间的距离可为 10mm 或 5mm。

3. 实验方法与步骤

(1)按实验机操作使用要求选用实验机。

(2)将试样固定在实验机夹头内，开机均匀拉伸。拉伸速度要求：屈服前，速度为 6～60MPa/s；屈服期间，实验机活动夹头的移动速度为 $(0.015\sim0.15)(L-2h)$MPa/min；屈服后，实验机活动夹头的移动速度不大于 $0.48(L-2h)$MPa/min，直至试件拉断。

(3)拉伸过程中，可根据荷载—变形曲线或指针的运动，直接读出或通过软件获取屈服荷载 F_s(N)和极限荷载 F_b(N)。

(4)将已拉断试件的两段，在断裂处对齐，使其轴线位于一条直线上。测试断后标距 L_u。

①断后伸长率。

a. 以断口处为中点，分别向两侧数出标距对应的格数，用卡尺直接测出断后标距 L_u，精确至 0.25mm。

b. 若短段断口与最外标记点距离小于原始标距的 1/3，则可采用移位方法进行测量。短段上最外点为 X，在长段上取短段格数相同点 Y。原始标距 L_0 所需格数减去 XY 段所含格数得到剩余格数；为偶数时取剩余格数的 1/2，得 Z_1 点；为奇数时取所余格数减 1 的 1/2 的格数，得 Z_1 点。加 1 的 1/2 的格数，得 Z_2 点。钢筋标点及位移法如图 1-5 所示。

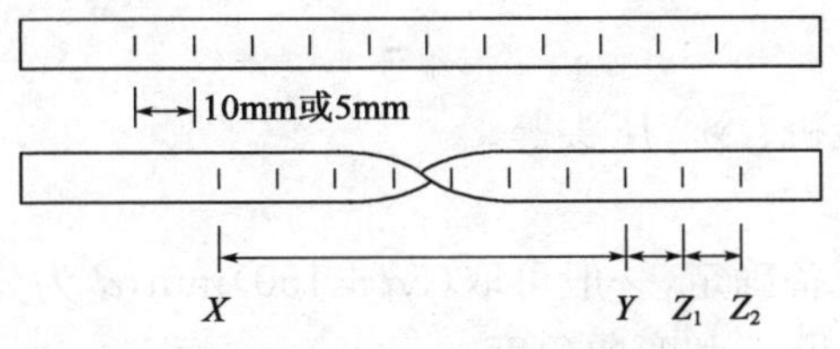

图 1-5　钢筋标点及位移法

设标点间距为 10mm。若原始标距 $L_0 = 60$mm，则量取断后标距 $L_u = XY$；若 $L_0 = 70$mm，断后标距 $L_u = XY + YY + YZ_1 = XY + YZ_1$；若 $L_0 = 80$mm，断后标距 $L_u = XY + 2YZ_1$；若 $L_0 = 90$mm，断后标距 $L_u = XY + YZ_1 + YZ_2$。

c. 在工程检验中，若断后伸长率满足规定值要求，则不论断口位置位于何处，测量结果均为有效。

②最大力总伸长率。

a. 采用引伸计或自动采集时，根据荷载—变形曲线或应力—应变曲线，可得到最大力时的伸长量，经计算得到最大力总伸长率，或直接得到最大力总伸长率。

b. 在长段选择标记点 Y 和 V，测量 YV 的长度，精确至 0.1mm，YV 在拉伸实验前长度 L_0' 应不小于 100mm，其他要求见图 1-6。

4. 实验结果的计算与评定

①按下式计算屈服强度 R_{eL}，约修至 5MPa。

$$R_{eL}=\frac{F_s}{S_0} \quad 或 \quad R_{eL}=\frac{F_s}{S} \tag{1-81}$$

式中：S——公称面积，取四位有效数字，工程检验时采用(mm^2)。

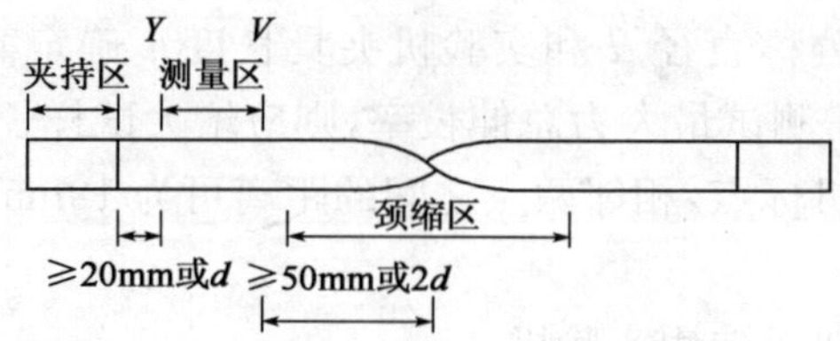

图 1-6　最大力总伸长率测试

②按下式计算抗拉强度 R_m，约修至 5MPa。

$$R_m=\frac{F_b}{S_0} \quad 或 \quad R_m=\frac{F_b}{S_0} \tag{1-82}$$

③按下式计算断后伸长率 A，约修至 0.5%。

$$A=\frac{L_u-L_0}{L_0}\times 100\% \tag{1-83}$$

④按下式计算最大力总伸长率 A_{gt}，约修至 0.5%。

$$A_{gt}=\frac{L'_u-L'_0}{L'_0}\times 100\% \tag{1-84}$$

式中：L'_u——荷载—变形曲线或应力—应变曲线上，最大力点对应的钢筋的长度。

L'_0——实验前钢筋长度；

(二)钢筋冷弯实验

1.主要仪器设备

万能实验机或弯曲实验机、冷弯压头等。

2.实验方法及步骤

①试件长度根据实验设备确定，一般可取$(5d+150)$mm，d 为公称直径。

②按图 1-8 确定弯心直径 d' 和弯曲角度。

③调整两支辐间距离使其等于 $d'+2.5d$。

④装置试件后，平稳地施加荷载，弯曲到要求的弯曲角度，如图 1-7 所示。

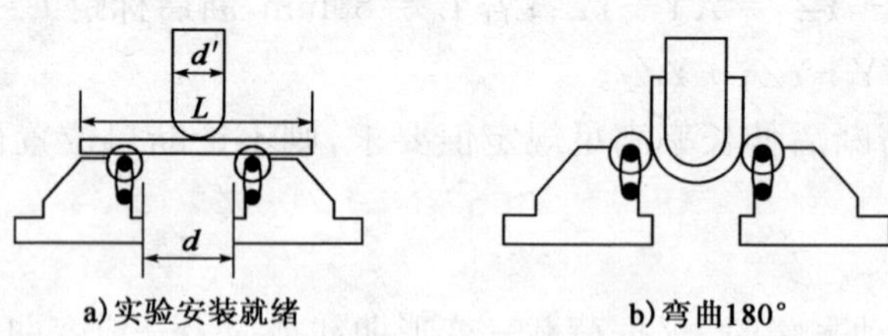

图 1-7　钢筋冷弯实验装置

3.实验结果评定

试样弯曲后，按有关标准的规定检查弯曲处的外表面，进行结果评定。若有关标准未作出具体规定，则检查试样弯曲处的外表面之后，可按《金属材料 弯曲实验方法》(GB/T 232—2010)规定评定为完好、微裂纹、裂纹、裂缝和裂断五类。

习　题

1-57　随着钢材中含碳量的增加(　　)。

A. 强度提高、塑性增大　　B. 强度降低、塑性减小

C. 强度提高、塑性减小　　D. 强度降低、塑性增大

1-58　衡量钢材塑性变形能力的技术指标为(　　)。

A. 屈服强度　　B. 抗拉强度

C. 断后伸长率　　D. 冲击韧性

1-59　钢材牌号(如Q390)中的数值表示钢材的(　　)。

A. 抗拉强度　　B. 弹性模量　　C. 屈服强度　　D. 疲劳强度

1-60　某碳素钢的化验结果有下列元素:①S;②Mn;③C;④P;⑤O;⑥N;⑦Si;⑧Fe。下列全是有害元素的是(　　)。

A. ①②④⑧　　B. ③④⑤⑥　　C. ①④⑤⑥　　D. ①④⑤⑦

1-61　要提高建筑钢材的强度并消除脆性、改善性能,一般应适量加入下列元素中的(　　)。

A. C　　B. Na　　C. Mn　　D. K

1-62　钢材试件受拉应力—应变曲线上从原点到弹性极限点称为(　　)。

A. 弹性阶段　　B. 屈服阶段　　C. 强化阶段　　D. 颈缩阶段

1-63　钢材经冷加工后,性能会发生显著变化,但不会发生下列中的(　　)变化。

A. 强度提高　　B. 塑性增大　　C. 变硬　　D. 变脆

1-64　通常建筑钢材中含碳量增加,将使钢材性能发生(　　)变化。

A. 冷脆性下降　　B. 时效敏感性提高

C. 可焊性提高　　D. 抗大气锈蚀性提高

第八节　其他建筑材料

一、木材的主要技术性能

(一)含水量

1. 木材中的水

木材中的水可分为自由水与吸附水两部分。

自由水:水分在木材中构成吸附水并达到饱和状态即木材的纤维饱和点之后,水分开始存在于细胞腔与细胞间隙中,构成自由水。它不影响木材强度与胀缩,仅影响其表观密度、抗腐蚀性和可燃性。

吸附水:水分在木材中首先吸入细胞壁中而形成,是影响木材强度与胀缩的主要因素。

2. 纤维饱和点

对于在干燥空气中的湿木材,首先是自由水的蒸发,当自由水恰好蒸发完毕而吸附水尚处于饱和时的状态,即为纤维饱和点。

当含水量大于纤维饱和点含水量时,含水量变化对木材强度与体积无影响。当含水量小于纤维饱和点含水量时,含水量变化对木材强度与体积有影响。因为纤维饱和点是一个临界

含水量。

3. 平衡含水量

平衡含水量是指木材与环境空气水分交换达到平衡时的含水量。

(二)湿胀与干缩

湿胀与干缩主要发生在含水量小于纤维饱和点含水量的范围内。

干湿变化引起的胀缩变化,弦向最大,径向次之,纵向最小。

(三)强度

木材强度的特性是各向异性,顺文抗拉强度最大,顺文抗弯次之,顺文抗压再次。其他强度较低。

(四)影响木材强度的影响因素

①含水量:在纤维饱和点以下时,强度随水分的增多而下降。

②环境温度:强度随温度的升高而降低,当环境温度高于50℃时,不应采用木结构。

③外力作用时间:木材长期负荷下的强度,一般仅为极限强度的50%~60%。

④缺陷。

二、土工合成材料的技术性能

(一)物理特性

1. 厚度

土工合成材料厚度用mm表示。厚度变化对织物的孔隙率、透水性和过滤性等水力特性有很大的影响。常用的各种土工合成材料的厚度是:土工织物一般为0.1~5mm,最厚的可达十几毫米;土工膜一般为0.25~0.75mm,最厚的可达2~4mm;复合型材料有时采用较薄的土工膜,最薄可达0.1mm;土工格栅的厚度随部位的不同而异,其肋厚一般由0.5mm至几十毫米。

2. 单位面积质量

单位面积质量为单位面积土工合成材料具有的质量,它反映材料多方面的性能,如抗拉强度、顶破强度等力学性能以及孔隙率、渗透性等水力学性能,通常以g/m^2表示。

测定单位面积质量采用秤量法。试样面积为$100cm^2$,数量不得少于10块,天平秤量读数应精确到0.01g(现场测试为0.1g),测试前要求试样在标准大气压下恒温(20±2℃)、恒湿(65%±2%)24h。

(二)力学特性

反映土工合成材料力学特性的指标主要有拉伸特性及抗拉强度、握持强度、撕裂强度、顶破强度、刺破强度及穿透强度等。

1. 拉伸特性及抗拉强度

土工合成材料的抗拉强度与测定时的试样宽度、形状、约束条件有关,必须在标准规定的条件下测定。故其受力大小一般以单位宽度所承受的力来表示。单位为kN/m或N/m,而不是习惯上所用的单位面积的应力来表示。

目前测定抗拉强度基本上是沿用纺织品条带拉伸试验方法,目前条带拉伸试验的试样分宽条与窄条两种。宽条试样宽200mm、长100mm,宽长比$B/L=2$;窄条试样宽50mm、长100mm,宽长比$B/L=1/2$。国内规定拉伸速率为50mm/min。各试样的抗拉强度,可由拉力机上直接读出或从记录曲线上量取,然后用下式计算

$$T_s = \frac{P_f}{B} \tag{1-85}$$

式中：T_s——抗拉强度(kN/m)；

P_f——测读的最大抗拉力(N 或 kN)；

B——试样宽度(m)。

2. 握持强度

土工织物承受集中力的现象普遍存在，握持强度是反映其分散集中力的能力。握持强度试验选用的仪器一般与条带拉伸试验相同，但试验方法不同。握持强度试验是握持试样两端部分宽度而进行的一种拉力试验。它的强度由两部分组成，一部分为试样被握持宽度的抗拉强度；一部分为相邻纤维提供的附加抗拉强度。它与条带拉伸强度之间没有简单的对比关系。土工织物握持力一般为 0.3～6.0kN。

3. 撕裂强度

土工织物和土工膜在铺设和使用过程中，常常会有不同程度的破损。撕裂强度反映了试样抵抗扩大破损裂口的能力，可评价不同土工织物和土工膜被扩大破损程度的难易，是土工合成材料应用中的重要力学指标。

目前撕裂强度试验仍沿用纺织品标准测试方法。常用的纺织品撕裂试验，按试样形状分为梯形法、翼形法以及舌形法，舌形法又分为单缝与双缝两种。目前多采用梯形法测定土工膜及土工织物的撕裂强度。土工织物梯形撕裂强度值一般为 0.15～30kN，不加筋土工膜的梯形撕裂强度值一般为 0.03～0.4kN。

4. 刺破强度及穿透强度

刺破强度是反映土工织物或土工膜抵抗小面积集中荷载(如有棱角的石子或树枝等)的能力。穿透强度可通过穿透试验测得。这种试验是模拟工程施工中具有尖角的石块或其他锐利物落在土工织物或土工膜上的情况，用穿透试验所得孔眼的大小，评价土工织物或土工膜抵御穿透的能力。

5. 蠕变特性

材料的蠕变是指材料在受力大小不变条件下，其变形随时间增长而逐渐增大的现象。蠕变特性试验目前尚无统一的标准方法，一般采用宽条试样(宽 200mm)，以悬吊的金属锤为荷重。施加的荷重分为数级，如 25%、50%及 75%的断裂强度。试验过程中记录不同时间的应变量，绘制不同量级荷重条件下的应变量与时间对数值的半对数曲线。根据大量试验结果，在一定的应力水平下以半对数表示的蠕变试验曲线近于直线变化。

(三)土工合成材料与填料相互作用时的界面摩擦特性

1. 土工合成材料与土的界面摩擦特性

测定土工合成材料与土相互作用的界面摩擦特性的试验，一般采用类似于常规土工试验中的直接剪切仪。而拉拔试验常模拟现场条件，研制出各种不同形式的拉拔试验箱或试验槽。

(1)直接剪切摩擦试验

两种材料界面上的摩擦特性常以黏着力 C_a 和摩擦角 δ 或似摩擦系数 f^* 表示。摩擦剪切强度符合库仑定律，可表示为

$$\tau = C_a + p\tan\delta = C_a + pf^*$$

式中：τ——界面抗剪强度(kPa)；

C_a——黏着力(kPa)；

δ——摩擦角；

p——法向压力(kPa)；

f^*——似摩擦系数。

直接剪切摩擦试验一般在 4 种不同压力 p 下进行，测出相应的强度值 τ，然后将试验结果点绘成线，求出 C_a、δ 或 f^* 值。也可采用最小二乘法进行回归，计算这些数值。所采用的压力应根据土工合成材料在土中发挥作用时所受的压力确定。

(2)拉拔摩擦试验

土工合成材料埋在土内，受到沿其平面方向的拉力时，将在拉力方向上引起应力和变形。由于有法向应力作用，受拉时上、下界面上将引起摩擦阻力。该阻力沿拉力方向不是均匀分布的，而是随各点的应变不同而不同。材料被拔出的瞬时，可认为上、下界面的摩阻力均匀分布，并与拉力平衡，该值即为界面的摩擦强度。其计算公式为

$$\tau = \frac{T_d}{2LB}$$

式中：τ——界面摩擦阻力强度(Pa 或 kPa)；

T_d——织物试样被拔出时的瞬间拉力(N 或 kN)；

L、B——织物试样埋在土内部分的长度、宽度(m)。

2. 土工筋材与路面结构层的界面特性

目前大量的土工加筋材料被用于路面结构，以加固基层、面层和罩面层。土工筋材与填料的结合状态对其加筋作用的发挥起着关键的作用。

(1)基层加筋

在基层中加筋可提高基层的整体性和承载能力，有时还可起到隔离上下层、避免不同材料混杂的作用。此时，应根据上、下填料类型和功能要求来选择筋材类型。如松散类的粒料基层下铺路基填土，应选用土工织物或网眼特征尺寸比粒料基层骨料特征粒径小的土工格网或土工格栅。若在基层内部加筋，此时选用的筋材只需满足强度和抗变形要求即可。

(2)沥青混合料面层或罩面加筋

除了将土工合成材料用于隔离和起软弱夹层作用情形外，一般要求筋材与沥青混合料之间具有良好的结合能力。此时，界面结合状态取决于筋材类型、结合料和沥青混合料级配等情况。对于土工织物，应注意选用和撒布合适的结合料。同时应检验土工织物对沥青结合料的吸收率。对于土工格网、土工格栅和金属网等加筋，应注意能使沥青混合料最大粒径骨料透过筋材网眼，保证沥青混合料充分与下部结构层结合，同时发挥筋材网眼的嵌锁作用。

(3)界面特性检测方法

一般采用直接拉伸、拉拔和剪切试验测试筋材与沥青混合料界面黏结性能。

(四)水力学特性

由于土工织物、细孔土工网等土工合成材料可以使水及空气自由地通过，并能有效地截留和控制土颗粒的流失，因此被广泛地用作排水和过滤材料。为此必须研究其水力学特性。其主要包括两方面：一是透水与导水能力；二是阻止颗粒流失的能力。这些特性涉及土工合成材料的孔隙率、孔径大小与分布情况、渗透特性等。现将这些特性简述如下：

(1)土工合成材料的孔隙率是指其孔隙体积与总体积的比值，用 n(%)表示。它的确定不需要直接进行试验，而是通过计算求得，可按式(1-86)计算。

$$n = \left(1 - \frac{m}{\rho\delta}\right) \times 100\% \tag{1-86}$$

式中：m——单位面积质量(g/m^2)；

ρ——原材料密度(g/m^3)；

δ——织物厚度(m)。

(2)土工合成材料的孔径反映材料的透水性能与保持土颗粒的能力，孔径的符号以 O 表示，单位为 mm，并用下标表示织物孔径的分布情况，目前表示土工合成材料特征孔径的方法有有效孔径 O_e 及等效孔径 EOS。目前普遍采用 EOS，其含义相当于材料的表观最大孔径，也就是土颗粒能通过土工合成材料的最大粒径。目前我国多取 O_{95}，目前孔径的测量方法有直接法和间接法两类。直接法包括显微镜法和投影放大测读法；间接法有干筛法、湿筛法、水动力法、水银压入法、吸引法和渗透法等。

(3)土工织物的渗透特性是其重要水力学特性之一。根据工程的需要，通常要确定垂直于织物平面的渗透特性和平行于织物平面的渗透特性。垂直于织物平面的渗透特性，主要用垂直渗透系数 k_n 表示，该系数是渗流的水力梯度等于 1 时的渗流流速，一般服从达西定律。

(五)耐久性

土工合成材料的耐久性包括许多方面，主要是指对紫外线辐射、温度变化、化学与生物侵蚀、干湿变化、冻融变化和机械磨损等外界因素变化的抵御能力。材料的耐久性主要与聚合物的类型及添加剂的性质有关。

习　题

1-65　导致木材物理力学特性发生改变的临界含水量是(　　)。

A. 最大含水量　B. 平衡含水量　C. 纤维饱和点　D. 最小含水量

1-66　木材的主要力学性质为各向异性，表现为(　　)。

A. 抗拉强度，顺纹方向最大　B. 抗拉强度，横纹方向最大

C. 抗剪强度，横纹方向最小　D. 抗弯强度，横纹与顺纹方向相近

1-67　干燥的木材吸水后，变形最大的是(　　)。

A. 纵向　B. 径向　C. 弦向　D. 不确定

1-68　影响木材强度的因素较多，但下列因素与木材强度无关的是(　　)。

A. 纤维饱和点以下的含水量变化　B. 纤维饱和点以上的含水量变化

C. 负荷时间　D. 疵病

1-69　当木材的含水量大于纤维饱和点时，随含水量的增加，木材的(　　)。

A. 强度降低，体积膨胀　B. 强度降低，体积不变

C. 强度降低，体积收缩　D. 强度不变，体积不变

习题提示及参考答案

1-1　**答案**：B

1-2　**提示**：细集料空隙内的细小管道为水的毛细作用和表面张力提供了条件。

答案：C

1-3　**答案**：B

1-4 答案:A

1-5 答案:B

1-6 提示:最大粒径反映了混凝土粗集料的粗细程度,细度模数反映细集料的粗细程度。

答案:B

1-7 提示:水泥的细度是指单位质量水泥的颗粒总表面积。

答案:C

1-8 提示:普通硅酸盐水泥水化反应为放热反应,并且有两个典型的放热峰,其中第一个放热峰对应的是铝酸三钙水化的放热峰,第二个放热峰对应的是硅酸三钙。

答案:A

1-9 提示:根据现行国家标准规定,测定水泥强度,是将水泥与标准砂按 1∶3 质量比混合,制成水泥胶砂试件。

答案:C

1-10 提示:水化速度最快的是铝酸三钙。

答案:C

1-11 提示:陈伏的目的主要是消除过火石灰的延迟水化膨胀。

答案:B

1-12 提示:石灰是气硬性胶凝材料,不耐水,不宜用于屋面防水隔热层。但可以灰土或三合土的方式用于基础垫层,因为在灰土或三合土中可产生水硬性的产物。

答案:D

1-13 提示:钙质石灰熟化快,发热高,体积膨胀率大;镁质石灰熟化慢,发热量低,硬化慢,收缩性小。

答案:C

1-14 提示:石灰不具备烧结性。

答案:C

1-15 提示:硅酸盐水泥具有强度高、耐磨性好和干缩小的特点,适用于路面工程。

答案:D

1-16 提示:石灰的凝结硬化过程包括结晶和碳化过程。

答案:A

1-17 提示:通过陈伏可以消除过火石灰的危害。

答案:D

1-18 提示:三合土是由石灰+黏土+砂或碎砖、碎石组成的。

答案:B

1-19 提示:石膏硬化可产生微膨胀,其余三种则产生收缩或微收缩。

答案:D

1-20 提示:普通混凝土的抗拉强度很低,一般为抗压强度的 1/20~1/10。

答案:C

1-21 提示:测定混凝土强度时,由于环箍效应的影响,试验尺寸越大测得的强度值越小。

答案:C

1-22 提示:减水剂能够使混凝土在保持相同坍落度的前提下,大幅减少用水量,进而降低混凝土的水灰比(或水胶比),提高强度。

答案:B

1-23 提示:混凝土的养护温度越低,其强度发展越慢,所以,当实际工程混凝土的环境温度低于标准氧化温度时,在相同的龄期时,混凝土的实际强度比标准强度低,但是一定的时间后,混凝土的最终强度会达到标准养护条件下的强度。

答案:D

1-24 提示:在寒冷地区混凝土发生冻融破坏时,表面有盐类会使破坏程度加重。

答案:B

1-25 提示:在用较高强度等级的水泥配制较低强度的混凝土时,为满足工程的技术经济要求,应采用掺混合材料或掺和料的方法。

答案:A

1-26 提示:泵送混凝土施工选用的外加剂应能显著提高拌和物的流动性,故应采用减水剂。

答案:C

1-27 提示:混凝土碱—集料反应是指水泥中碱性氧化物,如 Na_2O 或 K_2O 与集料中活性氧化硅之间的反应。

答案:A

1-28 提示:试配强度 $f_{cu,0}=f_{cu,k}+t\sigma$。其中,$f_{cu,0}$ 为配制强度,$f_{cu,k}$ 为设计强度,t 为概率(由强度保证率决定),σ 为强度波动幅度(与施工控制水平有关)。

答案:D

1-29 提示:由混凝土强度公式可知,影响混凝土强度的主要因素是水泥强度和水灰比。此外,还与养护条件(即温湿度)有关。

答案:D

1-30 提示:进行混凝土配合比设计时,确定水灰比是采用混凝土强度公式,根据混凝土强度计算而初步确定,然后根据耐久性要求进行耐久性校核,最终确定水灰比的取值。

答案:C

1-31 提示:选用最大粒径的粗集料,主要目的是减少混凝土干缩,其次也可节省水泥。

答案:B

1-32 提示:采用特细砂配制混凝土时,因特细砂的比表面积大,掺减水剂虽然能提高混凝土的流动性,但也使砂料表面的大量水分得以释放,使拌和物的稳定性(黏性与保水性)难以维持,易出现泌水、离析、和易性变差等现象。

答案:D

1-33 提示:影响混凝土拌和物流动性的主要因素是水泥浆的数量与流动性,其次为砂率、集料级配、水泥品种等。

答案:B

1-34 提示:这几种叙述似是而非,容易引起判断错误,如:①坍落度是表示塑性混凝土拌和物流动性的指标;②泵送混凝土拌和物的坍落度一般不低于 150mm;③在浇筑板、梁和大型及中型截面的柱子时,混凝土拌和物的坍落度宜选用 30～50mm。所以,只有干硬性混凝土拌和物的坍落度小于 10mm 时须用维勃稠度(s)表示其稠度的叙述是正确的。

答案:B

1-35 答案:D

1-36 答案:B

1-37 答案:B

1-38 提示:评价黏稠石油沥青主要性能的三大指标是延度、针入度、软化点。

答案:C

1-39 提示:沥青中掺入一定量的磨细矿物填充料可使沥青的黏结力和耐热性改善。

答案:C

1-40 提示:沥青无导电性。

答案:D

1-41 答案:C

1-42 答案:D

1-43 答案:A

1-44 答案:B

1-45 答案:D

1-46 提示:C 选项的评价指标为温度收缩系数和纯拉劲度;D 选项的评价指标为空隙率、沥青饱和度和残留稳定度;马歇尔稳定度和流值为高温稳定性的评价指标。

答案:B

1-47 提示:碱性石料与沥青的黏附性强,酸性石料与沥青黏附性差,中性石料介于两者之间。

答案:B

1-48 答案:A

1-49 答案:C

1-50 答案:D

1-51 答案:D

1-52 答案:C

1-53 答案:A

1-54 提示:碱性石料与沥青的粘附性强。

答案:B

1-55 提示:沥青混合料所用的粗集料应改清洁、干燥、表面粗糙,满足有足够的强度和耐磨性等质量技术要求。

答案:C

1-56 提示:在沥青混合料中,沥青和矿料之间存在交互作用,沥青在矿料表面发生化学作用,生成一定厚度的溶剂化膜,在此厚度内的为结构沥青,膜外的为自由沥青。因此,结构沥青膜越后,沥青年度越高。

答案:B

1-57 提示:含碳量增加,可以提高建筑钢材的强度,但是塑性降低。

答案:C

1-58 提示:断后伸长率反映了钢材塑性变形能力。屈服强度和抗拉强度反映了钢材的抗拉能力，冲击韧性反映了钢材抵抗冲击作用的能力。

答案：C

1-59 提示：钢材牌号中的数字表示钢材的屈服强度。

答案：C

1-60 提示：S、P、O、N 是钢材中的有害元素。

答案：C

1-61 提示：通常合金元素可改善钢材性能，提高强度，消除脆性。Mn 属于合金元素。

答案：C

1-62 提示：钢材试件受拉应力—应变曲线分为四个阶段，分别为弹性阶段、屈服阶段、强化阶段和颈缩阶段，其中从原点到弹性极限点称为弹性阶段。

答案：A

1-63 提示：钢材冷加工可提高其强度，但却降低了其塑性。

答案：B

1-64 提示：建筑钢材中含碳量增加，使可焊性和耐腐蚀性降低，增大冷脆性与时效倾向。

答案：B

1-65 答案：C

1-66 答案：A

1-67 答案：C

1-68 答案：B

1-69 提示：当含水率大于纤维饱和点含水率时，含水率变化对木材强度与体积无影响。

答案：D

第二章　土质学与土力学

复 习 指 导

应根据考试大纲的要求，着重对大纲涉及内容的基本概念、基本理论、基本计算方法、计算公式和步骤、相关的试验方法、基本知识的应用等内容有系统、有条理地重点掌握，明白其中的道理和关系，掌握分析问题的方法。在了解基本计算原理的基础上，应会使用为减小计算工作量或简化、方便计算所制的相关表格。就本章选择题类型，不允许有很长的答题时间，不必过分追求复杂的原始计算公式和过于繁杂、难度大的知识。从多年相近考试内容和本科要求重点来分析，应掌握以下内容。

(一)土的性质及工程分类

1. 重点及重点概念

重点：土的三相组成及相关知识，砂土的密实度及评价方法，黏性土不同状态的分界含水量及状态指标、可塑性指标，土的工程分类方法与分类，土体工程性质。

重点概念：颗粒级配，砂土密实度，相对密度，饱和度，孔隙率，孔隙比，标准贯入，分界含水量，液限，塑限，液性指数，塑性指数。

2. 难点

能够熟练运用三相比例指标之间的基本关系来研究土的工程力学性质。

(二)土中水的运动规律

1. 重点及重点概念

重点：土体毛细特性冻胀机理，渗透试验，层流渗透定律(达西定律)，渗透系数及其影响因素，动水力及流砂。

重点概念：渗透系数，冻胀，达西定律，动水力，流砂。

2. 难点

土体渗透破坏在工程中的应用。

(三)土中应力计算

1. 重点及重点概念

重点：自重应力计算，附加应力计算，有效应力原理。

重点概念：基底总压力，基底附加压力，有效应力原理。

2. 难点

附加应力的计算和有效应力的工程应用。

(四)土的力学性质

1. 重点及重点概念

重点：土的抗剪强度理论、土体的变形和压实特性，土体的应力—应变关系，直剪试验，三轴试验。

重点概念：土体的压缩指标，抗剪强度理论，抗剪强度指标，直剪试验的优缺点。

2. 难点

三轴试验的类型及各种三轴试验的适用范围，根据抗剪强度理论对土体是否破坏的判断。

（五）地基沉降计算与地基承载力

1. 重点及重点概念

重点：地基破坏的类型，地基承载力的确定方法，分层总和法一维固结理论的应用，地基容许承载力及其修正方法。

重点概念：临塑荷载，临界荷载，极限荷载，地基容许承载力，分层总和法，土的应力历史，一维固结理论。

2. 难点

地基沉降量的计算，地基承载力的确定方法，分层总和法一维固结理论的应用，地基容许承载力及其修正方法。

（六）土坡稳定分析

1. 重点及重点概念

重点：边坡失稳机理及影响因素，砂性土土坡稳定分析方法，黏性土土坡圆弧滑动体整体稳定分析方法，条分法，土坡特殊问题分析。

重点概念：自然休止角，稳定安全系数，条分法。

2. 难点

砂性土土坡稳定系数的计算，黏性土土坡稳定系数的计算。

第一节　土的性质及工程分类

一、路基土分类方法

路基土可分为巨粒土、粗粒土、细粒土和特殊土。组粒划分见表 2-1。

组粒划分表(单位：mm)　　表 2-1

巨粒组		粗粒组						细粒组	
漂石（块石）	卵石（小块石）	砾（角砾）			砂			粉粒	黏粒
		粗	中	细	粗	中	细		
≥200	60～200	20～60	5～20	2～5	0.5～2	0.25～0.5	0.075～0.25	0.005～0.075	≤0.005

（一）巨粒土分类

(1)巨粒组质量多于总质量 75%的土称漂（卵）石。

(2)巨粒组质量为总质量 50%～75%（含 75%）的土称漂（卵）石夹土。

(3)巨粒组质量为总质量 15%～50%（含 50%）的土称漂（卵）石质土。

（二）粗粒土分类

(1)粗粒土中砾粒组质量多于砂粒组质量的土称砾类土。

(2)粗粒土中砾粒组质量少于或等于砂粒组质量的土称砂类土。

（三）细粒土分类

(1)细粒土中粗粒组质量少于或等于总质量 25%的土称粉质土或黏质土。

(2)细粒土中粗粒组质量为总质量的 25%～50%(含 50%)的土称含粗粒的粉质土或含粗粒的黏质土。

(3)试样中有机质含量多于或等于总质量的 5%,且少于总质量的 10%的土称有机质土。有机质含量多于或等于总质量的 10%的土称有机土。

(四)特殊土分类

特殊土分为黄土、膨胀土、红黏土、盐渍土以及冻土。冻土的分类见表 2-2。

冻土按冻结状态与持续时间分类 表 2-2

类　型	持续时间 t(年)	地面温度(℃)	冻融特征
多年冻土	$t \geqslant 2$	年平均地面温度≤0	季节融化
隔年冻土	$2 > t \geqslant 1$	最低月平均地面温度≤0	季节冻结
季节冻土	$t < 1$	最低月平均地面温度≤0	季节冻结

二、土的物理性质指标

(一)土的三相草图

为便于计算,在土力学中通常用三相草图来表示土的三相组成,如图 2-1 所示。

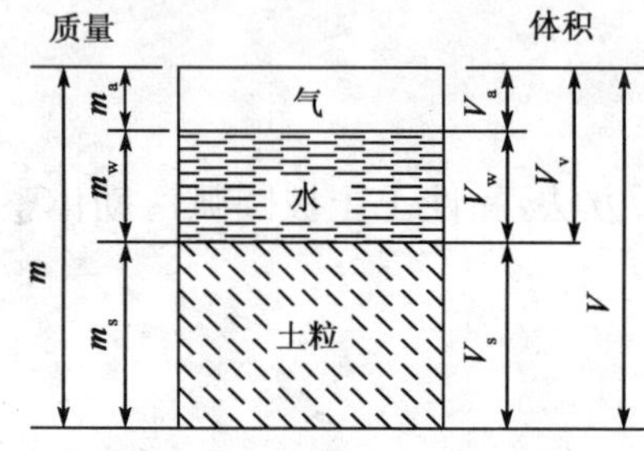

图 2-1　土的三相关系示意图

图中符号的意义:V 为土的总体积;V_v 为土中孔隙体积;V_w 为土中水的体积;V_a 为土中气体的体积;V_s 为土中固体土粒的体积;m 为土的总质量;m_w 为土中水的质量;m_a 为土中气体的质量,$m_a \approx 0$;m_s 为土中固体土颗粒的质量。

在上述的这些量中,独立的量有 V_s、V_w、V_a、m_w、m_s 五个。1cm^3 水的质量通常等于 1g,故在数值上 $V_w = m_w$。此外,当研究这些量的相对比例关系时,总是取某一定数量的土体来分析,例如取 $V = 1\text{cm}^3$,或 $m = 1\text{g}$,或 $V_s = 1\text{cm}^3$ 等,因此又可以消去一个未知量。这样,对于这一定数量的三相土体,只要知道其中三个独立的量,其他各个量就可从图中直接换算得到。

(二)基本试验指标

为了确定三相草图诸量中的三个量,就必须通过试验室的试验测定。通常做三个基本物理性质试验。它们是:土的密度试验,土粒比重或相对密度试验,土的含水量试验。

1. 土的密度和重度

土的密度定义为单位体积土的质量,用 ρ 表示,以 g/cm^3 计,即

$$\rho = \frac{m}{V} \tag{2-1}$$

天然状态下土的密度变化范围较大。一般黏性土和粉土 $\rho = 1.8 \sim 2.0\text{g/cm}^3$;砂土 $\rho = 1.6 \sim 2.0\text{g/cm}^3$;腐殖土 $\rho = 1.5 \sim 1.7\text{g/cm}^3$。

土的密度一般用"环刀法"测定,用一个圆环刀(刀刃向下)放在削平的原状土样面上,徐徐削去环刀外围的土,边削边压,使保持天然状态的土样压满环刀内,称得环刀内土样的质量,求得它与环刀容积之比值即为其密度。

土的重度定义为单位体积土的重量,是重力的函数,用 γ 表示,以 kN/m^3 计,即

$$\gamma = \frac{G}{V} = \frac{mg}{V} = \rho \cdot g \tag{2-2}$$

式中：G——土的重量；

g——重力加速度，$g=9.80665\text{m/s}^2$，工程上为了计算方便，有时取 $g=10\text{m/s}^2$。

2. 土粒相对密度

土粒密度（单位体积土粒的质量）与 4℃时纯水密度之比，称为土粒相对密度（过去习惯上叫比重），用 d_s 表示，为无量纲量，即

$$d_s=\frac{m_s}{V}\cdot\frac{1}{\rho_{w1}}=\frac{\rho_s}{\rho_{w1}} \tag{2-3}$$

式中：ρ_{w1}——4℃时纯水的密度，取 1g/cm^3；

ρ_s——土粒的密度，即单位体积土粒的质量。故实用上，土粒相对密度在数值上等于土粒的密度。

土粒相对密度或比重可在试验室内用比重瓶法测定。由于土粒相对密度变化不大，通常可按经验数值选用，一般参考值见表 2-3。

土粒相对密度参考值 表 2-3

土的名称	砂土	粉土	黏性土	
			粉质黏土	黏土
土粒相对密度	2.65～2.69	2.70～2.71	2.72～2.73	2.74～2.76

3. 土的含水量

土的含水量定义为土中水的质量与土粒质量之比，用 w 表示，以百分数计，即

$$w=\frac{m_w}{m_s}\times 100\%=\frac{m-m_s}{m_s}\times 100\% \tag{2-4}$$

含水量 w 是标志土的湿度的一个重要物理指标。天然土层的含水量变化范围很大，它与土的种类、埋藏条件及其所处的自然地理环境等有关。一般说来，对同一类土，当其含水量增大时，则其强度就降低。

土的含水量一般用“烘干法”测定。先称小块原状土样的湿土质量 m，然后置于烘箱内维持 100～105℃烘至恒重，再称干土质量 m_s，湿、干土质量之差 $m-m_s$ 与干土质量 m_s 之比值，就是土的含水量。

（三）其他常用指标

在测定土的密度 ρ、土粒比重 d_s 和土的含水量 w 这三个基本指标后，就可以根据三相草图计算出三相组成各自在体积上与质量上的含量。工程上，为了便于表示三相含量的某些特征，定义如下几种指标。

1. 表示土中孔隙含量的指标

工程上常用孔隙比 e 或孔隙率 n 表示土中孔隙的含量。孔隙比 e 的定义为土中孔隙体积与土粒体积之比，即

$$e=\frac{V_v}{V_s} \tag{2-5}$$

孔隙比用小数表示，它是一个重要的物理性能指标，可用来评价天然土层的密实程度。一般地，$e<0.6$ 的土是密实的低压缩性土，$e>1.0$ 的土是疏松的高压缩性土。孔隙率 n 的定义为土中孔隙体积与土总体积之比，以百分数计，即

$$n=\frac{V_v}{V}\times 100\% \tag{2-6}$$

孔隙比和孔隙率都是用来表示孔隙体积含量的概念。容易证明两者之间具有以下关系

$$n=\frac{e}{1+e}\times 100\% \tag{2-7}$$

$$e=\frac{n}{1-n} \tag{2-8}$$

2. 表示土中含水程度的指标

含水量 w 是表示土中含水程度的一个重要指标。此外，工程上往往需要知道孔隙中充满水的程度，这可用饱和度 S_r 表示。土的饱和度 S_r 的定义为土中被水充满的孔隙体积与孔隙总体积之比，即

$$S_r=\frac{V_w}{V_v}\times 100\% \tag{2-9}$$

砂土根据饱和土 S_r 的指标值分为稍湿、很湿和饱和三种湿度状态，其划分标准见表 2-4。显然，干土的饱和度 $S_r=0$，而完全饱和土的饱和度 $S_r=100\%$。

砂土湿度状态的划分 表 2-4

砂土湿度状态	稍湿	很湿	饱和
饱和度 S_r(%)	$S_r\leqslant 50$	$50<S_r\leqslant 80$	$S_r>80$

3. 表示土的密度和重度的几种指标

除了天然密度 ρ(有时也叫湿密度)以外，工程计算中还常用如下两种土的密度：饱和密度 ρ_{sat} 和干密度 ρ_d。土的饱和密度的定义为土中孔隙被水充满时土的密度，表示为

$$\rho_{sat}=\frac{m_s+V_v\rho_w}{V} \tag{2-10}$$

土的干密度的定义为单位土体积中土粒的质量，表示为

$$\rho_d=\frac{m_s}{V} \tag{2-11}$$

在计算土中自重应力时，须采用土的重力密度，简称重度。与上述几种土的密度相应的有土的天然重度 γ、饱和重度 γ_{sat}、干重度 γ_d。在数值上，它们等于相应的密度乘以重力加速度 g，即 $\gamma=\rho\cdot g$，$\gamma_{sat}=\rho_{sat}\cdot g$，$\gamma_d=\rho_d\cdot g$。另外，对于地下水位以下的土体，由于受到水的浮力作用，将扣除水浮力后单位体积土所受的重力称为土的有效重度，以 γ' 表示，当认为水下土是饱和时，它在数值上等于饱和重度 γ_{sat} 与水的重度 γ_w($\gamma_w=\rho_w\cdot g$)之差，即

$$\gamma'=\frac{m_s g-V_s\gamma_w}{V}=\gamma_{sat}-\gamma_w \tag{2-12}$$

显然，几种密度和重度在数值上有如下关系：

$$\rho_{sat}\geqslant\rho\geqslant\rho_d$$

$$\gamma_{sat}\geqslant\gamma\geqslant\gamma_d>\gamma'$$

三、黏性土的界限含水量

(一)界限含水量

黏性土由某一状态转入另一状态时的分界含水量，称为土的界限含水量。

(二)液限和塑限

液限：土由流动状态变成可塑状态的界限含水量称为液限，以符号 w_L 表示。

塑限：土由可塑状态变化到半固体状态的界限含水量称为塑限，以符号 w_P 表示。

缩限：由半固体状态变化到固体状态的界限含水量称为缩限，以符号 w_s 表示。

（三）塑性指数 I_P

$$I_P = w_L - w_P$$

液限与塑限之差值（省去%）反映在可塑状态下的含水量范围。此值可作为黏性土分类的指标。

（四）液性指数 I_L

液性指数的计算公式为

$$I_L = \frac{w - w_P}{I_P} = \frac{w - w_P}{w_L - w_P}$$

即天然含水量和塑限之差与塑性指数之比值，反映土在天然条件下所处的状态。黏性土中水的含量对其性质、状态的影响：土中多含自由水时，处于流动状态；土中多呈弱结合水时，处于可塑状态；弱结合水减少，水膜变薄，土向半固态转化，土中为强结合水时处于固态。

四、砂土的密实度

当砂土处于最密实状态时，其孔隙比称为最小孔隙比 e_{min}；而砂土处于最疏松状态时的孔隙比则称为最大孔隙比 e_{max}。试验标准规定了一定的方法测定砂土的最小孔隙比和最大孔隙比，然后可按下式计算砂土的相对密实度 D_r。

$$D_r = \frac{e_{max} - e}{e_{max} - e_{min}} \tag{2-13}$$

土的最大孔隙比 e_{max}的测定方法是将松散的风干土样，通过长颈漏斗轻轻地倒入容器，求得土的最小干密度再经换算确定；土的最小孔隙比 e_{min} 的测定方法是将松散的风干土样分批装入金属容器内，按规定的方法进行振动或锤击夯实，直至密实度不再提高，求得最大干密度再经换算确定。

当砂土的天然孔隙比 e 接近最小孔隙比 e_{min}时，则其相对密度 D_r 较大，砂土处于较密实状态。当 e 接近最大孔隙比 e_{max}时，则其 D_r 较小，砂土处于较疏松状态。用相对密度 D_r 判定砂土的密实度标准为

$0 \leqslant D_r \leqslant 1/3$　　松散

$1/3 < D_r \leqslant 2/3$　　中密

$2/3 < D_r \leqslant 1$　　密实

五、黏土颗粒与水的相互作用

土体孔隙及裂隙中含水，不只改变了土的密度与重度，地下水位以下的水还受到水深度向上的静水压力（浮力）的作用，工程上计算时，按照有效重度计算。黏土颗粒与水的相互作用对土的力学性质还有着很大的影响。由于土颗粒带有负电荷，从而会产生电泳现象。土体中的水分子向与土颗粒电泳相反的方向移动的现象称为电渗。工程中的电渗排水法就利用了黏土颗粒表面带电的现象。

带电土粒与水相互作用时，周围产生了一个电场，在其范围内的水分子与水溶液中的阳离子一起吸附在土粒表面，这些阳离子一方面受到土粒电场的静电引力作用，另一方面还受到布朗运动的扩散力作用。土粒表面处静电引力强，阳离子与水分子牢牢地吸附在颗粒表面形成

固定层，在固定层外围静电引力较小，阳离子与水分子活动较大，形成扩散层。因此结合水又分为强结合水和弱结合水。水中阳离子的价越高，与土粒之间的静电力越强，扩散层厚度越薄，因此工程实践中可以利用这个原理来改良土质。例如用三价或二价阳离子处理黏土，使扩散层变薄，从而增加土的水稳性，减少膨胀性，提高土的强度。同样，可以利用一价阳离子处理黏土，增厚扩散层，从而降低土的透水性。

土中水并非处于静止不变的状态，而是运动着的。在水位差作用下，水穿过土中相互连通的孔隙。一方面造成水量损失，如挡水土坝体和坝基渗水、输水渠道渗漏等。此外引起土体内部应力的变化，使土体产生内部变形，给工程带来很多问题。工程实践中的流砂、管涌、冻胀、渗透固结、渗流时的边坡稳定等问题，都与土中水的运动有关。如1998年洪灾，长江大堤多处险情都是由于渗流造成的。土中水的运动原因和形式很多，本章着重讨论土中自由水，即重力水和毛细水在土中的运动规律。

六、土体工程性质的变化

土体的工程性质主要包含土体的物理性质、变形性质、力学性质和渗透性质。不同的土体，工程性质不一致。主要的土体工程性质如下：

(1)碎石土：碎石土的工程性质与黏粒的含量及孔隙中充填物的性质和数量有关。一般构成良好地基。由于透水性强，常使基坑涌水较大，坝基、渠道渗漏。

(2)砂土：砂土的工程性质与砂粒大小和密度有关，一般构成良好地基，为较好的建筑材料，但可能产生涌水或渗漏。粉、细砂土的工程性质相对差，特别是饱水粉、细砂土受振动后易产生液化。

(3)黏性土：黏性土的工程性质取决于连结和密实度，即与其黏粒含量、稠度、孔隙比有关。从亚砂土到黏土，其塑性指数、胀缩量、黏聚力逐渐增大，而渗透系数和内摩擦角则逐渐减小。

习　题

2-1　有效粒径为一特定粒径，即小于该粒径的土粒质量累计为(　　)。

A. 10%　　B. 30%　　C. 60%　　D. 50%

2-2　工程上所谓的均粒土，其不均匀系数 C_u 为(　　)。

A. $C_u<5$　　B. $C_u\geqslant5$　　C. $C_u>10$　　D. $5<C_u<10$

2-3　已知某土样孔隙比 $e=1$，饱和度 $S_r=0$，则土样应符合以下(　　)。

①土粒、水、气三相体积相等；②土粒、气两相体积相等；③土粒体积是气体体积的两倍；④此土样为干土

A. ①②　　B. ①③　　C. ②③　　D. ②④

2-4　反映黏性土状态的指标是(　　)。

A. w　　B. I_L　　C. w_P　　D. S_r

2-5　某原状土样，试验测得重度 $\gamma=17\text{kN/m}^3$，含水量 $w=22.0\%$，土粒相对密度 $d_s=2.72$，则该土样的孔隙率及有效重度分别为(　　)。

A. 48.8%，8.81kN/m³　　B. 1.66%，18.81kN/m³

C. 1.66%，8.81kN/m³　　D. 48.8%，18.81kN/m³

2-6　某住宅地基勘察中，一个钻孔原状土试样的试验结果为：土的密度 $\rho=1.8\ \text{g/cm}^3$，土

粒相对密度 $d_s=2.70$，土的含水量 $w=18.0\%$，则此试样的气体体积为(　　)。

A. $0.12cm^3$　　B. $0.19cm^3$　　C. $0.14cm^3$　　D. $0.16cm^3$

第二节　土中水的运动规律

一、毛细特性、冻胀机理与影响因素

通常土体都是多孔介质，土中的孔隙很复杂，形成了无数的毛细管，因为水的表面张力作用，水可以上升到某一高度，这种现象称为毛细管作用(或毛细现象)，这种细微孔隙中的水被称为毛细水。

当大气温度降至负温时，土层中的温度也随之降低，土体孔隙中的自由水首先在0℃时冻结成冰晶体。随着气温的继续下降，弱结合水的外层也开始冻结，使冰晶体渐渐扩大。这样使冰晶体周围土粒的结合水膜减薄，土粒就产生剩余的分子引力，另外，由于结合水膜的减薄，使得水膜中的离子浓度增加(因为结合水中的水分子结成冰晶体，使离子浓度相应增加)，这样，就产生渗透压力(当两种水溶液的浓度不同时，会在它们之间产生一种压力差，使浓度较小的溶液中的水向浓度较大的溶液渗流)。在这两种引力作用下，附近未冻结区水膜较厚处的结合水，被吸引到冻结区的水膜较薄处。一旦水分被吸引到冻结区后，因为负温作用，水即冻结，使冰晶体增大，而不平衡引力继续存在。若未冻结区存在着水源(如地下水距冻结区很近)及适当的水源补给通道(即毛细通道)，就能够源源不断地补充被吸收的结合水，则未冻结的水分就会不断地向冻结区迁移积聚，使冰晶体扩大，在土层中形成冰夹层，土体积发生隆胀，即冻胀现象。

二、层流渗透定律(达西定律)、渗透系数及其影响因素

达西定律只适用于层流条件。所谓层流条件是指在土孔隙中移动的水，流体质点互不干扰，迹线有条不紊地沿着细微管道流动，也即要求土中水的流速不能超过某一定值，故达西定律也称为土的层流渗透定律。一般中砂、细砂、粉砂等细颗粒土中水的流速满足层流条件；而粗砂、砾石、卵石等粗颗粒土中水的渗流速度较大，是紊流而不是层流，故不能使用达西定律。

在黏土中，土颗粒周围存在着结合水，结合水因受到分子引力作用而呈现黏滞性，黏土中自由水的渗流受到结合水的黏滞作用而产生很大阻力，只有克服结合水的抗剪强度后才能开始渗流。故黏土中的渗流规律须按达西定律进行修正。土的渗透系数参考值见表2-5。

土的渗透系数参考值　　表2-5

土 的 类 别	渗透系数(m/s)	土 的 类 别	渗透系数(m/s)
黏土	$<5\times10^{-8}$	细砂	$1\times10^{-5}\sim5\times10^{-5}$
粉质黏土	$5\times10^{-8}\sim1\times10^{-6}$	中砂	$5\times10^{-5}\sim2\times10^{-4}$
粉土	$1\times10^{-6}\sim2.5\times10^{-6}$	粗砂	$2\times10^{-4}\sim5\times10^{-4}$
黄土	$2.5\times10^{-6}\sim5\times10^{-6}$	圆砾	$5\times10^{-4}\sim1\times10^{-3}$
粉砂	$5\times10^{-6}\sim1\times10^{-5}$	卵石	$1\times10^{-3}\sim5\times10^{-3}$

土的渗透系数与土和水两方面的多种因素有关，影响土的渗透性的因素主要有以下几种。

(一)土的粒度成分及矿物成分

土的颗粒大小、形状及级配，影响土中孔隙大小及形状，因而影响土的渗透性。土颗粒越

粗、越浑圆、越均匀时，渗透性就越强。砂土中有较多粉土及黏土颗粒时，其渗透性就大大降低。

土的矿物成分对于卵石、砂土和粉土的渗透性影响不大，但对于黏土的渗透性影响较大。黏性土中有亲水性较大的黏土矿物（如蒙脱石）或有机质时，由于它们具有很大的膨胀性，就大大降低土的渗透性。有大量有机质的淤泥几乎不透水。

（二）结合水膜的厚度

黏性土中若结合水膜较厚，会减小土的孔隙，降低土的渗透性。如钠黏土，由于钠离子的存在，使土粒的扩散层厚度增加，所以透水性很低。又如在粒土中加入高价离子的电解质（如Al、Fe等），会使土粒扩散层厚度减薄，粒土颗粒会凝聚成粒团，土的孔隙因而增大，这也将使土的渗透性增大。

（三）土的结构构造

天然土层通常不是各向同性的，在渗透性方面往往也是如此。如黄土具有竖直方向的大孔隙，所以竖直方向的渗透系数要比水平方向大得多。层状黏土常有薄的粉砂层，它的水平方向的渗透系数要比竖直方向大得多。

（四）水的黏滞度

水在土中的渗流速度与水的密度及黏滞度有关。一般水的密度随温度变化很小，可略去不计，但水的动力黏滞系数 η 随温度变化（表 2-6）。故室内渗透试验时，同一种土在不同温度下会得到不同的渗透系数。在天然土层中，除了靠近地表的土层外，一般土中的温度变化很小，故可忽略温度的影响；但是室内试验的温度变化较大，故应考虑它对渗透系数的影响。目前常以水温为 10℃时的 k_{10} 作为标准值，在其他温度测定的渗透系数 k_t 可按式(2-14)进行修正，即

$$k_{10} = k_t \frac{\eta_t}{\eta_{10}} \tag{2-14}$$

式中：η_t、η_{10}——t℃、10℃时水的动力黏滞系数（N·s/m²），其比值与温度的关系参见表 2-6。

η_t/η_{10} 与温度的关系　　表 2-6

温度(℃)	η_t/η_{10}	温度(℃)	η_t/η_{10}	温度(℃)	η_t/η_{10}
−10	1.988	10	1.000	22	0.735
−5	1.636	12	0.945	24	0.707
0	1.369	14	0.895	26	0.671
5	1.161	16	0.850	28	0.645
6	1.121	18	0.810	30	0.612
8	1.060	20	0.773	40	0.502

（五）土中气体

当土孔隙中存在密闭气泡时，会阻止水的渗流，从而降低土的渗透性。这种密闭气泡有时是由溶解于水中的气体分离出来而形成的，故室内渗透试验有时规定要用不含溶解空气的蒸馏水。

三、动水力及流砂的特性

水在土体中渗流，受到土骨架的阻力，同时水也对土骨架施加推力，单位体积内土骨架所受到的水推力称为渗透力（或动水力）。

图 2-2 为渗水地基中的一个水平土柱，土柱的长度为 L，假定水从土柱断面 1-1 流至断面 2-2 的水头损失为 h_f，作用在两个断面上的总水压力差为 F_s，即

$$F_s = \gamma_w H_1 A - \gamma_w H_2 A = \gamma_w h_f A \qquad (2\text{-}15)$$

式中：H_1、H_2——断面 1-1 和断面 2-2 中心处测压管水头高度(m)；

A——土柱过水断面面积(m^2)。

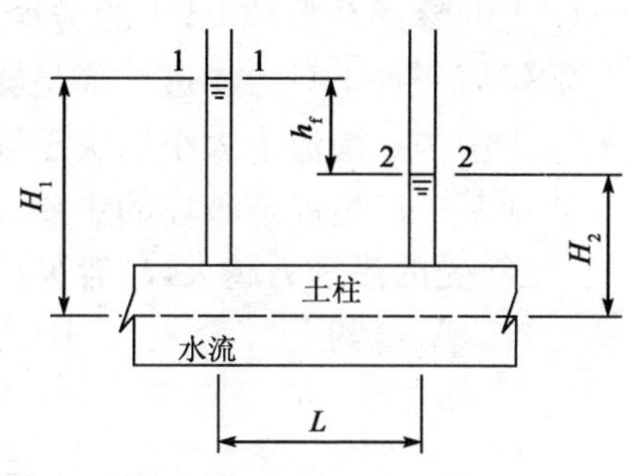

图 2-2　渗透力计算模型

水从断面 1-1 流至断面 2-2 因克服土骨架阻力所损失的总水头压力即为 F_s。

由于渗流速度一般很小，流动水体的惯性力可以忽略不计。根据力的平衡条件，渗流作用于土柱的总渗透力 J 应和土柱中土骨架对水流的阻力大小相等、方向相反。即

$$J = \gamma_w h_f A$$

作用在单位体积土柱上的渗透力(简称渗透力)应为

$$G_D = \frac{J}{AL} = \frac{\gamma_w h_f A}{AL} = \gamma_w \frac{h_f}{L} = \gamma_w i \qquad (2\text{-}16)$$

G_D 称为渗透力，等于水的重力密度(重度)和水力坡降的乘积。因为 i 是无量纲数，所以渗透力的量纲与重力密度(重度)相同，是一种体积力，单位为 kN/m^3，其大小与水力坡降成正比，方向与渗流方向一致。该力对土体稳定性有重要影响，也是造成常见渗透破坏的直接原因。

当渗透力与土的有效重度相等时，土颗粒之间的压力就等于零，土颗粒将处于悬浮状态而失去稳定，这种现象称为流砂现象。

流砂现象发生在土体表面渗流逸出处，不发生于土体内部。其主要发生在细砂、粉砂及轻亚黏土等土层中，而在粗颗粒土及黏土中则不易发生。

习　题

2-7　用达西定律计算的水在土中的渗流速度是土中水的实际流速。该说法(　　)。

A. 正确　　B. 错误

2-8　相应于任意确定的基准面，土中一点的总水头 h 包括(　　)。

A. 势水头　　B. 势水头＋静水头

C. 静水头＋动水头　　D. 势水头＋动水头＋静水头

2-9　达西定律描述的是(　　)状态下的渗透规律。

A. 层流　　B. 紊流　　C. 渗流　　D. 急流

2-10　已知土体 d_s＝2.7，e＝1，则该土的临界水力梯度为(　　)。

A. 1.8　　B. 1.25　　C. 0.85　　D. 1.0

2-11　下述关于渗透力的描述正确的为(　　)。

①数值与水力梯度成正比；②方向与渗流透路径方向一致；③是体积力

A. 仅①③正确　　B. 全正确

C. 仅①②正确　　D. 仅②③正确

2-12　下列说法正确的是(　　)。

①土的渗透系数越大，土的透水性也越大，土中的水力梯度越大；

②任何一种土只要渗透坡降足够大就可能发生流土和管涌；

③土中一点渗流力大小取决于该点孔隙水总水头的大小；

④地基中产生渗透破坏的主要原因是因为土粒受渗透力作用。因此，地基中孔隙水压力越高，土粒受的渗透力越大，越容易产生渗透破坏

A. ②对　　B. ②③对　　C. ③对　　D. 全不对

第三节　土中应力计算

一、自重应力计算方法

在计算土中自重应力时，假设天然地面是半空间(半无限体)表面的一个无限大的水平面，土体在自身重力作用下竖直切面都是对称面，因此在任意竖直面和水平面上均无剪应力存在，仅作用有竖向的自重应力 σ_{cz} 和水平向的侧向应力 $\sigma_{cx}=\sigma_{cy}$。所以，在深度 z 处平面上，土体因自重产生的竖向应力，也就是自重应力，$\sigma_{cz}=\gamma z$，即单位面积上土柱体的重力。

(一)均质地基土的自重应力

当地基土是均质土时，如图 2-3 所示，假设在天然地面以下任意深度 z 处 a-a 水平面上有一横截面为 F 的土柱，土柱重为 W，则作用在土柱底面的竖向自重应力为

$$\sigma_{cz}=\frac{W}{F}=\frac{\gamma Fz}{F}=\gamma z \tag{2-17}$$

式中：γ——土的天然重度(kN/m^3)；

z——计算点距地表的深度(m)。

可见，自重应力 σ_{cz} 沿水平面呈均匀分布，且随深度呈线性增加。

地基中除了有竖向的自重应力以外，在竖直面上还作用有水平向的侧向自重应力 σ_{cx} 和 σ_{cy}，可按下式计算

$$\sigma_{cx}=\sigma_{cy}=K_0\sigma_{cz}=K_0\gamma z \tag{2-18}$$

式中：K_0——土的静止侧压力系数。

(二)成层地基土的自重应力

地基土往往是成层的，因而各层具有不同的重度。如图 2-4 所示，各土层厚度为 h_1，h_2，…，h_n，所对应各层的重度为 γ_1，γ_2，…，γ_n，根据上述自重应力的计算原理，在深度 z 处土的自重应力也等于单位面积上土柱体中各层土重之和，计算公式为

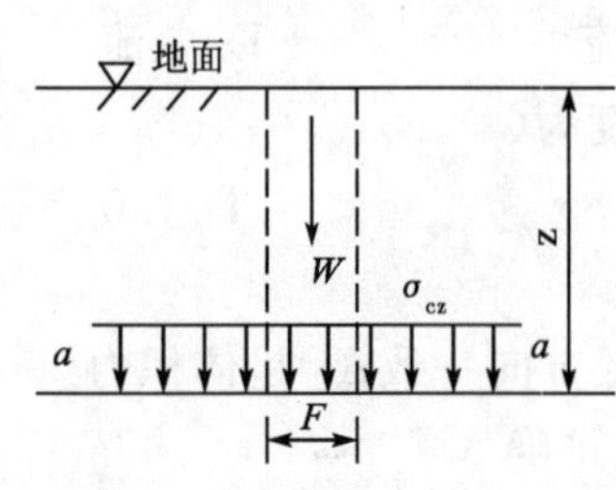

图 2-3　均质土的竖向自重应力

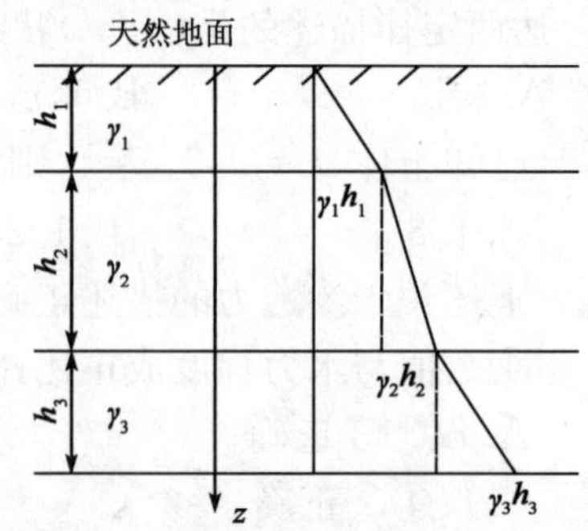

图 2-4　成层土的自重应力分布

$$\sigma_{cz} = \sum_{i=1}^{n} \gamma_i h_i \tag{2-19}$$

式中：n——深度 z 范围内的土层总数；

γ_i——第 i 层土的天然重度（kN/m^3）；

h_i——第 i 层土的厚度（m）。

（三）有地下水时的自重应力

计算地下水位以下土的自重应力时，应根据土的性质，确定是否考虑水对土体的浮力作用。

通常认为水下的砂性土应该考虑浮力作用，黏性土则要视黏性土的性质而定。一般说来：

（1）如果水下黏性土的液性指数 $I_L \geqslant 1$，则土处于流动状态，土颗粒之间存在着大量自由水，此时认为土体受到水的浮力作用。

（2）如果 $I_L \leqslant 0$，则土处于固体状态，土中自由水受到土颗粒间结合水膜的阻碍不能传递静水压力，认为土体不受水的浮力影响。

（3）如果 $0 < I_L < 1$，土处于塑性状态，土颗粒是否受到浮力影响不易确定，在实际中一般按不利状态来考虑。

如果地下水位以下的土受到水的浮力作用，那么水下部分的土应按浮重度 γ' 计算。因此，地下水位面也应该作为分层界面。计算方法如同成层地基土的情况。

二、土中附加应力计算方法

土中附加应力是由建筑物荷载引起的应力增量。计算地基附加应力时，假定土体是各向同性的、均质的线性变形体，而且在深度和水平方向都是无限延伸的，即把地基看成是均质各向同性的线性变形半无限空间体，从而可以直接应用弹性力学中关于弹性半空间的理论解答。

首先讨论在竖向集中力作用下地基附加应力的计算，然后据此解答，通过积分或叠加原理得到各种分布荷载作用下土中附加应力的计算公式。当地基面上作用满布均匀荷载时，地基土中各处的附加应力等同于均布荷载的强度。

（一）集中力下的地基附加应力

1. 竖向集中力作用下的地基附加应力——布辛奈斯克解

如图 2-5 所示，当半无限地基表面作用集中力 P 时，地基内任意一点 $M(x,y,z)$ 将产生六个应力分量和三个位移分量。由法国数学家布辛奈斯克（J. Boussienesq）1885 年用弹性理论推导出解析解：

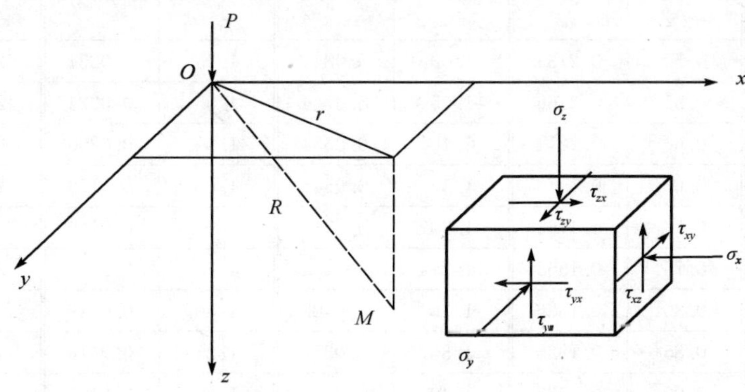

图 2-5　竖向集中力作用下地基中一点附加应力状态

$$
\left.\begin{aligned}
\sigma_x &= \frac{3P}{2\pi}\left\{\frac{x^3 z}{R^5}+\frac{1-2\mu}{3}\left[\frac{1}{R(R+z)}-\frac{(2R+z)x^2}{(R+z)^2R^3}-\frac{z}{R^3}\right]\right\}\\
\sigma_y &= \frac{3P}{2\pi}\left\{\frac{y^3 z}{R^5}+\frac{1-2\mu}{3}\left[\frac{1}{R(R+z)}-\frac{(2R+z)y^2}{(R+z)^2R^3}-\frac{z}{R^3}\right]\right\}\\
\sigma_z &= \frac{3P}{2\pi}\times\frac{z^3}{R^5}\\
\tau_{xy} &= \tau_{yx} = \frac{3P}{2\pi}\left[\frac{xyz}{R^5}-\frac{1-2\mu}{3}\times\frac{(2R+z)xy}{(R+z)^2R^3}\right]\\
\tau_{zy} &= \tau_{yz} = \frac{3P}{2\pi}\times\frac{yz^2}{R^5}\\
\tau_{zx} &= \tau_{xz} = \frac{3P}{2\pi}\times\frac{xz^2}{R^5}\\
u &= \frac{P(1+\mu)}{2\pi E}\left[\frac{xz}{R^3}-(1-2\mu)\frac{x}{R(R+z)}\right]\\
v &= \frac{P(1+\mu)}{2\pi E}\left[\frac{yz}{R^3}-(1-2\mu)\frac{y}{R(R+z)}\right]\\
\omega &= \frac{P(1+\mu)}{2\pi E}\left[\frac{z^2}{R^3}+2(1-\mu)\frac{1}{R}\right]
\end{aligned}\right\}\tag{2-20a}
$$

式中：$\sigma_x,\sigma_y,\sigma_z$——$x,y,z$ 方向的法向应力；

$\tau_{xy},\tau_{yz},\tau_{zx}$——剪应力；

u,v,ω——M 点沿坐标轴 x,y,z 方向的位移；

E——弹性模量（或土的变形模量）；

μ——泊松比；

R——M 点至坐标原点 O 的距离。

$$
\sigma_z = \frac{3P}{2\pi}\times\frac{z^3}{R^5} = \frac{3P}{2\pi z^2}\times\frac{1}{\left[1+\left(\frac{r}{z}\right)^2\right]^{\frac{5}{2}}} = \alpha\frac{P}{z^2}\tag{2-20b}
$$

式中：r——如图 2-5 所示，$r=\sqrt{x^2+y^2}$；

α——集中力作用下地基竖向附加应力系数，简称集中应力系数。

$\alpha=\dfrac{3}{2\pi\left[1+\left(\frac{r}{z}\right)^2\right]^{\frac{5}{2}}}$，它是$\left(\dfrac{r}{z}\right)$的函数，可制成表格查用，见表 2-7。

集中力作用下的应力系数 α 值 表 2-7

r/z	α	r/z	α	r/z	α	r/z	α	r/z	α
0.00	0.4775	0.50	0.2733	1.00	0.0844	1.50	0.0251	2.00	0.0085
0.05	0.4745	0.55	0.2466	1.05	0.0744	1.55	0.0224	2.20	0.0058
0.10	0.4657	0.60	0.2214	1.10	0.0658	1.60	0.0200	2.40	0.0040
0.15	0.4516	0.65	0.1978	1.15	0.0581	1.65	0.0179	2.60	0.0029
0.20	0.4329	0.70	0.1762	1.20	0.0513	1.70	0.0160	2.80	0.0021
0.25	0.4103	0.75	0.1565	1.25	0.0454	1.75	0.0144	3.00	0.0015
0.30	0.3849	0.80	0.1386	1.30	0.0402	1.80	0.0129	6.50	0.0007
0.35	0.3577	0.85	0.1226	1.35	0.0357	1.85	0.0116	4.00	0.0004
0.40	0.3294	0.90	0.1083	1.40	0.0317	1.90	0.0105	4.50	0.0002
0.45	0.3011	0.95	0.0956	1.45	0.0282	1.95	0.0095	5.00	0.0001

因为竖向集中力作用下地基中的状态是轴对称空间问题，因此，可以对通过 P 作用线所切出的任意竖直面进行 σ_z 分布特征的讨论（图 2-6）。

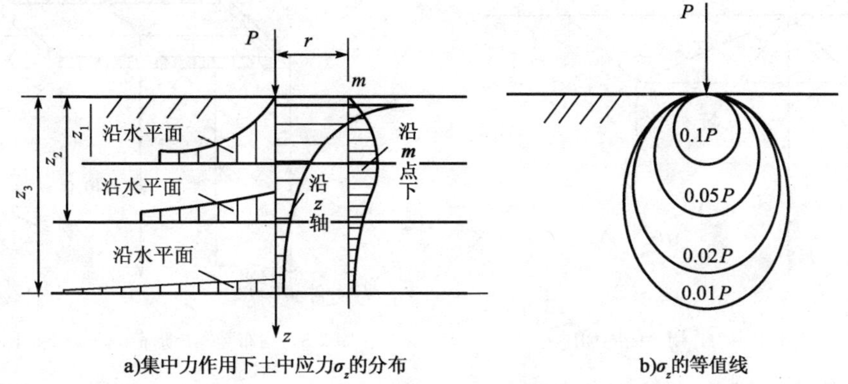

图 2-6　集中力作用力土、中应力 σ_z 的分布和等值线

（1）在集中力 P 作用线上的分布

在 P 作用线上，$r=0$，可知 $\sigma_z=\frac{3}{2\pi}\times\frac{P}{z^2}$。

当 $z=0$ 时，$\sigma_z=\infty$，地基土已发生塑性变形，弹性理论已不适用，因此在选择计算点时，不应过于接近集中力作用点。

当 $z=\infty$时，$\sigma_z=0$。

可见，沿 P 作用线上 σ_z 的分布是随深度增加而递减。

（2）在 $r>0$ 的竖直线上的分布

从式（2-20）可以得出，$z=0$ 时，$\sigma_z=0$；随着 z 的增加 σ_z 逐渐增大，至一定深度后又随着 z 的增加而逐渐减小。如图 2-6a）所示。

（3）在 z 为常数的水平面上的分布

从式（2-20）可以看出，σ_z 的值在 $r=0$，即集中力 P 作用线上最大，并随 r 的增加而逐渐减小。随着 z 的增加，集中力 P 作用线上的 σ_z 减小，而水平面上的应力分布趋于均匀。

若在空间将 σ_z 相同的点连接成曲面，可以得到如图 2-6b）所示的 σ_z 等值线图，其形如泡，称为压力泡或应力泡。

通过上述讨论，可以看出：集中力 P 在地基中引起的附加应力 σ_z 的分布是向下、向四周无限扩散的。

2. 水平集中力作用下的地基附加应力——西罗提解

当地基表面作用有平行于 xOy 面的水平集中力 F 时，求解在地基中任意点 $M(x,y,z)$ 所引起的问题，已经由西罗提（V. Cerruti）用弹性理论解出。这里只介绍与沉降计算关系最大的垂直竖向法应力 σ_z 的表达式，即

$$\sigma_z=\frac{3F}{2\pi}\times\frac{xz^2}{R^5} \tag{2-21a}$$

式中符号意义见图 2-7。

（二）矩形荷载和圆形荷载下的地基附加应力

1. 均布的竖向矩形荷载

（1）均布的竖向矩形荷载角点 c 下 σ_z

在图 2-8 所示的均布荷载 p 作用下，计算矩形面积角点 c 下深度 z 处 M 点的竖向应力 σ_z 值。

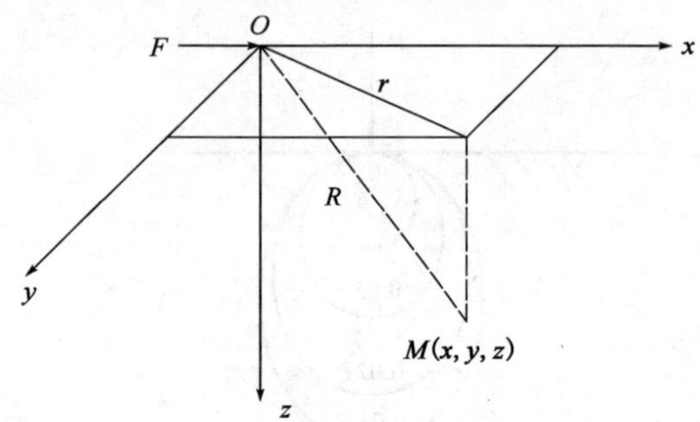

图 2-7　水平集中力作用下的附加应力

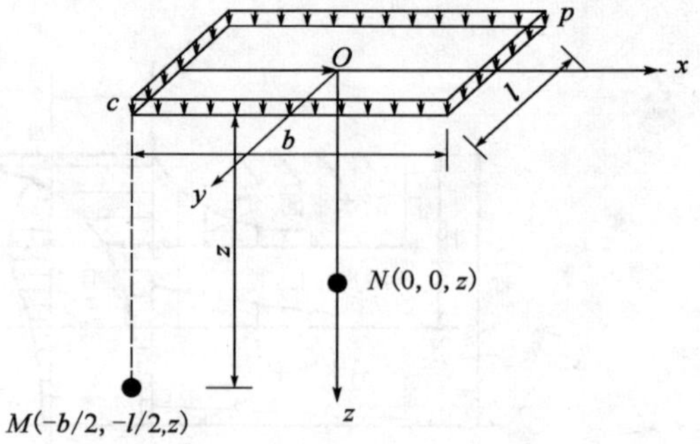

图 2-8　均布竖向矩形荷载角点下的附加应力 σ_z

同样由式(2-20a)中 σ_z 的表达式积分求得

$$\sigma_z = \frac{p}{2\pi}\left[\frac{mn(1+m^2+2n^2)}{\sqrt{1+m^2+n^2}(1+n^2)(m^2+n^2)} + \arctan\frac{m}{n\sqrt{1+m^2+n^2}}\right]$$

$$=\alpha_c p \tag{2-21b}$$

式中：α_c——应力系数，$\alpha_c = \frac{1}{2\pi}\left[\frac{mn(1+m^2+2n^2)}{\sqrt{1+m^2+n^2}(1+n^2)(m^2+n^2)} + \arctan\frac{m}{n\sqrt{1+m^2+n^2}}\right]$，

$m=\frac{l}{b}$，$n=\frac{z}{b}$，b 为较短边的边长。α_c 的值可从表 2-8 中查得。

均布竖向矩形荷载作用下角点下竖应力系 α_c 数值　　表 2-8

z/b	l/b										
	1.0	1.2	1.4	1.6	1.8	2.0	3.0	4.0	5.0	6.0	≥10.0
0.0	0.250	0.250	0.250	0.250	0.250	0.250	0.250	0.250	0.250	0.250	0.250
0.2	0.249	0.249	0.249	0.249	0.249	0.249	0.249	0.249	0.249	0.249	0.249
0.4	0.240	0.242	0.243	0.243	0.244	0.244	0.244	0.244	0.244	0.244	0.244
0.6	0.223	0.228	0.230	0.232	0.232	0.233	0.234	0.234	0.234	0.234	0.234
0.8	0.200	0.207	0.212	0.215	0.216	0.218	0.220	0.220	0.220	0.220	0.220
1.0	0.175	0.185	0.191	0.195	0.198	0.200	0.203	0.204	0.204	0.204	0.205
1.2	0.152	0.163	0.171	0.176	0.179	0.182	0.187	0.188	0.189	0.189	0.189
1.4	0.131	0.142	0.151	0.157	0.161	0.164	0.171	0.173	0.174	0.174	0.174
1.6	0.112	0.124	0.133	0.140	0.145	0.148	0.157	0.159	0.160	0.160	0.160
1.8	0.097	0.108	0.117	0.124	0.129	0.133	0.143	0.146	0.147	0.148	0.148
2.0	0.084	0.095	0.103	0.110	0.116	0.120	0.131	0.135	0.136	0.137	0.137
2.2	0.073	0.083	0.092	0.098	0.104	0.108	0.121	0.125	0.126	0.127	0.128
2.4	0.064	0.073	0.081	0.088	0.093	0.098	0.111	0.116	0.118	0.118	0.119
2.6	0.057	0.065	0.072	0.079	0.084	0.089	0.102	0.107	0.110	0.111	0.112
2.8	0.050	0.058	0.065	0.071	0.076	0.080	0.094	0.100	0.102	0.104	0.105
3.0	0.045	0.052	0.058	0.064	0.069	0.073	0.087	0.093	0.096	0.097	0.099

续上表

z/b	l/b										
	1.0	1.2	1.4	1.6	1.8	2.0	3.0	4.0	5.0	6.0	≥10.0
3.2	0.040	0.047	0.053	0.058	0.063	0.067	0.081	0.087	0.090	0.092	0.093
3.4	0.036	0.042	0.048	0.053	0.057	0.061	0.075	0.081	0.085	0.086	0.088
3.6	0.033	0.038	0.043	0.048	0.052	0.056	0.069	0.076	0.080	0.082	0.084
3.8	0.030	0.035	0.040	0.044	0.048	0.052	0.065	0.072	0.075	0.077	0.080
4.0	0.027	0.032	0.036	0.040	0.044	0.048	0.060	0.067	0.071	0.073	0.076
4.2	0.025	0.029	0.033	0.037	0.041	0.044	0.056	0.063	0.067	0.070	0.072
4.4	0.023	0.027	0.031	0.034	0.038	0.041	0.053	0.060	0.064	0.066	0.069
4.6	0.021	0.025	0.028	0.032	0.035	0.038	0.049	0.056	0.061	0.063	0.066
4.8	0.019	0.023	0.026	0.029	0.032	0.035	0.046	0.053	0.058	0.060	0.064
5.0	0.018	0.021	0.024	0.027	0.030	0.033	0.043	0.050	0.055	0.057	0.061
6.0	0.013	0.015	0.017	0.020	0.022	0.024	0.033	0.039	0.043	0.046	0.051
7.0	0.009	0.011	0.013	0.015	0.016	0.018	0.025	0.031	0.035	0.038	0.043
8.0	0.007	0.009	0.010	0.011	0.013	0.014	0.020	0.025	0.028	0.031	0.037
9.0	0.006	0.007	0.008	0.009	0.010	0.011	0.016	0.020	0.024	0.026	0.032
10.0	0.005	0.006	0.007	0.007	0.008	0.009	0.013	0.017	0.020	0.022	0.028

(2)均布的竖向矩形荷载中点下 σ_z

在图 2-8 所示的均布荷载 p 作用下，计算矩形面积中点 O 下深度 z 处 N 点的竖向应力 σ_z 值。

同样由式(2-20a)中 σ_z 的表达式积分求得：

$$\sigma_z = \frac{2p}{\pi}\left[\frac{2mn(1+m^2+8n^2)}{\sqrt{1+m^2+4n^2}(1+4n^2)(m^2+4n^2)} + \arctan\frac{m}{2n\sqrt{1+m^2+4n^2}}\right] = \alpha_o p \tag{2-22}$$

式中：α_o——应力系数，$\alpha_o = \frac{2}{\pi}\left[\frac{2mn(1+m^2+8n^2)}{\sqrt{1+m^2+4n^2}(1+4n^2)(m^2+4n^2)} + \arctan\frac{m}{2n\sqrt{1+m^2+4n^2}}\right]$，$m=\frac{l}{b}$，$n=\frac{z}{b}$，$b$ 为较短边的边长。α_o 的值可从表 2-9 中查得。

均布竖向矩形荷载作用下中点下竖应力系数 α_o 值 表 2-9

z/b	l/b									
	1.0	1.2	1.4	1.6	1.8	2.0	3.0	4.0	5.0	≥10
0.0	1.000	1.000	1.000	1.000	1.000	1.000	1.000	1.000	1.000	1.000
0.2	0.960	0.968	0.972	0.974	0.975	0.976	0.977	0.977	0.977	0.977
0.4	0.800	0.830	0.848	0.859	0.866	0.870	0.879	0.880	0.881	0.881
0.6	0.606	0.651	0.682	0.703	0.717	0.727	0.748	0.753	0.754	0.755
0.8	0.449	0.496	0.532	0.558	0.579	0.593	0.627	0.636	0.639	0.642
1.0	0.334	0.378	0.414	0.441	0.463	0.481	0.524	0.540	0.545	0.550
1.2	0.257	0.294	0.325	0.352	0.374	0.392	0.442	0.462	0.470	0.477

续上表

z/b	l/b									
	1.0	1.2	1.4	1.6	1.8	2.0	3.0	4.0	5.0	≥10
1.4	0.201	0.232	0.260	0.284	0.304	0.321	0.376	0.400	0.410	0.420
1.6	0.160	0.187	0.210	0.232	0.251	0.267	0.322	0.348	0.360	0.374
1.8	0.130	0.153	0.173	0.192	0.209	0.224	0.278	0.305	0.320	0.337
2.0	0.108	0.127	0.145	0.161	0.176	0.189	0.237	0.270	0.285	0.304
2.5	0.072	0.085	0.097	0.109	0.210	0.131	0.174	0.202	0.219	0.249
3.0	0.051	0.060	0.070	0.178	0.087	0.095	0.130	0.155	0.172	0.208
3.5	0.038	0.045	0.052	0.059	0.066	0.072	0.100	0.123	0.139	0.180
4.0	0.029	0.035	0.040	0.046	0.051	0.056	0.080	0.095	0.113	0.158
5.0	0.019	0.022	0.026	0.030	0.033	0.037	0.053	0.067	0.079	0.128

(3)均布的竖向矩形荷载作用下，土中任意点 σ_z（角点法）

如图 2-9 所示，$abcd$ 为矩形荷载作用面积，计算 M 点下 z 深度处的附加应力 σ_z。

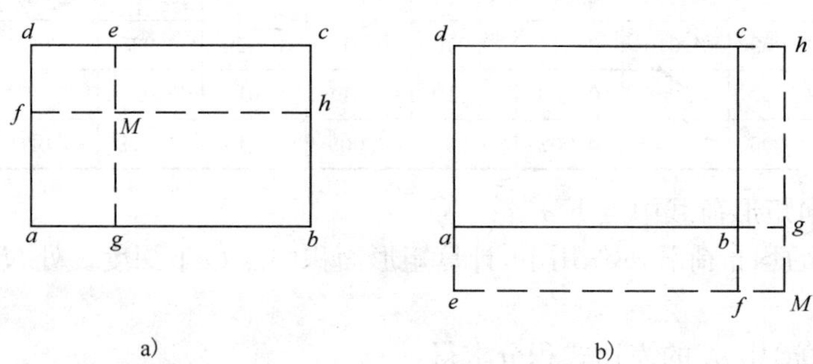

图 2-9　角点法的应用

①M 点在 $abcd$ 范围内[图 2-9a)]。

$$\sigma_z = \sum\sigma_{zi} = \sigma_{z(agMf)} + \sigma_{z(gbhM)} + \sigma_{z(Mhce)} + \sigma_{z(fMed)}$$

②M 点在 $abcd$ 范围外[图 2-9b)]。

$$\sigma_z = \sigma_{z(eMhd)} - \sigma_{z(eMga)} - \sigma_{z(fMhc)} + \sigma_{z(fMgb)}$$

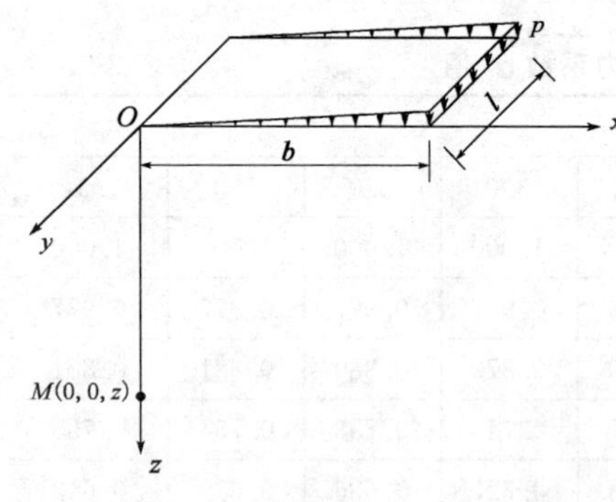

图 2-10　三角形分布的竖向矩形荷载

能够引起地基变形的荷载只有新增的土工结构荷载，即作用于地基表面的附加压力，也就是扣除基础埋深以上的土层自重应力的基底压力。实际上，一般基础都埋置于地面以下一定深度 h，该处原有自重应力为 $\sigma=\gamma h$，σ 因基坑开挖而卸除。因此，在计算由土工结构引起的基底反力时，应扣除基底高程处土层原有的自重应力后，才是基底面处新增于地基的基底附加压力，即 $p_0=p-\gamma h$。

2. 三角形分布的竖向矩形荷载

如图 2-10 所示，在地基表面作用矩形面积的三角形分布荷载，计算荷载为 0 的角点下深度 z 处 M 点的竖向应力 σ_z 时，同样可以用公式积分求得，取如图 2-10 所示坐标系，得到

$$\sigma_z = \frac{mn}{2\pi}\left[\frac{1}{\sqrt{m^2+n^2}} - \frac{n^2}{(1+n^2)\sqrt{1+m^2+n^2}}\right]p$$
$$=\alpha_t p \tag{2-23}$$

式中：α_t——应力系数，$\alpha_t = \frac{mn}{2\pi}\left[\frac{1}{\sqrt{m^2+n^2}} - \frac{n^2}{(1+n^2)\sqrt{1+m^2+n^2}}\right]$，$m$、$n$ 意义同前。

α_t 的值可从表 2-10 中查得。注意 b、l 的几何意义，如图 2-10 所示，b 为荷载呈三角形分布的边的边长，l 为荷载最大边的边长。

竖向三角形分布荷载作用下压力为 0 的角点下竖应力系数 α_t 值 表 2-10

z/b	l/b							
	0.2	0.6	1.0	1.4	1.8	3.0	8.0	10.0
0.0	0.0000	0.0000	0.0000	0.0000	0.0000	0.0000	0.0000	0.0000
0.2	0.0233	0.0296	0.0304	0.0305	0.0306	0.0306	0.0306	0.0306
0.4	0.0269	0.0487	0.0531	0.0543	0.0546	0.0548	0.0549	0.0549
0.6	0.0259	0.0560	0.0654	0.0684	0.0694	0.0701	0.0702	0.0702
0.8	0.0232	0.0553	0.0688	0.0739	0.0759	0.0773	0.0776	0.0776
1.0	0.0201	0.0508	0.0666	0.0735	0.0766	0.0790	0.0796	0.0796
1.2	0.0171	0.0450	0.0615	0.0698	0.0738	0.0774	0.0783	0.0783
1.4	0.0145	0.0392	0.0554	0.0644	0.0692	0.0739	0.0752	0.0753
1.6	0.0123	0.0339	0.0492	0.0586	0.0639	0.0697	0.0715	0.0715
1.8	0.0105	0.0294	0.0453	0.0528	0.0585	0.0652	0.0675	0.0675
2.0	0.0090	0.0255	0.0384	0.0474	0.0533	0.0607	0.0636	0.0636
2.5	0.0063	0.0183	0.0284	0.0362	0.0419	0.0514	0.0547	0.0548
3.0	0.0046	0.0135	0.0214	0.0280	0.0331	0.0419	0.0474	0.0476
5.0	0.0018	0.0054	0.0088	0.0120	0.0148	0.0214	0.0296	0.0301
7.0	0.0009	0.0028	0.0047	0.0064	0.0081	0.0124	0.0204	0.0212
10.0	0.0005	0.0014	0.0024	0.0033	0.0041	0.0066	0.0128	0.0139

3. 均布的水平矩形荷载

当地基表面作用有均布的水平矩形荷载 p 时（图 2-11），可利用西罗提解式对矩形荷载积分，求出矩形角点 1、2 下任意深度 z 处 M 点的竖向附加应力 σ_z，即

$$\begin{matrix}\sigma_{z1}\\ \sigma_{z2}\end{matrix} = \mp\frac{p}{2\pi}\left[\frac{m}{\sqrt{m^2+n^2}} - \frac{mn^2}{(1+n^2)\sqrt{1+m^2+n^2}}\right] = \mp\alpha_h p \tag{2-24}$$

式中：α_h——应力系数，$\alpha_h = \frac{1}{2\pi}\left[\frac{m}{\sqrt{m^2+n^2}} - \frac{mn^2}{(1+n^2)\sqrt{1+m^2+n^2}}\right]$，$m$、$n$ 意义同前，α_h 的值可从表 2-11 中查得。

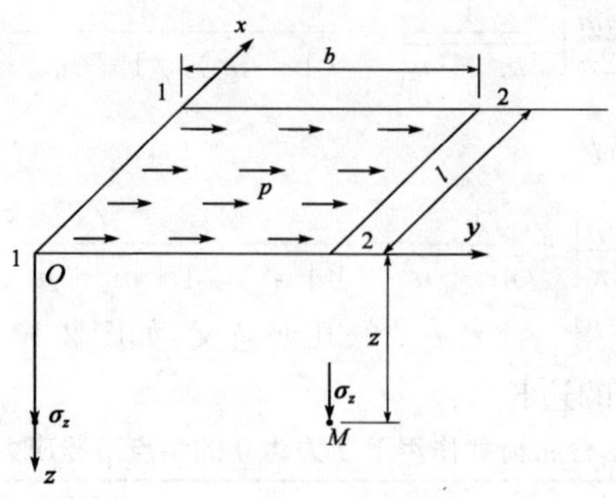

图 2-11　均布水平矩形荷载作用下角点下竖向附加应力

σ_{z1}是水平荷载矢量起始端角点 1 下的附加应力，取"－"号；σ_{z2}是水平荷载矢量终止端角点 2 下的附加应力，取"＋"号。

均布水平矩形荷载作用下角点下竖向应力系数 α_h 值　　表 2-11

z/b	l/b										
	1.0	1.2	1.4	1.6	1.8	2.0	3.0	4.0	5.0	6.0	10.0
0.0	0.1592	0.1592	0.1592	0.1592	0.1592	0.1592	0.1592	0.1592	0.1592	0.1592	0.1592
0.2	0.1518	0.1523	0.1526	0.1528	0.1529	0.1529	0.1530	0.1530	0.1530	0.1530	0.1530
0.4	0.1328	0.1347	0.1356	0.1362	0.1365	0.1367	0.1371	0.1372	0.1372	0.1372	0.1372
0.6	0.1091	0.1121	0.1139	0.1150	0.1156	0.1160	0.1168	0.1169	0.1170	0.1170	0.1170
0.8	0.0861	0.090	0.0924	0.0939	0.0948	0.0955	0.0967	0.0969	0.0970	0.0970	0.0970
1.0	0.0666	0.0708	0.0735	0.0753	0.0766	0.0774	0.0790	0.0794	0.0795	0.0796	0.0796
1.2	0.0512	0.0553	0.0582	0.0601	0.0615	0.0624	0.0645	0.0650	0.0652	0.0652	0.0652
1.4	0.0395	0.0433	0.0460	0.0480	0.0494	0.0505	0.0528	0.0534	0.0537	0.0537	0.0538
1.6	0.0308	0.0341	0.0366	0.0385	0.0400	0.0410	0.0436	0.0443	0.0446	0.0447	0.0447
1.8	0.0242	0.0270	0.0293	0.0311	0.0325	0.0336	0.0362	0.0370	0.0374	0.0375	0.0375
2.0	0.0192	0.0217	0.0237	0.0253	0.0266	0.0277	0.0303	0.0312	0.0317	0.0318	0.0318
2.5	0.0113	0.0130	0.0145	0.0157	0.0167	0.0176	0.0202	0.0211	0.0217	0.0219	0.0219
3.0	0.0070	0.0083	0.0093	0.0102	0.0110	0.0117	0.0140	0.0150	0.0156	0.0158	0.0159
5.0	0.0018	0.0021	0.0024	0.0027	0.0030	0.0032	0.0043	0.0050	0.0057	0.0059	0.0060
7.0	0.0007	0.0008	0.0009	0.0010	0.0012	0.0013	0.0018	0.0022	0.0027	0.0029	0.0030
10.0	0.0002	0.0003	0.0003	0.0004	0.0004	0.0005	0.0007	0.0008	0.0011	0.0013	0.0014

4. 均布的竖向圆形荷载

如图 2-12 所示，均布的竖向圆形荷载为 p，作用半径为 R，计算土中深度 z 处 M 点的竖向应力 σ_z 值。同样可以用公式积分求得，即

$$\sigma_z = \alpha_r p \tag{2-25}$$

式中：α_r——应力系数，是$\frac{r}{R}$及$\frac{z}{R}$的函数，可查表 2-12 得到；

r——应力计算点 M 到 z 轴的水平距离。

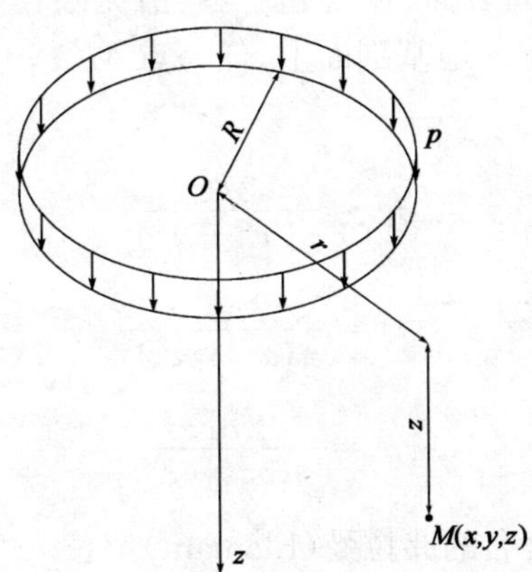

图 2-12 均布圆形荷载作用下 σ_z 计算

均布竖向圆形荷载作用下的竖应力系数 α_r 值 表 2-12

z/R	r/R										
	0	0.2	0.4	0.6	0.8	1.0	1.2	1.4	1.6	1.8	2.0
0.0	1.000	1.000	1.000	1.000	1.000	0.500	0.000	0.000	0.000	0.000	0.000
0.2	0.998	0.991	0.987	0.970	0.890	0.468	0.077	0.015	0.005	0.002	0.001
0.4	0.949	0.943	0.920	0.860	0.712	0.435	0.181	0.065	0.026	0.012	0.006
0.6	0.864	0.852	0.813	0.733	0.591	0.400	0.224	0.113	0.056	0.029	0.016
0.8	0.756	0.742	0.699	0.619	0.504	0.366	0.237	0.142	0.083	0.048	0.029
1.0	0.646	0.633	0.593	0.525	0.434	0.332	0.235	0.157	0.102	0.065	0.042
1.2	0.547	0.535	0.502	0.447	0.377	0.300	0.226	0.162	0.113	0.078	0.053
1.4	0.461	0.452	0.425	0.383	0.329	0.270	0.212	0.161	0.118	0.086	0.062
1.6	0.390	0.383	0.362	0.330	0.288	0.243	0.197	0.156	0.120	0.090	0.068
1.8	0.332	0.327	0.311	0.285	0.254	0.218	0.182	0.148	0.118	0.092	0.072
2.0	0.285	0.280	0.268	0.248	0.224	0.196	0.167	0.140	0.114	0.092	0.074
2.2	0.246	0.242	0.233	0.218	0.198	0.176	0.153	0.131	0.109	0.090	0.074
2.4	0.214	0.211	0.203	0.192	0.176	0.159	0.140	0.122	0.104	0.087	0.073
2.6	0.187	0.185	0.179	0.170	0.158	0.144	0.129	0.113	0.098	0.084	0.071
2.8	0.165	0.163	0.159	0.151	0.141	0.130	0.118	0.105	0.092	0.080	0.069
3.0	0.146	0.145	0.141	0.135	0.127	0.118	0.108	0.097	0.087	0.077	0.067
3.4	0.117	0.116	0.114	0.110	0.105	0.098	0.091	0.084	0.076	0.068	0.061
3.8	0.096	0.095	0.093	0.091	0.087	0.083	0.078	0.073	0.067	0.061	0.055
4.2	0.079	0.079	0.078	0.076	0.073	0.070	0.067	0.063	0.059	0.054	0.050
4.8	0.067	0.067	0.066	0.064	0.063	0.060	0.058	0.055	0.052	0.048	0.045
5.0	0.057	0.057	0.056	0.055	0.054	0.052	0.050	0.048	0.046	0.043	0.041
5.5	0.048	0.048	0.047	0.046	0.045	0.044	0.043	0.041	0.039	0.038	0.036
6.0	0.040	0.040	0.040	0.039	0.039	0.038	0.037	0.036	0.034	0.033	0.031

（三）线荷载和条形荷载下的地基附加应力

1. 线荷载作用下的地基附加应力——弗拉曼解

线荷载是作用于半无限空间表面、宽度趋于零、沿无限长直线均布的荷载。如图 2-13 所示，设线荷载为 p(kN/m)，在 xOz 地基剖面上，任一点 $M(x,0,z)$ 的附加应力可根据布辛奈斯克公式积分求得，即

$$\sigma_z = \frac{2pz^3}{\pi(x^2+z^2)^2} \tag{2-26}$$

$$\sigma_x = \frac{2px^2z}{\pi(x^2+z^2)^2} \tag{2-27}$$

$$\tau_{xz} = \frac{2pxz^2}{\pi(x^2+z^2)^2} \tag{2-28}$$

式(2-26)～式(2-28)就是著名的弗拉曼(Flamant)解。

2. 均布的竖向条形荷载

设均布的竖向条形荷载为 p，作用宽度为 b，如图 2-14 所示。应用式(2-26)～式(2-28)沿宽度 b 积分，可求得地基中任意 M 点的附加应力，即

$$\sigma_z = \alpha_s^z p \tag{2-29}$$

$$\sigma_x = \alpha_s^x p \tag{2-30}$$

$$\tau_{xz} = \alpha_s^{\tau} p \tag{2-31}$$

式中：α_s^z、α_s^x、α_s^{τ}——应力系数，是 $\frac{x}{b}$ 及 $\frac{z}{b}$ 的函数，可查表 2-13 得到。

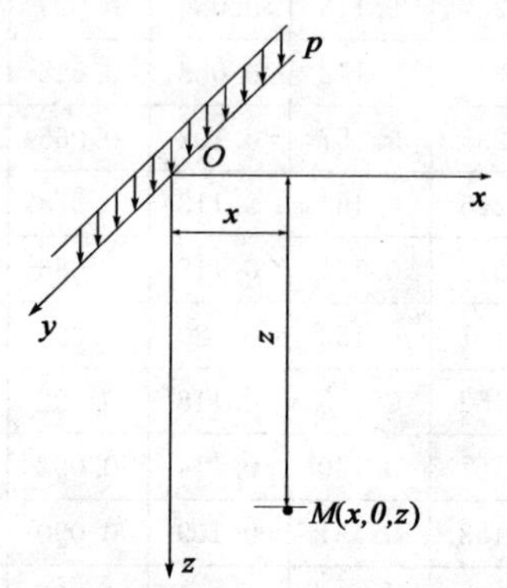

图 2-13　均布线荷载作用时土中应力计算

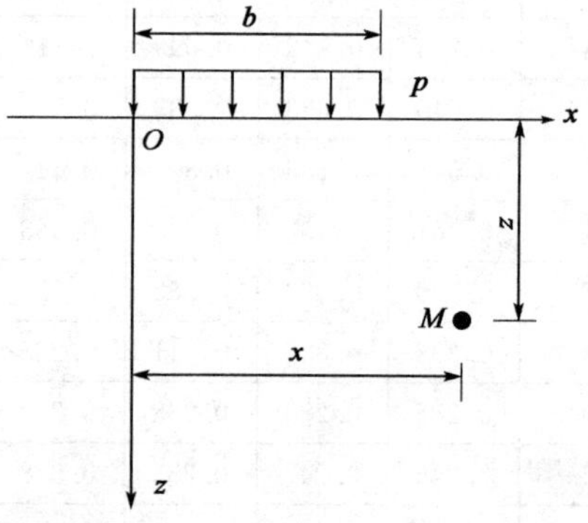

图 2-14　均布条形荷载作用时土中应力计算

注意图 2-14 中坐标轴原点是在均布荷载的边界处。

实际工程中，当荷载长宽比 $\frac{l}{b} \geq 10$ 时，就可以当作条形荷载求解。

均布竖向条形荷载作用下的应力系数值　　表 2-13

x/b		z/b									
		0.01	0.1	0.2	0.4	0.6	0.8	1.0	1.2	1.4	2.0
−0.50	α_s^z	0.001	0.002	0.011	0.056	0.111	0.155	0.186	0.202	0.210	0.205
	α_s^x	0.008	0.082	0.147	0.208	0.204	0.177	0.146	0.117	0.094	0.049
	α_s^{τ}	0.000	−0.011	−0.038	−0.103	−0.144	−0.158	−0.157	−0.147	−0.133	−0.096

续上表

x/b		z/b									
		0.01	0.1	0.2	0.4	0.6	0.8	1.0	1.2	1.4	2.0
−0.25	α_s^z	0.000	0.011	0.091	0.174	0.243	0.276	0.288	0.287	0.279	0.242
	α_s^x	0.021	0.180	0.270	0.274	0.221	0.169	0.127	0.096	0.073	0.035
	α_s^τ	−0.001	−0.042	−0.116	−0.119	−0.212	−0.197	−0.175	−0.153	−0.132	−0.085
0.00	α_s^z	0.500	0.499	0.498	0.489	0.468	0.440	0.409	0.375	0.348	0.275
	α_s^x	0.494	0.437	0.376	0.269	0.188	0.130	0.091	0.067	0.047	0.020
	α_s^τ	−0.318	−0.315	−0.306	−0.274	−0.234	−0.194	−0.159	−0.131	−0.108	−0.064
0.25	α_s^z	0.999	0.988	0.936	0.797	0.679	0.586	0.511	0.450	0.401	0.298
	α_s^x	0.935	0.685	0.469	0.215	0.143	0.087	0.055	0.037	0.026	0.010
	α_s^τ	−0.001	−0.039	−0.103	−0.159	−0.147	−0.121	−0.096	−0.078	−0.061	−0.034
0.50	α_s^z	0.999	0.997	0.978	0.881	0.756	0.642	0.549	0.478	0.420	0.306
	α_s^x	0.849	0.752	0.538	0.260	0.129	0.070	0.040	0.026	0.017	0.006
	α_s^τ	0.000	0.000	0.000	0.000	0.000	0.000	0.000	0.000	0.000	0.000
0.75	α_s^z	0.999	0.988	0.936	0.797	0.679	0.586	0.511	0.450	0.401	0.298
	α_s^x	0.935	0.685	0.469	0.215	0.143	0.087	0.055	0.037	0.026	0.010
	α_s^τ	0.001	0.039	0.103	0.159	0.147	0.121	0.096	0.078	0.061	0.034
1.00	α_s^z	0.500	0.499	0.498	0.489	0.468	0.440	0.409	0.375	0.348	0.275
	α_s^x	0.494	0.437	0.376	0.269	0.188	0.130	0.091	0.067	0.047	0.020
	α_s^τ	0.318	0.351	0.306	0.274	0.234	0.194	0.159	0.131	0.108	0.064
1.25	α_s^z	0.000	0.011	0.091	0.174	0.243	0.276	0.288	0.287	0.279	0.242
	α_s^x	0.021	0.180	0.270	0.274	0.221	0.169	0.127	0.096	0.073	0.035
	α_s^τ	0.001	0.042	0.116	0.199	0.212	0.197	0.175	0.153	0.132	0.085

3. 三角形分布的竖向条形荷载

如图 2-15 所示，地基表面作用有三角形分布条形荷载，其最大值为 p，作用宽度为 b，按弗拉曼公式(2-26)～式(2-28)在宽度 b 范围内积分可得

$$\sigma_z = \alpha_t^z p \tag{2-32}$$

$$\sigma_x = \alpha_t^x p \tag{2-33}$$

$$\tau_{xz} = \alpha_t^\tau p \tag{2-34}$$

式中：α_t^z、α_t^x、α_t^τ——应力系数，是 $\dfrac{x}{b}$ 及 $\dfrac{z}{b}$ 的函数，可查表 2-14 得到。

注意图 2-15 中坐标轴原点是在三角形荷载的零点处。

均布竖向三角形荷载作用下的应力系数值 表 2-14

x/b		z/b									
		0.01	0.1	0.2	0.4	0.6	0.8	1.0	1.2	1.4	2.0
−0.50	α_t^z	0.000	0.000	0.002	0.014	0.031	0.049	0.065	0.076	0.084	0.089
	α_t^x	0.003	0.027	0.051	0.081	0.093	0.090	0.074	0.063	0.056	0.029
	α_t^τ	0.000	−0.003	−0.011	−0.032	−0.051	−0.063	−0.068	−0.067	−0.064	−0.050

续上表

x/b		z/b									
		0.01	0.1	0.2	0.4	0.6	0.8	1.0	1.2	1.4	2.0
−0.25	α_t^z	0.000	0.002	0.009	0.036	0.066	0.089	0.104	0.111	0.114	0.108
	α_t^x	0.025	0.049	0.084	0.114	0.108	0.091	0.074	0.058	0.045	0.022
	α_t^τ	0.000	−0.008	−0.025	−0.060	−0.080	−0.085	−0.083	−0.077	−0.069	−0.048
0.00	α_t^z	0.003	0.032	0.061	0.010	0.140	0.155	0.159	0.154	0.151	0.127
	α_t^x	0.026	0.116	0.146	0.142	0.114	0.085	0.061	0.047	0.033	0.015
	α_t^τ	−0.005	−0.044	−0.075	−0.108	−0.112	−0.104	−0.091	−0.081	−0.066	−0.041
0.25	α_t^z	0.249	0.251	0.255	0.263	0.258	0.243	0.244	0.204	0.186	0.143
	α_t^x	0.249	0.233	0.219	0.148	0.096	0.062	0.041	0.028	0.019	0.008
	α_t^τ	−0.010	−0.078	−0.129	−0.138	−0.123	−0.100	−0.079	−0.065	−0.051	−0.028
0.50	α_t^z	0.500	0.498	0.489	0.441	0.378	0.321	0.275	0.239	0.210	0.153
	α_t^x	0.487	0.376	0.269	0.130	0.065	−0.035	0.020	0.013	−0.008	0.003
	α_t^τ	−0.010	−0.075	−0.108	−0.104	−0.077	−0.056	−0.040	−0.030	−0.023	−0.012
0.75	α_t^z	0.750	0.737	0.682	0.534	0.421	0.343	0.286	0.246	0.215	0.155
	α_t^x	0.718	0.452	0.259	0.099	0.046	0.025	0.013	0.009	0.007	0.002
	α_t^τ	−0.009	−0.040	−0.016	0.020	0.025	0.021	0.017	0.014	0.010	0.006
1.00	α_t^z	0.497	0.468	0.437	0.379	0.328	0.285	0.250	0.221	0.198	0.147
	α_t^x	0.467	0.321	0.230	0.127	0.074	0.046	0.029	0.020	0.014	0.005
	α_t^τ	0.313	0.272	0.231	0.167	0.122	0.090	0.068	0.053	0.042	0.023
1.25	α_t^z	0.000	0.010	0.050	0.137	0.177	0.188	0.184	0.176	0.165	0.134
	α_t^x	0.015	0.132	0.186	0.160	0.112	0.077	0.053	0.038	0.027	0.012
	α_t^τ	0.001	0.034	0.091	0.139	0.132	0.112	0.092	0.076	0.062	0.037

4.均布的水平条形荷载

如图 2-16 所示，当地基表面作用有均布的水平条形荷载 p 时（作用宽度为 b），地基下任一点的附加应力可利用弹性力学求得，即

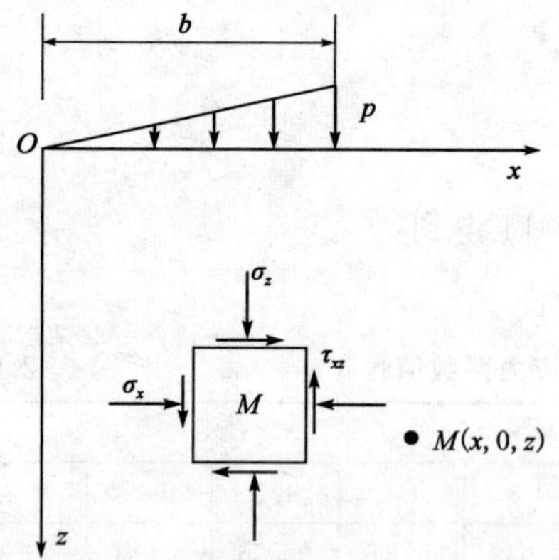

图 2-15　三角形分布竖向条形荷载作用下地基附加应力

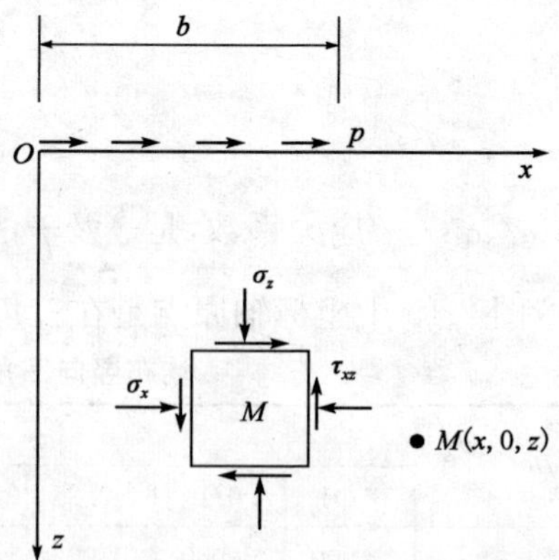

图 2-16　均布水平条形荷载作用下地基附加应力

$$\sigma_z = \alpha_h^z p \tag{2-35}$$

$$\sigma_x = \alpha_h^x p \tag{2-36}$$

$$\tau_{xz} = \alpha_h^\tau p \tag{2-37}$$

式中：α_h^z、α_h^x、α_h^τ——应力系数，是$\frac{x}{b}$及$\frac{z}{b}$的函数，可查表 2-15 得到。

均布水平条形荷载作用下的应力系数值 表 2-15

x/b		z/b									
		0.01	0.1	0.2	0.4	0.6	0.8	1.0	1.2	1.4	2.0
−0.50	α_h^z	0.000	−0.011	−0.038	−0.103	−0.144	−0.158	−0.157	−0.147	−0.133	−0.096
	α_h^x	−0.669	−0.677	−0.619	−0.467	−0.319	−0.217	−0.147	−0.102	−0.072	−0.027
	α_h^τ	0.008	0.082	0.147	0.208	0.204	0.177	0.146	0.117	0.094	0.049
−0.25	α_h^z	−0.001	−0.042	−0.116	−0.199	−0.212	−0.197	−0.175	−0.153	−0.132	−0.085
	α_h^x	−1.204	−0.935	−0.756	−0.453	−0.270	−0.167	−0.105	−0.068	−0.045	−0.017
	α_h^τ	0.021	0.180	0.270	0.274	0.221	0.169	0.127	0.096	0.073	0.035
0.00	α_h^z	−0.318	−0.315	−0.306	−0.274	−0.234	−0.194	−0.159	−0.131	−0.108	−0.064
	α_h^x	−2.645	−1.154	−0.734	−0.356	−0.189	−0.105	−0.061	−0.037	−0.024	−0.007
	α_h^τ	0.494	0.437	0.376	0.269	0.188	0.130	0.091	0.067	0.047	0.020
0.25	α_h^z	−0.001	−0.039	−0.103	−0.159	−0.147	−0.121	−0.096	−0.078	−0.061	−0.034
	α_h^x	−0.697	−0.618	−0.459	−0.216	−0.101	−0.050	−0.027	−0.013	−0.009	−0.003
	α_h^τ	0.935	0.685	0.469	0.215	0.143	0.087	0.055	0.037	0.026	0.010
0.50	α_h^z	0.000	0.000	0.000	0.000	0.000	0.000	0.000	0.000	0.000	0.000
	α_h^x	0.000	0.000	0.000	0.000	0.000	0.000	0.000	0.000	0.000	0.000
	α_h^τ	0.848	0.752	0.538	0.260	0.129	0.070	0.040	0.026	0.017	0.006
0.75	α_h^z	0.001	0.039	0.103	0.109	0.147	0.121	0.096	0.078	0.061	0.034
	α_h^x	0.697	0.618	0.459	0.216	0.101	0.050	0.027	0.013	0.009	0.003
	α_h^τ	0.935	0.685	0.469	0.215	0.143	0.087	0.055	0.037	0.026	0.010
1.00	α_h^z	0.318	0.315	0.306	0.274	0.234	0.194	0.159	0.131	0.108	0.064
	α_h^x	2.645	1.154	0.731	0.356	0.189	0.105	0.061	0.037	0.024	0.070
	α_h^τ	0.494	0.437	0.376	0.269	0.188	0.130	0.091	0.067	0.047	0.020
1.25	α_h^z	0.001	0.042	0.116	0.199	0.212	0.197	0.175	0.153	0.132	0.085
	α_h^x	1.024	0.937	0.759	0.456	0.272	0.167	0.105	0.068	0.045	0.015
	α_h^τ	0.021	0.180	0.270	0.274	0.221	0.169	0.127	0.096	0.073	0.035

三、土的有效应力原理

在土体中只有通过土粒接触点传递的应力，才能使土粒彼此挤紧，从而引起土体变形。此应力称为粒间应力，又称有效应力，用σ'表示。其中孔隙水传递的部分，称为静压力，在饱和土中受外荷载作用又以超静孔隙水压力（通称孔隙水压力）出现，以 u 表示。如用 p 代表外荷载作用下的总应力，则有效应力原理可用下式表达，即

$$\sigma = \sigma' + u$$

土中任意点的孔隙水压力 u 对各个方向的作用是相等的，因此它只能使土颗粒产生压缩（由于土颗粒本身的压缩量是很微小的，在土力学中均不考虑），而不能使土颗粒产生位移。土颗粒间的有效应力作用，则会引起土颗粒的位移，使孔隙体积改变，土体发生压缩变形。同时有效应力的大小也影响土的抗剪强度。由此，得到土力学中很重要的有效应力原理：

（1）饱和土体的有效应力 σ' 等于总应力 σ 减去孔隙水压力 u。

（2）土的有效应力控制了土的变形（压缩）及强度。

四、土中应力计算的目的

土中应力计算的目的，一是用于计算土体的沉降，二是用于验算土体的稳定。

习　题

2-13　土的自重应力起算点的位置为（　　）。

A. 室内设计地面　B. 室外设计地面　C. 天然地面　D. 基础底面

2-14　地基附加应力沿深度的分布是（　　）。

A. 逐渐增大，曲线变化　B. 逐渐减小，曲线变化

C. 逐渐减小，直线变化　D. 均匀分布

2-15　成层土中竖向自重应力沿深度的分布为（　　）。

A. 折线增大　B. 折线减小　C. 斜线增大　D. 斜线减小

2-16　基础中心点下地基中竖向附加应力沿深度的分布为（　　）。

A. 折线增大　B. 折线减小　C. 曲线增大　D. 曲线减小

2-17　矩形面积上作用三角形分布荷载时，地基中附加应力系数是 l/b、z/b 的函数，b 指的是（　　）。

A. 矩形的短边　B. 三角形分布荷载变化方向的边长

C. 矩形的长边　D. 矩形的短边与长边的平均值

2-18　刚性基础在均布荷载作用时，基底反力的分布计算图形为（　　）。

A. 矩形　B. 抛物线形　C. 钟形　D. 马鞍形

2-19　计算基底净反力时，不需要考虑的荷载为（　　）。

A. 建筑物自重　B. 上部结构传来轴向力

C. 基础及上覆土自重　D. 上部结构传来弯矩

第四节　土的力学性质

一、土的强度、变形与压实特性

土的强度通常是指土体抵抗剪切破坏的极限能力，称之为抗剪强度。

土体受力后的变形可分为体积变形和形状变形。变形主要是由正应力引起，当剪应力超过一定范围时，土体将产生剪切破坏，此时的变形将不断发展。通常在地基中是不允许发生大范围剪切破坏的。

土体的变形或沉降是同土的压缩性能密切相关的。对于土体来说，体积变形通常表现为

体积缩小，我们把这种外力作用下土颗粒重新排列、土体体积缩小的特性称为土的压缩性。土的压缩性主要有两个特点：①土的压缩主要是由于孔隙体积减少而引起，其中土颗粒本身的压缩量是非常小的，可不考虑，但土中水、气具有流动性，在外力作用下会沿着土中孔隙排出，从而引起土体积减小而发生压缩；②饱和黏性土体中水体的排出需要时间，则由水体排出产生的压缩量是随时间变化的，这种土的压缩随时间增长的过程称为土的固结。

有时建筑物建筑在填土上，为了提高填土的强度，增加土的密实度，降低其透水性和压缩性，通常用分层压实的办法来处理地基。实践经验表明，对过湿的土进行夯实或碾压时就会出现软弹现象（俗称"橡皮土"），此时土的密实度是不会增大的。对很干的土进行夯实或碾压，显然也不能把土充分压实。所以，要使土的压实效果最好，其含水量一定要适当。在一定的压实能量下使土最容易压实，并能达到最大密实度时的含水量，称为土的最优含水量（或称最佳含水量），用 w_{op} 表示。相对应的干重度叫作最大干重度，用 γ_{dmax} 表示。土的最优含水量可在试验室内通过击实试验测得。试验时将同一种土，配制成若干份不同含水量的试样，用同样的压实能量分别对每一份试样进行击实［试验的仪器和方法见现行《土工试验方法标准》(GB/T 50123—1999)］，然后测定各试样击实后的含水量 w 和干重度 γ_d，从而绘制含水量与干重度关系曲线，称为压实曲线。从图中可以知道，当含水量较低时，随着含水量的增大，土的干重度也逐渐增大，表明压实效果逐步提高；当含水量超过某一限值 w_{op} 时，干重度则随着含水量增大而减小，即压实效果下降。这说明土的压实效果随含水量的变化而变化，并在击实曲线上出现一个干重度峰值（即最大干重度 γ_{dmax}），相应于这个峰值的含水量就是最优含水量。

试验还证明，最优含水量与压实能量有关。对同一种土，用人力夯实时，因能量小，要求土粒之间有较多的水分使其更为润滑，因此，最优含水量较大而得到的最大干重度却较小。当用机械夯实时，压实能量较大，所以当填土压实程度不足时，可以改用大的压实能量补夯，以达到所要求的密实度。在同类土中，土的颗粒级配对土的压实效果影响很大，颗粒级配不均匀的容易压实，均匀的则不易压实。必须指出：室内击实试验与现场夯实或碾压的最优含水量是不一样的。所谓最优含水量，是针对某一种土，在一定的压实机械、压实能量和填土分层厚度等条件下测得的。如果这些条件改变，就会得出不同的最优含水量。因此，要指导现场施工，还应该进行现场试验。

二、压实土力学特性

路基填土的强度特性和压缩特性直接关系到路基的长期稳定性。为研究含水量和压实度对路基填土的力学特性的影响，对某路基填土进行了直剪和压缩试验，得到了不同初始含水量和压实度下土体的抗剪强度指标和压缩特性指标，讨论了黏聚力、内摩擦角和压缩系数随含水量和压实度的变化规律，并从水分变化和土体结构差异的角度分析了其影响机理。结果表明：相同含水量下，黏聚力随压实度的增大而增大；相同压实度下，黏聚力在最优含水量 w_{op} 附近有峰值，相同含水量下，内摩擦角 φ 随压实度的增大而增大，路基填土的压缩系数随压实度的增大而减小，随含水量的增大而增大。

三、土体强度理论的应用与应力—应变关系

理论分析和试验都证明，莫尔强度理论对土比较合适。由库仑公式（$\tau=c+\sigma\tan\varphi$ 或 $\tau=\sigma\tan\varphi$）表示的莫尔包络线的理论，称之为莫尔—库仑强度理论，即土的抗剪强度理论。

(一)莫尔圆与包络线的三种关系

(1)当土体中任意一点在某一平面上的剪应力达到土的抗剪强度时,就发生剪切破坏,该点即处于极限平衡状态。莫尔圆与包络线相切,见图 2-17(Ⅱ)。由此图可求得用主应力表示的极限平衡条件。

(2)包络线与莫尔圆相离,见图 2-17(Ⅰ),表示该点任何平面上剪应力均小于抗剪强度,该点处于弹性平衡状态。

(3)包络线与莫尔圆相割,见图 2-17(Ⅲ),表示该点某些平面上剪应力已大于抗剪强度,该点已处于破坏状态。实际此情况不存在。

(二)极限平衡条件

在图 2-18 中延长包络线与 σ 轴交于 R 点,由直角三角形 ARD 得:

$$\sin\varphi = \frac{\overline{AD}}{\overline{RD}} = \frac{(\sigma_1 - \sigma_3)/2}{c\cot\varphi + (\sigma_1 + \sigma_3)/2}$$

利用三角函数关系可得黏性土的极限平衡条件,有

$$\sigma_1 = \sigma_3 \tan^2\left(45° + \frac{\varphi}{2}\right) + 2c\tan\left(45° + \frac{\varphi}{2}\right) \tag{2-38}$$

或

$$\sigma_3 = \sigma_1 \tan^2\left(45° - \frac{\varphi}{2}\right) - 2c\tan\left(45° - \frac{\varphi}{2}\right)$$

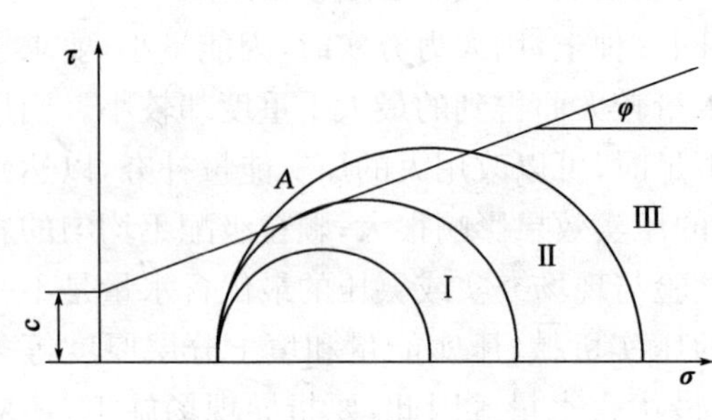

图 2-17　莫尔圆与抗剪强度之间的关系

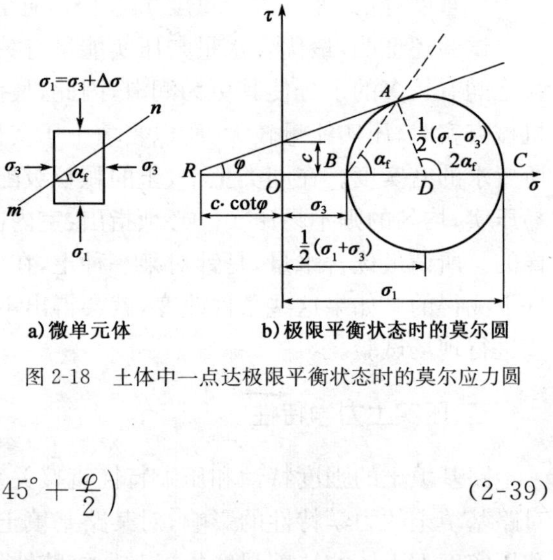

a)微单元体

b)极限平衡状态时的莫尔圆

图 2-18　土体中一点达极限平衡状态时的莫尔应力圆

对于无黏性土,由于 $c=0$,极限平衡条件为

$$\sigma_1 = \sigma_3 \tan^2\left(45° + \frac{\varphi}{2}\right) \tag{2-39}$$

或

$$\sigma_3 = \sigma_1 \tan^2\left(45° - \frac{\varphi}{2}\right)$$

当土中某点处于极限平衡条件时,破裂面与大主应力作用面的夹角(破裂角 α_f)为$\left(45° + \frac{\varphi}{2}\right)$。

四、软土在荷载作用下的强度增长规律

外荷载作用下的软土地基,随着加荷时间的推移,软土中孔隙水逐渐被挤出,孔隙水压力不断消散,有效应力不断增加,软土的抗剪强度随之而增加。图 2-19 表示正常固结土在自重

应力 p_0 作用下固结后，再受到附加应力作用时的抗剪强度变化规律。

若假设软土的天然强度(即软土的结构、含水量以及土中应力历史等都保持天然原有状态的强度)为 τ_{f0}，在外荷载作用 t 时间后，其抗剪强度的增量为 $\Delta\tau_f$，则此时软土实际的抗剪强度为

$$\tau_{ft}=\tau_{f0}+\Delta\tau_f \tag{2-40}$$

若荷载作用时间足够长，软土达到完全固结，则

$$\Delta\tau_f=\Delta\sigma\cdot\tan\varphi_{cu} \tag{2-41}$$

若 t 时刻软土的固结度为 U，则

$$\Delta\tau_f=\Delta\sigma'\tan\varphi_{cu}=\frac{\Delta\sigma'}{\Delta\sigma}\cdot\Delta\sigma\cdot\tan\varphi_{cu}=U\cdot\Delta\sigma\cdot\tan\varphi_{cu} \tag{2-42}$$

式中：$\Delta\sigma'$——t 时刻软土中有效附加应力；

U——t 时刻土的固结度。

将式(2-41)和式(2-42)代入式(2-40)便可得到 t 时刻软土中实际的抗剪强度另一表达式，即

$$\tau_{ft}=\tau_{f0}+\Delta\tau_f=c_u+p_0\tan\varphi_u+U\cdot\Delta\sigma\cdot\tan\varphi_{cu} \tag{2-43}$$

式中：c_u、φ_u——不固结不排水剪抗剪强度指标；

φ_{cu}——固结不排水抗剪强度指标。

应指出，式(2-43)中所用指标为总应力指标，只是一种近似的估算公式。若考虑到固结度的修正，比较正确的方法是应用有效强度指标估算强度的增长。以图 2-20 中的 O_1 圆表示天然状态下可能发挥的莫尔圆，则强度 τ_{f0} 与半径 R_1 及大主应力 σ' 的关系为

$$\tau_{f0}=R_1\cos\varphi'=\overline{OO_1}\cdot\sin\varphi'\cdot\cos\varphi'$$

$$\sigma'=R_1+\overline{OO_1}=\frac{\tau_{f0}}{\cos\varphi'}\left(1+\frac{1}{\sin\varphi'}\right)$$

因此

$$\tau_{f0}=\sigma'\frac{\sin\varphi'\cos\varphi'}{1+\sin\varphi'} \tag{2-44}$$

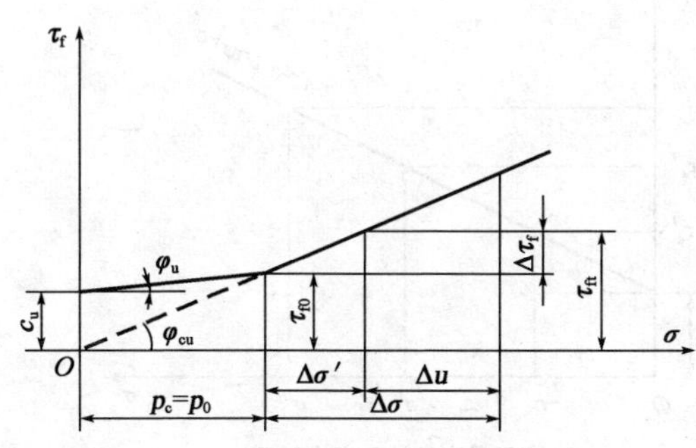

图 2-19 正常固结土的强度变化曲线

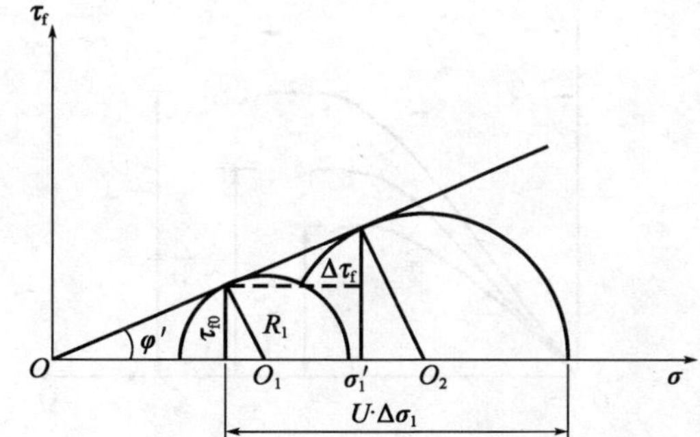

图 2-20 强度增长与固结度的关系

若总应力增量为 $\Delta\sigma_1$，某一时刻达到的固结度为 U，则有效应力圆为图 2-20 中的 O_2 圆。从图中可得

$$\tau_{f0}+\Delta\tau_f=(\sigma'_1+U\Delta\sigma_1)\frac{\sin\varphi'\cos\varphi'}{1+\sin\varphi'} \tag{2-45}$$

以及强度增长规律

$$\Delta\tau_f=U\cdot\Delta\sigma_1\cdot\frac{\sin\varphi'\cos\varphi'}{1+\sin\varphi'} \tag{2-46}$$

五、土体抗剪强度直剪试验及相应的强度指标

测定土的抗剪强度的最简单方法是直接剪切试验。试验所使用的仪器称为直剪仪，按加荷方式的不同，直剪仪可分为应变控制式和应力控制式两种。前者是以等速水平推动试样产生位移并测定相应的剪应力；后者则是对试样分级施加水平剪应力，同时测定相应的位移。我国目前普遍采用的是应变控制式直剪仪，如图 2-21 所示。该仪器的主要部件由固定的上盒和活动的下盒组成，试样放在盒内上下两块透水石之间。

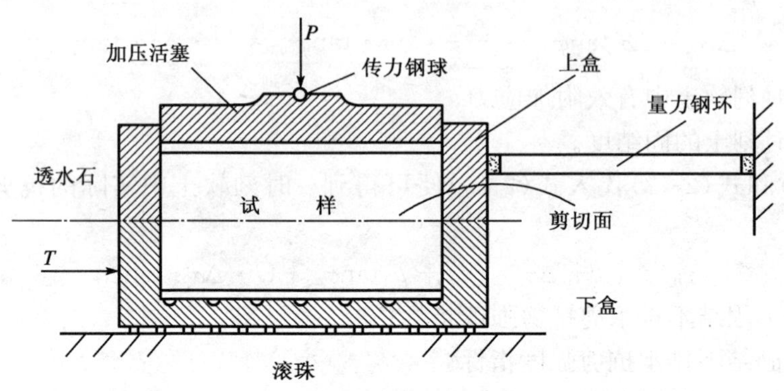

图 2-21　应变控制式直剪仪

试验时，由杠杆系统通过加压活塞和透水石对试样施加某一垂直压力 P（如土质松软，宜分次施加以防土样挤出），然后以规定的速率等速转动手轮来对下盒施加水平推力 T，使试样在沿上下盒之间的水平面上产生剪切变形，同时每隔一定时间测记量力环表读数，直至剪坏。根据试验记录，由量力环的变形值计算出剪切过程中剪应力的大小，并绘制出剪应力 τ 和剪切位移 Δl 的关系曲线[图 2-22a)]，通常取该曲线上的峰值点或稳定值作为该级垂直压力下的抗剪强度。

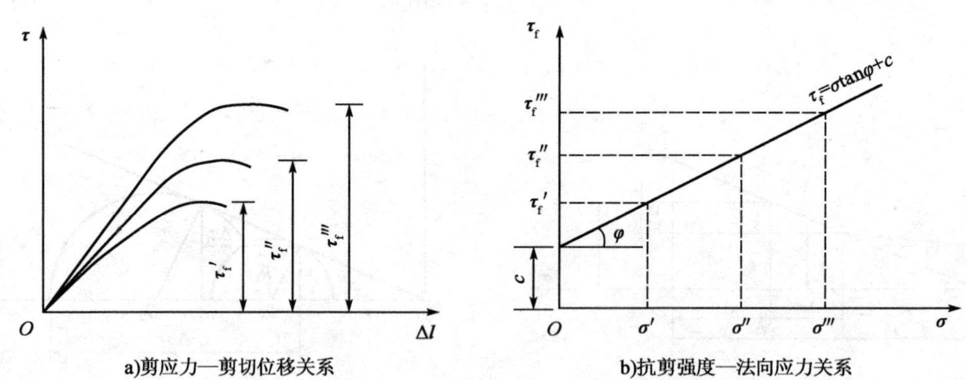

图 2-22　直剪试验成果

对同一种土取 3～4 个试样，分别在不同的垂直压力下剪切破坏，可将试验结果绘制成以抗剪强度 τ_f 为纵坐标，法向应力 σ 为横坐标的平面图上，通过图上各试验点绘一条直线，此即抗剪强度包线，如图 2-22b)所示。该直线与横轴的夹角为内摩擦角 φ，在纵轴上的截距为黏聚力 c，直线方程可用库仑公式表示；对于砂性土，抗剪强度与法向应力之间的关系则是一条通过原点的直线。

试验和工程实践都表明,土的抗剪强度是与土受力后的排水固结状况有关,对同一种土,即使施加同一法向应力,但若剪切前试样的固结过程和剪切时试样的排水条件不同,其强度指标也不尽相同。因而在土工工程设计中所需要的强度指标试验方法必须与现场的施工加荷实际相结合。如软土地基上快速堆填路堤,由于加荷速度快,地基土体渗透性低,则这种条件下的强度和稳定问题是处于不能排水条件下的稳定分析问题,这就要求室内的试验条件能模拟实际加荷状况,即在不能排水的条件下进行剪切试验。但是直剪仪的构造无法做到任意控制土样是否排水的要求,为了近似模拟土体在现场受剪的排水条件,按剪切前的固结程度、剪切时的排水条件及加荷速率,把直接剪切试验分为快剪、固结快剪和慢剪三种试验方法。

(1)快剪。对试样施加竖向压力后,立即以 0.8mm/min 的剪切速率快速施加剪应力使试样剪切破坏。一般从加荷到剪坏只用 3～5min。由于剪切速率较快,可认为对于渗透系数小于 10^{-6}cm/s 的黏性土在这样短暂时间内还没来得及排水固结。得到的抗剪强度指标用 c_q、φ_q 表示。

(2)固结快剪。对试样施加压力后,让试样充分排水,待固结稳定后,再以 0.8mm/min 快速施加水平剪应力使试样剪切破坏。固结快剪试验同样只适用于渗透系数小于 10^{-6}cm/s 的黏性土,得到的抗剪强度指标用 c_{cq}、φ_{cq} 表示。

(3)慢剪。对试样施加竖向压力后,让试样充分排水,待固结稳定后,再以 0.6mm/min 的剪切速率施加水平剪应力直至试样剪切破坏,从而使试样在受剪过程中一直充分排水和产生体积变形。得到的抗剪强度指标用 c_s、φ_s 表示。

直剪试验具有设备简单,土样制备及试验操作方便等优点,因而至今仍为国内一般工程所广泛应用。但也存在不少缺点,主要有:

(1)剪切面限定在上下盒之间的平面,而不是沿土样最薄弱的面剪切破坏。

(2)剪切面上剪应力分布不均匀,且竖向荷载会发生偏转(上下盒的中轴线不重合),主应力的大小及方向都是变化的。

(3)在剪切过程中,土样剪切面逐渐缩小,而在计算抗剪强度时仍按土样的原截面积计算。

(4)试验时不能严格控制排水,并且不能量测孔隙水压力。

(5)试验时上下盒之间的缝隙中易嵌入砂粒,使试验结果偏大。

六、三轴试验及相应的强度指标

三轴压缩试验也称三轴剪切试验,是测定抗剪强度的一种较为完善的方法。

(一)三轴试验的基本原理

三轴压缩仪主要由三部分组成:压力室、加压系统以及量测系统。它是一个由金属上盖、底座以及透明有机玻璃圆筒组成的密闭容器,压力室底座通常有三个小孔分别与稳压系统以及体积变形和孔隙水压力量侧重点系统相连。试样为圆柱形,规范要求试样的高度与直径之比为 2～2.5。试样安装在压力室中,外用橡皮膜包裹,橡皮膜扎紧在试样帽和底座上,以防止压力室中的水进入试样。试样上、下两端放置透水石,试验时试样的排水条件由与顶部连通的排水阀来控制。

加压系统由压力泵、调压阀和压力表等组成。试验时通过压力室对试样施加周围压力,并在试验过程中根据不同的试验要求对压力予以控制或调节,如保持恒压或变化压力等。试样的轴向压力增量,由与顶部试样帽直接接触的活塞杆来传递(轴向力的大小可由经过率定的量力环或压力传感器测定,轴向力除以试样的横断面积后为附加轴向压力 q,亦称偏应力或轴向

应力增量 $\Delta\sigma_1$)，附加轴向压力 q 增加使试样受剪，直至剪坏。

量测系统由排水管、体变管和孔隙水压力量测装置等组成。试验时分别测出试样受力后土中排出的水量变化以及土中孔隙水压力的变化。对于试样的竖向变形，则利用置于压力室上方的测微表或位移传感器测读。常规三轴试验的一般步骤如下：

(1)将土样切制成圆柱体套在橡胶膜内，放在密闭的压力室中，然后向压力室内注入气压或液压，使试件在各向均受到周围压力 σ_3，并使该周围压力在整个试验过程中保持不变，这时试件内各向的主应力都相等，因此在试件内不产生任何剪应力[图 2-23a)]。

(2)然后通过轴向加荷系统对试件施加竖向压力，当作用在试件上的水平压力保持不变，而竖向压力逐渐增大时，相应的应力圆也不断增大[图 2-23b)]。当应力圆达到一定大小时，试件终因受剪而破坏，此时的应力圆为极限应力圆。

(3)设剪切破坏时轴向加荷系统加在试件上的竖向压应力为 $\Delta\sigma_1$，则试件上的大主应力为 $\sigma_1=\sigma_3+\Delta\sigma_1$，而小主应力为 σ_3，据此可作出一个莫尔极限应力圆，[图 2-23c)]中的圆Ⅰ，用同一种土样的若干个试件(三个以上)分别在不同的周围压力 σ_3 下进行试验，可得一组莫尔极限应力圆，并作一条公切线，该线即为土的抗剪强度包线，通常取此包线为一条直线，由此可得土的抗剪强度指标 c、φ 值。

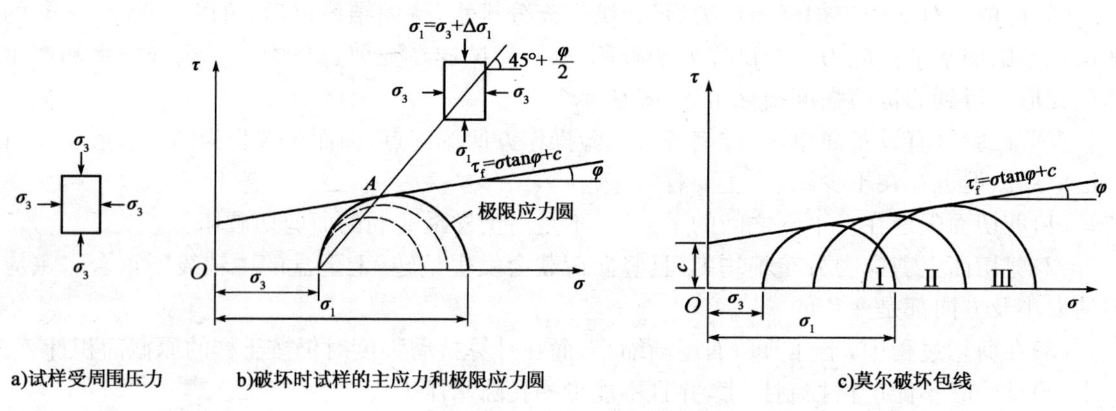

图 2-23　三轴压缩试验原理

如果要量测试验过程中的排水量，可以打开排水阀，让试样中的水排入排水管，根据排水管中水位的变化可算出试样的排水量；若测出了排水量随时间的变化，还可了解试样的固结过程。如果要量测试样中的孔隙水压力，可打开孔隙水压力阀，在试件上施加压力以后，由于土中孔隙水压力增加迫使零位指示器的水银面下降。为量测孔隙水压力，可用调压筒调整零位指示器的水银面始终保持原来的位置，这样，孔隙水压力表中的读数就是孔隙水压力值。

(二)三轴试验方法

根据土样在周围压力作用下固结的排水条件和剪切时的排水条件，三轴试验可分为以下三种试验方法：

1. 不固结不排水剪(UU 试验)

试样在施加周围压力和随后施加偏应力直至剪坏的整个试验过程中都不允许排水，这样从开始加压直至试样剪坏，土中的含水量始终保持不变，孔隙水压力也不可能消散。这种试验方法所对应的实际工程条件相当于饱和软黏土中快速加荷的应力状况，得到的抗剪强度指标用 c_u、φ_u 表示。

2. 固结不排水剪(CU 试验)

在施加周围压力 σ_3 时,将排水阀门打开,允许试样充分排水,待固结稳定后关闭排水阀门,然后再施加偏应力,使试样在不排水条件下剪切破坏。由于不排水,试样在剪切过程中没有任何体积变形。若要在受剪过程中量测孔隙水压力,则要打开试样与孔隙水压力量测系统间的管路阀门。得到的抗剪强度指标用 c_{cu}、φ_{cu}表示。

固结不排水剪试验是经常要做的工程试验,它适用的实际工程条件常常是一般正常固结土层在工程竣工或使用阶段受到大量、快速的活荷载或新增加的荷载的作用时所对应的受力情况。

3. 固结排水剪(CD 试验)

在施加周围压力和随后施加偏应力直至剪坏的整个过程中都将排水阀门打开,并给予充分的时间让试样中的孔隙水压力能够完全消散。得到的抗剪强度指标用 c_d、φ_d 表示。

三轴试验的突出优点是能够控制排水条件以及可以量测土样中孔隙水压力的变化。

(三)三轴试验结果的整理与表达

从以上对试验方法的讨论可以看到,对同一种土施加的总应力 σ 虽然相同,但若试验方法不同,或者说控制的排水条件不同,则所得的强度指标就不同,故土的抗剪强度与总应力之间没有唯一的对应关系。有效应力原理指出,土中某点的总应力 σ 等于有效应力 σ' 与孔隙水压力 u 之和,即 $\sigma=\sigma'+u$,因此,若在试验时量测土样的孔隙水压力,据此算出土中的有效应力,从而就可以用有效应力与抗剪强度的关系式表达试验结果。

$$\tau_f = c' + (\sigma - u) \cdot \tan\varphi' \tag{2-47}$$

上式中,c'、φ'分别为有效黏聚力和有效摩擦角,统称为有效应力抗剪强度指标。

习 题

2-20 在排水不良的软黏土地基上快速施工,在基础设计时,应选择的抗剪强度指标(　　)。

A. 快剪指标　　B. 慢剪指标

C. 固结快剪指标　　D. 直剪指标

2-21 通过直剪试验得到的土体抗剪强度线与水平线的夹角为(　　)。

A. 内摩擦角　　B. 有效内摩擦角

C. 黏聚力　　D. 有效黏聚力

2-22 某砂土样的内摩擦角为 30°,当土样处于极限平衡状态且最大主应力为 300kPa 时,其最小主应力为(　　)。

A. 934.6kPa　　B. 865.35kPa　　C. 100kPa　　D. 88.45kPa

2-23 某内摩擦角为 20°的土样,发生剪切破坏时,破坏面与最小主应力面的夹角为(　　)。

A. 55°　　B. 35°　　C. 70°　　D. 110°

2-24 三轴试验的抗剪强度线为(　　)。

A. 一个莫尔应力圆的切线　　B. 不同试验点所连斜线

C. 一组莫尔应力圆的公切线　　D. 不同试验点所连折线

第五节　地基沉降计算与地基承载力

一、地基破坏性状

(一)地基剪切破坏的三种模式

地基的剪切破坏模式主要有三种:整体剪切破坏、刺入剪切破坏和局部剪切破坏。

1. 整体剪切破坏

有轮廓分明的从地基到地面的连续剪切滑动面,邻近基础的土体有明显的隆起,可使上部结构随基础发生突然倾斜,造成灾难性破坏。

2. 刺入剪切破坏

地基不出现明显连续的剪切滑动面,以竖向下沉变形为主。随荷载的增加,地基土不断被压缩,基础竖向下沉,垂直刺入地基中,基础之外的土体无变形。基础除在竖向有突然的小移动之外,既没有明显的失稳,也没有大的倾斜。

3. 局部剪切破坏

随荷载的增加,紧靠基础的土层会出现轮廓分明的剪切滑动面,滑动面不露出地表,在地基内某一深度处终止。基础竖向下沉显著,基础周边地表有隆起现象。只有产生大于基础宽度一半的下沉量时,滑动面才会露于地表。任何情况下,建筑物均不会发生灾难性倾倒,基础总是下沉,深埋于地基之中。

(二)破坏模式 p-s 曲线的特点

三种破坏模式的 p-s 曲线虽然各有特点,但整体剪切破坏明显存在三个变形阶段,见图 2-24。

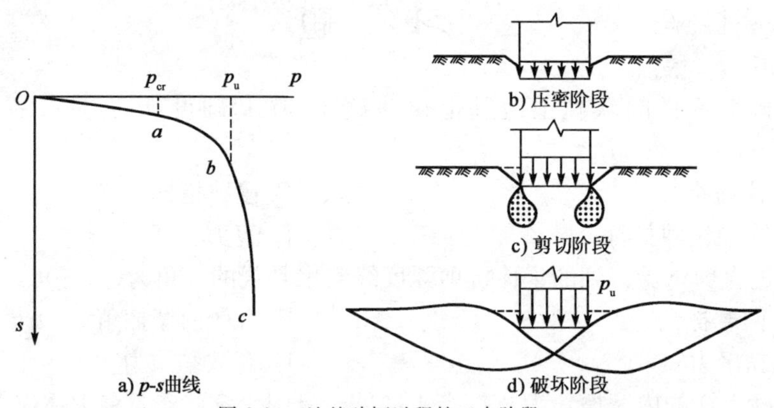

图 2-24　地基破坏过程的三个阶段

1. 压密阶段(或称直线变形阶段)

相当于 p-s 曲线上的 Oa 段。在这一阶段 p-s 曲线接近于直线,土中各点的剪应力均小于土的抗剪强度,土体处于弹性平衡状态。在这一阶段,载荷板的沉降主要是由于土的压密变形引起的,见图 2-24b)。把 p-s 曲线上相应于 a 点的荷载称为比例界限 p_{cr}。

2. 剪切阶段

相当于 p-s 曲线上的 ab 段。在这一阶段 p-s 曲线已不再保持线性关系,沉降的增长率 $\frac{\Delta s}{\Delta p}$

随荷载的增大而增加。在这个阶段，地基土中局部范围内(首先在基础边缘处)的剪应力达到土的抗剪强度，土体发生剪切破坏，这些区域也称塑性区。随着荷载的继续增加，土体塑性区的范围也逐步扩大，直到土中形成连续的滑动面，由载荷板两侧挤出而破坏。因此，剪切阶段也是地基中塑性区的发生与发展阶段。相应于 p-s 曲线上 b 点的荷载称为极限荷载 p_u。

3. 破坏阶段

相当于 p-s 曲线上的 bc 段。当荷载超过极限荷载后，荷载便急剧下沉，即使不增加荷载，沉降也不能稳定，因此，p-s 曲线陡直下降。在这一阶段，由于土中塑性区范围的不断扩展，最后在土中形成连续滑动面，土从载荷板四周挤出隆起，地基土失稳而破坏。

二、地基承载力

地基承载力是指单位面积上地基所能承受的荷载。地基承受这一荷载时，在强度方面，相对于破坏状态的极限荷载有足够大的安全储备；而所产生的变形均在容许的范围内。

三、分层总和法、一维固结理论的应用

分层总和法是假定地基土为线弹性体，在外荷载作用下的变形只发生在有限厚度的范围内(即压缩层)，将地基压缩层厚度内的基础中心点下地基土分层，分别求出各分层的应力，然后用土的应力—应变关系求出各分层的变形量 s_i，累加起来即为地基的沉降量。

即

$$s=\sum_{i=1}^{n}s_i \tag{2-48}$$

式中：n——计算尝试范围内土的分层数。

(一)计算所需的基本资料

(1)基础(即荷载面积)的形状、尺寸大小以及埋置深度。

(2)荷载：来自上部结构传给基础以及地基的荷载，包括静荷载和活荷载，但沉降计算只考虑全部静荷载而不考虑活荷载对地基沉降的影响。根据总的静荷载(包括基础重力和基础台阶上土的重力，需要时还要加上相临基础的影响荷载值)计算作用于基底的压力。

(3)地基土层剖面(包括地下水位)和各土层的物理力学指标以及压缩曲线。

(二)计算过程

如图 2-25 所示桥墩基础，在基础条形荷载作用下，求其最终沉降量。

(1)选择沉降计算剖面，在每一个剖面上选择若干计算点，在计算基底压力和地基中附加应力时，根据基础的尺寸及所受荷载的性质，求得基底压力的大小和分布；再结合地基地层的性状，选择沉降计算点的位置。

(2)将地基分层。在分层时天然土层的交界面和地下水位面应为分层面，同时在同一类土层中分层的厚度不宜过大，一般取分层厚 $h_i \leqslant 0.4b$ 或 $h_i=1\sim2\text{m}$，b 为基础宽度。

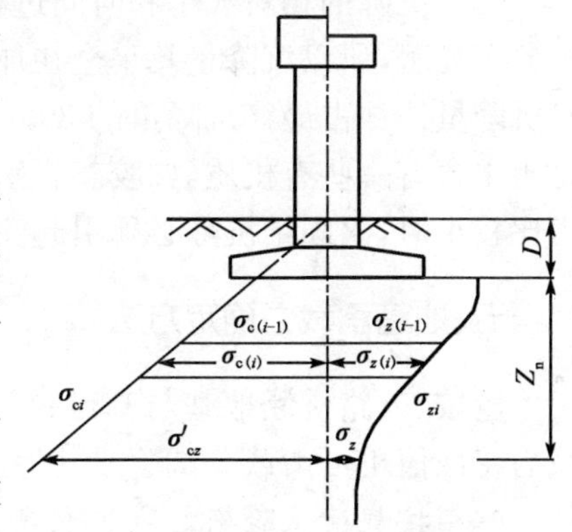

图 2-25 分层总和法沉降计算

(3)求得计算点垂线上各分层层面上土的自重应力 σ_c(应从地面算起)并绘制分布曲线，见图 2-25。

(4)求出计算点垂线上各分层层面上土的竖向附加应力 σ_z 并绘制分布曲线，取 $\sigma_z=0.2\sigma_c$（中、低压缩土）或 $\sigma_z=0.1\sigma_c$（高压缩土）处的土层深度为沉降计算的土层深度。

(5)求出各分层的平均自重应力 $\sigma_{c(i)}$ 和平均附加应力 $\sigma_{z(i)}$，即

$$\sigma_{c(i)}=\frac{1}{2}(\sigma_{c(i-1)}+\sigma_{ci}) \tag{2-49}$$

$$\sigma_{z(i)}=\frac{1}{2}(\sigma_{z(i-1)}+\sigma_{zi}) \tag{2-50}$$

式中：$\sigma_{c(i-1)}$、σ_{ci}——分别为分层 i 的顶面和底面的自重应力；

$\sigma_{z(i-1)}$、σ_{zi}——分别为分层 i 的顶面和底面的附加应力。

(6)计算各分层土的压缩变形量 s_i，将式(2-49)计算平均自重应力 $\sigma_{c(i)}$ 作为作用于分层 i 上的初始压力 p_{1i}，将公式(2-50)计算的平均附加应力 $\sigma_{z(i)}$ 作为作用在分层 i 上的压力增量 Δp_i，亦即

$$p_{1i}=\sigma_{c(i)}$$

$$p_{2i}=p_{1i}+\Delta p_i=\sigma_{c(i)}+\sigma_{z(i)}$$

按式(2-48)总和计算基础各点的沉降量。基础中点沉降量可视为基础平均沉降。

四、地基沉降的历时特征

地基土在外力作用下的变形经历着三种不同的阶段，表现为三种类型的变形特征：瞬时变形 S_d、固结变形 S_c 以及次固结变形 S_s，则地基的总变形量 S 应为

$$S=S_d+S_c+S_s \tag{2-51}$$

(1)瞬时变形(瞬时沉降)S_d：在加荷瞬间，土中孔隙水来不及排出，孔隙体积没有变化即土体不产生体积变化，但荷载使土产生偏斜变形。这一种变形与地基的侧向变形密切相关，是考虑了侧向变形的地基沉降计算，在实用上可以用弹性理论的公式计算。

(2)固结变形(固结沉降)S_c：即孔隙水排出，孔隙压力转换成有效应力，土体逐渐压密产生的体积压缩变形。计算方法可采用分层总和法。

(3)次固结变形(次固结沉降)S_s：这一变形阶段是在土中孔隙水完全排除，土固结已经结束以后发生的变形，目前认为这是土骨架黏滞蠕变所致。

几种沉降的相对大小和时间过程，随土的类型而异。干净砂土孔隙水挤出很快，且次固结现象不显著，所以沉降量几乎全在加荷后即时发生；而饱和软黏土则沉降时间很长，实测的瞬时沉降量往往占最终沉降量的30%～40%。次固结沉降一般不重要，但对于很软的土，尤其是土中含有一些有机质(如胶态腐殖质等)，或是在深处的可压缩土层中，当附加应力与自重应力比较小时，次固结沉降必须引起注意。

五、地基承载力确定方法

应按《公路桥涵地基与基础设计规范》(JTG D63—2007)规定确定地基承载力。地基承载力特征值也可由载荷试验或其他原位测试公式计算，并结合工程实践经验等方法综合确定。

(一)按载荷试验确定地基承载力

载荷试验是地基承载力的原位测试方法。

1.浅层平板载荷试验

(1)地基土浅层平板载荷试验可适用于确定浅部地基土层的承压板下应力主要影响范围

内的承载力。承压板面积不应小于 0.25m^2，对于软土不应小于 0.5m^2。

(2)试验基坑宽度不应小于承压板宽度或直径的 3 倍。应保持试验土层的原状结构和天然湿度。宜在拟试压表面用粗砂或中砂层找平，其厚度不超过 20mm。

(3)加荷分级不应少于 8 级，最大加载量不应小于设计要求的两倍。

(4)每级加载后，按间隔 10min、10min、10min、15min、15min，以后为每隔半小时测读一次沉降量，当在连续两小时内，每小时的沉降量小于 0.1mm 时，则认为已趋稳定，可加下一级荷载。

(5)当出现下列情况之一时，即可终止加载：

①承压板周围的土明显地侧向挤出。

②沉降量 s 急骤增大，荷载—沉降(p-s)曲线出现陡降段。

③在某一级荷载下，24h 内沉降速率不能达到稳定。

④沉降量与承压板宽度或直径之比大于或等于 0.06。

当满足前三种情况之一时，将其对应的前一级荷载定为极限荷载。

(6)承载力特征值的确定应符合下列规定：

①当 p-s 曲线上有比例界限时，取该比例界限所对应的荷载值。

②当极限荷载小于对应比例界限的荷载值的 2 倍时，取极限荷载值的一半。

③当不能按上述两款要求确定时，当压板面积为 0.25～0.5m^2，可取 s/b=0.01～0.015 所对应的荷载，但其值不应大于最大加载量的一半。

(7)同一土层参加统计的试验点不应少于 3 个，当试验实测值的极差不超过其平均值的 30%时，取此平均值作为该土层的地基承载力特征值 f_{ak}。

2.深层平板载荷试验要点

(1)深层平板载荷试验适用于确定深部地基土层及大直径桩桩端土层在承压板下主要影响范围内的承载力。

(2)深层平板载荷试验的承压板采用直径为 0.8m 的刚性板，紧靠承压板周围外侧的土层高度应不少于 80cm。

(3)加荷等级可按预估极限承载力的 1/10～1/15 分级施加。

(4)每级加荷后，第一个小时内按间隔 10min、10min、10min、15min、15min，以后为每隔半小时测读一次沉降量。当在连续两小时内，每小时的沉降量小于 0.1mm 时，则认为已趋稳定，可加下一级荷载。

(5)当出现下列情况之一时，可终止加载：

①沉降量 s 急骤增大，荷载—沉降(p-s)曲线上有可判定极限承载力的陡降段，且沉降量超过 0.04d(d 为承压板直径)。

②在某级荷载下，24h 内沉降速率不能达到稳定。

③本级沉降量大于前一级沉降量的 5 倍。

④当持力层土层坚硬，沉降量很小时，最大加载量不小于设计要求的 2 倍。

(6)承载力特征值的确定应符合下列规定：

①当 p-s 曲线上有比例界限时，取该比例界限所对应的荷载值。

②满足前三条终止加载条件之一时，其对应的前一级荷载定为极限荷载，当该值小于对应比例界限的荷载值的 2 倍时，取极限荷载值的一半。

③不能按上述两款要求确定时，可取 s/d=0.01～0.015 所对应的荷载值，但其值不应大于最大加载量的一半。

(7)同一土层参加统计的试验点不应少于三点，当试验实测值的极差不超过平均值的30%时，取此平均值作为该土层的地基承载力特征值 f_{ak}。

(二)按土的抗剪强度指标计算地基承载力

当荷载偏心距 e 小于或等于 0.033 的基础地面宽度(即：$e \leqslant 0.033L$，而 L 指的是弯矩作用方向的基础底面尺寸)时，根据由试验和统计得到的土的抗剪强度指标标准值，可按下式计算地基土承载力特征值

$$f_a = M_b \gamma b + M_d \gamma_m d + M_c c_k \tag{2-52}$$

式中：f_a——由土的抗剪强度指标确定的地基承载力特征值(kPa)；

M_b、M_d、M_c——承载力系数，可查相应表格；

b——基础底面宽度，$b>6$m 时按 6m 计，对于砂土 $b<3$m 时按 3m 计；

c_k——基底下一倍基宽深度范围内的黏聚力标准值(kPa)；

d、γ、γ_m——基础深埋(m)、天然重度(kN/m^3)、基础埋置深度 d 范围内土的加权平均重度(kN/m^3)。

(三)按理论计算公式确定地基承载力

1.斯肯普顿地基极限承载力公式

斯肯普顿公式应用于饱和软黏土地基($\varphi=0$)。

$$p_u = (\pi + 2)c + q = 5.14c + q = 5.14c + \gamma_m d \tag{2-53}$$

它是饱和软黏土地基在条形荷载作用下的极限承载力公式。是普朗特尔—雷斯诺极限荷载公式在 $\varphi=0$ 时的特例。

对于矩形基础，参考前人的研究成果，斯肯普顿(A. W. Skempton，1952)给出的地基极限承载力公式为

$$p_u = 5c\left(1 + \frac{d}{5l}\right)\left(1 + \frac{d}{5b}\right) + \gamma_m d \tag{2-54}$$

式中：c——地基土黏聚力(kPa)取基底以下 $0.707d$ 深度范围内的平均值，考虑饱和黏性土和粉土在不排水条件下的短期承载力时，黏聚力应采用土的不排水抗剪强度 c_u；

b、l、d——分别为基础的宽度、长度和埋深(m)；

γ_m——基础埋置深度 d 范围内土的加权平均重度(kN/m^3)。

用斯肯普顿公式计算的软土地基承载力与实际情况是比较接近的，安全系数 K 可取 1.1～1.3。

2.太沙基地基极限承载力公式

太沙基(K. Terzaghi，1943)提出了条形浅基础的极限荷载公式。太沙基从实用的角度考虑认为，当基础的长宽比 $l/b \geqslant 5$ 及基础的埋置深度 $d \leqslant b$ 时，就可视为是条形浅基础。基底以上的土体看作是作用在基础两侧底面上的均布荷载 $q=\gamma_m d$，并假定基础底面是粗糙的。

太沙基的极限承载力公式

$$p_u = \frac{1}{2}\gamma b N_\gamma + q N_q + c N_c \tag{2-55}$$

式中：N_γ、N_q、N_c——承载力系数，它们都是无量纲系数，仅与土的内摩擦角 φ 有关。

公式只适用于条形基础，对于圆形或方形基础，太沙基提出了半经验的极限荷载公式。

(1)圆形基础

$$p_u = 0.6\gamma R N_\gamma + q N_q + 1.2 c N_c \tag{2-56}$$

式中：R——圆形基础的半径；

其余符号意义同前。

(2)方形基础

$$p_u = 0.4\gamma b N_\gamma + qN_q + 1.2cN_c \tag{2-57}$$

式(2-55)～式(2-57)只适用于地基土是整体剪切破坏的情况，即地基土较密实，其 p-s 曲线有明显的转折点，破坏前沉降不大等。对于松软土质，地基破坏是局部剪切破坏，沉降较大，其极限荷载较小。太沙基建议在这种情况下采用较小的 $\bar{\varphi}$、$\bar{c}$ 值代入上述各式计算极限承载力。

即令

$$\tan\bar{\varphi} = \frac{2}{3}\tan\varphi, \bar{c} = \frac{1}{3}c \tag{2-58}$$

根据 $\bar{\varphi}$ 值查表得到承载力系数，并用 $\bar{c}$ 代入公式计算。

用太沙基极限承载力公式计算地基承载力时，其安全系数一般取为 3。

3.汉森地基承载力公式

汉森(B. Hanson，1961，1970)提出的在中心倾斜荷载作用下，不同基础形状及不同埋置深度时的极限承载力计算公式如下

$$p_u = \frac{1}{2}\gamma b N_\gamma i_\gamma s_\gamma d_\gamma + qN_q i_q s_q d_q + cN_c i_c s_c d_c \tag{2-59}$$

式中：N_γ、N_q、N_c——承载力系数；

i_γ、i_q、i_c——荷载倾斜系数；

s_γ、s_q、s_c——基础形状系数；

d_γ、d_q、d_c——深度系数；

其余符号意义同前。

以上所有系数均可查有关表格。

(四)按当地建筑经验确定地基承载力

在拟建场地附近，调查邻近已有建筑物的形式、构造、荷载、地基土层情况与采用的承载力数值，具有一定的参考价值。对简单场地、中小工程，可通过综合分析，参用当地尤其是邻近场地的经验。对中等复杂场地或大中型工程，参用当地经验仍可能减少勘察工作量。在应用建筑经验法时，首先要注意了解拟建场地有无新填土、软弱夹层、地下沟洞等不利情况。对于地基持力层，可通过现场开挖进行视觉鉴别，根据土的名称和所处状态估计地基承载力。这些工作也可与基坑验槽相结合进行。

六、地基容许承载力及其修正方法

地基容许承载力是指在保证地基不发生剪切破坏且基础沉降不超过允许值时，地基土单位面积上所能承受荷载的能力，单位为 kPa，用[f_a]表示。地基容许承载力与土的性质、基础宽度以及基础埋置深度三个因素有关。下面介绍《公路桥涵地基与基础设计规范》(JTG D63—2007)提供的经验公式和数据确定地基容许承载力的方法，其步骤是：

(一)确定土的分类名称

根据塑性指数、粒径、工程地质特性等，通常把地基土分为 6 类，即黏性土、粉土、砂土、碎石土、岩石和特殊性岩土。

（二）确定土的状态

土的状态是指土层所处的天然松密和稠度状况。黏性土的天然状态按液性指数可分为坚硬、硬塑、可塑、软塑和流塑五个状态；砂土和碎石土则按密实度分为密实、中密、稍松及松散四个状态。

（三）确定地基土的基本容许承载力$[f_{a0}]$

当基础最小边宽度$b\leqslant 2m$、埋置深度$d\leqslant 3m$时，各类地基土的基本容许承载力$[f_{a0}]$，首先考虑由载荷试验或其他原位试验取得，对于中小桥、涵洞地基，也可直接查取规范。一般黏性土和砂土可从表2-16和表2-17中取得。

一般性黏土的基本容许承载力$[f_{a0}]$（单位：kPa） 表2-16

e \ $[f_{a0}]$ \ I_L	0	0.1	0.2	0.3	0.4	0.5	0.6	0.7	0.8	0.9	1.0	1.1	1.2
0.5	450	440	430	420	400	380	350	310	270	240	220		
0.6	420	410	400	380	360	340	310	280	250	220	200	180	
0.7	400	370	350	330	310	290	270	240	220	190	170	160	150
0.8	380	330	300	280	260	240	230	210	180	160	150	140	130
0.9	320	280	260	240	220	210	190	180	160	140	130	120	100
1.0	250	230	220	210	190	170	160	150	140	120	110		
1.1			160	150	140	130	120	110	100	90			

注：1. 一般黏性土是指第四纪全新世（Q_4）（文化期以前）沉积的黏性土，一般为正常的黏性土。

2. 土中含有粒径大于2mm的颗粒重量超过全部重量的30%以上的，$[f_{a0}]$可酌量提高。

3. 当$e<0.5$时，取$e=0.5$；$I_L<0$时，取$I_L=0$。此外，超过列表范围的一般黏性土，$[f_{a0}]$可按公式$[f_{a0}]=57.22E_a^{0.57}$计算。

砂土的容许承载力$[f_{a0}]$（单位：kPa） 表2-17

土名	$[\sigma_0]$ 密实度 / 湿度	密实	中密	稍密	松散
砾砂、粗砂	与湿度无关	550	430	370	200
中砂	与湿度无关	450	370	330	150
细砂	水上	350	270	230	100
	水下	300	210	190	—
粉砂	水上	300	200	190	—
	水下	200	110	90	—

（四）地基容许承载力$[f_a]$的确定

当基础宽度b超过2m，基础埋置深度h超过3m，且$h/b\leqslant 4$时，地基的容许承载力，按下式计算

$$[f_a]=[f_{a0}]+k_1\gamma_1(b-2)+k_2\gamma_2(h-3) \tag{2-60}$$

式中：$[f_a]$——地基修正后的容许承载力（kPa）；

$[f_{a0}]$——地基的基本容许承载力（kPa）；

b——基础底面的最小宽度(或直径),当 $b<2\text{m}$ 时,取 $b=2\text{m}$;当 $b>10\text{m}$ 时,按 10m 计算;

h——基础底面的埋置深度(m),自天然地面算起,对于受水流冲刷的基础,由一般冲刷线算起;当 $h<3\text{m}$ 时,取 $h=3\text{m}$;当 $h/b>4$ 时,取 $h=4b$;

γ_1——基底下持力层土的天然重度(kN/m^3)。如持力层在水面以下且为透水者,应采用浮重度 γ';

γ_2——基底以上土的重度(kN/m^3),或不同土层的加权平均重度。如持力层在水面以下,且为不透水者,不论基底以上土的透水性质如何,应一律采用饱和重度;如持力层为透水者,水中部分采用浮重度;

k_1、k_2——地基容许承载力随基础宽度、深度的修正系数,按持力层土决定,见表 2-18。

当基础位于水中不透水层上时,$[f_a]$按平均水位至一般冲刷线的水深每米再增大 10kPa。

地基土容许承载力宽度、深度修正系数 表 2-18

土类 / 系数	黏性土				粉土	砂土								碎砂土			
	老黏性土	一般黏性土		新近沉积黏性土	—	粉砂		细砂		中砂		砾砂、粗砂		碎石、角砾、圆烁		卵石	
		$I_L\geqslant0.5$	$I_L\geqslant0.5$		—	中密	密实	中密	密实	中密	密实	中密	密实	中密	密实	中密	密实
k_1	0	0	0	0	0	1.0	1.2	1.5	2.0	2.0	3.0	3.0	4.0	3.0	4.0	3.0	4.0
k_2	2.5	1.5	2.5	1.0	1.5	2.0	2.5	3.0	4.0	4.0	5.5	5.0	6.0	5.0	6.0	6.0	10.0

注:1. 对于稍密状态和松散状态的砂、碎石土,k_1、k_2 值可采用表列中密值的 50%。

2. 强风化和全风化的岩石,可参照所风化成的相应土类取值;其他状态下的岩石不修正。

习 题

2-25 地基塑性区的最大开展深度 $z_{\max}=b/4$ 时,地基承载力应选择( )。

A. p_{cr} B. $p_{1/4}$ C. $p_{1/3}$ D. p_u

2-26 到目前为止,浅基础的地基极限承载力的计算理论仅限于按( )推导出来。

A. 整体剪切破坏 B. 局部剪切破坏

C. 冲切破坏 D. 拉压破坏

2-27 地基承载力需进行深度、宽度修正的条件是( )。

①$d>0.5\text{m}$;②$b>3\text{m}$;③$d>1\text{m}$;④$3\text{m}<b\leqslant6\text{m}$

A. ①② B. ①④ C. ②③ D. ③④

2-28 若地基表面产生较大隆起,基础发生严重倾斜,则地基的破坏形式为( )。

A. 局部剪切破坏 B. 整体剪切破坏

C. 刺入剪切破坏 D. 冲剪破坏

2-29 浅基础的极限承载力是指( )。

A. 地基中将要出现但尚未出现塑性区时的荷载

B. 地基中塑性区开展的最大深度为 1/4 基底宽时的荷载

C. 地基中塑性区开展的最大深度为 1/3 基底宽时的荷载

D. 地基中达到整体剪切破坏时的荷载

2-30　在 $\varphi=15^\circ(N_\gamma=1.8, N_q=4.45, N_c=12.9)$，$c=15\text{kPa}$，$\gamma=18\text{kN/m}^3$ 的地表面有一个宽度为 3m 的条形均布荷载，对于整体剪切破坏的情况，按太沙基承载力公式计算的极限承载力为（　）。

A. 80.7kPa　　B. 193.5kPa　　C. 242.1kPa　　D. 50.8kPa

第六节　土坡稳定分析

一、砂性土土坡稳定分析方法

任一坡度为 β 的均质无黏性土坡[图 2-26a)]。假设坡体及其地基为同一种土，并且完全干燥或完全浸水，即不存在渗流作用。由于无黏性土土粒间缺少黏聚力，因此，只要位于坡面上的土单元体能保持稳定，则整个土坡就是稳定的。

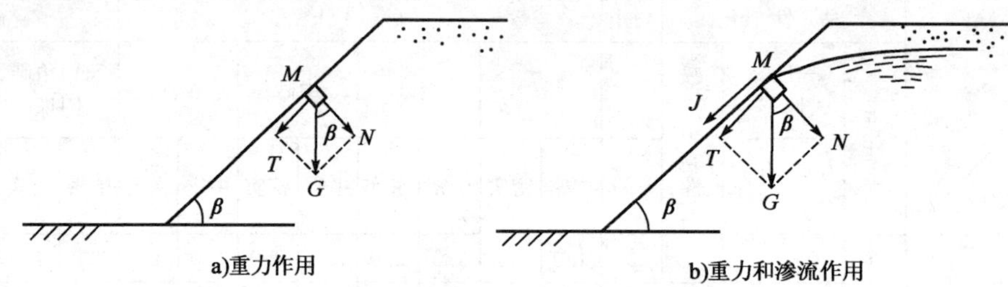

图 2-26　无黏性土坡的稳定分析

在坡面上任取一侧面竖直，底面与坡面平行的土单元微体 M，不计微单元体两侧应力对稳定性的影响，设单元体的自重为 G，土的内摩擦角为 φ 时，故使单元体下滑的剪切力 T 为 G 在顺坡方向的分力，即 $T=G\sin\beta$；而阻止土体下滑的力则为单元体与下面土体之间的抗剪力 T_f，其等于单元体的自重在坡面法线方向的分力 N 引起的摩擦力，即 $T_f=N\tan\varphi=G\cos\beta\tan\varphi$。

抗滑力和滑动力的比值称为稳定安全系数，用 K 表示，亦即

$$K=\frac{T_f}{T}=\frac{G\cos\beta\tan\varphi}{G\sin\beta}=\frac{\tan\varphi}{\tan\beta} \tag{2-61}$$

由上可见，对于均质无黏性土坡，理论上土坡的稳定性与坡高无关，只要坡角小于土的内摩擦角（$\beta<\varphi$），$K>1$，土体就是稳定的。当坡角与土的内摩擦角相等（$\beta=\varphi$）时，稳定安全系数 $K=1$，此时抗滑力等于滑动力，土坡处于极限平衡状态，相应的坡角就等于松散无黏性土的内摩擦角，特称之为自然休止角。通常为了保证土坡具有足够的安全储备，可取 $K\geqslant1.3\sim1.5$。

土坡（或土石坝）在很多情况下，会受到由于水位差的改变所引起的水力坡降或水头梯度，从而在土坡（或土石坝）内形成渗流场，对土坡稳定性带来不利影响，如图 2-26b）所示。此时在坡面上渗流溢出处以下取一单元体，它除了本身重量外，还受到渗流力 $J=\gamma_w i$（i 是水头梯度，$i=\sin\beta$）的作用。若渗流为顺坡出流，则溢出处渗流及渗流力方向与坡面平行，此时使土单元体下滑的剪切力为 $T+J=G\sin\beta+\gamma_w i$，且此时对于单位土体来说，土体自重 G 就等于有效重度 γ'，故土坡的稳定安全系数变为

$$K=\frac{T_f}{T+J}=\frac{\gamma'\cos\beta\tan\varphi}{(\gamma'+\gamma_w)\sin\beta}=\frac{\gamma'\tan\varphi}{\gamma_{sat}\tan\beta} \tag{2-62}$$

可见，与式（2-61）相比，相差 γ'/γ_{sat} 倍，此值约为 1/2。因此，当坡面有顺坡渗流作用时，无黏性土坡的稳定安全系数约降低一半。

二、黏性土土坡圆弧滑动体整体稳定分析方法

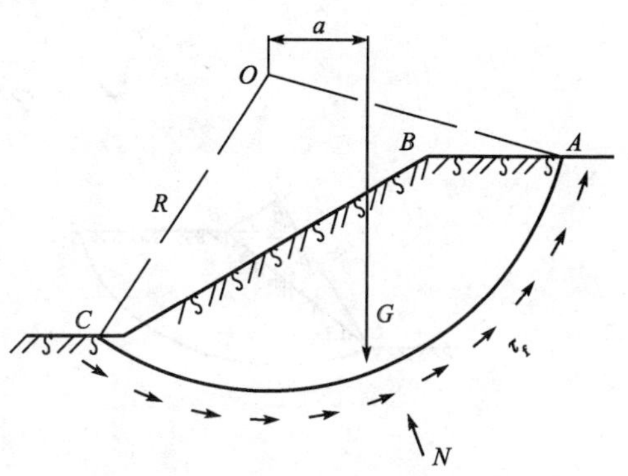

图 2-27　均质土坡的圆弧滑动

对于均质简单土坡，假定土坡失稳破坏时滑动面为一圆柱面（图 2-27）。将滑动面以上土体视为刚体，并以其为脱离体，分析在极限平衡条件下其上作用的各种力，而以整个滑动面上的平均抗剪强度与平均剪应力之比来定义土坡的稳定安全系数，即

$$K=\frac{\tau_{\mathrm{f}}}{\tau} \tag{2-63}$$

若以滑动面上的最大抗滑力矩与滑动力矩之比来定义，其结果完全一致，一土坡（图 2-27），AC 为假定的滑动面，圆心为 O，半径为 R。当土体 ABC 保持稳定时必须满足力矩平衡条件（滑弧上的法向反力 N 通过圆心），故稳定安全系数为

$$K=\frac{\text{抗滑力矩}}{\text{滑动力矩}}=\frac{\tau_{\mathrm{f}}AC\cdot R}{Ga} \tag{2-64}$$

式中：AC——滑弧弧长；

　　a——土体重心离弧圆心的水平距离。

一般情况下，土的抗剪强度由黏聚力和摩擦力 $\sigma\tan\varphi$ 两部分组成，土体中法向应力 σ 沿滑动面并非常数，因此土的抗剪强度亦随滑动面的位置不同而变化。但对饱和黏土来说，在不排水剪条件下，$\varphi_{\mathrm{u}}=0$，故 $\tau_{\mathrm{f}}=c_{\mathrm{u}}$，因此上式可写为

$$K=\frac{c_{\mathrm{u}}AC\cdot R}{Ga} \tag{2-65}$$

此分析方法通常称为 $\varphi_{\mathrm{u}}=0$ 分析法。

由于计算上述安全系数时，滑动面为任意假定，并不一定是最危险的滑动面，因此，所求结果并非最小安全系数，通常在计算时需假定一系列的滑动面，进行多次试算，计算工作量颇大，为此，费伦纽斯（Fellenius，1927）通过大量计算分析提出了确定最危险滑动面圆心的经验方法，一直沿用至今，该法主要内容如下：

对于均质黏性土坡，当土的内摩擦角 $\varphi=0$ 时，其最危险滑动面常通过坡脚。其圆心位置可由 BO 与 CO 两线的交点确定［图 2-28a)］，图中 β_1、β_2 的值可根据坡角由表 2-19 查出。当 $\varphi>0$时，最危险滑动面的圆心位置可能在 EO 的延长线上［图 2-28b)］。自 O 点向外取圆心 O_1，O_2……分别作滑弧，并求出相应的抗滑安全系数 K_1，K_2……然后绘曲线找出最小值，即为所求最危险滑动面的圆心 O_{m} 和土坡的稳定安全系数 $K_{\min}$。

不同边坡的 β_1、β_2 数据表　　表 2-19

坡比	坡角	β_1	β_2	坡比	坡角	β_1	β_2
1∶0.58	60°	29°	40°	1∶3	18.43°	25°	35°
1∶1	45°	28°	37°	1∶4	14.04°	25°	37°
1∶1.5	33.79°	26°	35°	1∶5	11.32°	25°	37°
1∶2	26.57°	25°	35°				

当土坡非均质，或坡面形状及荷载情况比较复杂时，其最危险滑动面圆心位置，有时并不在 EO 延长线上，而可能在其左右附近，因此，还需自 O_{m} 作 OE 线的垂直线，并在垂线上再取若干点为圆心进行计算比较，才能找出最危险滑动面的圆心和土坡稳定安全系数。

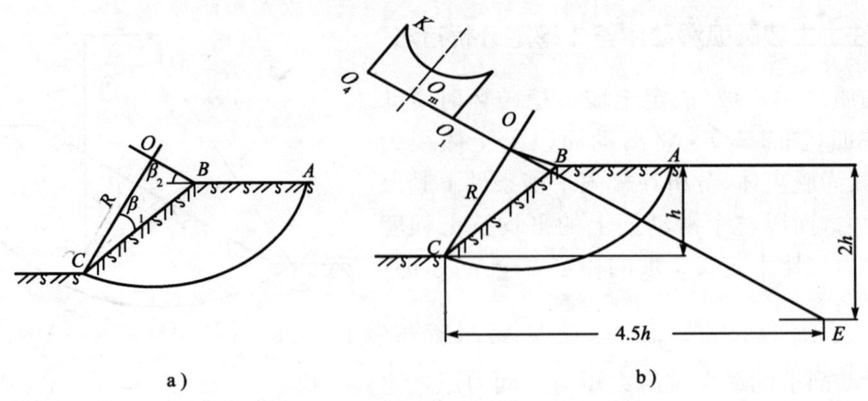

图 2-28　确定最危险滑动面圆心位置示意图

当土坡外形和土层分布都比较复杂时，最危险滑动面不一定通过坡脚，此时费伦纽斯法不一定可靠。目前电算分析表明，无论多么复杂的土坡，其最危险滑弧圆心的轨迹都是一根类似于双曲线的曲线，位于土坡坡线中心的竖直线与法线之间。若采用电算，可在此范围内有规律地选取若干圆心坐标，结合不同的滑弧弧脚，求出相应滑弧的安全系数，再通过比较求得最小值 K_{min}。但需注意，对于成层土土坡，其低值区不止一个，可能存在多个 K_{min} 值。

如上所述，土坡的稳定分析大都需经过试算，计算工作量颇大，因此，不少学者提出简化的图表计算法。根据计算资料整理得到的极限状态时均质土坡内摩擦角、坡角 β 与稳定数 N_s（数值范围 0～0.25）之间的关系曲线（图 2-29），其中

$$N_s = \frac{c}{\gamma h} \tag{2-66}$$

式中：c——土坡的黏聚力；

γ——土的重度；

h——土坡的高度。

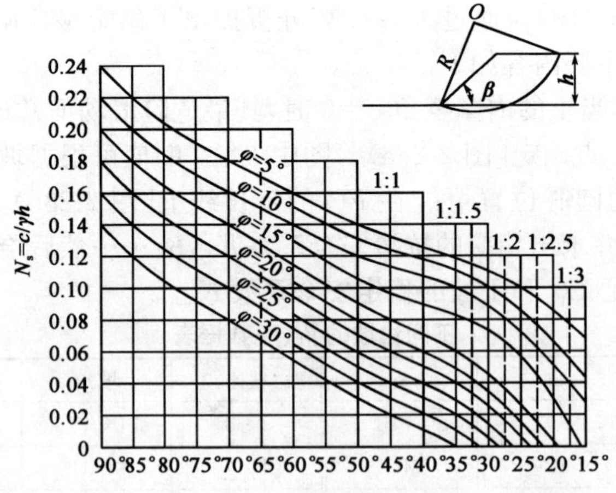

图 2-29　土坡稳定计算图

从图 2-29 可直接由已知的 c、φ、γ、β 确定土坡极限高度 h，也可由已知的 c、φ、γ、h 及安全系数 K 确定土坡的坡角 β。

(1)求极限坡高：根据坡角和土体的内摩擦角，查得稳定数，按 $h_{max}=\dfrac{c}{\gamma N_s}$ 计算。

(2)求极限坡角：根据已知条件计算稳定数，然后查图求得极限坡角。

(3)求最小安全系数：由已知数据查得稳定数，根据 $c_1 = N_s\gamma h, K_{\min} = \frac{c}{c_1}$。

三、条分法的应用

实际工程中土坡轮廓形状比较复杂，由多层土构成，$\varphi > 0$，有时尚存在某些特殊外力（如渗流力、地震力作用等），此时滑弧上各区段土的抗剪强度各不相同，并与各点法向应力有关。为此，常将滑动土体分成若干条块，分析每一条块上的作用力，然后利用每一土条上的力和力矩的静力平衡条件，求出安全系数表达式，其统称为条分法（Silce Method），可用于圆弧或非圆弧滑动面情况。

瑞典条分法除假定滑动面为圆柱面及滑动土体为不变形的刚体外，并忽略土条两侧面上的作用力，因此其未知量个数为$(n+1)$，然后利用土条底面法得 N_i 的大小和土坡的稳定安全系数 K 的表达式。

当为均质土坡时（图 2-30），设滑动面为 AC，圆心为 O，半径为 R，并将滑动土体 ABC 分成若干土条（第 i 条）分析其受力情况，则土条上作用的力有

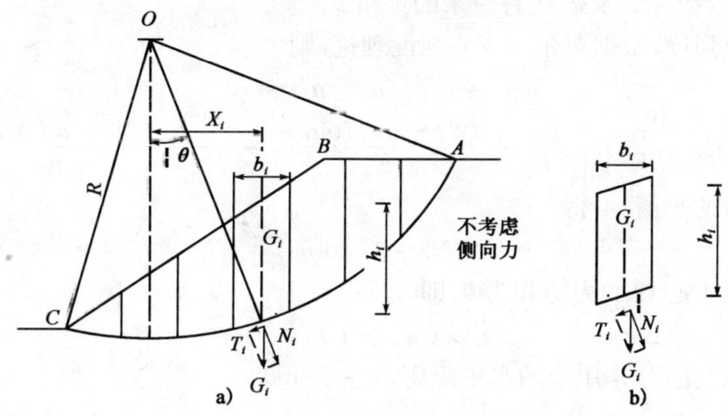

图 2-30　瑞典条分法计算图式

(1)土条自重 G_i，方向竖直向下，其值为

$$G_i = \gamma b_i h_i$$

式中：γ——土的重度；

b_i、h_i——该土条的宽度和平均高度。

将 G_i 引至分条滑动面上，可分解为通过滑弧圆心的法向力 N_i 和与滑弧相切的剪切力 T_i。若以 θ_i 表示该土条底面中点的法线与竖直线的交角，则有

$$N_i = G_i\cos\theta_i$$

$$T_i = G_i\sin\theta_i$$

(2)作用于土条底面的法向力 N_i 与反力 N'_i大小相等，方向相反。

(3)作用于土体底面的抗剪力 T'_i，可能发挥的最大值等于土条底面上土的抗剪强度与滑弧长度的乘积，方向与滑动方向相反。当土坡处于稳定状态，并假定各土条底部滑动面上的安全系数均等于整个滑动面上的安全系数时，其抗剪力为

$$T_{fi} = \frac{\tau_{fi} l_i}{K} = \frac{(c + \sigma_i \tan\varphi) l_i}{K} = \frac{c l_i + N'_i \tan\varphi}{K} \tag{2-67}$$

若将整个滑动土体内各土条对圆心 O 取力矩平衡，则

$$\sum T_i R = \sum T_{fi} R$$

故安全系数

$$K = \frac{\sum(cl_i + N_i' \tan\varphi)}{\sum T_i} = \frac{\sum(cl_i + G_i\cos\theta_i\tan\varphi)}{\sum G_i\sin\theta_i} = \frac{\sum(cl_i + \gamma b_i h_i\cos\theta_i\tan\varphi)}{\sum\gamma b_i h_i\sin\theta_i} \tag{2-68}$$

若取各土条宽度相等，上式可简化为

$$K = \frac{c\widehat{L} + \gamma b\tan\varphi\sum h_i\cos\theta_i}{\gamma b\sum h_i\sin\theta_i} \tag{2-69}$$

式中：$\widehat{L}$——滑弧的弧长。

此外，计算时尚需注意土条的位置[图 2-30a)]，当土条底面中心在滑弧圆心 O 的垂线右侧时，剪切力 T_i 方向与滑动方向相同，起抗滑作用，取正号；而当土条底面中心在圆心的垂线左侧时，T_i 方向与滑动方向相反，起抗剪作用，取负号。

需要指明的是，使用瑞典条分法仍然要假设很多滑动面并通过试算分析，求出不同的 K 值，其中最小的 K 值即为土坡的稳定安全系数。

当土坡中有孔隙水压力作用时，且已知第 i 个土条在滑动面上的孔隙水压力为 u_i 时(图 2-30)，要用有效指标 c' 及 φ' 代替原来的 c 和 φ。

考虑土的有效强度，根据莫尔—库仑强度理论，则

$$\tau_{fi} = c' + (\sigma_i - u_i)\tan\varphi'$$

$$T_i = \tau l_i = \frac{\tau_{fi}}{K}l_i = \frac{c'l_i}{K} + \frac{(cl_i - u_i l_i)\tan\varphi'}{K} = \frac{c'l_i}{K} + \frac{(N_i - u_i l_i)\tan\varphi'}{K} \tag{2-70}$$

取法线方向力的平衡，可得

$$N_i = G_i\cos\theta_i$$

各土条对圆弧中心 O 的力矩和为 0，即

$$\sum G_i x_i - \sum T_i R = 0$$

式中：x_i——圆心 O 至 G_i 作用线的水平距离，$x_i = R\sin\theta_i$。

将式(2-70)代入上式，可得

$$K = \frac{\sum[c'l_i + (G_i\cos\theta_i - u_i l_i)\tan\varphi']}{\sum G_i\sin\theta_i} \tag{2-71}$$

式(2-71)就是用有效应力方法表示的瑞典条分法计算 K 的公式。

经过多年工程实践，对瑞典条分法已积累了大量的经验。用该法计算的安全系数一般比其他较严格的方法低 10%～20%；在滑动面圆弧半径较大并且孔隙水压力较大时，安全系数计算值估计会比其他较严格的方法小一半。因此，这种方法是偏于安全的。

坡顶有超载和土成层时，就要作相应的修正。如当土坡由多层土构成(图 2-31)，在使用公式时应作如下修正：

(1)如果同一土条跨越多层土，计算其重量时应分层取相应的高度和厚度，计算相应重量后叠加。如第 i 个土条包括 k 层土，则

$$G_i = b_i(\gamma_{1i}h_{1i} + \gamma_{2i}h_{2i} + \cdots + \gamma_{ki}h_{ki}) \tag{2-72}$$

(2)计算滑动面上的抗剪强度时，所用的土条参数 c、φ 应按土条滑动面所在的具体土层位置来选取相应的数值。如当第 i 个土条的滑动面在第 m 层内时，则

$$T_{fi} = c_{mi}l_{mi} + N_i\tan\varphi_{mi} \tag{2-73}$$

当第 i 个土条的滑动面跨越 m 层土时，则

$$T_{fi} = (c_{1i}l_{1i} + c_{2i}l_{2i} + \cdots + c_{mi}l_{mi}) + N_i(\tan\varphi_{1i} + \tan\varphi_{2i} + \cdots + \tan\varphi_{mi}) \tag{2-74}$$

值得注意的是，N_i 是第 i 条土滑动面上的法向反力之和，$N_i = G_i\cos\theta_i$，与土条自重有关，而与滑动面上土层土性没有直接关系。因此，对于成层土坡，可用式(2-75)计算其安全系数。

$$K = \frac{\sum T_{fi}}{\sum T_i} \tag{2-75}$$

上式中，T_{fi} 根据实际情况按式(2-73)或(2-74)计算；$T_i = G_i\sin\theta_i$，G_i 按式(2-72)取值。

如果在土坡坡顶作用着超载 q，如图 2-32 所示，计算的基本原则和程序不变，只是在土条受力分析时，需要将土条上作用的超载加进土条的自重中去考虑；如果超载作用在坡面上，处理方法相似。当然可能某些土条并没有超载，则该土条仅考虑自重。当仅在坡顶有超载时，按式(2-76)计算安全系数，即

$$K = \frac{\sum[cl_i + (G_i + qb_i)\cos\theta_i\tan\varphi_i]}{\sum(G_i + qb_i)\sin\theta_i} \tag{2-76}$$

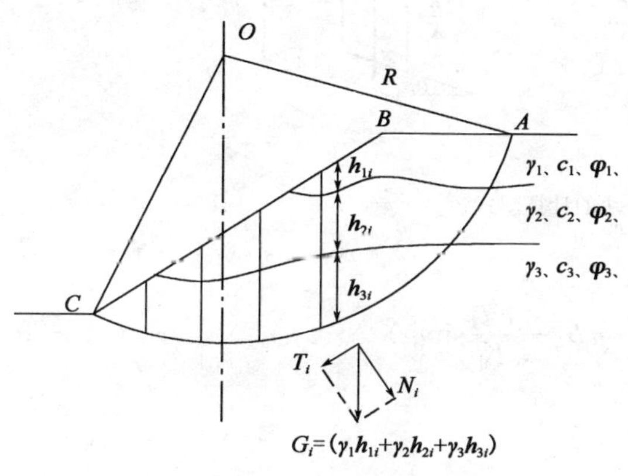

图 2-31　土成层时的计算图式

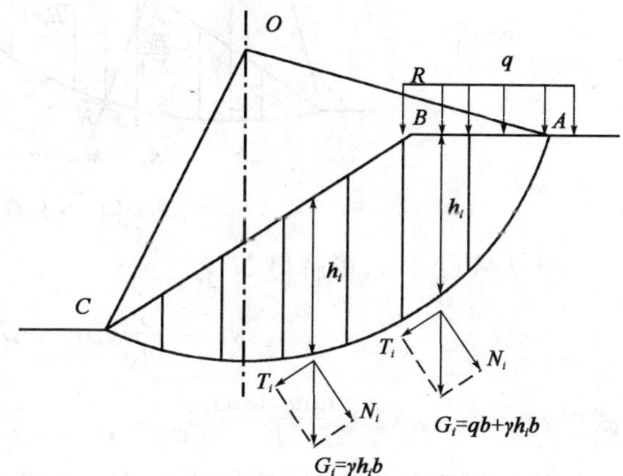

图 2-32　坡顶有超载时的计算图式

四、毕肖普条分法的具体应用

毕肖普(A. W. Bishop，1955)假定各土条底部滑动面上的抗滑安全系数均相同，即等于整个滑动面的平均安全系数，取单位长度土坡按平面问题计算(图 2-33)。设可能滑动面为一圆弧 AC，圆心为 O，半径 R。将滑动土体 ABC 分成若干土条，而取其中任一条(第 i 条)分析其受力情况。作用在该土条上的力有：

①土条自重 $G_i = \gamma b_i h_i$，其中 b_i、h_i 分别为该土条的宽度与平均高度。

②作用于土条底面的抗剪力 T_{fi}、有效法向反力 N'_i 及孔隙水压力 u_il_i，其中 u_i、l_i 分别为该土条底面中点处孔隙水压力和滑弧弧长。

③作用于该土条两侧的法向力 E_i 和 E_{i+1} 及切向力 X_i 和 X_{i+1}，$\Delta X_i = X_{i+1} - X_i$。且 G_i、T_{fi}、N'_i 及 u_il_i 的作用均在土条底面中点。

对第 i 土条竖向取力的平衡得

$$G_i + \Delta X_i - T_{fi}\sin\alpha_i - N'_i\cos\alpha_i - u_il_i\cos\alpha_i = 0$$

或

$$N'_i\cos\alpha_i = G_i + \Delta X_i - T_{fi}\sin\alpha_i - u_ib_i \tag{2-77}$$

当土坡尚未破坏时，土条滑动面上的抗剪强度只发挥了一部分，若以有效应力表示，土条滑动面上的抗剪力为

$$T_{fi}=\frac{\tau_{fi}l_i}{K}=\frac{c'l_i}{K}+N'_i\frac{\tan\varphi'}{K} \tag{2-78}$$

式中：c'——土的有效黏聚力；

φ'——土的有效内摩擦角；

K——安全系数。

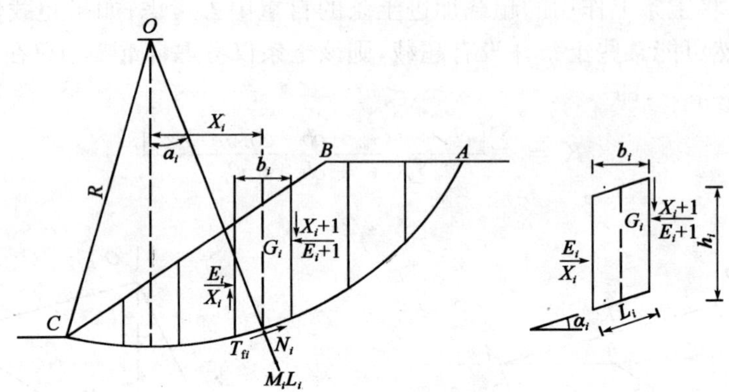

图 2-33　毕肖普条分法的计算图式

代入式(2-77)，可解得 N_i' 为

$$N_i'=\frac{1}{m_{\alpha_i}}(G_i+\Delta X_i-u_ib_i-\frac{c'l_i}{K}\sin\alpha_i) \tag{2-79}$$

式中：$m_{\alpha_i}=\cos\alpha_i(1+\frac{\tan\varphi'\tan\alpha_i}{K})$。

然后就整个滑动土体对圆心 O 求力矩平衡，此时相邻土条之间侧壁作用力的力矩将互相抵消，而各土条的 N'_i 及 u_il_i 的作用线均通过圆心，故有

$$\sum G_ix_i-\sum T_{fi}R=0 \tag{2-80}$$

将式(2-79)、式(2-80)代入式(2-78)，且 $x_i=R\sin\alpha_i$，$b=b_i=l_i\cos\alpha_i$，可得

$$K=\frac{\sum\frac{1}{m_{\alpha_i}}[c'b+(G_i-u_ib+\Delta X_i)\tan\varphi']}{\sum G_i\sin\alpha_i} \tag{2-81}$$

此为毕肖普条分法计算土坡安全系数的普遍公式，但 ΔX_i 仍为未知。为了求出 K，需估算 ΔX_i 值，可通过逐次逼近法求解，而 X_i 及 E_i 的试算值均应满足每个土条的平衡条件，且整个滑动土体的 $\sum\Delta X_i$ 及 $\sum\Delta E_i$ 均等于零。毕肖普证明，若令各土条的 $\Delta X_i=0$，所产生的误差仅为 1%，由此可得国内外使用相当普遍的毕肖普简化公式，即

$$K=\frac{\sum\frac{1}{m_{\alpha_i}}[c'b+(G_i-u_ib)\tan\varphi']}{\sum G_i\sin\alpha_i} \tag{2-82}$$

由于式(2-82)中 m_{α_i} 的计算式含有安全系数 K，故上述安全系数 K 仍需计算。通常试算时可先假定 $K=1$，求出 m_{α_i}，再按式(2-82)求出 K，若计算的 K 与假定 K 值不等，则以计算的 K 值代入 m_{α_i} 计算式再求出新的 m_{α_i} 和 K，如此反复迭代，直至前后两次 K 值满足所要求的精度为止。通常迭代 3～4 次即可满足工程精度要求，且迭代总是收敛的。

尚需注意，当 α_i 为负时，m_{α_i} 有可能趋近于零，此时 N'_i 将趋近于无限大，显然不合理，故此时简化毕肖普法不能应用。国外某些学者建议，当任一土条的 $m_{\alpha_i} \leqslant 0.2$ 时，简化毕肖普法计算的 K 值误差较大，最好采用其他方法。此外，当坡顶土条的 α_i 很大时，N'_i 可能出现负值，此时可取 $N'_i=0$。

为了求得最小的安全系数 K，同样必须假定若干个滑动面，其最危险滑动面圆心位置的确定，仍可采用前述费伦纽斯经验法。

毕肖普条分法考虑了土条两侧的作用力，计算结果比较合理。分析时先后利用每一土条竖向力的平衡及整个滑动土体的力矩平衡条件，避开了 E_i 及其作用点的位置，并假定所有的 ΔX_i 均等于零，使分析过程得到了简化，但同样不能满足所有的平衡条件，还不是一个严格的方法，由此产生的误差约为 2%～7%。同时，毕肖普条分法也可用于总应力分析，即在上述公式中略去孔隙水压力 $u_i l_i$ 的影响，并采用总应力强度 c 计算即可。

五、土坡稳定分析中一些特殊问题的考虑

(一)填方土坡的稳定性问题

假设土坡由同一种饱和黏性土组成。土中 A 点的应力状态如图 2-34 所示。A 点的剪应力随填土高度增加而增大，并在竣工时达到最大值。初始的孔隙水压力 u_0 等于静水压力 $h_0\gamma_w$，由于黏土具有低渗透性，假定在施工过程中不发生排水，孔隙水压力 u 也不消散。一直到竣工前孔隙水压力随填土增高而增大[图 2-34b)]。按照复杂应力状态下孔隙水压力计算式：$u=B[\Delta\sigma_3+A(\Delta\sigma_1-\Delta\sigma_3)]$($A$、$B$ 为孔隙水压力系数。对于饱和土，$B=1$)，除非 A 具有较大的负值，孔隙水压力 u 总是正值。竣工时土的抗剪强度继续保持与施工开始时的不排水强度 c_u 相等。

竣工以后，总应力保持常数，而超静孔隙水压力 u 则由于固结而消散。固结使孔隙水压力下降，同时使有效应力与抗剪强度增加。在较长的一段时间之后，在时间 t_2 时超静孔隙水压力 $u=0$ 即排水条件。只要孔隙水压力已知，任何时间的抗剪强度可由有效应力指标 c' 和 φ' 估计而得。由于在时间 t_2 时超静孔隙水压力为零，因此，有效应力可由外荷载、土体重力和静水压力算出。

竣工时土坡的稳定性用总应力法和不排水强度 c_u 来分析；而土坡的长期稳定性则用有效应力法和有效应力指标 c' 和 φ' 来分析。可清楚地看出，在时间 t_1 即施工刚结束时，土坡的稳定性是最小的[图 2-34b)]。如果超过了这个状态，则安全系数会迅速增加。

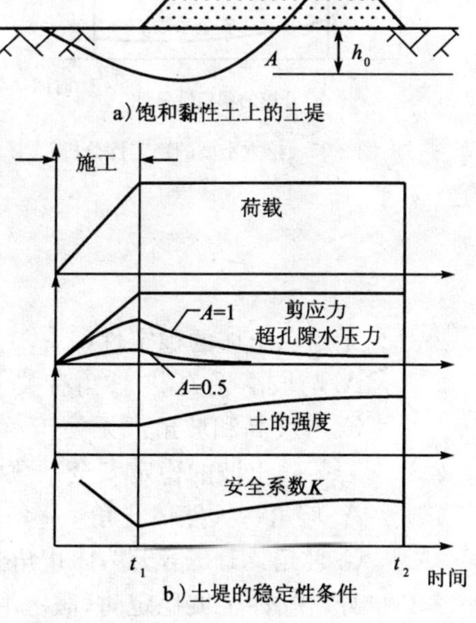

图 2-34 填方土坡的稳定分析

(二)挖方土坡的稳定性问题

假设土坡由同一种饱和黏性土组成。挖土使 A 点的平均土覆压力减小，并引起孔隙水压力的降低，即出现负值的超静孔隙水压力(图 2-35)。这种下降取决于孔隙压力系数 A 以及应力变化的大小，因土体完全饱和，$B=1$，因此，孔隙水压力的变化量 $\Delta u=\Delta\sigma_3+A(\Delta\sigma_1-\Delta\sigma_3)$。开挖过程中土中的小主应力 $\Delta\sigma_3$ 要比大主应力 $\Delta\sigma_1$ 下降得多。于是，$\Delta\sigma_3$ 为负值，而($\Delta\sigma_1-\Delta\sigma_3$)为正值。

A 点的剪应力在施工结束时达到最大值。假定施工期间土处于不排水状态，则竣工时土的抗剪强度等于土的不排水强度 c_u。负的超静孔隙水压力随时间增长而消散，同时伴随着黏性土的膨胀和抗剪强度的下降。在开挖后较长时间土中负的超静孔隙水压力完全消散，$\Delta u=0$。因此，竣工时土坡的稳定性用总应力法和不排水强度 c_u 来分析；而土坡的长期稳定性则用有效应力法和有效应力指标 c' 和 φ' 来分析。但是，最不利的条件是土坡的长期稳定性。

(三)邻近土坡加载引起的土坡稳定性问题

土坡的稳定性条件如图 2-36 所示。假设有一饱和黏性土土坡，在离坡顶一定距离处作用有荷载 q。由于荷载 q 作用在一定距离处，故它并不改变沿滑弧上的应力，且剪应力随时间恒为常数。荷载 q 的施加使 B 点的孔隙水压力瞬时上升，又随固结而消散。A 点的孔隙水压力由于从 B 点开始的辐射向排水而暂时增大；孔隙水压力的增大使土的抗剪强度和安全系数下降。可以看到，在某一中间时间 t_2，抗滑稳定安全系数达到最小值。这种情况潜伏着很大的危险，因为，不管土坡具有足够的瞬时或长期的稳定性，土坡的滑动仍然有可能会发生。图 2-36b)说明了一种孔隙水压力随时间而先增大后减小的情况，这种条件产生在由于建造建筑物或打桩引起超静孔隙水压力的情况。在荷载 q 作用下的超静孔隙水压力沿辐射向排水而消散，从而使水从 B 点向 A 点流动，并使 A 点的孔隙水压力增加。

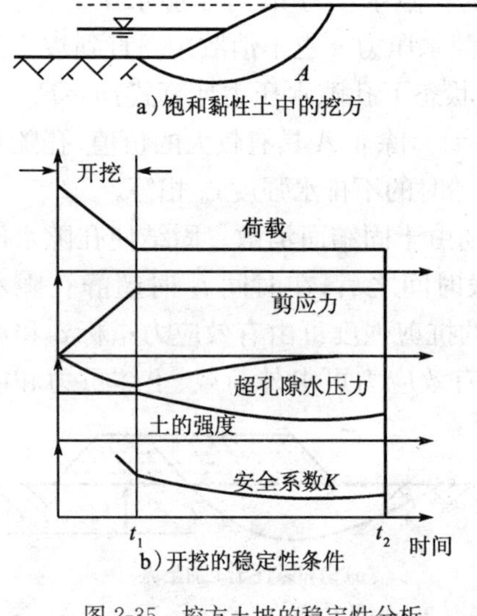

图 2-35 挖方土坡的稳定性分析

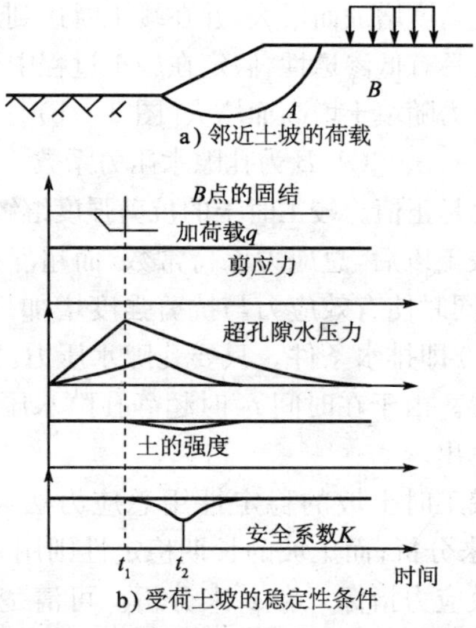

A B

a) 邻近土坡的荷载

B点的固结

加荷载q

剪应力

超孔隙水压力

土的强度

安全系数K

t_1 t_2 时间

b) 受荷土坡的稳定性条件

图 2-36 邻近土坡加载引起的土坡稳定性条件

习 题

2-31 无黏性土坡的稳定性( )。

A. 与坡高无关，与坡角有关　　B. 与坡角有关，与坡高无关

C. 与坡高和坡角都无关　　D. 与坡高和坡角都有关

2-32 若某砂土坡的稳定安全系数 $K=1.0$，则该土坡稳定应满足的条件为( )。

A. 坡角＝天然休止角　　B. 坡角＜1.5 倍天然休止角

C. 坡角＞1.5 倍天然休止角　　D. 1.5 倍坡角＜天然休止角

2-33 分析黏性土坡稳定时，假定滑动面为( )。

A. 斜平面　　B. 曲面　　C. 圆筒面　　D. 水平面

习题提示及参考答案

2-1　**提示**:即 d_{10} 粒径。

答案:A

2-2　**提示**:即 d_{60}/d_{10} 小于5。

答案:A

2-3　**提示**:饱和度为零的土为干土,$V_w=0$,$V_v=V_a$。

答案:D

2-4　**提示**:反映黏性土状态的指标是液性指数,$I_L=(\omega-\omega_P)/(\omega_L-\omega_P)$。$I_L$ 大于1,流动状态;小于等于0,固态,半固态;其他为可塑状态。

答案:B

2-5　**提示**:

$$e=\frac{d_s(1+\omega)\gamma_w}{\gamma}-1=\frac{2.72\times(1+0.22)\times 10}{17}-1=0.952$$

$$n=\frac{e}{1+e}=\frac{0.952}{1+0.952}=48.8\%$$

$$\gamma_{sat}=\frac{\gamma_w(d_s+e)}{1+e}=\frac{10\times(2.72+0.952)}{1+0.952}=18.81\text{kN/m}^3$$

$$\gamma'=\gamma_{sat}-\gamma_w=18.81-10=8.81\text{kN/m}^3$$

答案:A

2-6　**提示**:设 $V=1\text{cm}^3$ 已知 $\rho=\frac{m}{V}=1.8\text{g/cm}^3$,故

$$m=1.80\text{g}$$

已知

$$\omega=\frac{m_w}{m_s}=18\%$$

所以

$$m_w=0.18m_s,m_s+0.18m_s=1.8\text{g},m_s=1.525\text{g},m_w=0.275\text{g}$$

$$V_s=\frac{m_s}{\rho_w d_s}=1.525/(2.70\times 1)=0.565\text{cm}^3$$

孔隙体积

$$V_v=V-V_s=1-0.565=0.435\text{cm}^3$$

气相体积

$$V_a=V_v-V_w=0.435-0.275=0.16\text{cm}^3$$

答案:D

2-7　**提示**:不是实际速度。

答案:B

2-8　**提示**:由伯努利方程方程可知,土中水头包含三部分:势水头、静水头和动水头。

答案:D

2-9　**提示**:达西定律适用条件。

答案:A

2-10 提示:由临界水力梯度公式计算。

答案:C

2-11 提示:渗透力的相关知识。

答案:B

2-12 提示:水的渗透破坏和水力条件及它自身的几何条件有关系。

答案:D

2-13 提示:即计算原始自重应力的起始点。

答案:C

2-14 提示:有限面积基础(荷载)作用下即是。

答案:B

2-15 提示:同种土中自重应力直线分布,不同土的 γ 不同,直线斜率不同,在土层面出现拐点,因此成折线。

答案:A

2-16 提示:有限面积基础在地基中的附加应力沿深度分布为曲线减小。

答案:D

2-17 提示:计算表格规定。

答案:B

2-18 提示:基底反力简化近似计算。

答案:A

2-19 提示:基地净反力计算不计入上覆土体的重力。

答案:C

2-20 提示:施工时间短,排水条件不良的地基应选择接近不排水的抗剪强度指标。快剪意味着不排水。

答案:A

2-21 提示:抗剪强度线与水平线的夹角为土的内摩擦角。

答案:A

2-22 提示:用大、小主应力关系表示的极限平衡条件计算得出。

答案:C

2-23 提示:该角度为 $45°-\varphi/2$,φ 为内摩擦角。

答案:B

2-24 提示:三轴试验可得出若干个土样(同一种土)破坏时的莫尔应力圆数据。

答案:C

2-25 提示:“塑性荷载”。

答案:B

2-26 提示:整体剪切破坏。

答案:A

2-27 提示:规范规定,增大基础宽度和基础埋深可提高地基承载力,但是增大基础尺寸会增大基础沉降量。

答案:A

2-28　**提示:**是整体剪切破坏的特征。

答案:B

2-29　**提示:**以整体剪切破坏进行的理论分析。

答案:D

2-30　**提示:**将已知条件带入太沙基公式计算。

答案:C

2-31　**提示:**参考式(2-61)。

答案:B

2-32　**提示:**干砂的天然休止角即为土的φ值。

答案:A

2-33　**提示:**简化为圆筒面计算,实际破坏面为曲面。

答案:C

第三章　工 程 地 质

复 习 指 导

考生在复习"工程地质"这部分内容时，应熟悉考试大纲的基本要求，全面理解、重点掌握基本概念、基本地质现象、基本工程地质勘察要求及试验方法。其具体要求如下。

（一）*岩石与矿物*

1. 重点与重点概念

重点：矿物的性质、三大岩石的结构与构造、常见三大岩石、影响岩石工程性质的因素。

重点概念：矿物、硬度、解理、岩石、结构、构造、岩浆岩、沉积岩、变质岩，岩石工程性质各指标的概念。

2. 难点

难点：常见矿物和岩石鉴别。

（二）*地质构造*

1. 重点与重点概念

重点：构造的类型以及性质，各种构造类型在地质图上的表现方式以及判别方法。

重点概念：水平构造、倾斜构造、褶皱构造、褶皱的要素、褶皱的形态、断裂构造、裂隙、断层要素、断层类型、"V"字形法则。

2. 难点

难点："V"字形法则的运用、地质图上辨别褶皱与断层的类型。

（三）*外动力地质作用*

1. 重点与重点概念

重点：残积层、坡积层、洪积层、冲积层的特点，流水地质作用及其特点。

重点概念：残积层、坡积层、洪积层、冲积层、河流的下蚀作用和侧蚀作用。

2. 难点

难点：各种堆积体的工程性质分析，河流侵蚀作用与公路建设的影响。

（四）*地貌*

1. 重点与重点概念

重点：河流阶地的类型与公路建设的关系；平原地貌、山岭地貌的形态和类型；内外动力地质作用、地形与地貌的区别。

重点概念：河流阶地、剥蚀平原、堆积平原、构造平原、平顶山、单面山、褶皱山、断块山、褶皱断块山、垭口、内外动力地质作用。

2. 难点

难点：山岭地貌的类型及形成原因，道路选线与山岭地貌的关系。

（五）水文地质

1.重点与重点概念

重点：地下水的埋藏类型及其特点，地下水的工程性质。

重点概念：潜水、上层滞水、承压水、岩溶水。

2.难点

难点：地下水量的估计和地下水对工程建设的影响。

（六）道路工程地质问题

1.重点与重点概念

重点：桥梁基础的类型和埋置深度与河流侵蚀作用的关系、边坡稳定性的影响因素、各种特殊性土的工程特性。

重点概念：岩石性质对边坡的影响，地质构造对边坡的影响，软土，黄土，膨胀土，盐渍土。

2.难点

难点：桥梁隧道的选址问题，道路选线问题，各种特殊性土及其工程性质。

（七）道路工程地质勘察

1.重点与重点概念

重点：工程地质勘察在道路、桥梁、隧道工程中的运用。

重点概念：挖探、钻探、地球物理勘探、室内试验、原位试验。

2.难点

难点：勘察点的布置，设备的工作原理和勘察结果的分析。

第一节　矿物与岩石

一、矿物与岩石的区别

（一）矿物

矿物是存在于地壳中的具有一定化学成分和物理性质的自然元素和化合物。目前已发现的矿物约有3000多种，而在岩石中经常见到、明显影响岩石性质、对鉴定和区分岩石种类起重要作用的矿物约有30多种。矿物的物理性质是多种多样的。为便于用肉眼鉴别常见的造岩矿物，这里主要介绍矿物的颜色、光泽、硬度、解理和断口。

1.颜色

矿物的颜色，是矿物对可见光波的吸收作用产生的。按成色原因，有自色、他色、假色之分。

(1)自色：是矿物固有的颜色，颜色比较固定。一般来说，含铁、锰多的矿物，如黑云母、普通角闪石、普通辉石等，颜色较深，多呈灰绿、褐绿、黑绿以至黑色；含硅、铝、钙等成分多的矿物，如石英、长石、方解石等，颜色较浅，多呈白、灰白、淡红、淡黄等各种浅色。

(2)他色：是矿物混入了某些杂质所引起的，与矿物的本身性质无关。他色不固定，随杂质的不同而异。如纯净的石英晶体是无色透明的，混入杂质就呈紫色、玫瑰色、烟色。由于他色不固定，对鉴定矿物没有很大意义。

(3)假色：是由于矿物内部的裂隙或表面的氧化薄膜对光的折射、散射所引起的。如方解石解理面上常出现的虹彩，斑铜矿表面常出现斑驳的蓝色和紫色。

2. 光泽

矿物表面呈现的光亮程度，称为光泽。矿物的光泽是矿物表面的反射率的表现，按其强弱程度，分金属光泽、半金属光泽和非金属光泽。造岩矿物绝大部分属于非金属光泽。由于矿物表面的性质或矿物集合体的集合方式不同，又会反映出各种不同特征的光泽。

(1)玻璃光泽：反光如镜，如长石、方解石解理面上呈现的光泽。

(2)珍珠光泽：光线在解理面间发生多次折射和内反射，在解理面上所呈现的像珍珠一样的光泽，如云母等。

(3)丝绢光泽：纤维状或细鳞片状矿物，由于光的反射互相干扰，形成丝绢般的光泽，如纤维石膏和绢云母等。

(4)油脂光泽：矿物表面不平，致使光线散射，如石英断口上呈现的光泽。

(5)蜡状光泽：像石蜡表面呈现的光泽，如蛇纹石、滑石等致密块体矿物表面的光泽。

(6)土状光泽：矿物表面暗淡如土，如高岭石等松粒块体矿物表面所呈现的光泽。

3. 硬度

矿物抵抗外力刻划、研磨的能力，称为硬度。由于矿物的化学成分或内部构造不同，所以不同的矿物常具有不同的硬度。硬度是矿物的一个重要鉴定特征。在鉴别矿物的硬度时，是用两种矿物对刻的方法来确定矿物的相对硬度。硬度对比的标准，从软到硬依次由下列10种矿物组成，称为摩氏硬度计。

①滑石；②石膏；③方解石；④萤石；⑤磷灰石；⑥正长石；⑦石英；⑧黄玉；⑨刚玉；⑩金刚石。

可以看出，摩氏硬度只反映矿物相对硬度的顺序，它并不是矿物绝对硬度的等级。

矿物硬度的确定，是根据两种矿物对刻时互相是否刻伤的情况而定。如将需要鉴定的矿物与标准硬度矿物中的磷灰石对刻，结果被磷灰石所刻伤而自己又能刻伤萤石，说明它的硬度大于萤石而小于磷灰石，在4～5之间，即可定为4.5。常见的造岩矿物的硬度，大部分在2～6.5之间，大于6.5的只有石英、橄榄石、石榴子石等少数几种。野外工作中，常用指甲(2～2.5)、铁刀刃(3～3.5)、玻璃(5～5.5)、钢刀刃(6～6.5)鉴别矿物的硬度。

矿物的硬度，对岩石的强度有明显影响。风化、裂隙、杂质等会影响矿物的硬度。所以，在鉴别矿物的硬度时，要注意在矿物的新鲜晶面或解理面上进行。

4. 解理、断口

矿物受打击后，能沿一定方向裂开成光滑平面的性质，称为解理。裂开的光滑平面称为解理面。不具方向性的不规则破裂面，称为断口。

不同的晶质矿物，由于其内部构造不同，在受力作用后开裂的难易程度、解理数目以及解理面的完全程度也有差别。根据解理出现方向的数目，有一个方向的解理，如云母等；有两个方向的解理，如长石等；有三个方向的解理，如方解石等。根据解理的完全程度，可将解理分为以下几种。

(1)极完全解理：极易裂开成薄片，解理面大而完整，平滑光亮，如云母。

(2)完全解理：常沿解理方向开裂成小块，解理面平整光亮，如方解石。

(3)中等解理：既有解理面，又有断口，如正长石。

(4)不完全解理：常出现断口，解理面很难出现，如磷灰石。

矿物解理的完全程度和断口是互相消长的，解理完全时则不显断口。反之，解理不完全或无解理时，则断口显著。如不具解理的石英，则只呈现贝壳状断口。

解理是造岩矿物的另一个鉴定特征。矿物解理的发育程度，对岩石的力学强度会产生不同的影响。

此外，如滑石的油腻感，方解石遇盐酸起泡等，都可作为鉴别该种矿物的特征。

(二)岩石

在地质作用下产生的，由一种或多种矿物以一定的规律组成的自然集合体，称为岩石。主要由一种矿物组成的岩石，称为单矿岩，如石灰岩就是由方解石组成的单矿岩；由两种或两种以上的矿物组成的岩石，称为复矿岩，如花岗岩主要是由正长石、石英和云母等矿物组成的复矿岩。自然界有各种各样的岩石，按成因，可分为岩浆岩、沉积岩和变质岩三大类。

二、三大类岩石的特点

(一)岩浆岩

岩浆岩是由岩浆冷凝形成的岩石。岩浆存在于地壳的深处，是处于高温、高压下的硅酸盐熔融体，它的主要成分是硅酸盐，还有其他元素、化合物以及溶解的气体(H_2O、CO_2 等)。

岩浆经常处于活动状态中，当地壳发生变动或受到其他内力作用时，承受巨大压力的岩浆，就会沿着构造薄弱带上升，侵入地壳或喷出地面。岩浆在上升过程中，压力减小，热量散失，经复杂的物理化学过程，最后冷却凝结，就形成了岩浆岩。

岩浆上升侵入围岩，在地壳深处结晶形成的岩石，称为深成岩，在地面以下较浅处形成的岩石，称为浅成岩，两者统称为侵入岩。由喷出地面的熔岩凝固形成的岩石，称为喷出岩。侵入岩和喷出岩，由于生成时的物理环境不同，因而具有不同的结构和构造。

1. 岩浆岩的矿物成分

组成岩浆岩的矿物，根据颜色，可分为浅色矿物和深色矿物两类。

①浅色矿物：有石英、正长石、斜长石及白云母等。

②深色矿物：有黑云母、角闪石、辉石及橄榄石等。

岩浆岩的矿物成分，是岩浆化学成分的反映。岩浆的化学成分相当复杂，但含量高、对岩石的矿物成分影响最大的是 SiO_2。根据 SiO_2 的含量，岩浆岩可分为下面几类。

(1)酸性岩类(SiO_2 含量＞65％)

矿物成分以石英、正长石为主，并含有少量的黑云母和角闪石。岩石的颜色浅，比重轻。

(2)中性岩类(SiO_2 含量 65％～52％)

矿物成分以正长石、斜长石、角闪石为主，并含有少量的黑云母及辉石。岩石的颜色比较深，比重比较大。

(3)基性岩类(SiO_2 含量 52％～45％)

矿物成分以斜长石、辉石为主，含有少量的角闪石及橄榄石。岩石的颜色深，比重也比较大。

(4)超基性岩类(SiO_2＜45％)

矿物成分以橄榄石、辉石为主，其次有角闪石，一般不含硅铝矿物。岩石的颜色很深，比重很大。

2. 岩浆岩的结构和构造

(1)结构

岩浆岩的结构，是指组成岩石的矿物的结晶程度、晶粒大小、晶体形状及其相互结合的情况。岩浆岩的结构特征，是岩浆成分和岩浆冷凝时物理环境的综合反映。

①按岩石中矿物的结晶程度可分为：

a. 全晶质结构。岩石全部由结晶的矿物组成。这种结构是岩浆在温度缓慢降低的情况下形成的，通常是侵入岩特有的结构。

b. 半晶质结构。岩石由结晶的矿物和非晶质矿物组成。这种结构主要为浅成岩具有的结构，有时在喷出岩中也能见到。

c. 非晶质结构。岩石全部由非晶质矿物组成，又称玻璃质结构。这种结构是岩浆喷出地表迅速冷凝来不及结晶的情况下形成的，为喷出岩特有的结构。

②按岩石中矿物的晶粒大小可分为：

a. 显晶质结构。岩石全部由结晶较大的矿物组成，用肉眼或放大镜即可辨认。

b. 隐晶质结构。岩石全部由结晶微小的矿物组成，用肉眼和放大镜均看不见晶粒，只有在显微镜下可识别。

c. 玻璃质结构。岩石全部为非晶质所组成，均匀致密似玻璃。

③按岩石中矿物晶粒的相对大小可分为：

a. 等粒结构。岩石中的矿物全部是显晶质粒状，同种主要矿物结晶颗粒大小大致相等。等粒结构是深成岩特有的结构。

b. 不等粒结构。岩石中同种主要矿物结晶颗粒大小不等，相差悬殊。其中晶形完好、颗粒粗大的称为斑晶，小的称为石基。

④按矿物结晶颗粒大小可进一步划分为：

a. 粗粒结构。矿物结晶颗粒平均直径大于 5mm。

b. 中粒结构。矿物结晶颗粒平均直径为 1～5mm。

c. 细粒结构。矿物结晶颗粒平均直径小于 1mm。

⑤按其颗粒相对大小又可分为：

a. 斑状结构。石基为隐晶质或玻璃质，此种结构是浅成岩或喷出岩的重要特征。

b. 似斑状结构。石基为显晶质，此种结构多见于深成岩体的边缘或浅成岩中。

(2)构造

岩浆岩的构造，是指矿物在岩石中排列和充填方式所反映出来的外貌特征。岩浆岩的构造特征，主要决定于岩浆冷凝时的环境。常见的岩浆岩构造有：

①块状构造。

矿物在岩石中分布比较均匀，无一定的排列方向。这种构造是花岗岩、花岗斑岩等侵入岩所具有的构造。

②流纹状构造。

岩石中不同颜色的条纹、拉长了的气孔以及长条形矿物沿一定方向排列所形成的流动状构造。这种构造是流纹岩等喷出岩所具有的构造。

③气孔状构造。

岩浆凝固时，挥发性的气体未能及时逸出，以致在岩石中留下许多圆形、椭圆形或长管形的孔洞。气孔状构造常为玄武岩等喷出岩所具有。

④杏仁状构造。

岩石中的气孔，为后期矿物(如方解石、石英等)充填所形成的一种形似杏仁的构造。如某些玄武岩和安山岩的构造。

(二)沉积岩

出露地表的各种岩石，经长期的日晒雨淋，风化破坏，逐渐地松散分解，或成为岩石碎屑，或成为细粒黏土矿物，或成为其他溶解物质。这些先成岩石的风化产物，大部分被流水等运动介质搬运到河、湖、海洋等低洼的地方沉积下来，成为松散的堆积物。这些松散的堆积物经过压密、胶结、重结晶等作用，逐渐形成沉积岩。

1.沉积岩的物质组成

沉积岩主要由下面的一些物质组成。

(1)碎屑物质

碎屑物质是由先成岩石经物理风化作用产生的碎屑物质组成。其中大部分是化学性质比较稳定，难溶于水的原生矿物的碎屑，如石英、长石、白云母等；一部分则是岩石的碎屑。此外，还有其他方式生成的一些物质，如火山喷发产生的火山灰等。

(2)黏土矿物

黏土矿物主要是一些由含铝硅酸盐类矿物的岩石，经化学风化作用形成的次生矿物。如高岭石、微晶高岭石及水云母等。这类矿物的颗粒极细(<0.005mm)，具有很大的亲水性、可塑性及膨胀性。

(3)化学沉积矿物

化学沉积矿物是由纯化学作用或生物化学作用从溶液中沉积结晶产生的沉积矿物。如方解石、白云石、石膏、石盐、铁和锰的氧化物或氢氧化物等。

(4)有机质及生物残骸

有机质及生物残骸是由生物残骸或有机化学变化而成的物质。如贝壳、泥岩及其他有机质等。

在上述的沉积岩组成物质中，黏土矿物、方解石、白云石、有机质等，是沉积岩所特有的，是物质组成上区别于岩浆岩的一个重要特征。

在沉积岩的组成物质中还有胶结物，这些胶结物或是通过矿化水的运动带到沉积物中，或是来自原始沉积物矿物组分的溶解和再沉淀。碎屑岩类岩石物理力学性质的好坏，与其胶结物有密切关系。常见的胶结物有以下几种：

①硅质。胶结成分为石英及其他二氧化硅。颜色浅，强度高。

②铁质。胶结成分为铁的氧化物及氢氧化物。颜色深，呈红色，强度仅次于硅质胶结。

③钙质。胶结成分为碳酸钙一类的物质。颜色浅，强度比较低，具有可溶性。

④泥质。胶结成分为黏土。多呈黄褐色，胶结松散，强度低，易湿软、风化。

2.沉积岩的结构和构造

(1)结构

沉积岩的结构，按组成物质、颗粒大小及形状等方面的特点，一般分为碎屑结构、泥质结构、结晶结构及生物结构四种。

①碎屑结构。

碎屑结构由碎屑物质被胶结物胶结而成，是沉积岩所特有的结构。按碎屑粒径的大小可分为：

a.砾状结构：碎屑粒径>2mm。碎屑形成后未经搬运或搬运不远而留有棱角者，称为角砾状结构；碎屑经过搬运呈浑圆状或具有一定磨圆度者，称为砾状结构。

b.砂质结构：碎屑粒径介于0.05～2mm之间。其中0.5～2mm的为粗粒结构，如粗粒砂岩；0.25～0.5mm 的为中粒结构，如中粒砂岩；0.05～0.25mm 的为细粒结构，如细粒砂岩。

c. 粉砂质结构：碎屑粒径介于 0.005～0.05mm，如粉砂岩。

②泥质结构。由粒径＜0.005mm 的黏土矿物颗粒组成，是泥岩、页岩等黏土岩的主要结构。

③结晶结构。

由溶液中沉淀或经重结晶所形成的结构。结晶结构为石灰岩、白云岩等化学岩的主要结构。

④生物结构。

由生物遗体或碎片所组成，如贝壳结构、珊瑚结构等，是生物化学岩所具有的结构。

(2)构造

沉积岩的构造是指其组成部分的空间分布及其相互间的排列关系。沉积岩最主要的构造是层理构造、层面构造和化石。

①层理构造。

沉积岩在形成过程中由于沉积环境的改变，使先后沉积的物质在颗粒大小、形状、颜色和成分上发生变化，从而显示出来的成层现象，称为层理构造。

层与层之间的界面，称为层面。层面是由较短的沉积间断所造成。上下两个层面间连续不断沉积所形成的岩石，称为岩层。一个岩层上下层面之间的垂直距离，称为岩层的厚度。

岩层按厚度可分为块状(＞1m)、厚层(0.5～1m)、中厚层(0.1～0.5m)和薄层(＜0.1m)，大厚度岩层中所夹的薄层，称为夹层。

②层面构造。

层面上有时还保留有反映沉积岩形成时的某些特征，如波痕、泥裂等，称为层面构造。

a. 波痕：沉积过程中，沉积物由于受风力或水流的波浪作用，在沉积层面上遗留下来的波浪痕迹。

b. 泥裂：黏土沉积物表面，由于失水收缩而形成不规则的多边形裂缝。

③化石。

在沉积岩中常可见到化石，它们是经石化作用保存下来的动植物的遗骸或遗迹，如蚌壳、三叶虫、树叶等，常沿层理面平行分布。根据化石可以推断岩石形成的地理环境和确定岩层的地质年代。

沉积岩的层理构造、层面特征和含有化石，是沉积岩在构造上区别于岩浆岩的重要特征。

(三)变质岩

地壳内部原有的岩石(岩浆岩、沉积岩和变质岩)，由于受到高温、高压及化学成分加入的影响，改变原来的矿物成分和结构、构造，形成新的岩石，称为变质岩。这种使岩石改变的作用，称为变质作用。变质岩不仅具有变质过程中所产生的特征，而且还常保留着原来岩石的某些特点。

引起变质作用的主要因素是高温、高压和新的化学成分的加入。变质作用可概括为接触变质与区域变质两种基本类型。岩浆从地球深处上升到地壳中，带着很大热能，使与之接触的岩石温度急剧上升，由于这种热的影响所引起的变质作用，称为接触变质作用。在大规模区域性地壳变动影响下，使大面积岩体处在高温、高压、岩浆活动等因素的综合作用下所引起的变质作用，称为区域变质作用。

1. 变质岩的矿物成分

变质岩的矿物成分可分为两大类：一类是岩浆岩、沉积岩，如石英、长石、云母、角闪石、辉石、方解石等，它们大多是原岩残留下来的，有的是在变质作用中形成的；另一类是在变质作用中产生的变质岩所特有的矿物，如石墨、滑石、蛇纹石、石榴子石、绿泥石、绢云母、硅灰石、蓝晶石、红柱石等，称为变质矿物。根据这些变质矿物，可以把变质岩与其他岩石区别开来。

2.变质岩的结构和构造

(1)结构

变质岩的结构可分为如下三种。

①变余结构。

有些岩石经过变质以后，重结晶作用不完全，原岩的矿物成分和结构特征一部分被保留下来，即构成变余结构。如泥质砂岩变质以后，泥质胶结物变成绢云母和绿泥石，而其中碎屑物质(如石英)不发生变化，便形成变余砂状结构。还有其他的变余结构，如与岩浆岩有关的变余斑状结构、变余花岗结构等。

②变晶结构。

变晶结构是岩石在变质作用过程中重结晶所形成的结构，它是变质岩最主要的结构，和岩浆岩的结晶结构有些相似，但也有不同之处，如岩石均为全晶质，没有非晶质成分；斑晶中常有大量基质矿物的包裹体等。

③碎裂结构。

碎裂结构是由于岩石受力，使矿物发生弯曲、破裂，甚至粉碎后，又被黏结在一起的结构，如糜棱结构。

(2)构造

变质岩的构造可分为如下五种。

①板状构造。

岩石中矿物颗粒细小，肉眼不能分辨，片理面平直，沿片理面偶有绢云母、绿泥石出现，光泽微弱，易沿片理面裂开成厚度一致的薄板，如板岩。

②千枚状构造。

岩石中矿物颗粒细小，肉眼难以分辨，片理面较平直，沿片理面有绢云母出现，呈丝绢光泽，易沿片理面劈成薄片状，如千枚岩。

③片状构造。

岩石中含有大量片状、板状或柱状矿物，沿片理面富集，平行排列，光泽较强，沿片理面易剥开成不规则的薄片，如云母片岩。

④片麻状构造。

岩石由粒状矿物和片状或柱状矿物相间平行排列，呈条带状，沿片理面不易劈开，如片麻岩。

⑤块状构造。

岩石由粒状结晶矿物组成，无定向排列，也不能定向裂开，如大理岩、石英岩等。

板状、千枚状、片状、片麻状等片理构造是变质岩所特有的，是识别变质岩的显著标志。

三、常见的岩石类型及其特征

(一)常见的岩浆岩

1.酸性岩类

(1)花岗岩：是深成侵入岩。多呈肉红、浅灰、灰白等色。矿物成分主要为石英和正长石，其次有黑云母、角闪石和其他矿物。全晶质等粒结构，块状构造。根据所含深色矿物的不同，可进一步分为黑云母花岗岩、角闪石花岗岩等。花岗岩分布广泛，性质均匀坚固，是良好的建筑石料。

(2)花岗斑岩：是浅成侵入岩。成分与花岗岩相似，所不同的是具斑状结构，斑晶为长石或石英，石基多由细小的长石、石英及其他矿物组成。

(3)流纹岩：是喷出岩，呈岩流状产出。常呈灰白、灰红、浅黄褐等色。矿物成分同花岗岩，具有典型的流纹构造，隐晶质斑状结构。细小的斑晶常由石英或长石组成。

2. 中性岩类

(1)正长岩：是深成侵入岩。多呈肉红色、浅灰或浅黄色。全晶质等粒结构，块状构造。主要矿物成分为正长石，其次为黑云母和角闪石，一般石英含量极少。其物理力学性质与花岗岩相似，但不如花岗岩坚硬，且易风化。

(2)正长斑岩：是浅成侵入岩。一般呈棕灰色或浅红褐色。矿物成分同正长岩。与正长岩所不同的是具有斑状结构，斑晶主要是正长石，石基比较致密。

(3)粗面岩：是喷出岩。常呈浅灰、浅褐黄或淡红色。斑状结构，斑晶为正长石，石基多为隐晶质，具有细小孔隙，表面粗糙。

(4)闪长岩：是深成侵入岩。灰白、深灰至黑灰色。主要矿物为斜长石和角闪石，其次有黑云母和辉石，全晶质等粒结构，块状构造。闪长岩结构致密，强度高，且具有较高的韧性和抗风化能力，是良好的建筑石料。

(5)闪长玢岩：是浅成侵入岩。灰色或灰绿色。矿物成分与闪长岩相同，具有斑状结构，斑晶主要为斜长石，有时为角闪石。岩石中常有绿泥石、高岭石和方解石等次生矿物。

(6)安山岩：是喷出岩。灰色、紫色或灰紫色。斑状结构，斑晶常为斜长石。气孔状或杏仁状构造。

3. 基性岩类

(1)辉长岩：是深成侵入岩。灰黑至黑色。全晶质等粒结构，块状构造。主要矿物为斜长石和辉石，其次有橄榄石、角闪石和黑云母。辉长岩强度高，抗风化能力强。

(2)辉绿岩：是浅成侵入岩。灰绿或黑绿色。具有特殊的辉绿结构(辉石充填于斜长石晶体格架的空隙中)，矿物成分与辉长岩相同，但常含有方解石、绿泥石等次生矿物。强度也高。

(3)玄武岩：是喷出岩。灰黑至黑色。主要矿物成分与辉长岩相同。呈隐晶质细粒或斑状结构，气孔或杏仁状构造。玄武岩致密坚硬、性脆，强度很高。

(二)常见的沉积岩

1. 碎屑岩类

(1)火山碎屑岩

火山碎屑岩是由火山喷发的碎屑物质在地表经短距离搬运，或就地沉积而成。由于它在成因上具有火山喷出与沉积的双重性，所以是介于喷出岩和沉积岩之间的过渡类型。

①火山集块岩：主要由粒径>100mm 的粗火山碎屑物质组成，胶结物主要为火山灰或熔岩，有时为碳酸钙、二氧化硅或泥质。

②火山角砾岩：火山碎屑占 90%以上，粒径一般为 2～100mm，多呈棱角状，常为火山灰或硅质胶结。颜色常呈暗灰、蓝灰或褐灰色。

③凝灰岩：一般由粒径<2mm 的火山灰及细碎屑组成。碎屑主要是晶屑、玻屑及岩屑。胶结物为火山灰等。凝灰岩孔隙性高，重度小，易风化。

(2)沉积碎屑岩

沉积碎屑岩又称为正常碎屑岩，是由先成岩石风化剥蚀的碎屑物质，经搬运、沉积、胶结而成的岩石。常见的有：

①砾岩及角砾岩：砾状结构，由50%以上粒径＞2mm的粗大碎屑胶结而成，黏土含量＜25%。由浑圆状砾石胶结而成的称为砾岩；由棱角状的角砾胶结而成的称为角砾岩。角砾岩的岩性成分比较单一。砾岩的岩性成分一般比较复杂，经常由多种岩石的碎屑和矿物颗粒组成。胶结物的成分有钙质、泥质、铁质及硅质等。

②砂岩：砂质结构，由50%以上粒径介于0.05～2mm的砂粒胶结而成，黏土含量＜25%。按砂粒的矿物组成，可分为石英砂岩、长石砂岩和岩屑砂岩。按砂粒粒径的大小，可分为粗粒砂岩、中粒砂岩和细粒砂岩。胶结物的成分对砂岩的物理力学性质有重要影响。根据胶结物的成分，又可将砂岩分为硅质砂岩、铁质砂岩、钙质砂岩及泥质砂岩几个亚类。硅质砂岩的颜色浅，强度高，抵抗风化的能力强。泥质砂岩一般呈黄褐色，吸水性大，易软化，强度和稳定性差。铁质砂岩常呈紫红色或棕红色，钙质砂岩呈白色或灰白色，强度和稳定性介于硅质与泥质砂岩之间。砂岩分布很广，易于开采加工，是工程上广泛采用的建筑石料。

③粉砂岩：粉砂质结构，常有清晰的水平层理。由50%以上粒径介于0.005～0.05mm的粉砂胶结而成，黏土含量＜25%。结构较疏松，强度和稳定性不高。

2.黏土岩类

①页岩：是由黏土脱水胶结而成，以黏土矿物为主，大部分有明显的薄层理，呈页片状。可分为硅质页岩、黏土质页岩、砂质页岩、钙质页岩及炭质页岩。除硅质页岩强度稍高外，其余岩性软弱，易风化成碎片，强度低，与水作用易于软化而丧失稳定性。

②泥岩：成分与页岩相似，常成厚层状。以高岭石为主要成分的泥岩，常呈灰白色或黄白色，吸水性强，遇水后易软化。以微晶高岭石为主要成分的泥岩，常呈白色、玫瑰色或浅绿色，表面有滑感，可塑性小，吸水性高，吸水后体积急剧膨胀。

黏土岩夹于坚硬岩层之间，形成软弱夹层，浸水后易于软化滑动。

3.化学及生物化学岩类

①石灰岩：简称灰岩。矿物成分以方解石为主，其次含有少量的白云石和黏土矿物。常呈深灰、浅灰色，纯质灰岩呈白色。由纯化学作用生成的具有结晶结构，但晶粒极细，经重结晶作用即可形成晶粒比较明显的结晶灰岩。由生物化学作用生成的灰岩，常含有丰富的有机物残骸。石灰岩中一般都含有一些白云石和黏土矿物，当黏土矿物含量达25%～50%时，称为泥灰岩；白云石含量达25%～50%时，称为白云质灰岩。

石灰岩分布相当广泛，岩性均一，易于开采加工，是一种用途很广的建筑石料。

②白云岩：主要矿物成分为白云石，也含有方解石和黏土矿物。结晶结构。纯质白云岩为白色，随所含杂质的不同，可出现不同的颜色。性质与石灰岩相似，但强度和稳定性比石灰岩高，是一种良好的建筑石料。

白云岩的外观特征与石灰岩近似，在野外难于区别，可用盐酸起泡程度辨认。

(三)常见的变质岩

1.片理状岩类

(1)片麻岩。具典型的片麻状构造，变晶或变余结构，因发生重结晶，一般晶粒粗大，肉眼可以辨识。片麻岩可以由岩浆岩变质而成，也可由沉积岩变质形成。主要矿物为石英和长石，其次有云母、角闪石、辉石等，此外有时含有少许石榴子石等变质矿物。岩石颜色视深色矿物含量而定，石英、长石含量多时色浅，黑云母、角闪石等深色矿物含量多时色深。片麻岩进一步的分类和命名，主要根据矿物成分，如角闪石片麻岩，斜长石片麻岩等。

片麻岩强度较高。如云母含量增多，强度相应降低。因具片理构造，故较易风化。

(2)片岩。具片状构造，变晶结构。矿物成分主要是一些片状矿物，如云母、绿泥石、滑石等，此外尚含有少许石榴子石等变质矿物。进一步的分类和命名是根据矿物成分，如云母片岩、绿泥石片岩、滑石片岩等。

片岩的片理一般比较发育，片状矿物含量高，强度低，抗风化能力差，极易风化剥落，岩体也易沿片理倾向坍落。

(3)千枚岩。多由黏土岩变质而成。矿物成分主要为石英、绢云母、绿泥石等。结晶程度比片岩差，晶粒极细，肉眼不能直接辨别，外表常呈黄绿褐红、灰黑等色。由于含有较多的绢云母，片理面常有微弱的丝绢光泽。

千枚岩的质地松软，强度低，抗风化能力差，容易风化剥落，沿片理倾向容易产生塌落。

(4)板岩。具有板状构造，变余结构，有时具有变晶结构。多是页岩经浅变质而成。矿物颗粒细小，主要由绢云母、石英、绿泥石和黏土组成。常为深灰至黑灰色，也有绿色及紫色。易裂开成薄板。打击时有清脆之声，可与页岩区别。能加工成各种尺寸的石板。

板岩在水的作用下易于泥化。

2. 块状岩类

(1)大理岩。由石灰岩或白云岩经重结晶变质而成，等粒变晶结构，块状构造。主要矿物成分为方解石，遇稀盐酸强烈起泡，可与其他浅色岩石相区别。大理岩常呈白色、浅红色、淡绿色、深灰色以及其他各种颜色，常因含有其他带色杂质而呈现出美丽的花纹。

大理岩强度中等，易于开采加工，色泽美丽，是一种很好的建筑装饰石料。

(2)石英岩。结构和构造与大理岩相似。一般由较纯的石英砂岩变质而成，常呈白色，因含杂质，可出现灰白色、灰色、黄褐色或浅紫红色。

石英岩强度很高，抵抗风化的能力很强，是良好的建筑石料，但硬度很高，开采加工相当困难。

四、影响岩石工程性质的主要因素

影响岩石工程地质性质的因素是多方面的，但归纳起来，主要的有两个方面：一是岩石的地质特征，如岩石的矿物成分、结构、构造及成因等；另一个是岩石形成后所受外部因素的影响，如水的作用及风化作用等。

(一)矿物成分

岩石是由矿物组成的，岩石的矿物成分对岩石的物理力学性质产生直接的影响，这是容易理解的。例如辉长岩的比重比花岗岩大，这是因为辉长岩的主要矿物成分辉石和角闪石的比重比石英和正长石大的缘故。又如石英岩的抗压强度比大理岩要高得多，这是因为石英的强度比方解石高的缘故。两例说明，尽管岩类相同，结构和构造也相同，如果矿物成分不同，岩石的物理力学性质会有明显的差别。但也不能简单地认为，含有高强度矿物的岩石，其强度一定就高。因为岩石受力作用后，内部应力是通过矿物颗粒的直接接触来传递的，如果强度较高的矿物在岩石中互不接触，则应力的传递必然会受中间低强度矿物的影响，岩石不一定就能显示出高的强度。

从工程要求来看，大多数岩石的强度相对来说都是比较高的。所以，在对岩石的工程地质性质进行分析和评价时，更应该注意那些可能降低岩石强度的因素，如花岗岩中的黑云母含量是否过高，石灰岩、砂岩中黏土类矿物的含量是否过高等。黑云母是硅酸盐类矿物中硬度低、解理最发育的矿物之一，它容易遭受风化而剥落，也易于发生次生变化，最后成为强度较低的铁的氧化物和黏土类矿物。石灰岩和砂岩，当黏土类矿物的含量>20%时，就会直接降低岩石的强度和稳定性。

(二)结构

岩石的结构特征，是影响岩石物理力学性质的一个重要因素。根据岩石的结构特征，可将岩石分为两类：一类是结晶联结岩石，如大部分的岩浆岩、变质岩和一部分沉积岩；另一类是由胶结物联结的岩石，如沉积岩中的碎屑岩等。

结晶联结是由岩浆或溶液结晶或重结晶形成的。矿物的结晶颗粒靠直接接触产生的力牢固地联结在一起，结合力强，孔隙度小，比胶结联结的岩石具有较高的强度和稳定性。结晶联结的岩石，结晶颗粒的大小对岩石的强度有明显影响。如粗粒花岗岩的抗压强度，一般为120～140MPa，而细粒花岗岩有的则可达200～250MPa。又如大理岩的抗压强度一般为100～120MPa，而最坚固的石灰岩则可达250MPa。这说明，矿物成分和结构类型相同的岩石，其矿物结晶颗粒的大小对强度的影响是显著的。

胶结联结是矿物碎屑由胶结物联结在一起的。胶结联结的岩石，其强度和稳定性主要决定于胶结物的成分和胶结的形式，同时也受碎屑成分的影响，变化很大。就胶结物的成分来说，硅质胶结的强度和稳定性高，泥质胶结的强度和稳定性低，铁质和钙质胶结的介于两者之间。如泥质胶结的砂岩，其抗压强度一般只有60～80MPa，钙质胶结的可达120MPa，而硅质胶结的则可高达170MPa。

胶结联结的形式，有基底胶结、孔隙胶结和接触胶结三种。肉眼不易分辨，但对岩石的强度有重要影响。基底胶结的碎屑物质散布于胶结物中，碎屑颗粒互不接触。所以基底胶结的岩石孔隙度小，强度和稳定性完全取决于胶结物的成分。当胶结物和碎屑的成分相同时(如硅质)，经重结晶作用可以转化为结晶联结，强度和稳定性将会随之提高。孔隙胶结的碎屑颗粒互相间直接接触，胶结物充填于碎屑间的孔隙中，所以其强度与碎屑和胶结物的成分都有关系。接触胶结则仅在碎屑的相互接触处有胶结物联结，所以接触胶结的岩石，一般都是孔隙度大、重度小、吸水率高、强度低、易透水。

(三)构造

构造对岩石物理力学性质的影响，主要是由矿物成分在岩石中分布的不均匀性，和岩石结构的不连续性所决定的。前者是指某些岩石所具有的片状构造、板状构造、千枚状构造、片麻构造以及流纹构造等。岩石的这些构造，往往使矿物成分在岩石中的分布极不均匀。一些强度低、易风化的矿物，多沿一定方向富集，或呈条带状分布，或成局部的聚集体，从而使岩石的物理力学性质在局部发生很大变化。观察和实验证明，岩石受力破坏和岩石遭受风化，首先都是从岩石的这些缺陷中开始发生的。后者是指不同的矿物成分虽然在岩石中的分布是均匀的，但由于存在着层理、裂隙和各种成因的孔隙，致使岩石结构的连续性与整体性受到一定程度的影响，从而使岩石的强度和透水性在不同的方向上发生明显的差异。一般来说，垂直层面的抗压强度大于平行层面的抗压强度，平行层面的透水性大于垂直层面的透水性。假如上述两种情况同时存在，则岩石的强度和稳定性将会明显降低。

(四)水

岩石饱水后强度降低，已为大量的实验资料所证实。当岩石受到水的作用时，水就沿着岩石中可见和不可见的孔隙、裂隙侵入，浸湿岩石自由表面上的矿物颗粒，并继续沿着矿物颗粒间的接触面向深部浸入，削弱矿物颗粒间的联结，使岩石的强度受到影响。如石灰岩和砂岩被水饱和后，其极限抗压强度会降低25%～45%。就是像花岗岩、闪长岩及石英岩等一类的岩石，被水饱和后，其强度也均有一定程度的降低。降低程度在很大程度上取决于岩石的孔隙度。当其他条件相同时，孔隙度大的岩石，被水饱和后其强度降低的幅度也大。

和上述的几种影响因素比较起来，水对岩石强度的影响，在一定程度上是可逆的，当岩石干燥后其强度仍然可以得到恢复。但是，如果伴随干湿变化，出现化学溶解、结晶膨胀等作用，使岩石的结构状态发生改变，则岩石强度的降低，就转化成为不可逆的过程了。

（五）风化

风化是在温度、水、气体及生物等综合因素影响下，改变岩石状态、性质的物理化学过程。它是自然界最普遍的一种地质现象。

风化作用促使岩石的原有裂隙进一步扩大，并产生新的风化裂隙，使岩石矿物颗粒间的联结松散和使矿物颗粒沿解理面崩解。风化作用的这种物理过程，能促使岩石的结构、构造和整体性遭到破坏，孔隙度增大，重度减小，吸水性和透水性显著增高，强度和稳定性大为降低。随着物理过程的加强，则会引起岩石中的某些矿物发生次生变化，从根本上改变岩石原有的工程地质性质。

习　题

3-1　以下矿物中，硬度最高的是（　　）。

A. 正长石　　B. 石英　　C. 云母　　D. 方解石

3-2　解理是指（　　）。

A. 岩石受力后形成的平行破裂面

B. 岩石中不规则的裂隙

C. 矿物受力后沿不规则方向裂开的性质

D. 矿物受力后沿一定方向平行裂开的性质

3-3　玄武岩是属于（　　）。

A. 浅成岩　　B. 深成岩　　C. 喷出岩　　D. 火山碎屑岩

3-4　沉积岩分类的关键因素是（　　）。

A. 结构特征　　B. 构造特征　　C. 矿物成分　　D. 胶结物成分

3-5　大理岩是由（　　）变质而成的岩石。

A. 石灰岩　　B. 石英砂岩　　C. 泥岩　　D. 花岗岩

3-6　将松散沉积颗粒联结起来固结成岩的过程叫作（　　）。

A. 压固脱水作用　　B. 胶结作用　　C. 重结晶作用　　D. 成岩作用

3-7　条痕是指矿物的（　　）。

A. 固有颜色　　B. 粉末的颜色

C. 杂质的颜色　　D. 表面氧化物的颜色

第二节 地 质 构 造

一、地质构造

地壳中存在着很大的应力，组成地壳的岩层在地应力的长期作用下就会发生变形，形成构造变动的形迹，我们把构造运动在岩层和岩体中遗留下来的各种变形、变位形迹称为地质构造。地质构造分为水平构造、倾斜构造、褶皱构造和断裂构造四种基本类型。它们可以构成不同规模、不同类型的复杂的构造体系。

二、地质构造的类型、性质

(一)水平构造与倾斜构造

1.水平构造

未经构造变动的沉积岩层，其形成时的原始产状是水平的，先沉积的老岩层在下，后沉积的新岩层在上，形成产状近于水平的构造称水平构造，亦称水平岩层(图 3-1)。水平构造多分布在大范围内均匀抬升或下降的地区，如陕北的中生界地层等。

图 3-1 水平构造

2.倾斜构造

由于地壳运动使原始水平的岩层发生倾斜，岩层层面与水平面之间有一定夹角的岩层，为倾斜构造，亦称倾斜岩层(图 3-2)。它常常是褶皱的一翼或断层的一盘，也可以是大区域内的不均匀抬升或下降所形成的。在一定地区内向同一方向倾斜和倾角基本一致的岩层又称单斜构造。倾斜构造的产状可以用岩层层面的走向、倾向和倾角三个产状要素来表示。

(二)褶皱构造

组成地壳的岩层，受构造应力的强烈作用，使岩层形成一系列波状弯曲而未丧失其连续性的构造，称为褶皱构造(图 3-3)。褶皱构造是岩层产生的塑性变形，是地壳表层广泛发育的基本构造之一。

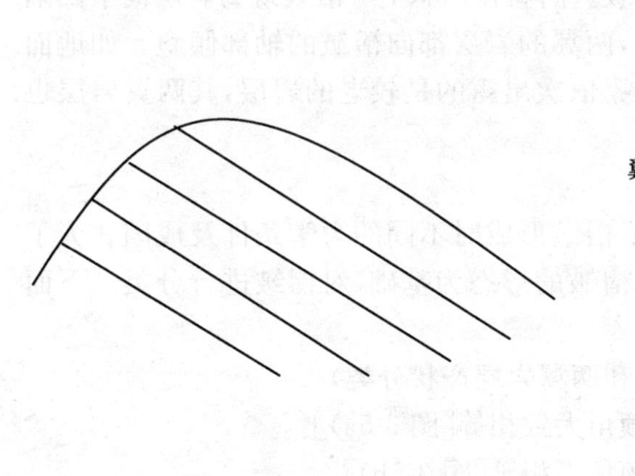

图 3-2 倾斜岩层

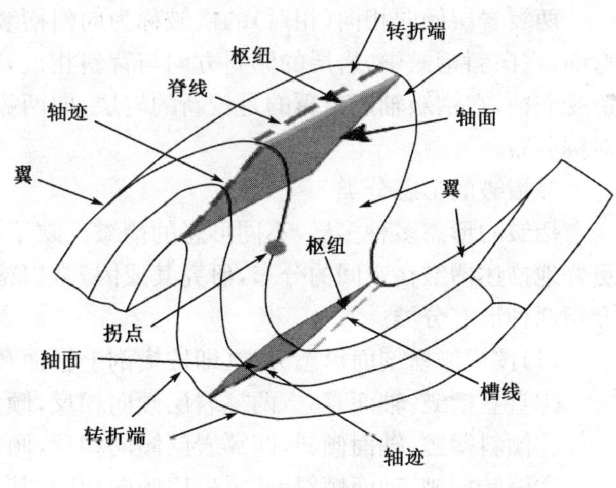

图 3-3 褶皱构造

1. 褶皱要素

褶皱构造的各个组成部分称为褶皱要素。包括核部、翼、轴面、轴、枢纽和转折端等。

(1)核部

核部是褶皱的中心部分,通常指位于褶皱中央最内部的一个岩层。

(2)翼

翼是位于核部两侧,岩层向不同方向倾斜的部分。

(3)轴面

以褶皱顶平分两翼的面称为褶皱轴面。轴面是为了标定褶皱方位及产状而划定的一个假想面。褶皱的轴面可以是一个简单的平面,也可以是一个复杂的曲面。轴面可以是直立的,也可以是倾斜的或平卧的。

(4)轴

轴面与水平面的交线称为褶皱的轴。轴的方位即为褶皱的方位。轴的长度表示褶皱延伸的规模。

(5)枢纽

轴面与褶皱同一岩层层面的交线称为褶皱的枢纽。褶皱枢纽有水平的、倾斜的,也有波状起伏的。枢纽可以反映褶皱在延伸方向产状的变化情况。

(6)转折端

转折端是指褶皱两翼岩层互相过渡的弯曲部分。

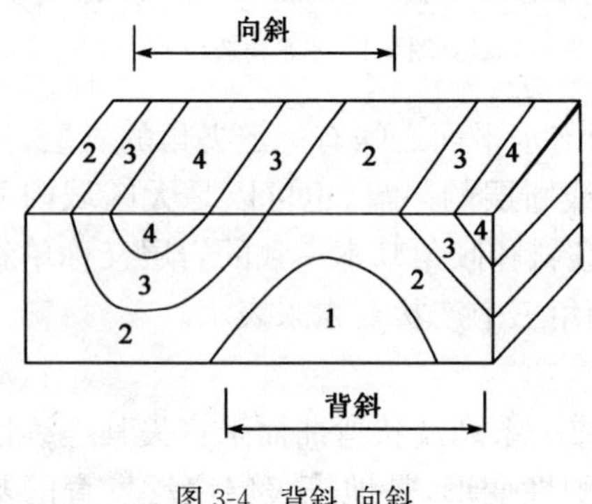

图 3-4　背斜、向斜

2. 褶皱的基本形态

褶皱构造的基本形态是背斜和向斜(图 3-4)。

(1)背斜

两翼岩层倾向相背的褶皱称为背斜褶皱。背斜在形态上一般表现为岩层向上隆起,它的岩层以褶皱轴为中心向两翼倾斜,当地面受到剥蚀而露出有不同地质年代的岩层时,较老的岩层出现在褶皱的轴部,从轴部向两翼依次出现的是较新的岩层,并且两翼岩层对称出现。

(2)向斜

两翼岩层倾向相向(相对)的褶皱称为向斜褶皱。向斜在形态上一般表现为岩层向下凹陷弯曲,在向斜褶皱中,岩层的倾斜方向与背斜相反,两翼的岩层都向褶皱的轴部倾斜。如地面遭受剥蚀,在褶皱轴部出露的是较新的岩层,向两翼依次出露的是较老的岩层,其两翼岩层也对称分布。

3. 褶皱的形态分类

褶皱的形态多种多样,不同形态的褶皱反映了褶皱形成时不同的力学条件及成因。为了更好地描述褶皱在空间的分布,研究其成因,常以褶皱的形态为基础,对褶皱进行分类。下面介绍两种形态分类。

(1)按褶皱横剖面形态分类(即按横剖上轴面和两翼岩层产状分类)

①直立褶皱:轴面直立,两翼岩层倾向相反,倾角大致相等[图 3-5a)]。

②倾斜褶皱:轴面倾斜,两翼岩层倾向相反,倾角不相等[图 3-5b)]。

③倒转褶皱:轴面倾斜,两翼岩层倾向相同,其中一翼为倒转岩层[图 3-5c)]。

④平卧褶皱:轴面近水平,两翼岩层近水平,其中一翼为倒转岩层[图 3-5d)]。

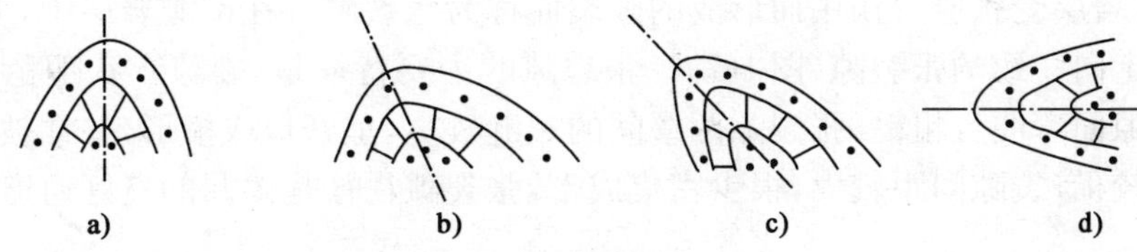

图 3-5　褶皱按轴面横剖面形态的分类

(2)按褶皱纵剖面形态分类(即按枢纽产状分类)

①水平褶皱:枢纽近于水平,呈直线状延伸较远,两翼岩层界线基本平行,若褶皱长宽比大于 10∶1,在平面上呈长条状,称为线状褶皱。

②倾伏褶皱:枢纽向一端倾伏,另一端昂起,两翼岩层界线不平行,在倾伏端交汇成封闭弯曲线。若枢纽两端同时倾伏,则两翼岩层界线呈环状封闭,其长宽比在 3∶1~10∶1 之间时,称为短轴褶曲。其长宽比小于 3∶1 时,背斜称为穹窿构造,向斜称为构造盆地。

(三)断裂构造

构成地壳的岩石受地应力作用后发生变形,当变形达到一定程度时,岩石的连续性和完整性遭到破坏,产生各种大小不同的断裂,称为断裂构造。断裂构造主要分为裂隙和断层两大类。凡岩石沿破裂面没有明显位移的称为裂隙,裂隙也称为节理;岩石沿破裂面两侧发生了明显位移或较大错动的称为断层。

断裂构造在地壳中广泛分布,它往往是工程岩体稳定性的控制性因素。

1. 裂隙的成因分类及其特征

裂隙普遍存在于岩体或岩层中,以构造应力作用形成的构造裂隙为主。构造裂隙具有明显的方向性和规律性,其成因与褶皱和断层形成过程密切相关,对不同性质的岩石和在不同构造部位,构造裂隙的力学性质和发育程度都不相同。

根据裂隙的力学成因,可把构造裂隙分为剪裂隙(亦称扭裂隙)和张裂隙两类。

①剪裂隙:岩石受剪(扭)应力作用形成的破裂面称为剪裂隙,其两组剪切面一般形成 X 形的裂隙,故又称为 X 裂隙(图 3-6)。剪裂隙常与褶皱、断层相伴生。剪裂隙的主要特征是:裂隙产状稳定,沿走向和倾向延伸较远;裂隙面平直光滑,常有剪切滑动留下的擦痕,可用来判断两侧岩石相对移动方向;剪裂隙面两壁间的裂缝很小,一般呈闭合状;剪裂隙常成对呈 X 形出现,一般发育较密,裂隙之间距离较小,特别是软弱薄层岩石中常密集成带。由于剪裂隙交叉互相割切岩层成碎块体,破坏岩体的完整性,故剪裂隙面常是易于滑动的软弱面。

图 3-6　剪裂隙

②张裂隙:岩层受张应力作用而形成的破裂面称为张裂隙。在褶皱岩层中,多在弯曲顶部产生与褶皱轴走向一致的张裂隙(图 3-7)。张裂隙的主要特征是:裂隙产状不稳定,延伸不远即行消失。裂隙面弯曲且粗糙,张裂隙两壁间的裂缝较宽,呈开口或楔形,并常被岩脉充填;张裂隙一般发育较稀,裂隙间距较大,很少密集成带,张裂隙往往是渗漏的良好通道。

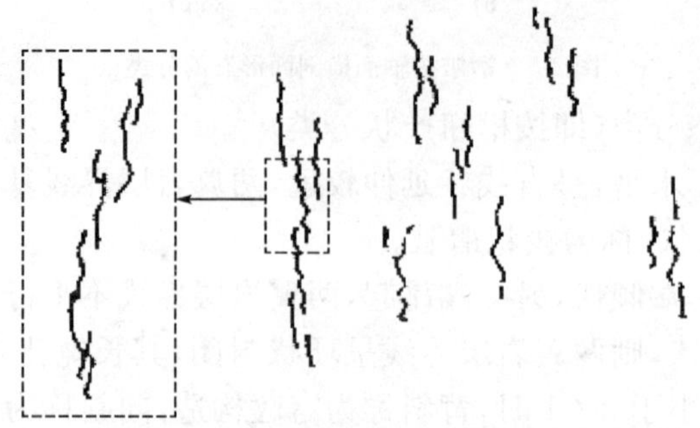

图 3-7 张裂隙

剪裂隙和张裂隙是地质构造应力作用所形成的主要裂隙类型,在地壳岩体中广泛分布,对岩体的稳定性影响很大。

除了构造裂隙之外,还有非构造裂隙。非构造裂隙是由成岩作用、外动力和重力等非构造因素所形成的裂缝,如原生裂隙、风化裂隙和卸荷裂隙等。其中具有普遍意义的是风化裂隙。风化裂隙广泛发育在岩层(体)靠近地面的部分,一般很少达到地面以下 10～15m 的深度。风化裂隙分布零乱,无明显的方向性,但相互间连通性强。风化裂隙使地表岩石破碎甚至完全松散,岩石工程地质性质降低,也是基岩山区浅层地下水的赋存空间,风化裂隙对山区公路路堑、隧道进出口的边坡稳定性影响极大。

2. 断层的要素

岩石受力作用断裂后,两侧岩块沿断裂面发生了显著位移的断裂构造,称为断层(图 3-8)。断层规模大小不一,小的几米,大的上千千米,相对位移从几厘米到几十千米。

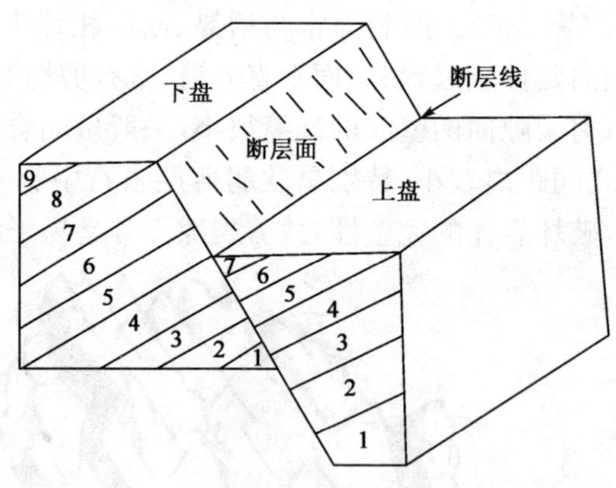

图 3-8 断层要素

(1)断层面和破碎带

断层面和破碎带:两侧岩块发生相对位移的断裂面,称为断层面。断层面可以是直立的,但大多数是倾斜的。断层的产状,就是用断层面的走向、倾向和倾角表示的。规模大的断层,经常不是沿着一个简单的面发生,而往往是沿着一个错动带发生,称为断层破碎带。其宽度从数厘米到数十米不等。断层的规模越大,破碎带也就越宽,越复杂。由于两侧岩块沿断层面发生错动，所以在断层面上常留有擦痕，在断层带中常形成糜棱岩、断层角砾和断层泥等。

(2)断层线

断层面与地面的交线，称为断层线。断层线表示断层的延伸方向，其形状决定于断层面的形状和地面的起伏情况。

(3)断盘

断层面两侧发生相对位移的岩块，称为断盘。当断层面倾斜时，位于断层面上部的称为上盘，位于断层面下部的称为下盘。当断层面直立时，常用断块所在的方位表示，如东盘、西盘等。如以断盘位移的相对关系为依据，则将相对上升的一盘称为上升盘，相对下降的一盘称为下降盘。上升盘和上盘，下降盘和下盘并不完全一致，上升盘可以是上盘，也可以是下盘。同样，下降盘可以是下盘，也可以是上盘，两者不能混淆。

(4)断距

断距为断层两盘沿断层面相对移动开的距离。

3.断层的基本类型

断层的分类方法很多，所以有各种不同的类型。根据断层两盘相对位移的情况，可以分为下面三种。

(1)正断层是上盘沿断层面相对下降、下盘相对上升的断层。正断层一般是由于岩体受到水平张应力及重力作用，使上盘沿断层面向下错动而成。一般规模不大，断层线比较平直，断层面倾角较陡，常大于45°[图3-9a)]。

(2)逆断层是上盘沿断层面相对上升、下盘相对下降的断层。逆断层一般是由于岩体受到水平方向强烈挤压力的作用，使上盘沿断面向上错动而成。断层线的方向常和岩层走向或褶皱轴的方向近于一致，和压应力作用的方向垂直。断层面从陡倾角至缓倾角都有。其中断层面倾角大于45°的称为冲断层；介于25°～45°之间的称为逆掩断层；小于25°的称为辗掩断层。逆掩断层和辗掩断层常是规模很大的区域性断层[图3-9b)]。

(3)平推断层是由于岩体受水平扭应力作用，使两盘沿断层面发生相对水平位移的断层。平推断层的倾角很大，断层面近于直立，断层线比较平直[图3-9c)]。

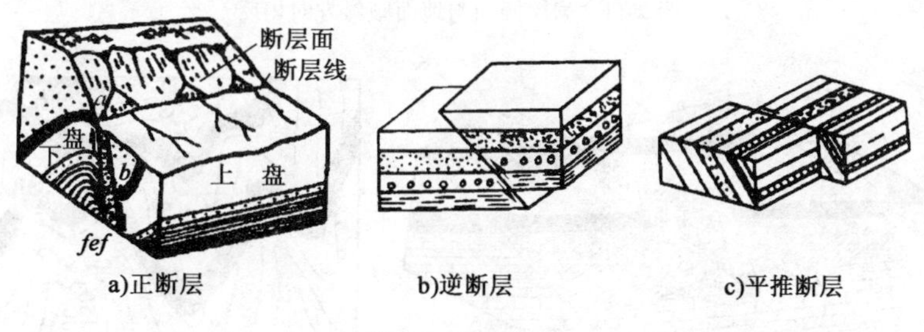

图3-9 断层类型

三、各种地质构造在地质图中的表现形式和特点

在地质图上，是通过地层分界线、地层年代符号、岩性符号和地质构造符号，把不同地质构造的形态特征和分布情况反映出来的。下面介绍不同情况下的构造形态在地质平面图上的主要表现形式。

(一)水平构造

水平构造的地层分界线在地质平面上与地形等高线平行或者一致，地形等高线怎样弯曲，地层分界线也随着怎样弯曲。较新的岩层分布在地势较高的地方，较老的岩层出露在地势较低的地方(图 3-10)。

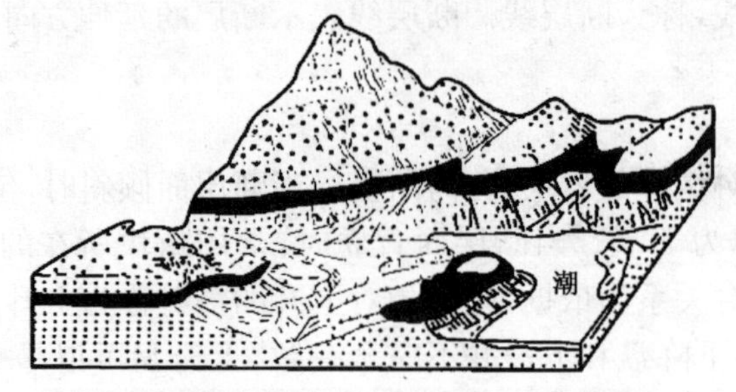

图 3-10　水平构造

(二)单斜构造

单斜构造的地层分界线在地质平面图上是一条与地形等高线相交的“V”字形曲线。当岩层的倾向与地面倾斜的方向相反时，在山脊处“V”字形的尖端朝向山麓，在沟谷处“V”字形的尖端朝向上游；当岩层的倾向与地面倾斜的方向一致，而倾角大于地面坡度时则相反，在山脊处“V”字形的尖端朝向山里，沟谷处“V”字形的尖端朝向沟谷的下游；当岩层的倾向与地面倾斜的方向一致而倾角小于地面坡度时，“V”字形的尖端朝向沟谷的上游(图 3-11～图 3-13)。

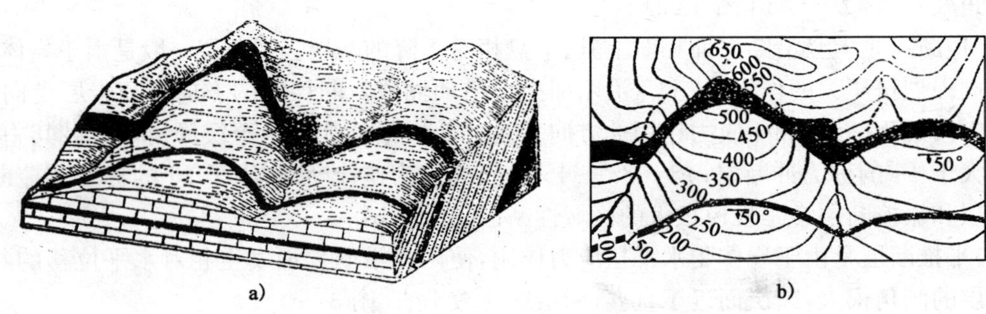

图 3-11　岩层倾向与地面倾斜方向相反

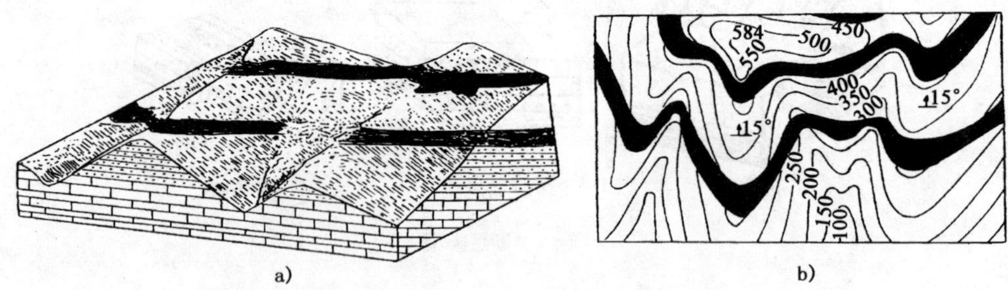

图 3-12　岩层倾向与地面倾斜方向一致且岩层倾角大于坡度

(三)褶皱

遭受剥蚀的水平褶皱，其地层分界线在地质平面图上呈带状分布，对称的大致向一个方向平行延伸。倾状褶皱的地层分界线在转折端闭合，当倾伏背斜与倾伏向斜相间排列时，地层分界线呈“S”形曲线，见图 3-14。如前所述，从岩层的新老关系或产状特征，可以进一步反映是背斜还是向斜。

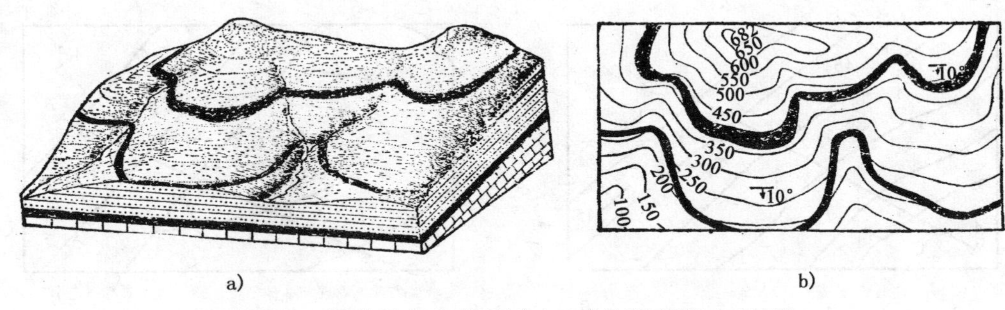

图 3-13　岩层倾向与地面倾斜方向一致且岩层倾角小于坡度

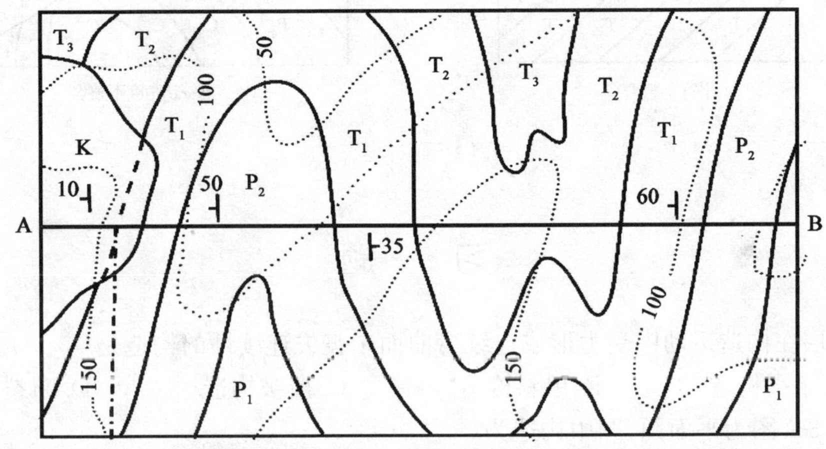

图 3-14　地质图上褶皱

（四）断层

断层在地质图上用断层线表示。由于断层倾角一般较大，所以断层线在地质平面图上通常是一段直线，或近于直线的曲线。在断层线两侧存在有岩层中断、重复、缺失、宽窄变化或前后错动现象。

当断层走向大致平行岩层走向时，断层线两侧出现同一岩层不对称重复或缺失。地面被剥蚀后，出露老岩层的一侧为上升盘，出露新岩层的一侧为下降盘。当断层走向与岩层走向垂直或斜交时，不论正断层、逆断层还是平推断层，在断层线两侧岩层都出现中断和前后错动现象。正断层和逆断层向前错动的一侧为上升盘，相对向后错动的一侧为下降盘。当断层与褶皱轴线垂直或斜交时，不仅表现为翼部岩层顺走向不连续，而且还表现为褶曲轴部岩层的宽度在断层线两侧有变化。在背斜，上升盘轴部岩层出露的范围变宽，下降盘轴部岩层出露的范围变窄。向斜的情况与背斜相反，上升盘轴部岩层变窄而下降盘轴部岩层变宽。平推断层两盘轴部岩层的宽度不发生变化，在断层线两侧仅表现为褶曲轴线及岩层错开。

（五）不整合

平行不整合在地质平面图上表现为上下两套岩层的产状一致，岩层分界线彼此平行，但地质年代不连续。如图 3-15a）中的上二叠统地层直接与下二叠统地层接触，中间缺失了中二叠统地层。

角度不整合不仅上下两套岩层之间的地质年代不连续，而且产状也不相同，新岩层的分界线遮断了下部老岩层的分界线，如图 3-15b）所示。

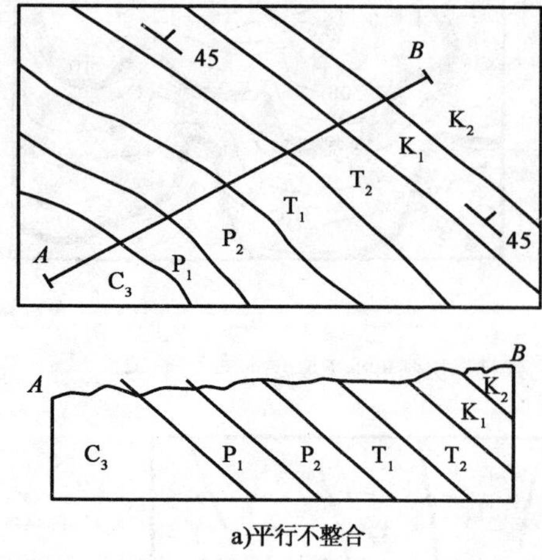

a)平行不整合

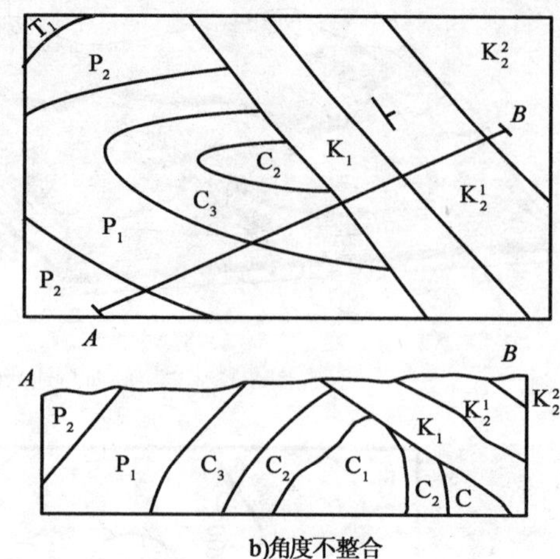

b)角度不整合

图 3-15　不整合

习　题

3-8　岩层在构造运动中受力形成连续弯曲而未丧失连续性的构造是(　　)。

A. 水平构造　　B. 单斜构造　　C. 褶皱构造　　D. 断裂构造

3-9　题 3-9 图为平面图,图中构造为(　　)。

A. 向斜、正断层　　B. 背斜、正断层　　C. 向斜、逆断层　　D. 背斜、逆断层

3-10　题 3-10 图为地质平面图,图中 O-D 与 J-K 两套地层的接触关系为(　　)。

A. 整合接触　　B. 平行不整合接触

C. 角度不整合接触　　D. 侵入接触

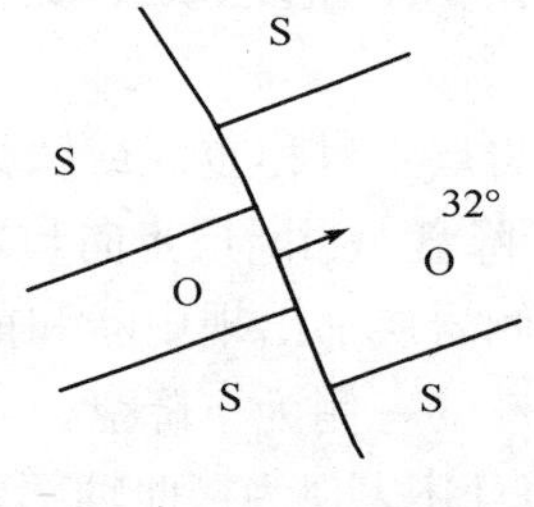

题 3-9 图

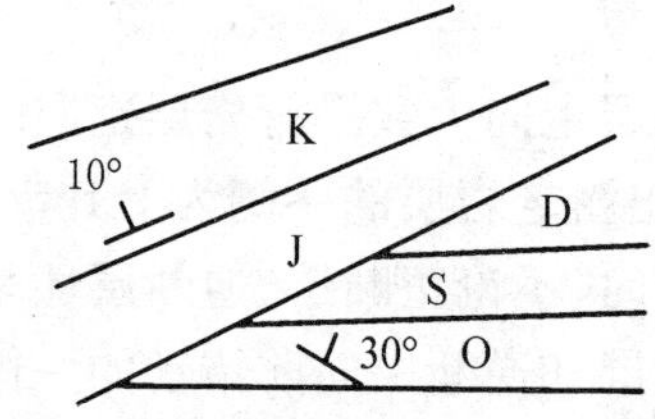

题 3-10 图

3-11　题 3-11 图为平面图,图中构造为(　　)。

A. 向斜、正断层　　B. 背斜、正断层

C. 向斜、逆断层　　D. 背斜、逆断层

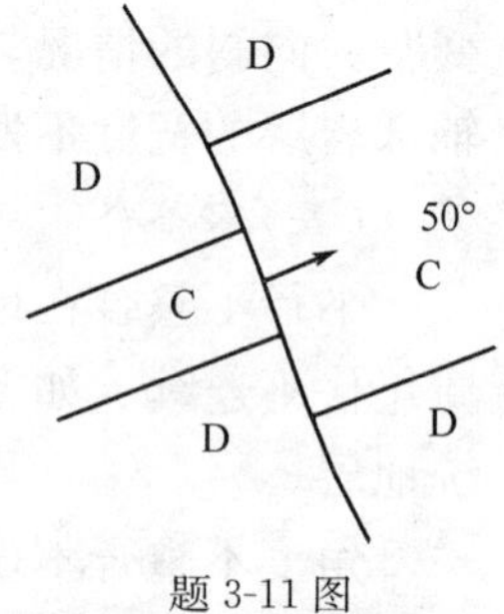

题 3-11 图

3-12　下列关于地震烈度和震级的说法中正确的有(　　)。

A. 每次地震震级只有一个,烈度也只有一个

B. 每次地震震级可以有多个,烈度只有一个

C. 每次地震烈度和震级都有多个

D. 每次地震震级只有一个,烈度可以有多个

3-13　题 3-13 图所示地层中缺失了(　　)地层。

A. O(奥陶系)　　B. J(侏罗系)

C. Q_4(第四系)　　D. N(晚第三系)

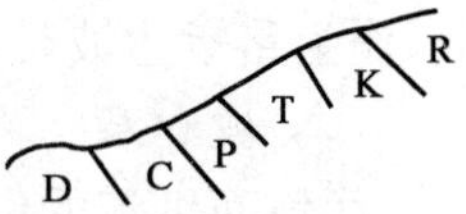

D C P T K R

题 3-13 图

3-14　水库地震属于(　　)。

A. 天然地震　　B. 陷落地震

C. 诱发地震　　D. 火山地震

第三节　外动力地质作用

一、风化作用中残积层、坡积层、洪积层、冲积层的特点

(一)残积层

地表岩石经过长期风化作用以后,改变了矿物成分、结构和构造,形成和原来岩石性质不同的风化产物,其中除一部分易溶物质被水溶解流失外,大部分物质残留在原地,这种物质称为残积物,这种风化层称为残积层(图 3-16)。残积物向上逐渐过渡为土壤层。土壤层直接分布在地表,因富含有机质颜色较深或有植物根系分布其中。残积层向下逐渐过渡为半风化岩石的弱风化岩石。土壤层、残积层和风化岩层形成完整的风化壳。残积碎屑物由地表向深处由细变粗是其最重要的特征。

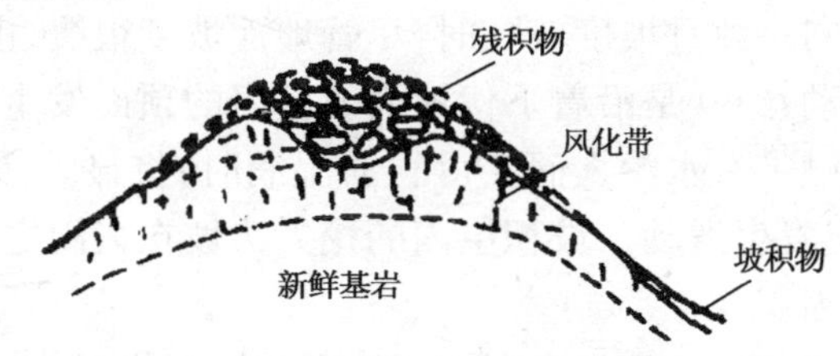

图 3-16　残积层与坡积层

残积物不具有层理,碎屑物质大小不均匀、棱角显著,无分选,粒度和成分受气候条件和母岩岩性控制。在干旱或寒冷地区,化学风化作用微弱而以物理风化作用为主,岩石风化产物多为棱角状的砂、砾等粗碎屑物质,其中缺少黏土矿物。在垂直剖面上,上部碎屑的粒径较小,向下部逐渐粗大。半干旱地区,除物理风化作用外,尚可有化学风化作用进行,残积物中常形成黏土矿物、铁的氢氧化物与 Ca、Mg 碳酸盐和石膏等。气候潮湿地区,化学风化作用活跃,物理风化作用不发育,残积物主要由黏土矿物组成,厚度也相应增大。气候湿热地区,残积物中除黏土矿物外,铝土矿和铁的氢氧化物含量高,常为红色。

残积物成分与母岩岩性关系密切。花岗岩的残积物中常含有由长石分解形成的黏土矿物,而石英则破碎成为细砂。石灰岩的残积物往往成为红黏土。矿屑沉积岩的残积物外观上变化不大,仅恢复其未固结前松散状态的特征。

残积物的厚度往往与地形条件有关,在陡坡和山顶部位常被侵蚀而厚度小。平缓的斜坡和山谷低洼处因不易被侵蚀而厚度较大。

残积层的工程地质性质,主要取决于矿物成分、结构和构造等因素。残积层具有较多的孔隙和裂缝,易遭冲刷,强度和稳定性较差。由于残积层孔隙多,又加成分和厚度很不均匀,所以作为建筑物的地基时,应考虑其承载能力和可能产生的不均匀沉陷。由于残积层结构比较松散，作为路堑边坡时，应考虑可能出现的坍塌和冲刷等问题。

(二)坡积层

由坡面细流的侵蚀、搬运和沉积作用在坡脚或山坡低凹处形成新的沉积层，称坡积层。坡积层是山区公路勘测设计中经常遇到的第四纪陆相沉积物中的一个成因类型，它顺着坡面沿山坡的坡脚或山坡的凹坡呈缓倾斜裙状分布，在地貌上称为坡积裙(图3-16)。

坡积层具有下述特征：

(1)坡积层可分为山地坡积层和山麓平原坡积层两个亚组：其厚度变化较大，一般是中下部较厚，向山坡上部及远离山脚方向均逐渐变薄尖灭。

(2)坡积层多由碎石和黏性土组成，其成分与下伏基岩无关，而与山坡上部基岩成分有关。山地坡积层一般以粉质黏土夹碎石为主，而山麓平原坡积层则以粉质黏土为主，夹有少量的碎石。在我国干旱、半干旱地区的山麓平原坡积层，常具有黄土的某些特征。

(3)由于从山坡上部到坡脚搬运距离较短，故坡积层层理不明显，碎石棱角清楚。

(4)坡积层松散、富水，作为建筑物地基强度很差。坡积层很容易发生滑动，概括起来影响坡积层稳定性的因素，主要有以下三个方面：

①下伏基岩顶面的倾斜程度。

②下伏基岩与坡积层接触带的含水情况。

③坡积层本身的性质。

当坡积层的厚度较小时，其稳定程度首先取决于下伏岩层顶面的倾斜程度，如下伏地形或岩层顶面与坡积层的倾斜方向一致且坡度较陡时，尽管地面坡度很缓，也易于发生滑动。山坡或河谷谷坡上的坡积层的滑动，经常是沿着下伏地面或基岩的顶面发生的。

当坡积层与下伏基岩接触带有水渗入而变得软弱湿润时，将显著减小坡积层与基岩顶面的摩阻力，更容易引起坡积层发生滑动。坡积层内的挖方边坡在久雨之后容易产生坍方，水的作用是一个带有普遍性的原因。

由于坡积层的孔隙度一般都比较高，特别是在黏土颗粒含量高的坡积层中，雨季含水量增加，不仅增大了本身的重量，而且抗剪强度随之降低，因而稳定性就跟着大为减小。以粗碎屑为主组成的坡积层，其稳定性受水的影响一般不像黏土颗粒那样显著。

(三)洪积层

洪积层是由山洪急流搬运的碎屑物质组成的。当山洪夹带大量的泥砂石块流出沟口后，由于沟床纵坡变缓，地形开阔，水流分散，流速降低，搬运能力骤然减小，所夹带的石块、岩屑、砂砾等粗大碎屑先在沟口堆积下来，较细的泥砂继续随水搬运，多堆积在沟口外围一带。由于山洪急流的长期作用，在沟口一带就形成了扇形展布的堆积体，在地貌上称为洪积扇。洪积扇的规模逐年增大，有时与相邻沟谷的洪积扇互相连接起来，形成规模更大的洪积裙或洪积冲积平原。

洪积层是第四纪陆相堆积物中的一个类型，从工程地质观点来看，洪积层有以下一些主要特征：

(1)组成物质分选不良，粗细混杂，碎屑物质多带棱角，磨圆度不佳。

(2)有不规则的交错层理、透镜体、尖灭及夹层等。

(3)山前洪积层由于周期性的干燥，常含有可溶盐类物质，在土粒和细碎屑间，往往形成局部的软弱结晶联结，但遇水作用后，联结就会破坏。

洪积层主要分布于山麓坡脚的沟谷出口地带及山前平原，从地形上看，是有利于工程建筑的。由于洪积物在搬运和沉积过程中的某些特点，规模很大的洪积层一般可划分为三个工程地质条件不同的地段：靠近山坡沟口的粗碎屑沉积地段，孔隙大，透水性强，地下水埋藏深，压缩性小，承载力比较高，是良好的天然地基；洪积层外围的细碎屑沉积地段，如果在沉积过程中受到周期性的干燥，黏土颗粒发生凝聚并析出可溶盐分时，则洪积层的结构颇为结实，承载力也是比较高的。在上述两地段之间的过渡带，因为常有地下水溢出，水文地质条件不良，对工程建筑不利。

（四）冲积层

河流在运动过程中，能量不断受到损失，当河水夹带的泥沙、砾石等搬运物质超过了河水的搬运能力时，被搬运的物质便在重力作用下逐渐沉积下来，称沉积作用，河流的沉积物称冲积层。河流沉积物几乎全部是泥沙、砾石等机械碎屑物，而化学溶解的物质多在进入湖盆或海洋等特定的环境后才开始发生沉积。

冲积层的特点从河谷单元来看，可以分为两大部分：河床相与河漫滩相。河床相沉积物颗粒较粗。河漫滩相下部为河床沉积物，颗粒粗；表层为洪水期沉积物，颗粒细，以黏土、粉土为主。这样两种不同特点的沉积层称为“二元结构”。

从河流纵向延伸来看，由于不同地段流速降低的情况不同，各处形成的沉积层就具有不同特点，基本可分为四大类型段：

(1)在山区，河床纵坡陡、流速大，侵蚀能力较强，沉积作用较弱。河床冲积层多为蚀余相，松散堆积物较薄，且以巨砾、卵石和粗砂为主。

(2)当河流由山区进入平原时，流速骤然降低，大量物质沉积下来，形成冲积扇。冲积扇的形状和特征与前述洪积扇相似，但冲积扇规模较大，冲积层的分选性及磨圆度更高。例如北京及其附近广大地区就位于永定河冲积扇上。冲积扇还常分布在大山的山麓地带，例如祁连山北麓、天山北麓和燕山南麓的大量冲积扇。如果山麓地带几个大冲积扇相互连接起来，则形成山前倾斜平原。在山前，河流沉积常与山洪急流沉积共同进行，因此山前倾斜平原也常称为冲洪积平原。

(3)在河流中、下游，则由细小颗粒的沉积物组成广大的冲积平原，例如黄河下游、海河及淮河的冲积层构成的华北大平原。冲积平原也常分布有牛轭湖相沉积，如长江的江汉平原。

(4)在河流入海的河口处，流速几乎降到零，河流携带的泥沙绝大部分都要沉积下来。沉积物在水面以下呈扇形分布，扇顶位于河口，扇缘则伸入海中，露出水面的部分形如一个其顶角指向河口的倒三角形，故称河口冲积层为三角洲。三角洲的内部构造与洪积扇、冲积扇相似：下粗上细，即近河口处较粗，距河口愈远愈细。随着河流不断带来沉积物，三角洲的范围也不断向海洋方面扩展。例如天津市在汉代是海河河口，元朝时附近为一片湿地，现在则已成为距海岸约 90km 的城市。长江下游自江阴以东地区，就是由大三角洲逐渐发展而成。我国河流中携带泥沙量最多的黄河，其三角洲已向黄海伸进 480km，每年伸进 300m。

二、流水地质作用的特点

地表流水可分为暂时流水和经常流水两类。暂时流水是一种季节性、间歇性流水，它主要以大气降水为水源，所以一年中有时有水，有时干枯。如大气降水后沿山坡坡面或山间沟谷流动的水。经常流水在一年中流水不断，它的水量虽然也随季节发生变化，但不会干枯无水，这就是通常所说的河流。一条暂时流水的沟谷，若能不间断地获得水源的供给，就会变成一条河流。实际上，一条河流的水源往往是多方面的，除大气降水外，高山冰、雪融化水和地下水都可能是它的重要水源。暂时流水与河流相互连接，脉络相通，组成统一的地表流水系统。不论长期流水或暂时流水，在流动过程中都要与地表的土石发生相互作用，产生侵蚀、搬运和堆积作用，形成各种地貌和不同的松散沉积层。地表流水不仅是影响地表形态不断发展变化的一个带有普遍性的重要自然因素，而且经常影响着公路的建筑条件。

三、河流下蚀、侧蚀发育的特点

（一）下蚀作用

河水在流动过程中使河床逐渐下切加深的作用，称为河流的下蚀作用。河水夹带固体物质对河床的机械破坏，是使河流下蚀的主要因素。其作用强度取决于河水的流速和流量，同时，也与河床的岩性和地质构造有密切的关系。很明显，河水的流速和流量大时，则下蚀作用的能量大，如果组成河床的岩石坚硬且无构造破坏现象，则会抑制河水对河床的下切的速度。反之，如岩性松软或受到构造作用的破坏，则下蚀易于进行，河床下切过程加快。

河流的侵蚀过程总是从河的下游逐渐向河源方向发展的，这种溯源推进的侵蚀过程称为溯源侵蚀。分水岭不断遭到剥蚀切割，河流长度的不断增加，以及河流的袭夺现象，都是河流溯源侵蚀造成的结果。

河流的下蚀作用并不是无止境的继续下去，而是有它自己的基准面的。因为随着下蚀作用的发展，河床不断加深，河流的纵坡逐渐变缓，流速降低，侵蚀能量削弱，达到一定的基准面后，河流的侵蚀作用将趋于消失。河流下蚀作用消失的平面，称为侵蚀基准面。流入主流的支流，基本上以主流的水面为其侵蚀基准面；流入湖泊海洋的河流，则以湖面或海平面为其侵蚀基准面。大陆上的河流绝大部分都流入海洋，而且海洋的水面也较稳定，所以又把海平面称为基本侵蚀基准面。侵蚀基准面并不是固定不变的，由于构造运动的区域性和差异性，会引起水系侵蚀基准面发生变化。侵蚀基准面一经变动，则会引起相关水系的侵蚀和堆积过程发生重大的改变。所以，根据河谷侵蚀与堆积地貌组合形态的研究，能够对地区新构造运动的情况做出判断。

（二）侧蚀作用

河流以携带的泥、砂、砾石为工具，并以自身的动能和溶解力对河床两岸的岩石进行侵蚀，使河谷加宽的作用称为侧蚀作用。河流的中、下游以及平原区的河流，由于河床坡度较为平缓，侧蚀作用占主导地位。河水在运动过程中横向环流的作用，是促使河流产生侧蚀的经常性因素。此外，如河水受支流或支沟排泄的洪积物以及其他重力堆积物的障碍顶托，致使主流流向发生改变，引起对岸产生局部冲刷，这也是一种在特殊条件下产生的河流侧蚀现象。在天然河道上能形成横向环流的地方很多，但在河湾部分最为显著。当运动的河水进入河湾后，由于受离心力的作用，表层流束以很大的流速冲向凹岸，产生强烈冲刷，使凹岸岸壁不断坍塌后退，并将冲刷下来的碎屑物质由底层流束带向凸岸堆积下来。由于横向环流的作用，使凹岸不断受到强烈冲刷，凸岸不断发生堆积，结果使河湾的曲率增大，并受纵向流的影响，使河湾逐渐向下游移动，因而导致河床发生平面摆动。这样天长日久，整个河床就被河水的侧蚀作用逐渐地拓宽。

沿河布设的公路，往往由于河流的水位变化及侧蚀，使路基发生水毁现象，特别是河湾凹岸地段，最为显著。因此，在确定路线具体位置时，必须加以注意。由于在河湾部分横向环流作用明显加强，容易发生坍岸，并产生局部剧烈冲刷和堆积作用，河床容易发生平面摆动，因此对于桥梁建筑，也是很不利的。

由于河流侧蚀的不断发展，致使河流一个河湾接着一个河湾，并使河湾的曲率越来越大，河流的长度越来越长，结果使河床的比降逐渐减小，流速不断降低，侵蚀能量逐渐削弱，直至常水位时已无能量继续发生侧蚀为止。这时河流所特有的平面形态，称为蛇曲。有些处于蛇曲形态的河湾，彼此之间十分靠近，一旦流量增大，会截弯取直，流入新开拓的局部河道，而残留的原河湾的两端因逐渐淤塞而与原河道隔离，形成状似牛轭的静水湖泊，称为牛轭湖。最后，由于主要承受淤积，致使牛轭湖逐渐成为沼泽，以至消失。

四、外动力地质作用

以太阳的辐射能和日月的引力能为主要能源，在地表或地表附近进行的地质作用称为外力作用。外力作用实质上是地壳表层的水、大气、生物以外部能为能源，改造雕塑地壳（主要是地壳表面）的过程。外力作用的主要类型有风化作用、剥蚀作用、搬运作用、沉积作用、负荷地质作用以及硬结作用。其中剥蚀、搬运与沉积作用，按动力性质可分为风力作用、地表流水作用、地下水作用、湖海作用以及冰川作用等。外力地质作用与公路工程有密切关系，是公路工程地质研究的主要对象之一。

习　题

3-15　暴雨时短暂时间内，在地表沟谷中汇聚的暂时性水流，将沟谷中物质侵蚀、搬运并沉积在沟谷口的过程叫作（　　）。

A. 洗刷作用　　B. 冲刷作用
C. 淋滤作用　　D. 河流地质作用

3-16　大气降雨沿坡面漫流，将坡面风化物质搬运到坡脚平缓处堆积，形成（　　）。

A. 洪积层　　B. 冲积层　　C. 残积层　　D. 坡积层

3-17　残积层是（　　）。

A. 风化作用的产物　　B. 洗刷作用的产物
C. 冲刷作用的产物　　D. 河流地质作用的产物

3-18　河流的侵蚀能力与（　　）关系最大。

A. 河床宽度　　B. 河流流量　　C. 河流流速　　D. 河床粗糙率

3-19　河流两岸洪水期被淹没，平水期露出水面的部分叫作（　　）。

A. 河漫滩　　B. 河流阶地　　C. 河谷斜坡　　D. 河床

3-20　河流的侵蚀、搬运、沉识作用被称为（　　）。

A. 第四纪地质作用　　B. 冲刷作用
C. 成岩作用　　D. 河流地质作用

3-21　因强烈蒸发使地下水浓缩结晶，导致岩石裂缝被结晶力扩大，叫作（　　）。

A. 热胀冷缩作用　　B. 盐类结晶作用
C. 冰劈作用　　D. 碳酸化作用

3-22　影响岩石风化的内部因素是（　　）。

A. 湿度和压力　　B. 化学活泼性流体
C. 岩石性质和地质构造　　D. 矿物的联结力

第四节　地　貌

一、河流阶地的特点

阶地是沿着谷坡走向呈条带状分布或断断续续分布的阶梯状平台(图 3-17)。阶地可能有多级,此时,从河漫滩向上依次称为一级阶地、二级阶地、三级阶地等。每一级阶地都有阶地面、阶地前缘、阶地后缘、阶地斜坡和阶地坡麓等要素。阶地面就是阶地平台的表面,它实际上是原来老河谷的谷底,它大多向河谷轴部和河流下游微作倾斜。阶地面并不十分平整,因为它的上面,特别是在它的后缘,常常由于崩塌物、坡积物、洪积物的堆积而呈波状起伏。此外,地表径流也对阶地面起着切割破坏作用。阶地斜坡是指阶地面以下的坡地,系河流向下深切后所造成。阶地斜坡倾向河谷轴部,并也常为地表径流所切割破坏。

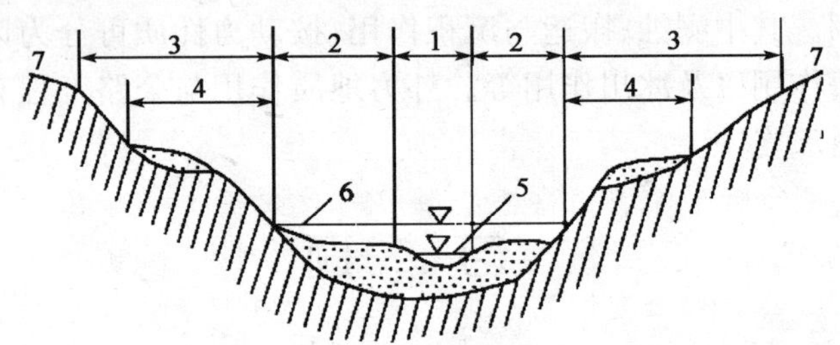

图 3-17　河谷断面图

1-河床;2-河漫滩;3-谷坡;4-阶地;5-平水位;6-洪水位;7-谷缘

在通常情况下,阶地面有利于布设线路,但有时为了少占农田或受地形等限制,也常在阶地坡麓或阶地斜坡上设线。

还应指出,并不是所有的河流或河段都有阶地,由于河流的发展阶段以及河谷所处的具体条件不同,有的河流或河段并不存在阶地。

二、河流阶地与山区公路建设的关系

山区公路穿越河谷时,常常选择河流阶地的台阶面进行通过。阶地由于有天然的一个台阶面,因此可以减小道路的开挖。对于侵蚀阶地和基座阶地,下部为基岩,因此地基承载力好。阶地高于洪水位,因此布置于阶地上的道路不会被洪水淹没。道路选线时一般首选一级阶地,其次是二级阶地,阶地阶数不宜选择太高,否则不便于道路与峡谷外的公路连接。

三、平原及山岭等地貌单元公路建设中可能遇到的工程地质地貌

(一)平原地貌

平原地貌是地壳在升降运动微弱或长期稳定的条件下,经过风化剥蚀夷平或岩石风化碎屑经搬运而在低洼地面堆积填平所形成的。平原地貌具有大地表面开阔平坦、地势高低起伏不大的外部形态。一般说来,平原地貌有利于公路选线,在选择有利地质条件的前提下,可以设计成比较理想的公路线形。

按高程,平原可分为高原、高平原、低平原和洼地;按成因,平原可分为构造平原、剥蚀平原和堆积平原。

1. 构造平原

此类平原主要是由地壳构造运动所形成,其特点是地形面与岩层面一致,堆积物厚度不

大。构造平原又可分为海成平原和大陆拗曲平原，前者系由地壳缓慢上升海水不断后退所形成，其地形面与岩层面一致，上覆堆积物多为泥沙和淤泥，并与下伏基岩一起微向海洋倾斜；后者系由地壳沉降使岩层发生拗曲所形成，岩层倾角较大，平原面呈凹状或凸状，其上覆堆积物多与下伏基岩有关。

由于基岩埋藏不深，所以构造平原的地下水一般埋藏较浅。在干旱或半干旱地区如排水不畅，常易形成盐渍化。在多雨的冰冻地区则常易造成道路的冻胀和翻浆。

2.剥蚀平原

此类平原是在地壳上升微弱的条件下，经外力的长期剥刨夷平所形成，其特点是地形面与岩层面不一致，覆堆积物常常很薄，基岩常常裸露地表，只是在低洼地段有时才覆盖有厚度稍大的残积物、坡积物、洪积物等。按外力剥蚀作用的动力性质不同，剥蚀平原又可分为河成剥蚀平原、海成剥蚀平原、风力剥蚀平原和冰川剥蚀平原。其中较为常见的是前面两种剥蚀平原。河成剥蚀平原是由河流长期侵蚀作用所造成的侵蚀平原，亦称准平原，其地形起伏较大，并向河流上游逐渐升高，有时在一些地方则保留有残丘。海成剥蚀平原是由海流的海蚀作用所造成，其地形一般极为平缓，微向现代海平面倾斜。

剥蚀平原形成后，往往因地壳运动变得活跃，剥蚀作用重新加剧，使剥蚀平原遭到破坏，故其分布面积常常不大。剥蚀平原的工程地质条件一般较好。

3.堆积平原

此类平原是在地壳缓慢而稳定下降的条件下，经各种外力作用的堆积填平所形成，其特点是地形开阔平缓，起伏不大，往往分布有厚度很大的松散堆积物。按外力堆积作用的动力性质不同，堆积平原又可分为河流冲积平原、山前洪积冲积平原、湖积平原、风积平原和冰碛平原，其中较为常见的是前面三种。

河流冲积平原是由河流改道及多条河流共同沉积所形成的。它大多分布于河流的中、下游地带，因为在这些地带河床常常很宽，堆积作用很强，且地面平坦，排水不畅，每当雨季洪水易于泛滥，其所携带的大量碎屑物质便堆积在河床两岸，形成天然堤。当河水继续向河床以外广大面积淹没时，流速不断减小，堆积面积愈来愈大，堆积物愈来愈细，久而久之，便形成广阔的冲积平原。

河流冲积平原地形开阔平坦，是工程建设的良好条件，对公路选线也十分有利。但其下伏基岩往往埋藏很深，第四纪堆积物很厚，且地下水一般埋藏较浅，地基土的承载力较低，在冰冻潮湿地区道路的冻胀翻浆问题比较突出。此外，还应注意，为避免洪水淹没，路线应设在地形较高处，而在淤泥层分布地段，还应注意其对路基、桥基的强度和稳定性的影响。

湖积平原是由河流注入湖泊时，将所挟带的泥沙堆积湖底使湖底逐渐淤高，湖水溢出、干涸所形成。其地形之平坦为各种平原之最。

湖泊平原中的堆积物，由于是在静水条件下形成的，故淤泥和泥炭的含量较多，其总厚度一般也较大，其中往往夹有多层呈水平层理的薄层细砂或黏土，很少见到圆砾或卵石，且土颗粒由湖岸向湖心逐渐由粗变细。

湖泊平原地下水一般埋藏较浅。其沉积物由于富含淤泥和泥炭，常具可塑性和流动性，孔隙度大，压缩性高，故承载力很低。

(二)山岭地貌

1.山岭地貌的形态要素

山岭地貌具有山顶、山坡、山脚等明显的形态要素。

山顶是山岭地貌的最高部分，山顶呈长条状延伸时称山脊。山脊高程较低的鞍部，即相连的两山顶之间较低的山腰部分称为垭口。一般来说，山体岩性坚硬、岩层倾斜或因受冰川的侵蚀时，多呈尖顶或很狭窄的山脊。在气候湿热，风化作用强烈的花岗岩或其他松软岩石分布地区，岩体经风化剥蚀，多呈圆顶；在水平岩层或古夷平面分布地区，则多呈平顶，典型的如方山、桌状山等。

山坡是山岭地貌的重要组成部分。在山岭地区，山坡分布的地面最广。山坡的形状有直线形、凹形、凸形以及复合形等各种类型，这取决于新构造运动、岩性、岩体结构及坡面剥蚀和堆积的演化过程等因素。

山脚是山坡与周围平地的交接处。由于坡面剥蚀和坡脚堆积，使山脚在地貌上一般并不明显，在那里通常有一个起着缓坡作用的过渡地带，它主要是由一些坡积裙、冲积锥、洪积扇及岩堆、滑坡堆积体等流水堆积地貌和重力堆积的地貌组成。

2. 山岭地貌的类型

山岭地貌可以按形态或成因分类。按形态分类一般是根据山地的海拔高度、相对高度和坡度等特点进行划分，根据地貌成因，可以将山岭地貌划分为以下类型：

1）构造变动形成的山岭

（1）平顶山

平顶山是由水平岩层构成的一种山岭，多分布在顶部岩层坚硬（如灰岩、胶结紧密的砂岩或砾岩）和下卧层软弱（如页岩）的硬软相互层发育地区，在侵蚀、溶蚀和重力崩塌作用下，使四周形成陡崖或深谷，由于顶面坚岩抗风化力强而兀立如桌面。由水平硬岩层覆面的分水岭，有可能成为平坦的高原。

（2）单面山

单面山是由单斜岩层构成的沿岩层走向延伸的一种山岭，它常常出现在构造盆地的边缘和舒缓的穹窿、背斜和向斜构造的翼部，其两坡一般不对称。与岩层倾向相反的一坡短而陡，称为前坡。前坡多是经外力的剥蚀作用所形成，故又称为剥蚀坡；与岩层倾向一致的一坡长而缓，称为后坡或构造坡。如果岩层倾解超过 40°，则两坡的坡度和长度均相差不大，其所形成的山岭外形很像猪背，所以又称猪背岭，单面山的发育，主要受构造和岩性控制。如果各个软硬岩层的抗风化能力相差不大，则上下界限分明，前后坡面不对称，上为陡崖，下为缓坡；若软岩层抗风化能力很弱，则陡坡不明显，上部出现凸坡，下部出现凹坡。如果上部坚岩层很薄，下部软弱层很厚，则山脊走线比较弯曲；反之若上厚下薄，则山脊走线比较顺直，陡崖很高。如果岩层倾角较小，则山脊走线弯曲；反之，若倾角较大，则山脊走线顺直。此外，顺岩层走向流动的河流，河谷一侧坡缓，另一侧坡陡，称为单斜谷。猪背岭由硬岩层构成，山脊走线很平直，顺岩层倾向的河流，可以将岩层切成深的峡谷。

单面山的前坡（剥蚀坡），由于地形陡峻，若岩层裂隙发育，风化强烈，则容易产生崩塌，且其坡脚常分布有较厚的坡积物和倒石堆，稳定性差，故对布设路线不利。后坡（构造坡）由于山坡平缓，坡积物较薄，故常常是布设路线的理想部位。不过在岩层倾角大的后坡上深挖路堑时，应注意边坡的稳定问题，因为开挖路暂后，与岩层倾向一致的一侧，会因坡脚开挖而失去支撑，特别是当地下水沿着其中的软弱岩层渗透时，容易产生顺层滑坡。

（3）褶皱山

褶皱山是由褶皱岩层所构成的一种山岭。在褶皱形成的初期，往往是背斜形成高地（背斜山），向斜形成凹地（向斜谷），地形是顺应构造的，所以称为顺地形。但随着外力剥蚀作用的不断进行，有时地形也会发生逆转现象，背斜因长期遭受强烈剥蚀而形成谷地，而向斜则形成山岭，这种与地质构造形态相反的地形称为逆地形。一般在年轻的褶曲构造上顺地形居多，在较老的褶曲构造上，由于侵蚀作用进一步发展，逆地形则比较发育。此外，在褶曲构造上还可能同时存在背斜谷和向斜谷，或者演化为猪背岭或单斜山、单斜谷。

(4)断块山

断块山是由断裂变动所形成的山岭。它可能只在一侧有断裂，也可能两侧均为断裂所控制。断块山在形成的初期可能有完整的断层面及明显的断层线，断层面构成了山前的陡崖，断层线控制了山脚的轮廓，使山地与平原，或山地与河谷间的界线相当明显而且比较顺直。以后由于剥蚀作用的不断进行，断层面便或能遭到破坏而后退，崖底的断层线也被巨厚的风化碎屑物所掩盖。此外，由断层面所构成的断层崖，也常受垂直于断层面的流水侵蚀，因而在谷与谷之间就形成一系列断层三角面，它常是野外识别断层的一种地貌证据。

(5)褶皱断块山

上述山岭都是由单一的构造形态所形成，但在更多情况下，山岭常常是由它们的组合形态所构成。由褶皱和断裂构造的组合形态构成的山岭称褶皱断块山，这里曾经是构造运动剧烈和频繁的地区。

2)火山作用形成的山岭

火山作用形成的山岭，常见有锥状火山和盾状火山。锥状火山是多次火山活动造成的，其熔岩黏性较大、流动性小，冷却后便在火山口附近形成坡度较大的锥状外形。盾状火山是由黏性较小、流动性大的熔岩冷凝形成，故其外形呈基部较大、坡度较小的盾状。

3)剥蚀作用形成的山岭

这种山岭是在山体地质构造的基础上，经长期外力剥蚀作用所形成的。例如，地表流水侵蚀作用所形成的河间分水岭，冰川刨蚀作用所形成的刃脊、角峰，地下水溶蚀作用所形成的峰林等，都属于此类山岭。由于此类山岭的形成是以外力剥蚀作用为主，山体的构造形态对地貌形成的影响已退居不明显地位，所以此类山岭的形态特征主要取决于山体的岩性、外力的性质及剥蚀作用的强度和规模。

4)垭口与山坡

(1)垭口

对于公路工程来说，研究山岭地貌必须重点研究垭口。垭口是指山脊上呈马鞍状的明显下凹处。越岭的公路路线若能寻找合适的垭口，可以降低公路高程和减少展线工程量。从地质作用看，可以将垭口归纳为如下三个基本类型。

①构造型垭口。

这是由构造破碎带或软弱岩层经外力剥蚀所形成的垭口。常见的有下列三种。

a.断层破碎带型垭口。

这种垭口的工程地质条件比较差。岩体的整体性被破坏，经地表水侵入和风化，岩体破碎严重，一般不宜采用隧道方案，如采用路堑，也需控制开挖深度或考虑边坡防护，以防止边坡发生崩塌。

b.背斜张裂带型垭口。

这种垭口虽然构造裂隙发育，岩层破碎，但工程地质条件较断层破碎带型为好，这是因为垭口两侧岩层外倾，有利于排除地下水，有利于边坡稳定，一般可采用较陡的边坡坡度，使挖方工程量和防护工程量都比较小。如果选用隧道方案，施工费用和洞内衬砌也比较节省，是一种较好的垭口类型。

c. 单斜软弱层型垭口。

这种垭口主要由页岩、千枚岩等易于风化的软弱岩层构成。两侧边坡多不对称，一坡岩层外倾可略陡一些。由于岩性松软，风化严重，稳定性差，故不宜深挖，若采取路堑深挖方案，与岩层倾向一致的一侧边坡和坡角应小于岩层的倾角，两侧坡面都应有防风化的措施，必要时应设置护壁或挡土墙。穿越这一类垭口，宜优先考虑隧道方案，可以避免因风化带来的路基病害，还有利于降低越岭线的高程，缩短展线工程量或提高公路纵坡标准。

②剥蚀型垭口。

这是以外力强烈剥蚀为主导因素所形成的垭口，其形态特征与山体地质结构无明显联系。此类垭口的共同特点是松散覆盖层很薄，基岩多半裸露。垭口的肥瘦和形态特点主要取决于岩性、气候及外力的切割程度等因素。在气候干燥寒冷地带，岩性坚硬和切割较深的垭口本身较薄，宜采用隧道方案；采用中堑深挖也比较有利，是一种最好的垭口类型。在气候温湿地区和岩性较软弱的垭口，则本身较平缓宽厚，采用深挖路堑或隧道对穿都比较稳定，但工程量比较大。在石灰岩地区的溶蚀性垭口，无论是明挖路堑或开凿隧道，都应注意溶洞或其他地下溶蚀地貌的影响。

③剥蚀—堆积型垭口。

这是在山体地质结构的基础上，以剥蚀和堆积作用为主导因素所形成的垭口。其开挖后的稳定条件主要决定于堆积层的地质特征和水文地质条件。这类垭口外形浑缓，垭口宽厚，易于公路展线，但松散堆积层的厚度较大，有时还发育有湿地或高地沼泽，水文地质条件较差，故不宜降低过岭高程，通常多以低填或浅挖的断面形式通过。

(2)山坡

山坡是山岭地貌形态的基本要素之一，不论越岭线或山脊线，路线的绝大部分都是设置在山坡或靠近岭顶的斜坡上的。所以在路线勘测中总是把越岭垭口和展线山坡作为一个整体通盘考虑的。山坡的形态特征是新构造运动、山坡的地质结构和外动力地质条件的综合反映，对公路的建筑条件有着重要的影响。

山坡的外部形态特征包括山坡的高度、坡度及纵向轮廓等。山坡的外形是各种各样的，下面将山坡简略地概括为以下几种类型。

①按山坡的纵向轮廓分类。

a. 直线形坡：在野外见到的直线形山坡，一般可分为三种情况。第一种是山坡岩性单一，经长期的强烈冲刷剥蚀，形成纵向轮廓比较均匀的直线形山坡，这种山坡的稳定性一般较高；第二种是由单斜岩层构成的直线形山坡，这种山坡在介绍单面山时曾经指出过，其外形在山岭的两侧不对称，一侧坡度陡峻，另一侧则与岩层层面一致，坡度均匀平缓，从地形上看，有利于布设路线，开挖路基后遇到的均系顺倾向边坡，在不利的岩性和水文地质条件下，很容易发生大规模的顺层滑坡，因此不宜深挖；第三种是由于山体岩性松软或岩体相当破碎，在气候干旱，物理风化强烈的条件下，经长期剥蚀碎落和坡面堆积而形成的直线形山坡，这种山坡在青藏高原和川西峡谷比较发育，其稳定性最差，选作傍山公路的路基，应注意避免挖方内侧的坍方和路基沿山坡滑坍。

b. 凸形坡：这种山坡上缓下陡，自上而下坡度渐增，下部甚至呈直立状态，坡脚界限明显。这类山坡往往是由于新构造运动加速上升，河流强烈下切所造成。其稳定条件主要决定于岩体结构，一旦发生山坡变形，则会形成大规模的崩塌。凸形坡上部的缓坡可选作公路路基，但应注意考察岩体结构，避免因人工扰动和加速风化导致失去稳定。

c. 凹形坡：这种山坡上部陡，下部急剧变缓，坡脚界线很不明显。山坡的凹形曲线可能是新构造运动的减速上升所造成，也可能是山坡上部的破坏作用与山麓风化产物的堆积作用相结合的结果，分布在松软岩层中的凹形山坡，不少都是在过去特定条件下由大规模的滑坡、崩塌等山坡变形现象形成的，凹形坡面往往就是古滑坡的滑动面或崩塌体的依附面。地震后的地貌调查表明，凹形山坡在各种山坡地貌形态中是稳定性比较差的一种。在凹形坡的下部缓坡上，也可进行公路布线，但设计路基时，应注意稳定平衡；沿河谷的路基应注意冲刷防护。

d. 阶梯形坡：阶梯形山坡有两种不同的情况，一种是由软硬不同的水平岩层或微倾斜岩层组成的基岩山坡，由于软硬岩层的差异风化而形成阶梯状山坡外形，山坡的表面剥蚀强烈，覆盖层薄，基岩外露，稳定性一般比较高；另一种是由于山坡曾经发生过大规模的滑坡变形，由滑坡台阶组成的次生阶梯状斜坡。这种斜坡多存在于山坡中下部，如果坡脚受到强烈冲刷或不合理的切坡，或者受到地震的影响，可能引起古滑坡复活，威胁建筑物的稳定。

②按山坡的纵向坡度分类。

山坡的纵向坡度，小于15°的为微坡，介于16°～30°的为缓坡，介于31°～70°的为陡坡，大于70°的为垂直坡。

稳定性高，坡度平缓的山坡便于公路展线，对于布设路线是有利的，但应注意考察其工程地质条件。平缓山坡特别是在山坡的一些坳洼部分，通常有厚度较大的坡积物和其他重力堆积物分布，坡面径流也容易在这里汇聚，当这些堆积物与下伏基岩的接触面因开挖而被揭露后，遇到不良水文情况，就可能引起堆积物沿基岩顶面发生滑动。

四、内、外动力地质作用

内力作用形成了地壳表面的基本起伏，对地貌的形成和发展起决定性作用。首先，地壳的构造运动不仅使地壳岩层受到强烈的挤压、拉伸或扭动而形成一系列褶皱带和断裂带，而且还在地壳表面造成大规模的隆起区和沉降区。隆起区将形成大陆、高原、山岭；沉降区则形成海洋、平原、盆地。其次，地下岩浆的喷发活动对地貌的形成和发展也有一定的影响，火山喷发可形成火山锥和熔岩盖等堆积物，后者的覆盖面积可达数百以至数十万平方公里，厚度可达数百、数千米。内力作用不仅形成了地壳表面的基本起伏，而且还对外力作用的条件、方式及过程产生深刻的影响。例如，地壳上升，侵蚀、剥蚀、搬运等作用增强，堆积作用就变弱；地壳下降，则情况相反。

外力作用，根据其作用过程可分为风化、剥蚀、搬运、堆积和成岩等作用，根据其动力性质可分为风化、重力、风力、流水、冰川、冻融、溶蚀等作用。外力作用对由内力作用所形成的基本地貌形态，不断地进行雕塑、加工，起着改造作用，其总趋势是削高补低，力图把地表夷平，即对由内力作用所造成的隆起部分进行剥蚀破坏，同时把破坏了的碎屑物质搬运堆积到由内力作用所造成的低地和海洋中去。如同内力作用会引起外力作用的加剧一样，在外力作用把地表夷平的过程中，也会改变地壳已有的平衡，从而又为内力作用产生新的地面起伏提供新的条件。

五、地貌与地形的区别及联系

地貌是指由于内、外力动力地质作用的长期进行，在地壳表面形成的各种不同成因、不同类型、不同规模的起伏形态，是专门研究地壳表面各种起伏形态的发生、发展和空间分布规律的科学。地形指的是地表各种各样的形态，具体是指地表以上分布的固定性物体共同呈现出的高低起伏的各种状态。地貌不仅是地球表面起伏的形态，而且还包括构成这些起伏的地壳和岩石圈物质以及作用于其上的大气和生物过程。仅研究地球表面起伏的是地形学，这就是地貌与地形的差异所在。较科学地说，地貌学是研究地貌及其成因、发展和结构的科学。

习　题

3-23　洪积扇是由(　　)作用形成的。

A. 山坡漫流的堆积作用　　B. 山谷洪流堆积作用

C. 降雨淋滤作用　　D. 淋滤与漫流堆积作用

3-24　坡积物主要分布在(　　)。

A. 山沟沟口处　　B. 河流漫滩处

C. 山坡坡脚处　　D. 山顶处

3-25　阶地根据形态特征可分为(　　)。

A. 横阶地、纵阶地　　B. 堆积阶地、侵蚀阶地

C. 基座阶地、堆积阶地　　D. 上叠阶地、内叠阶地

3-26　构造平原分布极广，依照其所处的绝对高程进行划分，绝对高程在 200m 以下的平展地带是(　　)。

A. 洼地　　B. 平原　　C. 高原　　D. 盆地

3-27　山地按地貌形态的分类是(　　)。

A. 最高山、高山、中山、低山　　B. 最高山、高山、中山、丘陵

C. 最高山、高山、高原、丘陵　　D. 高山、中山、低山

第五节　水 文 地 质

一、地下水埋藏类型

地下水的埋藏条件是指含水岩层在地质剖面中所处的部位以及受隔水层限制的情况。根据地下水的埋藏条件，可以把地下水划分为包气带水、潜水和承压水(图 3-18)。

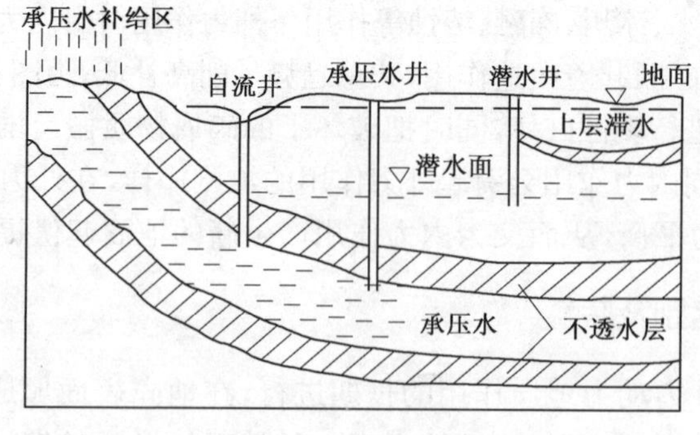

图 3-18　地下水的埋藏类型

二、上层滞水、潜水、承压水和岩溶水的分布规律及特点

（一）上层滞水

在包气带内局部隔水层上积聚的具有自由水面的重力水称为包气带水。包气带水接近地表，接受大气降水的补给，以蒸发形式或向隔水底板边缘排泄。其主要特征是：埋藏浅，在垂直和平面上分布均不稳定，分布区和补给区一致；水量和水质受气候控制，季节性变化明显，雨季水量多，旱季水量少，甚至干涸。包气带水的存在，可使地基土的强度减弱。在寒冷的北方地区，易引起道路的冻胀和翻浆。此外，由于其分布和水位变化大，常给工程的设计、施工带来困难。

（二）潜水

饱水带中第一个连续隔水层之上具有自由表面的含水层中的水称为潜水，潜水的水面为自由水面，称为潜水面。从潜水面到隔水底板的距离为潜水含水层厚度。潜水面到地面的距离为潜水埋藏深度。潜水含水层直接与包气带相接，所以潜水在其分布范围内，都可以通过包气带接受大气降水、地表水或凝结水的补给。潜水在重力作用下，通常由水位高的地方向水位低的地方径流。潜水的排泄方式有两种：一种是径流到适当地形处，以泉、渗流等形式泄出地表或流入地表水，即径流排泄。另一种是通过包气带或植物蒸发进入大气，即蒸发排泄。潜水直接通过包气带与地表发生联系，气象、水文因素的变动，对它影响显著，丰水季节或年份，潜水接受的补给量大于排泄量，潜水面上升，含水层厚度增加，埋藏深度变小。干旱季节排泄量大于补给量，潜水面下降，含水层变薄，埋藏深度增大。因此，潜水的动态有明显的季节变化。潜水动态变化的影响因素有自然因素和人为因素两方面。自然因素有气象、水文、地质和生物等。人为因素主要有兴修水利、大面积灌溉和疏干等。只要人们掌握潜水的动态变化规律，就能合理地利用地下水，防止地下水可能造成的对建筑工程的危害。

潜水的化学成分变化很大。主要取决于气候、地形及岩性条件。湿润气候和地形切割强烈的地区，利于潜水的径流排泄，而不利于蒸发排泄，往往形成含盐量低的淡水。干旱气候和低平地形区，潜水以蒸发排泄为主，常形成含盐量高的咸水。

一般情况下，潜水面是向排泄区倾斜的曲面，起伏基本与地形一致，但较地形起伏平缓。潜水面上各点的高程称作潜水位。将潜水位相等的各点连线即得潜水等水位线图。相邻两等水位线间作一垂直连线，即得此范围内的潜水的流向。根据等水位线图可以判断潜水与地表水的相互补给关系。

（三）承压水

充满于两个隔水层之间的含水层中的地下水叫作承压水。承压水含水层上部的隔水层称作隔水顶板，下部的隔水层叫作隔水底板。顶底板之间的距离为含水层厚度。承压性是承压水的一个重要特征。用钻孔揭露含水层，水位将上升到含水层顶板以上一定高度才静止下来。静止水位高出含水层顶板的距离便是承压水头。钻孔中静止水位的高程就是含水层在该点的测压水位。测压水位高于地表时，钻孔能够自喷出水。将某一承压含水层测压水位相等的各点连线，即得等水压线，在图上根据钻孔水位资料绘出等水压线，便得到等水压线图，根据等水压线图可以确定承压水的流向和水力梯度。

承压水受隔水层的限制，与地表水联系较弱。因此气候、水文因素的变化对承压水的影响

较小,承压水动态变化稳定。

适宜形成承压水的地质构造大致有两种:一为向斜构造或盆地,称为自流盆地。另一为单斜构造,称为自流斜地。

承压含水层在接受补给时,主要表现为测压水位上升,而含水层的厚度加大很不明显。增加的水量通过水的压密及空隙的扩大而储容于含水层之中。承压含水层因排泄而减少水量时,测压水位降低。这时,上覆岩层的压力并不改变,为了恢复平衡,含水空隙必须作相应的收缩,将减少的水所承收的那部分压力转移给含水层骨架承受。与此同时,由于减压,水的体积膨胀。

承压含水层在地形适宜处露出地表时,可以泉或溢流形式排向地表或地表水体。也可以通过导水断裂带向地表或其他含水层排泄。

承压水一般水量较大,隧道和桥基施工若钻透隔水层,会造成突然而猛烈的涌水,处理不当将给工程带来重大损失。

(四)岩溶水

赋存与运移于可溶岩的空隙、裂隙以及溶洞中的地下水叫岩溶水。岩溶含水介质是多级次的空隙系统。一般情况下,包含下列尺寸不等的空隙:

(1)岩溶管道,通常直径数十厘米到数米,其中还可能包括体积十分巨大的溶洞。

(2)各级构造裂隙。

(3)成岩过程中形成的各种原生孔隙与裂隙。

(4)充填溶洞的松散沉积物的孔隙。

上述成因与尺寸不等的空隙,按一定次序组合,构成宏观上具有统一水力联系的岩溶含水介质。广泛分布的细小的孔隙,渗透性差而总容积相当大,是主要的储水空间,大的岩溶管道及开阔的溶蚀裂隙,主要起导水通道的作用;尺寸介于两者之间的不同级次裂隙构成的网络,兼具储水空间和导水通道的作用,联系着主要导水通道与主要储水空间。

在尺寸大小悬殊的空隙中流动的岩溶水,运动状况相当复杂。在裂隙网络与较小的溶蚀管道中,地下水作层流运动。在巨大的干流通道中,呈紊流运动。

岩溶水可以是潜水,也可以是承压水。

岩溶管道与周围裂隙网络中的水流并不是同步运动的。雨季,通过地表的落水洞、溶蚀漏斗,岩溶管道迅速大量地吸收降水及地表水,水位抬升快,在向下游流动的同时,还向周围裂隙网络散流。枯水期,管道中形成水位凹槽,而周围裂隙网络保持高水位,沿着垂直于管道流的方向向其汇流。在岩溶含水系统中,局部流向与整体流向一般是不一致的。

在岩溶地区,降水通过落水洞、溶蚀漏斗等直接流入或灌入,短时间内,通过顺畅的途径,迅速补给岩溶水。流入岩溶地区的河流,往往全部转入地下。地下河系化的结果是,成百甚至成千公里范围内的岩溶水,集中地通过一个大泉或泉群排泄。灌入式的补给、畅通的径流及集中排泄,决定着岩溶水水位动态变化十分强烈,远离排泄区的地段,地下水位年变化幅度可达数十米乃至数百米,变化迅速而缺乏滞后。

岩溶水径流交替强烈,因此岩溶水多为矿化度小于 0.5g/L 的 HCO_3-Ca 水,白云岩分布区多为 HCO_3-Ca-Mg 水,岩溶承压水的化学成分则随水交替条件而异,由补给区向深部,矿化度可逐渐增大到每升数克,转为 SO_4-HCO_3-Ca-Mg 型水。由于降水与地表水未经过滤便直接进入岩溶含水层,岩溶水极易被污染。

综上所述,岩溶水具有如下特点:

(1)分布的不均匀性。由于岩溶分布和发育的不均匀性，岩溶含水层的富水性极不均匀。

(2)水力联系密切。由于地下溶洞与溶洞、溶洞与溶蚀裂隙之间相互连通，因而使岩溶水具有密切的水力联系和较强的传递能力。

(3)水量动态多变，随季节变化大。由于岩溶地下水与地表水联系密切，所以岩溶地下水流量的季节变化幅度很大，基本与地表河流相同。另外，当溶蚀漏斗、落水洞和溶蚀裂隙与排泄条件较差的地下通道相联系，往往随季节表现为间歇性或周期性的消水与涌水。

习　题

3-28　上层滞水的主要补给来源是(　　)。

A. 大气降水　　B. 潜水　　C. 承压水　　D. 地表水

3-29　地表下面第一个连续隔水层之上具有自由表面的含水层的水叫做(　　)。

A. 上层滞水　　B. 潜水　　C. 承压水　　D. 裂隙水

3-30　潜水是埋藏在第一个稳定隔水层上的(　　)。

A. 饱气带水　　B. 毛细水　　C. 重力水　　D. 上层滞水

3-31　埋藏并充满两个隔水带之间的重力水叫作(　　)。

A. 潜水　　B. 承压水　　C. 上层滞水　　D. 饱气带水

3 32　基岩裂隙水的主要径流通道是(　　)。

A. 岩石的孔隙　　B. 岩石的节理　　C. 溶洞　　D. 岩层的层理

第六节　道路工程地质问题

一、河流侵蚀与河床沉积类型对桥梁基础类型和埋置深度的影响

桥梁的桥址一般选择在顺直河道。在河床上修建桥梁后，会使河水的过水断面减小，水的流向、流态会变得更加复杂，流速会增大，因而会对桥墩、桥台底部的地基进行冲刷。当河床由松散物质组成时，桥梁墩台基础较浅时，会因为河水的侵蚀作用导致基础失稳，进而导致整座桥梁的破坏。按《公路桥涵地基与基础设计规范》(JTG D63—2007)，当有冲刷时，基底埋深应在局部冲刷线以下不小于1m。因此，桥梁基础应根据河水的冲刷深度确定选择浅基础或深基础。

二、岩性与岩层产状对边坡稳定的影响

岩石性质的差异是影响边坡稳定的基本因素，就边坡的变形破坏特征而论，不同的地层岩组有其常见的变形破坏形式。例如，有些地层岩组中滑坡特别发育，这与该地层岩石的矿物成分、亲水特性及抗风化能力等有关，如第三系红色页岩、泥岩、裂隙黏土，二叠系煤系岩组，以及古老的泥质变质岩系(千枚岩、片岩等)都是易滑地层岩组。其次，岩组特征对边坡的变形破坏有着直接影响，坚硬完整的块状或厚层状岩组，易形成高达数百米的陡立斜坡，而在软弱地层的岩石中形成的边坡在坡高一定时，其坡度较缓。由某些岩石组成的斜坡在干燥或天然状态下是稳定的，但一经水浸，岩石强度将大减，斜坡出现失稳，如此等等，充分说明岩石对边坡的变形破坏有直接影响。

地质构造是影响岩质边坡稳定性的重要因素，这包括：区域构造特点、斜坡地段的褶皱形态、岩层产状、断层与节理裂隙的发育程度及分布规律、区域新构造运动等。在区域构造较复杂、褶皱较强烈、新构造运动较活跃区域，斜坡的稳定性较差。斜坡地段的褶皱形态、岩层产状、断层及节理等本身就是软弱结构面，经常构成滑动面或滑坡周界，直接控制斜坡变形破坏的形式和规模。对地质构造进行分析研究，是定性和定量分析评价边坡稳定性的基础。

三、软土、黄土、膨胀土、盐渍土等的工程特性

(一)软土

1. 软土的孔隙比和含水量

软土多在静水或缓慢流水中沉积，颗粒分散性高，联结弱，具有较大的孔隙比和高含水量，孔隙比一般大于1.0，高的可达5.8(滇池淤泥)，含水量大于液限达50%～70%，最大可达300%。但随沉积年代的久远和深度的加大，孔隙比和含水量降低。

2. 软土的透水性和压缩性

软土孔隙比大，但孔隙小，黏粒的吸水、亲水性强，土中有机质多，分解出的气体封闭在孔隙中，使土的透水性变差，一般渗透系数 $K<10^{-6}\text{cm/s}$，在荷载作用下排水不畅，固结慢，压缩性高，压缩系数 $\alpha=0.7\sim2.0(\text{MPa})^{-1}$，压缩模量 E_s 为1～6MPa，压缩过程长，开始时压缩下沉很慢，完成下沉的时间很长。

3. 软土的强度

软土强度低，无侧限抗压强度为10～40kPa。不排水直剪试验的 $\varphi=2°\sim5°$，$c=10\sim15\text{kPa}$；排水条件下 $\varphi=10°\sim15°$，$c=20\text{kPa}$。所以评价软土抗剪强度时，应根据建筑物加荷情况选用不同的试验方法。

4. 软土的触变性

软土受到振动，海绵状结构破坏，土体强度降低，甚至呈现流动状态，称为触变，也称振动液化。触变使地基土大面积失效，对建筑物破坏极大。一般认为，触变是由于吸附在土颗粒周围的水分子的定向排列扰动破坏，土粒与分子相互作用，重新恢复定向排列，结构恢复，土的强度又逐渐提高。软土触变用灵敏度(S_t)表示，即

$$S_t=\frac{C}{C'}$$

式中：C——天然结构下的抗剪强度；

C'——结构扰动后的抗剪强度。

一般，S_t 为3～4，个别达8～9，灵敏度愈大，强度降低愈明显，造成的危害也愈大。

5. 软土的流变性

软土在长期荷载作用下，变形可以延续很长时间，最终引起破坏，这种性质称为流变性。破坏时软土的强度远低于常规试验测得的标准强度，一些软土的长期强度只有标准强度的40%～80%。但是，软土的流变发生在一定荷载下，小于该荷载，不产生流变，不同的软土产生流变的荷载值也不同。

6. 软土的变形破坏

简单地说软土地基的变形破坏主要是承载力低，使地基变形大或发生挤出，造成建筑物的破坏。修建在软土地基上的公路路堤受强度控制，必须控制在临界高度以下，否则容易发生挤

出破坏。

(二)黄土

1. 黄土的粒度成分

前面提到黄土的粒度成分以粉粒为主,约占60%～70%,其次是砂粒和黏粒,各占1%～29%和8%～26%。在黄土分布地区,黄土的粒度成分有明显的变化规律,陇西和陕北地区黄土的砂粒含量大于黏粒,而豫西地区黏粒含量大于砂粒,即由西北向东南,砂粒减少、黏粒增多,这种情况与黄土湿陷性西北强、东南弱的递减趋势大体相关。一般认为黏粒含量大于20%的黄土,湿陷性减小或无湿陷性。但是也有例外的情况,兰州西黄河北岸的次生黄土黏粒含量超过20%,湿陷性仍十分强烈。这与黏粒在土中赋予状态有关,均匀分布在土骨架中的黏粒,起胶结作用,湿陷性小;呈团粒状分布的黏粒,在骨架中不起胶结作用,就有湿陷性。

2. 黄土的比重和密度

黄土的比重一般在2.54～2.84,与黄土的矿物成分及其含量多少有关,砂粒含量高的黄土比重低,约在2.69以下;黏粒含量高的比重大,一般在2.72以上。

黄土结构疏松,具有大孔隙,密度较低,为1.5～1.8g/cm^3,干密度约为1.3～1.6g/cm^3。干密度反映土的密实程度,一般认为干密度小于1.5g/cm^{3}的黄土具有湿陷性。

3. 黄土的含水量

黄土含水量与当地年降雨量及地下水埋深有关,位于干旱、半干旱地区的黄土一般含水量较低,当地下水埋藏较浅时含水量就高一些。含水量与湿陷性有一定关系,含水量低,湿陷性强;含水量增加,湿陷性减弱,一般含水量超过25%时就不再具有湿陷性了。

4. 黄土的压缩性

土的压缩性由压缩系数表示,它是指在单位压力作用下土的孔隙比的减小。a的单位为$(\mathrm{MPa})^{-1}$。一般认为a小于0.1$(\mathrm{MPa})^{-1}$为低压缩性土,$a=0.1\sim0.4(\mathrm{MPa})^{-1}$为中等压缩性土,$a$大于0.5$(\mathrm{MPa})^{-1}$是高压缩性土。黄土虽然具有大孔隙,结构疏松,但压缩性中等,只有近代堆积的黄土是高压缩性的。年代越老的黄土,压缩性越小。

5. 黄土的抗剪强度

一般黄土的内摩擦角$\varphi=15°\sim25°$,黏聚力$c=30\sim40\mathrm{kPa}$,抗剪强度中等。

从上述黄土的一般工程性质看,干燥状态下黄土的工程力学性质并不是很差的,但遇水软化甚至发生湿陷后,常引起工程建筑物的破坏,所以湿陷性是湿陷性黄土的最不良的性质。

6. 黄土的湿陷性和黄土陷穴

天然黄土在一定的压力作用下,浸水后产生突然的下沉现象,称为湿陷。黄土湿陷发生在一定的压力下,这个压力称为湿陷起始压力,当土体受到的压力小于起始压力时,不产生湿陷。如果湿陷发生在土的饱和自重压力下称为自重湿陷,如果湿陷发生在自重压力和建筑物的附加压力下称为非自重湿陷。自重湿陷的黄土,湿陷起始压力小于自重压力,非自重湿陷黄土的湿陷起始压力大于自重压力。黄土的非自重湿陷比较普遍,其工程意义比较大。

黄土湿陷性的原因目前尚未查清,目前多数学者认为是由于进入黄土中的水使凝聚力降低甚至消失引起的。

黄土湿陷性评价目前都采用浸水压缩试验方法,将黄十原状土样放入固结仪内,在无侧限膨胀条件下进行压缩试验,测出天然湿度下变形稳定后的试样高度h_2及浸水饱和条件下变形稳定后的试样高度h'_2,然后按下式计算黄土的相对湿陷系数δ_{sh}。

$$\delta_{sh}=\frac{h_2-h_2'}{h_2}$$

尽管黄土产生湿陷的原因还不甚清楚，但是黄土内部疏松的结构、水的侵入和一定的附加压力是引起湿陷的内在、外部条件，应当针对这些条件采取相应的防治措施。首先是防水措施，防止地表水下渗和地下水位的升高；其次对地基进行处理，降低黄土的孔隙度，加强内部联结和土的整体性，提高土体程度。具体措施详见土力学、地基基础等有关课程。

此外，除了湿陷性引起工程建筑物的破坏外，黄土地区地下常常有天然或人工的洞穴，这些洞穴的存在和发展容易造成上覆土层和工程建筑物突然陷落，称为黄土陷穴。天然洞穴主要由黄土自重湿陷和地下水潜蚀形成。在黄土地区地表略凹处，雨水积聚下渗，黄土被浸湿发生湿陷变形下沉。地下水在黄土的孔隙、裂隙中流动时，既能溶解黄土中的易溶盐，又能在流速达到一定值时把土中细小颗粒冲蚀带走，从而形成空洞，这就是潜蚀作用。随着地下水潜蚀作用不断地进行，土中空洞由少变多，由小变大，最终导致地表坍陷或工程建筑物的破坏，潜蚀作用多发生在黄土中易溶盐含量高、大孔隙多、地下水流速及流量较大的部位。从地表地形、地貌看，地表坡度变化较大的河谷阶地边缘、冲沟两岸、陡坡地带等，有利于地表水下渗或地下水加速，是潜蚀洞穴分布较多的地方。人工洞穴包括古老的采矿、掏砂坑道和墓穴等，这些洞穴分布无规律、不易发现，容易造成隐患。所以在黄土地区必须注意对黄土陷穴的位置、形状及大小进行勘察调研，然后有针对性地采取整治措施。

（三）膨胀土

1.膨胀土的粒度成分

如前所述，膨胀土的粒度成分以黏粒含量为主，高达50%以上，黏粒粒径小于0.005mm，接近胶体颗粒，为准胶体颗粒，比表面积大，颗粒表面由具有游离价的原子或离子组成，即具有表面能，在水溶液中吸引极性水分子和水中离子，呈现出强亲水性。

天然状态下，膨胀土结构紧密、孔隙比小，干密度达1.6～1.8g/cm^3，塑性指数为18～23，膨胀土的天然含水量与塑限比较接近，一般为18%～26%，土体处于坚硬或硬塑状态，常被误认为是良好的天然地基。

膨胀土中裂隙十分发育，是区别于其他土的明显标志。膨胀土的裂隙按成因有原生和次生之别。原生裂隙多闭合，裂面光滑，常有蜡状光泽，暴露在地表后受风化影响裂面张开，次生裂隙多以风化裂隙为主，在水的淋滤作用下，裂面附近蒙脱石含量显著增高，呈白色，构成膨胀土的软弱面，这种灰白土是引起膨胀土边坡失稳滑动的主要原因。

天然状态下，膨胀土的剪切强度、弹性模量都比较高，但遇水后强度降低，黏聚力小于100kPa，内摩擦角小于10°，有的甚至接近饱和淤泥的强度。

膨胀土具有超固结性。所谓超固结性是指在膨胀土受到的应力史中，曾受到比现在土的上覆自重压力更大的压力，因而孔隙比小，压缩性低。但是一旦开挖，遇水膨胀，强度降低，造成破坏。

膨胀土的固结程度用超固结比R表示，即

$$R=\frac{P_c}{P_0}$$

式中：P_c——土的前期固结压力；

P_0——目前土层的上覆自重压力。

正常土$R=1$，超固结土$R>1$。

2. 膨胀土的胀缩性指标

一般来讲，黏性土都有一定的膨胀性，只是膨胀量小，没有达到危害程度。为了正确评价膨胀土与非膨胀土，必须测定其膨胀收缩指标，表示膨胀土的胀缩性指标有下列几种：

(1)自由膨胀率(F_s)：指人工制备的烘干土，在水中吸水后体积增量(V_w-V_0)与原体积(V_0)之比，即

$$F_s=\frac{V_w-V_0}{V_0}\times 100\%$$

$F_s>40\%$为膨胀土。

(2)膨胀率(C_{sw})：人工制备的烘干土，在一定的压力下，侧向受限水膨胀稳定后，试样增加的高度(h_w-h_0)与原高度(h_0)之比，即

$$C_{sw}=\frac{h_w-h_0}{h_0}\times 100\%$$

$C_{sw}\geqslant 40\%$为膨胀土。

(3)线缩率(e_{sl})：为土样收缩后高度减小量(l_0-l)与原高度 l_0 之比，即

$$e_{sl}=\frac{l_0-l}{l_0}\times 100\%$$

$e_{sl}\leqslant 5\%$为膨胀土。

(四)盐渍土

1. 盐渍土的力学性质

在一定含水量的条件下，因土粒中含有盐分，使土粒间的距离增大，而黏聚力及内摩擦角则随之减小，土体的强度降低。因此，土在潮湿状态时，土中的含盐量愈大，则其强度愈低。当含盐量增加到某一程度后，盐分能起胶结作用用时，或土中含水量减小，盐分开始结晶，晶体充填于土孔隙中起骨架作用时，则土的黏聚力及内摩擦角增大，其强度反而比不含盐的同类土的强度高。因此盐渍土的强度与土的含水量关系密切，含水量较低且含盐量较高时，土的强度就较高；反之较低。

2. 盐渍土的湿陷性和水稳性

盐渍土不仅遇水发生膨胀，易溶盐遇水还会发生溶解，地基也会因溶蚀作用而下陷。有些地区盐渍土的结构与黄土类似，其粉粒含量>45%，孔隙度>45%，有一定的湿陷性。为防止盐渍土产生湿陷，要求其含盐量不超过一定数值(如 100g 土中 $SO_4^{2-}<30mL$)和加大土体密度(干重度>$15kN/m^3$)。

水对盐渍土的稳定性影响很大，在潮湿的情况下，一般均表现为吸湿软化，使稳定性降低。

3. 盐渍土的压实性

当土中的含盐量增大时，其最佳密度逐渐减小；当含盐量超过一定限度时，就不易达到规定的标准密度。如果需要以含盐量较高的土作为填料，就需要加大夯实能量。硫酸盐渍土的含盐量增加到接近 2%时，碳酸盐渍土的含盐量超过 0.5%时，土的密度显著降低。氯盐渍土中的盐类晶体填充在土的孔隙中，能使土的密度增大，但当土湿化后，盐类溶解，土的密度就降低。

4. 盐渍土中的有害毛细水作用

盐渍土中的有害毛细水上升能直接引起地基土的浸湿软化和次生盐渍化，进而使土的强度降低，产生盐胀、冻胀等病害。影响毛细水上升高度和上升速度的因素，主要是土的粒度成分、土的矿物成分、土颗粒的排列和孔隙的大小，以及水溶液的成分、浓度、温度等。土的粒度

成分对毛细水上升高度的影响最为显著，一般来说，颗粒愈细上升高度愈高。盐分含量对毛细水上升高度也有影响，主要因素是盐的含量和盐的类型，盐分对毛细水上升高度有着正反两个方面的影响：一方面，水中含盐量可以提高其表面张力，毛细水上升高度随着表面张力增大而增大；另一方面，水中盐分又使其溶液的相对密度增大，并使颗粒表面的分子水膜厚度增大，从而增加了毛细水上升的阻力，使毛细水的上升值减小。当矿化度较低时，前一种影响占优势，反之则后一种影响占优势。

习　题

3-33　黄土的(　　)是黄土地区浸水后产生大量沉陷的重要原因。

A. 湿陷性　B. 崩解性　C. 潜蚀性　D. 易冲刷性

3-34　膨胀土遇水后膨胀，是因为膨胀土中含有较多的(　　)。

A. 蒙脱石　B. 高岭石　C. 白云石　D. 长石

3-35　黄土场地湿陷类型，应按实测自重湿陷或计算自重湿陷制定。当自重湿陷量(　　)时，应定为自重湿陷性黄土场地。

A. >7.0cm　B. >3.0cm　C. >5.0cm　D. >9.0cm

3-36　黄土地基存在湿陷和压缩两种不同性质的变形。对于饱和黄土，则主要应考虑(　　)变形进行计算。

A. 湿陷　B. 压缩　C. 湿陷与压缩　D. 长期

3-37　当湿陷系数 δ_s 满足(　　)条件时，应定为湿陷性黄土。

A. $\delta_s>0.015$　B. $\delta_s>0.030$　C. $\delta_s>0.050$　D. $\delta_s>0.0015$

3-38　软土的天然含水量一般为(　　)。

A. 30%～50%　B. 50%～70%　C. 60%～80%　D. 70%～90%

第七节　道路工程地质勘察

一、道路勘察的方法

公路工程地质勘察的方法，主要有研究既有资料、调查与测绘、勘探、试验与长期观测等几种。

(一)资料的收集和研究

工程地质勘察各阶段的准备工作，是根据勘测任务的要求，配备必要的专业人员，收集、研究有关资料，了解现场情况，并做好勘察仪具等的准备。其中，收集和研究路线通过地区既有的有关资料，不仅是外业工作之前准备工作的重要内容，也是工程地质勘察的一种主要方法。特别是在既有资料日益丰富、遥感技术日益先进的今天，这种方法显得愈来愈重要。

收集的资料一般应包括以下几个方面的内容：

(1)区域地质资料，如地层、地质构造、岩性、土质及筑路材料等。

(2)地形、地貌资料，如区域地貌类型及其主要特征，不同地貌单元与不同地貌部位的工程地质评价等。

(3)区域水文地质资料，如地下水的类型、分带及分布情况，埋藏深度、变化规律等。

(4)各种特殊地质地段及不良地质现象的分布情况、发育程度与活动特点等。

(5)地震资料,如沿线及其附近地区的历史地震情况,地震烈度,地震破坏情况及其与地貌、岩性、地质构造的关系等。

(6)气象资料,如气温、降水、蒸发、湿度、积雪、冻结深度及风速、风向等。

(7)其他有关资料,如气候、水文、植被、土壤等。

(8)工程经验,区内已有道路、铁路的工程地质问题及其防治措施等。

上述资料,应包括政府和生产、科研、教学等部门所出的一切有参考价值的地质图、文献、调查报告等。当勘察地区面积较大及地形、地质条件比较复杂时,应特别注意收集利用既有航空照片和卫星照片等。

对收集到的资料进行分析研究和判释,可以初步掌握路线所经地区的工程地质条件的概况和特点,粗略判定可能遇到的主要工程地质问题,并了解这些问题的研究现状和工程经验。这对于作好准备工作和外业工作,无疑是十分必要的。在公路工程地质勘察工作中,正确运用这种方法,可以减少外业工作的盲目性,提高工作质量。

(二)调查与测绘

调查与测绘是工程地质勘察的主要方法。通过观察和访问,对路线通过地区的工程地质条件进行综合性的地面研究,将查明的地质现象和获得的资料,填绘到有关的图表与记录本中,这种工作统称为调查测绘(调绘)。公路工程地质调查测绘,一般可在沿线两侧带状范围内进行,通常采用沿线调查的方法而不进行测绘;对不良地区地段及地质条件复杂的路段,应扩大测绘范围,以提出完整可靠的地质资料;对可能控制路线方案、路线位置或重点工程的地质点,以及重要的地质界线,则应根据需要进行详细测绘。

1. 工程地质调查

工程地质调查主要是用直接观察和访问群众的方法,需要时可配合适量的勘探和试验工作。

2. 工程地质测绘

工程地质测绘与工程地质调查的不同之处是,工程地质测绘的范围往往较大,并且要求把调查研究结果填绘在一定比例尺的地形图上,以编制工程地质图。测绘范围以能满足工程技术要求为前提,并应包括与工程地质环境有关的范围。测绘的比例尺可在以下范围内选用:可行性研究阶段 1∶5000～1∶50000,初勘阶段 1∶2000～1∶10000,详勘阶段 1∶200～1∶2000。为达到测绘精度要求,实地测绘所用地形图的比例尺必须大于或等于提交成图比例尺。

工程地质调查测绘的基本内容不外以下几个方面。

(1)地形、地貌

地形、地貌的类型、成因、特征与发展过程;地形、地貌与岩性、构造等地质因素的关系;地形、地貌与工程地质条件的关系,对路线布设及路基工程的影响等。

(2)地层、岩性

地层的层序、厚度、时代、成因及其分布情况;岩性、风化破碎程度及风化层厚度;土石的类别,工程性质及对工程的影响等。

(3)地质构造

断裂、褶曲的位置、构造线走向、产状等形态特征和地质力学特征,岩层的产状和接触关系,软弱结构面的发育情况及其与路线的关系、对路基的稳定影响等。

(4)第四纪地质

第四纪沉积物的成因类型、土的工程分类及其在水平与垂直方向上的变化规律；土的物理、水理、化学、力学性质；特殊土及地区性土的研究和评价。

(5)地表水及地下水

河、溪的水位、流量、流速、冲刷、淤积、洪水位与淹没情况；地下水的类型、化学成分与分布情况，地下水的补给与排泄条件，地下水的埋藏深度、水位变化规律与变化幅度；地面水及地下水对公路工程的影响。

(6)特殊地质、不良地质

各种不良地质现象及特殊地质问题的分布范围、形成条件、发育程度、分布规律及其对公路工程的影响。

(7)地震

根据沿线地震基本烈度的区划资料，结合岩性、构造、水文地质等条件，通过调查访问，确定≥7 度的地震烈度界线。

(8)工程经验

对既有建筑物的稳定情况和工程措施进行调查访问，以兹借鉴。

(三)勘探

勘探是工程地质勘察的重要方法，是获得深部地质资料必不可少的手段。勘探工作必须在调查测绘的基础上进行。在进行勘探时，应充分利用地面调查测绘资料，合理布置勘探点，以减少不必要的工作量，同时应充分利用地面调查测绘资料，分析勘探成果，以避免判断的错误。

在初勘阶段，勘探点的位置与数量，应在工程可行性研究阶段的勘探基础上，视地质条件的复杂程度及实际需要而定。在详勘阶段，勘探点的数量，应满足各类工程施工图设计对工程地质资料的需要。具体要求可查阅有关规程、手册等。

公路工程地质勘探的方法有挖探、钻探、地球物理勘探等几类。下面介绍几种常用方法。

1.挖探

挖探是公路工程地质勘探中广泛采用的一种方法。这种方法最大的优点是能取得详尽的直观资料和原状土样，但勘探深度有限，而且劳动强度大。

公路工程地质工作中的挖探主要为坑探和槽探。

(1)坑探

坑探是垂直向下掘进的土坑，浅者称为试坑，深者称为探井。坑探断面一般采用 1.5m×1.0m 的矩形，或直径 0.8～1.0m 的圆形。坑探深度一般为 2～3m，较深的需进行加固。坑探适用于不含水或地下水量微小的较稳固地层，主要用来查明覆盖层的厚度和性质、滑动面、断层、地下水位，及采取原状土样等。

(2)槽探

槽探挖掘成狭长的槽形，其宽度一般为 0.6～1.0m，长度视需要而定，深度通常小于 2m。槽探适用于基岩覆盖层不厚的地方，常用来追索构造线，查明坡积层、残积层的厚度和性质，揭露地层层序等。槽探一般应垂直于岩层走向或构造线布置。

2.钻探

在工程地质勘测工作中，钻探是广泛采用的一种最重要的勘探手段，它可以获得探部地层的可靠地质资料，是指用钻机在地层中钻孔，以鉴别和划分地表下地层，并可以沿孔深取样的一种勘察方法。钻探是工程地质勘察中应用最为广泛的一种勘探手段。钻探主要用于桥梁、隧道及大型滑坡等不良地质现象的勘探，一般是在挖探、简易钻探不能达到目的时采用。

为保证工程地质钻探工作的质量，避免漏掉或弄错重要的地质界面，在钻进过程中不应放过任何可疑的地方，对所获得的地质资料应进行准确的分析判断。任何时候都不能忘记用地面观察所得的地质资料来指导钻探工作，校核钻探结果。

根据钻进时破碎岩石的方法，钻探可分为冲击钻进、回转钻进、冲击—回转钻进及振动钻进等。公路工程地质勘探常用的钻进方法，主要是机械回转钻进和冲击—回转钻进。

(1)简易钻探

简易钻探是公路工程地质勘探中经常采用的方法。其优点是：工具轻，体积小，操作方便，进尺较快，劳动强度较小。缺点是：不能采取原状土样或不能取样，在密实或坚硬的地层内不易钻进或不能使用。

常用的简易钻探工具有洛阳铲、锥铲与小螺纹钻等。

(2)小螺纹钻勘探

小螺纹钻是用人工加压加转钻进，适用于黏性土及亚砂土地层，可以取得扰动土样。钻探深度小于 6m。

(3)锥探

锥探是用锥具向下冲入土中，凭感觉探查疏松覆盖层的厚度或基岩的埋藏深度。探深一般可达 10m 左右。常用来查明黄土陷穴，沼泽、软土的厚度及其基底的坡度等。

(4)洛阳铲勘探

洛阳铲勘探是借助洛阳铲的重力冲入土中，钻成直径小而深度较大的圆孔，可采取扰动土样。冲进深度一般为 10m，在黄土层中可达 30 余米。

3. 地球物理勘探

地球物理勘探简称物探。凡是以各种岩、土物理性质的差别为基础，采用专门的仪器，观测天然或人工的物理场变化，来判断地下地质情况的方法，统称为物探。

物探的优点是效率高、成本低、仪器和工具比较轻便。物探方法是地层在自然状态下，各种物理力学指标均未受到破坏的情况下进行的一种较好的原位测试方法。但是由于不同岩、土可能具有某些相同的物理性质，或同一种岩、土可能具有某些物理性质差异，因此有时较难得出肯定的结论，必须使用钻孔加以校核、验证，所以物探有其一定的适用条件。

在工程地质勘探中已广泛使用物探。当与调查测绘、挖探、钻探密切配合时，对指导地质判断、合理布置钻孔、减少钻探工作量等方面都能取得良好的效果。恰当地运用多种物探方法，互相配合，进行综合物探，也能取得较好的效果。

物探按其工作条件的不同可分为地面物探、井下物探与航空物探、航天物探。按其所利用的岩、土物理性质的不同可分为电法勘探、电磁法勘探、地震勘探、声波探测、重力勘探、磁力勘探与放射性勘探等。在公路工程地质工作中，较常用的有电法勘探、地震勘探、地质雷达勘探等。其中，地质雷达(属电磁法勘探)是利用高频电磁脉冲波的反射，探测地层构造和地下埋藏物体的电磁装置，故又称探地雷达，通过发射天线向地下辐射宽带的脉冲波，在地下传播中遇到不同介质的介电常数和导电率存在差异时，将在其分界面上发生反射，返回地表的电磁波被接收天线接收，根据接收到的回波来判断目标的存在，并计算其距离和位置，可用于空中、地面与井中探测，但主要用于地面。此外，声波探测在工程地质工作中也有较广泛的应用，它是利用声波在岩体(岩石)中的传播特性及其变化规律，测试岩体(岩石)的物理力学性质，也可利用在应力作用下岩体(岩石)的发声特性对岩体进行稳定性监测。

(四)试验

试验是工程地质勘察的重要环节,是对岩土的工程性质进行定量评价的必不可少的方法,是解决某些复杂的工程地质问题的主要途径。

工程地质调查测绘与勘探工作,只能解决岩土的空间分布、发展历史、形成条件等问题,对岩土的工程性质只能进行定性的评价,要进行准确的定量的评价必须通过试验工作。

在工程实践中可能遇到某些复杂的自然现象和作用,一时尚不能从理论上认识清楚,而又急于要求解决,在这种情况下,往往可通过试验的方法加以解决。

工程地质试验可分为室内试验和野外试验两种。室内试验是对调查测绘、勘探及其他过程中所采取的样品进行试验,这种试验通常在实验室中进行,但也可用试验箱在野外进行。野外试验是在现场岩土的原处并在自然条件下进行的,基本保持了岩土的天然结构与状态,和取样试验是有区别的,这种试验也称为现场试验或原位试验。

1. 室内试验

(1)岩土工程性质的常规试验

土的试验一般包括土的成分、物理性质、水理性质与力学性质四个主要部分,岩石的试验一般包括物理性质和力学性质两个部分,有时还需进行土和岩石的热学性质的试验。其中每一个部分都包括若干个具体试验项目,如土的物理性质就包括密度、相对密度、含水量、液限等项目,土的力学性质则包括压缩性、抗剪强度等项目。

测定岩土工程性质的试验,将在道路建筑材料、土质学与土力学等课程中详细讨论,这里从略。

选择室内试验的项目、数量和条件时,应根据工程要求、设计阶段和当地自然条件等因素确定,可参考有关规范、手册的规定,但应注意用理论指导这一工作,以求节省人力、物力和时间,又能提高工作质量。例如,根据地质学原理,土的工程性质与土层的成因类型和地质年代有直接关系,因此有可能通过选择有代表性的样品,以较少数量的试验,评价较大范围的土的工程性质。

(2)工程地质问题的专门试验

对于某些尚未被认识清楚或不便于数学推理的因素复杂的工程地质问题,常常需要通过专门设计的模型试验或模拟试验作出解答或评价。

2. 野外试验

野外试验与室内试验不同之处是:①试验在岩土的原处,不脱离其周围环境,并在当地自然条件下进行;②试验的范围或试样的体积较大。

野外试验在设备、技术、人力、物力和时间等方面,一般要比室内试验大得多,但由于有的野外试验是室内试验所不能代替的,有的则比室内试验准确得多,因此,它是工程地质勘察必不可少的定量评价方法。

公路工程地质野外试验主要包括两个方面:一是岩土的透水性试验,二是岩土的力学试验。属于前者的有压水试验与抽水试验等;属于后者的有触探(静力触探、动力触探与标准贯入试验)、载荷试验(静力载荷与桩载荷)、剪力试验(直剪法、水平挤出法与十字板剪力试验)、旁压试验、应力应变量测(千分表法、电阻片法、压力盒法)与弹性系数测定(地震法)等。

(五)长期观测

物理地质现象与作用是在自然环境不断变化的情况下发生与发展的,其中某些具有周年的变化过程，例如盐渍土、道路冻害等；某些具有多年的变化过程，如滑坡、泥石流等；而另一些则可能兼有上述两种变化，如沙漠、多年冻土等。通过直接观察和勘探，只能了解某一个短时期的情况，要了解其变化规律，就需要作长期的观测工作，而掌握其变化规律，有时则是工程设计所必需的。因此，长期观测是工程地质勘察的重要方法，在某些情况下则是必需的。长期观测不仅可以为设计直接提供依据，而且可以为科学研究积累资料。在公路工程的实践中，对沙漠、盐渍土、滑坡、泥石流、多年冻土与道路冻害等物理地质作用与现象，都有设立长期观测站的实例和经验。

观测点的选择，主要根据工程设计的要求而定。但应注意选择在：

(1)典型的地段，以使观测资料具有代表性。

(2)影响因素比较单纯的地段，以便于资料的分析整理。

(3)便于观测的地点，能够长期坚持观测。

(4)对于一些灾害性的物理地质现象，如滑坡、雪崩、泥石流等，在选择观测点时还应注意观测人员的安全。

(5)观测工作可以在勘察设计阶段进行，也可以在施工阶段进行，还可以在运营阶段进行。观测期限，可以是一年，也可以是多年，主要视观测的对象和任务而定。例如，为滑坡防治措施提供依据的长期观测工作，在设计以前就应进行，在施工以后可以继续观测下去，以检验所采取的措施是否有效。又如道路冻害的观测，只能在试验路段上进行。

(6)观测时间，一般应遵照“均布控制、加密重点”的原则。对于变化最多的时期，应频繁地进行观测；变化很缓慢的时期，可按相等的时间间隔进行观测，以资控制。例如，滑坡位移的观测，要常年进行，但应在雨季加密观测次数，因为滑坡位移往往在这个时期加剧。又如，沙丘移动的观测，也要常年进行，但应在多风时期，特别是在干旱季节的多风时期内加密观测次数。由此可见，为合理地选择观测时间，对观测对象随季节变化而制订观测时间。

二、桥梁基础勘察的方法

在调查与测绘的基础上进行勘探工作。对于大、中桥，目前均采用以钻探为主，辅以物探和原位测试的方法。勘测应提出的资料有：桥位处的河床地质断面(剖面)图；钻孔柱状断面图与钻探记录；水、土和岩石的试验、化验资料。勘探资料应满足查明地质构造、不良地质现象、地基土的物理力学性质及地下水的状态等要求。

三、隧道勘察的方法

(一)调查与测绘

调查与测绘是通过现场调查和地质填图，查明隧道通过地段一定范围内的工程地质条件的工作方法。它是初勘阶段的主要工作，详勘阶段也可根据需要补充小范围的大比例尺调查和测绘。该项工作应查明工作范围内的地形、地貌、地层、岩性和地质构造特征；确定隧道是否通过煤层、油气或有害气体分布层、矿体、采空区、岩溶区、滑坡和泥石流等特殊地质及不良地质区段；查明井、泉分布，地下水类型及含水层、隔水层的分布和埋深，地下水的补给、径流和排泄条件；对于土质隧道还应查明土的类型、成因和地质年代，确定土的结构特征、物质成分及粒径组成、密实胶结及潮湿程度。

(二)地球物理勘探

地球物理勘探作为工程地质勘探的一种手段，在公路隧道勘探中得到广泛地使用。与钻探相比，地球物理勘探是一种间接勘探方法，它以地壳浅部岩土体为研究对象，用特定的仪器设备来研究不同岩土体的物理特性，根据不同的物理特性来划分岩层，判断岩层的物理力学性质、地质构造和水文地质条件。物探与地质调查和测绘、钻探相配合使用，可以有效地指导钻孔布置，在减少钻探工作量方面起到良好的效果。

物探的优点是成本低、效率高，缺点是多解性，准确性受操作和判读人的能力及设备性能的影响。因为物探方法的间接性和结果的多解性，物探结果必须与调查、测绘，特别是挖探和钻探结果对比和验证，并进行相应调整。

目前在隧道工程地质勘探中常用的物探方法是电法、地震法和声波及超声波法。

（三）挖探

挖探是指采用人工开挖探坑或探槽，以查明表层土体状况的勘探方法。探坑和探槽能够直接展示岩土层，所以常用于了解坡积、残积等松散堆积层或风化层的厚度和性质，揭示滑坡面、浅埋的断层面，观测浅层地下水，采集原状岩土试件和进行原位试验等。在隧道勘察中坑探一般用于隧道洞口的勘探。

（四）钻探

钻探是对隧道洞身进行勘探最常用的方法，钻探是根据提取的岩芯来直接观察、判断隧道的工程地质和水文地质条件。通过钻探可以了解松散覆盖层和风化带的厚度；了解地层、岩性的分布范围和界限，并通过岩芯试样进行岩石物理力学试验；了解地质构造的类型及变化，断层的分布、产状及破碎带的破碎程度和宽度；查明暗河、溶洞等地下岩溶的发育情况；了解地下水位、流向、含水层类型和数量，并可在钻孔中进行抽水、注水或压水试验，以确定隧道岩体的渗透情况或隧道涌水量等。另外，钻探结果也是物探判读成果直接的检验和验证。

隧道钻探钻孔布置的数量和位置应根据区域地质资料、调查和测绘、物探所发现的疑点、重点和异常点来拟定，还应与钻孔的目的、水文地质测试、物探测井等结合考虑。对于地质条件复杂的隧道，钻孔数不应少于 3 个；长、特长隧道每 500m 应有一个钻孔，钻孔布置在隧道轴线外 7m 左右，以左右交错布置为宜。洞口钻孔一般宜布置在洞口以上 30～50m 范围，以能揭露洞顶以上 20～30m 的地层为宜。

钻孔的深度一般应钻到设计洞底高程以下 2m；若遇岩层破碎或溶洞、暗河及不良地质现象时，应根据需要加深，一般应穿过溶洞、暗河等地层 5m；遇到含油地层、瓦斯地层，钻孔深度以钻到设计洞底高程以下 10m 为宜。

（五）测试

在隧道工程地质勘察工作中，为了给设计提供定量的数据，为了对某些工程地质问题作出定量评价，必须进行一些现场测试工作。常进行的有：地应力测试、水文地质测试、土的性能原位试验及各类岩石性能试验等。

地应力测试是确定地下岩层中某一点的初始地应力大小和方向的试验，隧道地应力测试一般采用水压致裂法。因地应力场的分布是复杂的，测试钻孔内的应力状态只是该点应力的反映，宜将应力测试结果结合构造应力场分析来确定主应力的方向。

水文地质测试主要有抽水、注水、压水试验，地下水流向、含水层连通示踪测试等。

土的原位试验主要有动力触探、静力触探、旁压试验等，以确定松散土层力学性能。

习　题

3-39　标准贯入试验使用的穿心锤重与穿锤落距分别是（　　）。

A. 锤直=10kg，落距=50cm　　B. 锤直=63.5kg，落距=50cm
C. 锤直=63.5kg，落距=76cm　　D. 锤直=10kg，落距=76cm

3-40 下列图表中，不属于岩土工程勘察报告中应附带的必要图件的是(　　)。
A. 工程地质柱状图　　B. 工程地质剖面图
C. 室内试验成果图表　　D. 地下水等水位线图

3-41 下列不属于原位测试的是(　　)。
A. 地基静载荷试验　　B. 固结试验
C. 旁压试验　　D. 触探试验

3-42 岩土工程勘察的不同阶段所采用的测试技术也不同，其中原位测试通常是(　　)阶段采用的。
A. 选址勘察　　B. 初步勘察　　C. 详细勘察　　D. 施工勘察

3-43 在工程地质勘察中，采用(　　)能直接观察地层的结构和变化。
A. 坑探　　B. 钻探　　C. 触探　　D. 地球物理勘探

3-44 岩土工程勘探方法主要包括(　　)。
①坑探；②钻探；③地球物理勘探；④地质雷达勘探；⑤采样
A. ①④⑤　　B. ②③⑤　　C. ③②①　　D. ①③④

3-45 岩土工程勘察等级划分时，下面(　　)因素不属于考虑的范围。
A. 工程安全等级　　B. 场地复杂程度　　C. 施工条件　　D. 地基复杂程度

习题提示及参考答案

3-1 **提示**：根据摩式硬度计，矿物的相对硬度从软到硬排列为①滑石；②石膏；③方解石；④萤石；⑤磷灰石；⑥正长石；⑦石英；⑧黄玉；⑨刚玉；⑩金刚石。
答案：B

3-2 **提示**：从矿物的物理性质及受力后的情况考虑。
答案：D

3-3 **提示**：玄武岩为喷出岩。
答案：C

3-4 **提示**：沉积岩的结构类型有碎屑结构、泥质结构、结晶结构和生物结构。沉积岩主要分为碎屑岩类、黏土岩类、化学及生物化学岩类。因此，沉积岩的主要分类依据是结构特征。
答案：A

3-5 **提示**：大理岩是由石灰岩变质而成的岩石。
答案：A

3-6 **提示**：压固脱水作用，在上覆沉积物形成的静压力作用下，使松散沉积物紧密结合失去水分。胶结作用，指胶结物质把碎屑沉积物黏结起来变为坚固岩石的作用，重结晶作用，沉积物中的矿物成分因压溶和固体扩散等作用，使物质中的质点重新排列组合。成岩作用，包含了压固脱水、胶结、重结晶、微生物及有机质的作用。
答案：B

3-7 **提示**：条痕是指矿物的粉末的颜色，理解条痕实验的过程。

答案:B

3-8 提示:组成地壳的岩层,受构造应力的强烈作用,使岩层形成一系列波状弯曲而未丧失其连续性的构造,称为褶皱构造。

答案:C

3-9 提示:核部老,两翼新,为背斜。上盘上升为逆断层。

答案:D

3-10 提示:按地质年代表,O(奥陶)、S(志留)、D(泥盆)、C(石炭)、P(二叠)、T(三叠)、J(侏罗)、K(白垩),图中缺失了 C、P、T 三套地层,且彼此产状也不平行,成交截接触,故为角度不整合。

答案:C

3-11 提示:核部新,两翼老,为向斜。上盘上升为逆断层。

答案:C

3-12 提示:每次地震烈度可以有多个,震级只有一个。参考地震震级和烈度的定义。

答案:D

3-13 提示:按地质年代表,S(志留)、D(泥盆)、C(石炭)、P(二叠)、T(三叠)、J(侏罗)、K(白垩),明显缺失 J。

答案:B

3-14 提示:在一定条件下,人类工程活动(诸如修建水库、城市或油田的抽水、注水)引起当地出现异常的地震活动,称为诱发地震。

答案:C

3-15 提示:洗刷作用,片流沿坡面呈网状流动,使地面均匀降低的破坏作用称为面状洗刷作用。淋滤作用,流水把地表附近细小的破碎物质以及把周围岩石中易溶成分溶解带走后,使其逐渐失去其完整性、致密性的作用称为淋滤作用。河流地质作用,分为侵蚀、搬运和沉积作用。

答案:B

3-16 提示:洪积层:山洪、急流。冲积:河流的沉积物。残积层:风化作用后剩下的产物。坡积层:坡面细流作用(侵蚀、搬运、沉积)后产物。

答案:D

3-17 提示:残积层是风化作用后剩下的产物。

答案:A

3-18 提示:河流的侵蚀能力与河流流水的动能有关,动能越大,侵蚀能力越大,即流速越大,侵蚀能力越大。

答案:C

3-19 提示:河漫滩:位于河床主槽一侧或两侧,在洪水时被淹没,枯水时出露。河流阶地:河流下切侵蚀,原来的河谷底部超出一般洪水位之上,呈阶梯状分布在河谷谷坡上的地形。河谷斜坡:河谷两侧的斜坡。河床:河谷部分河水经常流动的地方。

答案:A

3-20 提示:河流地质作用包含侵蚀、搬运、沉积。

答案:D

3-21 提示:冰劈作用:岩石的孔隙或裂隙中的水在冻结成冰时,体积膨大,对岩石裂隙壁产生很大的压力，使岩石裂隙加深加宽。当冰融化时，水沿扩大了的裂隙更深入地渗入岩石内部，同时水量增加，并在此冻结成冰。这样冻结、融化频繁进行，使裂隙不断扩大，以致使岩石崩裂成为岩屑。碳酸化作用：二氧化碳与水作用生成碳酸的化学过程。

答案：B

3-22 **提示**：湿度和压力、化学活泼性流体是外因，岩性和构造是内因。矿物的联结力则表征岩石的强度。

答案：C

3-23 **提示**：洪积扇：洪流侵蚀沟床、沟坡的同时。也将大量的碎屑物质搬运到沟口或山坡低平地带，因流速减小而迅速堆积形成扇状的堆积体。

答案：B

3-24 **提示**：坡积物：雨水或雪水将高处的风化碎屑物质洗刷而向下搬运，或由本身的重力作用，堆积在平缓的斜坡或坡脚处。

答案：C

3-25 **提示**：河流阶地形态类型是据阶面与阶坡组成物质、阶地基座高度和阶地冲积层时代与接触关系划分的，分为侵蚀阶地、堆积阶地和基座阶地三类六种。这里的形态特征是指空间的分类。

答案：A

3-26 **提示**：洼地：近似封闭的比周围地面低洼的地形。平原：海拔一般在 0～500m，地面平坦或起伏较小。高原：海拔在 500m 以上，比较完整的大面积隆起地区。盆地：四周高，中部低，似盆状的地形。

答案：B

3-27 **提示**：根据山地按地貌的分类类型确定。

答案：D

3-28 **提示**：上层滞水由大气降雨补给。

答案：A

3-29 **提示**：潜水是指地表下面第一个连续隔水层之上具有自由表面的含水层的水。

答案：B

3-30 **提示**：潜水是指地下水中第一个具有自由表面的重力水。

答案：C

3-31 **提示**：层压水是指充满两个隔水层之间的含水层中的地下水。

答案：B

3-32 **提示**：节理是岩石在自然条件下形成的裂纹或裂缝。裂隙水是指存在于岩石裂隙中的地下水。裂隙水沿节理流动。

答案：B

3-33 **提示**：天然黄土在一定的压力作用下，浸水后产生突然的下沉现象称为湿陷。

答案：A

3-34 **提示**：蒙脱石在吸收水分后可以膨胀并超过原体积的几倍。

答案：A

3-35 **提示**：规范规定，需记忆。

答案:A

3-36 提示:饱和黄土的湿陷性已退化。

答案:B

3-37 提示:规范规定,需记忆。

答案:A

3-38 提示:规范规定,需记忆。

答案:B

3-39 提示:规范规定,需记忆。

答案:C

3-40 提示:勘察报告应附带场地工程地质图,工程地质柱状图,剖面图和立体投影图,室内试验和原位测试成果图表,岩土利用、整治、改造方案的有关图表,岩土工程计算简图及计算成果图表。

答案:D

3-41 提示:土体原位测试包括静力载荷试验、静力触探试验、动力触探试验、旁压试验、十字板剪切试验、现场波速试验。岩体原位测试包括岩体变形试验(承压板法、狭缝法、钻孔变形法)、岩体强度试验(直剪试验、三轴试验)、岩体应力测试(应力解除法、应力恢复法、水压致裂法)、岩体现场简易测试(岩体声波测试、岩石点荷载强度试验、岩体回弹锤击试验)。

答案:B

3-42 提示:详细勘察阶段的勘察方法以勘探和原位测试为主。

答案:C

3-43 提示:坑探的特点是勘察人员能直接观察到地址结构,准确可靠,且便于素描。

答案:A

3-44 提示:岩土工程勘探的方法包括钻探工程、坑探工程及地球物理勘探三类。

答案:C

3-45 提示:岩土勘察等级是由工程安全等级、场地和地基的复杂程度三项因素决定的。

答案:C

第四章 工程测量

复习指导

（一）测量方法

1.重点

水准测量的外业观测，水平角和竖直角的观测与计算，直线定向，误差的分类及特点，误差传播定律。

2.难点

水准测量的内业计算，竖直角计算公式的推导，视距测量公式的推导，误差传播定律的应用。

（二）控制测量

1.重点

导线测量的外业和内业计算，方位角的推算，三、四等水准测量，视距测量与三角高程测量。

2.难点

方位角的推算，导线测量的内业计算。

（三）地形图测绘及应用

1.重点

比例尺精度及其在测绘工作中的用途，经纬仪测绘法，全站仪数字化测图，应用地形图求点的平面位置和高程。

2.难点

比例尺精度，经纬仪测绘法，地形图的应用。

（四）路线测量

1.重点

道路中线测量，纵横断面测量，道路施工测量。

2.难点

圆曲线、缓和曲线测设要素的计算，主点测设方法。

第一节 测量基本概念

一、测量学及其基本内容

（一）测量学

测量学是研究地球的形状和大小以及确定地面（包括空中、地表、地下和海底）点位的科学。

(二)测量学的基本内容

1. 测定

测定是指使用测量仪器和工具，通过测量和计算，得到一系列测量数据，或把地球表面的地形绘成地形图，供经济建设、规划设计、科学研究和国防建设使用。

2. 测设

测设是指把图纸上规划设计好的建筑物、构筑物的位置在地面上标定出来，作为施工的依据。

二、地球的形状和大小

(一)基准线和基准面

某点的基准线是该点所受到的地球引力和地球自转的离心力的合力方向线，即重力方向线。地球表面71%是海洋，可以假想静止的海水面延伸穿过陆地包围整个地球，形成一个闭合曲面，称为水准面，特点是水准面上任意一点的铅垂线都垂直于该点上的曲面。与水准面相切的平面称为水平面。位于不同高度的水准面有无穷多个，其中与平均海水面相吻合的水准面称为大地水准面，它就是点位投影和高程计算的基准面。

(二)地球形状和大小

由大地水准面所包围的形体称为大地球体，可看作是地球的实际形状。由于地球内部质量分布不均匀，致使大地水准面成为一个非常复杂而又难以用数学式表达的曲面。为便于计算与制图，测量学中选用一个和大地水准面总体形状非常接近的数学形体即参考椭球体来代表地球形体。数世纪以来，许多学者曾分别测算参考椭球体元素的长半轴 a、短半轴 b，以及扁率 α。我国目前采用的元素值为

$$\begin{aligned} a &= 6378.140\text{km} \\ \alpha &= (a-b)/a = 298.257 \end{aligned} \tag{4-1}$$

由于扁率很小，普通测量学近似地把地球作为半径 $R=(2a+b)/3=6371\text{km}$ 的圆球来看待。

三、地面点位的确定

地面点的空间位置用点的高程 H 和平面坐标 x、y 表示。

(一)高程

地面上任一点到水准面的铅垂距离就是该点的高程。点到大地水准面的铅垂距离称为绝对高程，又称为海拔。长期以来，我国是以1956年青岛验潮站所确定的黄海平均海水面作为高程起算的大地水准面，求得青岛水准原点的高程为72.289m。目前我国采用的是“1985国家高程基准”，是根据青岛验潮站1952—1979年验潮资料计算确定的平均海水面，于1987年由国家测绘局颁布作为我国统一的测量高程基准，求得青岛水准原点的高程为72.260m。在引测绝对高程有困难的局部地区，也可以假定一个水准面作为高程起算面。地面点到假定水准面的铅垂距离称为相对高程。两点高程之差称为高差，如图4-1所示。A、B

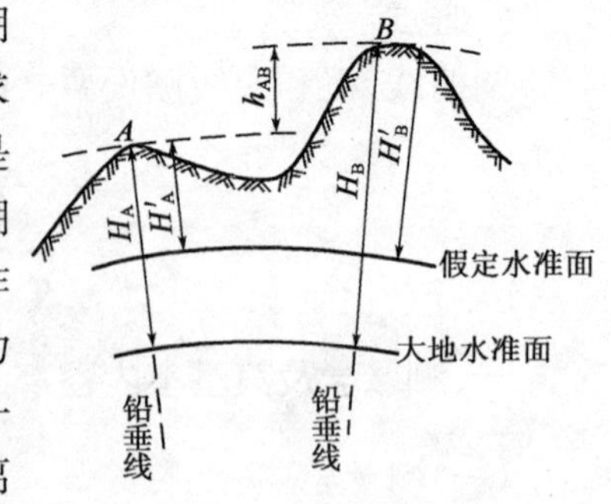

图4-1　高程测量

两点的绝对高程为 H_A、H_B，两点的相对高程为 H'_A、H'_B，则 B 点对于 A 点的高差 $h_{AB}=H_B-H_A=H'_B-H'_A$。

（二）坐标

1. 地理坐标系

地理坐标是以经度和纬度表示点在旋转椭球体面上投影的球面位置，又称为绝对位置。它把整个地球置于一个球面坐标系中，地面上某点的经度 λ 即通过该点的子午面与通过格林尼治天文台的首子午面所夹的二面角，自首子午线以东 0°～180°为东经，以西 0°～180°为西经。某点的纬度 φ 即通过该点的法线同赤道平面的夹角，自赤道向北 0°～90°为北纬，向南 0°～90°为南纬。经度和纬度用天文方法测定。例如北京某点的地理坐标为 λ＝东经 116°28′，φ＝北纬 39°54′。

2. 高斯平面直角坐标系

高斯平面直角坐标系是采用高斯横椭圆柱投影的方法建立的平面直角坐标系，是一种球面坐标与平面坐标相关联的坐标系统。高斯投影是以首子午线起，经差每 6°为一带，将地球自西向东等分为 60 带，带号 N 依次为 1、2、…、60，位于各带边缘的子午线称为分带子午线，位于各带中央的子午线称为中央子午线。第 N 带中央子午线的经度 λ 按下式计算

$$\lambda=6°N-3° \tag{4-2}$$

每带均独立进行投影，使地球椭球上某 6°带的中央子午线与椭圆柱面相切，使椭球面与椭圆柱面上的图形保持等角条件下，将整个 6°带投影到椭圆柱面上，再将椭圆柱沿通过南北极的母线切开并展成平面，即得到 6°带在平面上的影像。中央子午线和赤道投影展开后为互相垂直的直线，分别为 x 轴和 y 轴，交点为原点，则组成高斯平面直角坐标系。我国位于北半球，纵坐标均为正值，而为避免横坐标出现负值，规定纵轴向西平移 500km，并在横坐标值前冠以带号。如 A、B 点位于第 20 带，横坐标的自然值为 $y'_A=56103\text{m}$，$y'_B=-56103\text{m}$；则横坐标的通用值为 $y_A=20556103\text{m}$，$y_B=20443897\text{m}$。

高斯投影中，各带中央子午线投影不变形，离中央子午线越远变形越大且两侧对称。为使投影变形更小，可采用 3°带投影法，从东经 1°30′起，自西向东，经差每 3°为一带，将整个地球划分为 120 带，每带独立投影。第 n 带中央子午线的经度 λ' 按下式计算。

$$\lambda'=3°n \tag{4-3}$$

我国在陕西省泾阳县永乐镇某点建立了中华大地原点，由此而建立起全国统一坐标系，称为“1980 国家大地坐标系”。

3. 独立直角坐标系

当测区面积较小时，可不考虑地球曲率的影响，用水平面代替水准面，将地面点沿铅垂线直接投影到水平面上，由直角坐标值表示点的投影位置。采用的平面直角坐标系，规定南北方向为纵轴 x，向北为正，向南为负；东西方向为横轴 y，向东为正，向西为负。象限以坐标纵轴北方向为起始，按顺时针编号为Ⅰ、Ⅱ、Ⅲ、Ⅳ。方位角则是以坐标纵轴北方向为起始，顺时针量到直线的水平角。这些规定，使测量坐标与数学坐标的计算公式一致。

四、测量工作的基本概念

工程测量工作的目的是为了确定地面点的空间位置，即平面坐标 x、y 和高程 H，以便绘制地形图，并为工程建设部门提供必要的测设数据。为了避免测量误差的传递和积累增大到不能允许的程度，保证必要的测量精度，应遵循“从整体到局部”、“从高级到低级”、“从控制到

碎部”的原则。

测量工作的外业是利用测量仪器和工具在野外测定角度、距离和高差；内业是将外业测量资料在室内进行整理、数据处理和绘制成图。水平角度、水平距离和高差是测量工作的基本观测量，也是确定地面点位的基本要素。

习　题

4-1　目前中国采用统一的测量高程系是指(　　)。

A. 渤海高程系　　B. 1956 高程系

C. 1985 国家高程基准　　D. 黄海高程系

4-2　北京某点位于东经 116°28′、北纬 39°54′，则该点所在 6°带的带号及中央子午线的经度分别为(　　)。

A. 20、120°　　B. 20、117°

C. 19、111°　　D. 19、117°

4-3　已知 M 点所在的 6°带高斯坐标值为 $x_M=366712.48\text{m}$，$y_M=21331229.75\text{m}$，则 M 点位于(　　)。

A. 21 带、在中央子午线以东

B. 36 带、在中央子午线以东

C. 21 带、在中央子午线以西

D. 36 带、在中央子午线以西

4-4　测量工作的基本原则是从整体到局部、从高级到低级和(　　)。

A. 从控制到碎部　　B. 从碎部到控制

C. 控制与碎部并行　　D. 测图与放样并行

第二节　测 量 方 法

一、直线定向

直线定向是指确定直线和某一参照方向(称标准方向)的关系。

(一)标准方向的种类

1. 真子午线方向

过地球上某点及地球北极和南极的半个大圆为该点的真子午线。通过该点真子午线的切线方向称为该点的真子午线方向，它指出地面上某点的真北和真南方向。真子午线方向是用天文测量方法或用陀螺经纬仪来测定的。由于地球上各点的真子午线都收敛于两极，所以地面上不同经度的两点，其真子午线方向是不平行的。两点真子午线方向间的夹角称为子午线收敛角。

2. 磁子午线方向

自由悬浮的磁针静止时，磁针北极所指的方向即是磁子午线方向，又称磁北方向。磁子午线方向可用罗盘仪来测定。由于地球南北极与地磁场南北极不重合，故真子午线方向与磁子午线方向也不重合，它们之间的夹角为 δ，称为磁偏角。

磁子午线北端在真子午线以东为东偏，其符号为正；以西时为西偏，其符号为负。

3. 坐标纵轴方向

由于地面上任何两点的真子午线方向和磁子午线方向都不平行，这会给直线方向的计算带来不便。采用坐标纵轴作为标准方向，在同一坐标系中任意点的坐标纵轴方向都是平行的，从而极大方便了使用。因此，在平面直角坐标系中，一般采用坐标纵轴作为标准方向。坐标纵轴方向，又称坐标北方向。我国采用高斯平面直角坐标系，在每个6°带或3°带内都以该带的中央子午线作为坐标纵轴。如采用假定坐标系，则用假定的坐标纵轴（x轴）。以过O点的真子午线作为坐标纵轴，所以任意点A或B的真子午线方向与坐标纵轴方向间的夹角就是任意点与点O间的子午线收敛角γ。当坐标纵轴方向的北端偏向真子午线方向以东时，γ定为正值；偏向西时，γ定为负值。

（二）直线定向的方法

直线定向是确定直线和标准方向的关系，这一关系常用方位角或象限角来描述。

1. 方位角

从标准方向的北端量起，沿顺时针方向量到直线的水平角称为该直线的方位角。方位角的取值范围为0°～360°。当标准方向取为真子午线时，称真方位角，用$A_{真}$来表示。当标准方向取为磁子午线时，称磁方位角，用$A_{磁}$来表示。真方位角和磁方位角的关系为

$$A_{真} = A_{磁} + \delta \tag{4-4}$$

在平面直角坐标系中，当标准方向取为坐标纵轴时，称坐标方位角，用α来表示。

真方位角和坐标方位角的关系为

$$A_{真} = \alpha + \gamma \tag{4-5}$$

2. 正反方位角

若规定直线一端量得的方位角为正方位角，则直线另一端量得的方位角为反方位角，正反方位角是不相等的。对于真方位角，其正反方位角的关系为

$$A_{12} = A_{21} + \gamma \pm 180° \tag{4-6}$$

对于坐标方位角，由于在同一坐标系内坐标纵轴方向都是平行的，所以正反坐标方位角的关系为

$$\alpha_{12} = \alpha_{21} \pm 180° \tag{4-7}$$

3. 象限角

直线与标准方向所夹的锐角称为象限角。象限角由标准方向的指北端或指南端开始向东或向西计量，取值范围为0°～90°，以角值前加上直线所指的象限名称来表示，如北东41°。

4. 象限角与坐标方位角的关系

象限角与坐标方位角的关系见表4-1。

象限角与坐标方位角的关系 表4-1

象限	象限角与坐标方位角的关系	象限	象限角与坐标方位角的关系
Ⅰ	北东 $R=\alpha$	Ⅲ	南西 $R=\alpha-180°$
Ⅱ	南东 $R=180°-\alpha$	Ⅳ	北西 $R=360°-\alpha$

5. 真方位角的测定

常用的方法有两种：天文测量法和陀螺经纬仪法。

6. 磁方位角的测定

由于地球磁极的位置不断在变动，以及磁针易受周围环境等的影响，所以磁子午线方向不宜作为精确定向的标准方向。但是由于磁方位角的测定很方便，所以在精度要求不高时可使用。磁方位角可用罗盘仪测定。

7. 坐标方位角的推算

为了使整个测区的坐标系统统一，测量工作中不是直接测定每条边的方向，而是通过与已知方向的联测，推算出各边的坐标方位角。推算坐标方位角的一般公式为

$$\alpha_{前} = \alpha_{后} \mp 180° \pm \beta \tag{4-8}$$

式中，β为左角时，取正号，减180°；β为右角时，取负号，加180°。

二、水准测量

（一）水准测量方法

1. 路线水准测量

如图4-2所示，当欲测高差的两点距离较远或高差较大或遇障碍，不能在一个测站完成时，应按连续设站的水准路线进行。水准测量中，已知高程的地面固定点称为水准点；中间起传递高程作用的点称为转点。水准路线的布置形式一般有如下三种。

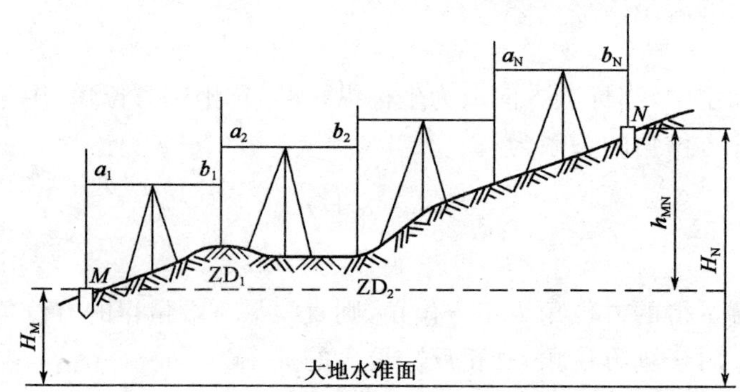

图4-2　水准测量

（1）闭合水准路线：从一个水准点出发，沿线测量各待定点，最后又回到原来的水准点上。

（2）附合水准路线：从一个水准点出发，沿线测量各待定点，最后闭合到另一个水准点上。

（3）支水准路线：从一个水准点出发，沿线测量待定点（不得超过两点），应进行往返观测。

2. 水准测量的校核工作

（1）测站校核：有变动仪器高法、双面尺法和双仪器法，两次测出的高差之差不超过规定值，即可取两次高差的平均值。

计算校核

$$\sum h = \sum a - \sum b \tag{4-9}$$

（2）成果校核：亦称路线校核，检核高差闭合差 f_h 是否在规定的允许误差范围内。f_h 的计算如下

闭合路线

$$f_h = \sum h_{测} \tag{4-10}$$

附合路线

$$f_h = \sum h_{测}(H_{终} - H_{始}) \tag{4-11}$$

支路线

$$f_h = \sum h_{往} + \sum h_{返} \tag{4-12}$$

(二)成果整理

路线校核精度合格后，即可进行闭合差的分配，原则是改正数 v 与测站数 n（或路线长度 l，以 km 计）成正比，并与闭合差反符号。则测段改正数为

$$v_i = (-f_h / \sum n) n_i \tag{4-13}$$

或

$$v_i = (-f_h / \sum l) l_i \tag{4-14}$$

将改正数加在相应测段的高差观测值上得到改正后高差，即可从起始水准点高程加上改正后高差逐点推算所求点高程。

(三)水准测量的误差

1. 仪器误差

水准仪的几何条件不满足，水准尺刻划不准或弯曲等。

2. 置平误差

读数时水准管轴未精确水平。

3. 水准尺倾斜

水准尺未竖直，使读数总是偏大，且视线越高误差越大。

4. 水准仪下沉

仪器随安置时间而下沉，使后视读数与前视读数不处于同一水平视线上。

三、角度测量

(一)水平角观测

工程测量中，水平角是指测站点至两观测目标点分别连线在水平面上投影后的夹角。

1. 测回法

如表 4-2 所示，O 为测站，A、B 为始目标和终目标。观测$\angle AOB$ 步骤如下：

(1)在 O 点安置经纬仪，对中与整平。

(2)盘左位置，照准 A，读水平度盘读数 $a_{左}$，一般使初始读数略大于 0°，顺时针转动照准部照准目标 B，读出 $b_{左}$。盘右位置，照准 B，读出 $b_{右}$，逆时针转动照准部照准 A，读出 $a_{右}$。记录与计算如表 4-2 所示。

测回法观测手簿　　表 4-2

测站	竖盘位置	目标	水平盘读数 (°　′　″)	半测回角值 (°　′　″)	一测回角值 (°　′　″)	平均角值 (°　′　″)	备　注 (略图)
O	左	A	0　00　30	185　51　12	185　51　03		A, O, β, B
		B	185　51　42				
	右	A	180　00　54	185　50　54			
		B	5　51　48				

(3)盘左、盘右观测，分别称为上半测回和下半测回，合称为一测回。半测回角值之差不超过 40″(DJ_6)或 24″(DJ_2)，则取平均值作为一测回角值。

$$\left.\begin{aligned}\beta_{左} &= b_{左} - a_{左} \\ \beta_{右} &= b_{右} - a_{右} \\ \beta &= \frac{\beta_{左} + \beta_{右}}{2}\end{aligned}\right\} \tag{4-15}$$

(4)当观测的测回数 $n>1$ 时，为减小度盘刻划误差影响，每测回起始目标读数应增加 $180°/n$。

2. 全圆测回法

当一个测站上的观测目标为 3 个或 3 个以上时，可采用全圆测回法，或称为方向观测法。例如，在测站 O 上观测 A、B、C、D 四个目标的操作步骤如下。

(1)盘左位置，选一清晰目标 A 作为起始方向，顺时针依次瞄准 A、B、C、D、A，分别读取读数 a、b、c、d、a'。a 与 a' 之差为半测回归零差。

(2)盘右位置，逆时针依次瞄准 A、D、C、B、A，并分别读取对应读数。

(3)数据整理与计算。

①两倍照准误差 $2C$＝盘左读数－(盘右读数±180°)。

②各方向平均读数＝[盘左读数＋(盘右读数±180°)]/2。起始方向 A 有两个平均读数，应再次平均写在该测回平均读数的最上方，并以圆括号标明。

③归零方向值＝各方向平均读数－起始方向平均读数(圆括号内的值)。此时该测回的起始方向值已强制归化为 0°00′00″。

④任意两方向间的水平角等于对应的归零方向值之差。

3. 水平角观测的误差

(1)仪器误差：仪器制造时加工不完善、仪器轴系的几何条件未能满足、照准部偏心等。

(2)对中误差：测站偏心误差、瞄准目标偏心误差。

(3)观测误差：照准误差、读数误差。

(4)外界条件的影响。

(二)竖直角观测

竖直角是指同一竖直面内的视线方向与水平方向的夹角。当视线水平时，竖直度盘读数为 90°的整数倍。竖直角观测只要照准目标并读取竖盘读数，即可计算出竖直角。步骤如下：

(1)对中整平后，盘左，十字丝交点照准目标。打开自动归零装置，如无此装置，则转动竖盘指标水准管微动螺旋使气泡居中，读取盘左竖盘读数 L。

(2)盘右，同法读取盘右竖盘读数 R。

(3)计算，竖直角计算公式取决于竖盘的刻划形式。在盘左时，将望远镜略水平后向上仰，若竖盘读数减小，则竖直度盘为顺时针注记，反之则为逆时针注记。竖直角计算公式为

顺时针注记

$$\left.\begin{aligned}\alpha_{L} &= 90° - L \\ \alpha_{R} &= R - 270°\end{aligned}\right\} \tag{4-16}$$

逆时针注记

$$\left.\begin{aligned}\alpha_{L} &= L - 90° \\ \alpha_{R} &= 270° - R\end{aligned}\right\} \tag{4-17}$$

一测回角值

$$\alpha = \frac{\alpha_L + \alpha_R}{2} \tag{4-18}$$

表 4-3 为竖直角观测示例。

竖直角观测手簿 表 4-3

测站	目标	竖盘位置	竖盘读数 (° ′ ″)	半测回角值 (° ′ ″)	一测回竖角值 (° ′ ″)	备　注
A	*P*	左	101 15 30	11 15 30	11 15 18	盘左 270 0 180 90
		右	258 44 54	11 15 06		
	Q	左	80 16 12	−9 43 48	−9 43 42	
		右	279 43 36	−9 43 36		

当视线水平，指标水准管气泡居中时，竖盘指标偏离正确位置的值 x 称为竖盘指标差。

$$x = -\frac{\alpha_L - \alpha_R}{2} \tag{4-19}$$

四、测量误差的基本知识

(一)误差的分类与特性

1. 误差的定义

观测值与客观存在的真值之差称为测量真误差。有时某些量无法得到真值，常采用平均值作为该量的最可靠值，称为最或是值，又称似真值。观测值与平均值之差称为最或是误差，又称似真误差。

$$\left.\begin{aligned}\text{真误差} &= \text{观测值} - \text{真值} \\ \text{最或是误差} &= \text{观测值} - \text{平均值}\end{aligned}\right\} \tag{4-20}$$

测量误差按性质分为系统误差与偶然误差。产生误差的原因有三种：测量仪器的构造不完善、观测者感觉器官的鉴别能力有限、外界环境与气象条件不稳定等。观测成果的精确程度称为精度，取决于观测时的有关仪器、人和环境所构成的观测条件。具有同样技术的人，用同等精度的仪器，在同样的外界环境下进行观测，即观测条件相同的各次观测称为等精度观测；观测条件不同的各次观测称为非等精度观测。

2. 系统误差及特性

在相同观测条件下对某量进行多次观测，其误差大小与符号保持不变或按一定规律变化，这种误差称为系统误差。例如钢尺实长与名义长不等引起的距离误差、水准管轴不平行于视准轴引起的水准尺读数误差等。

系统误差的特性是因其符号不变而具有累积性，对观测结果影响较大。

在找到系统误差的规律之后，可有针对性地采取一定的措施：对观测值加改正数，严格进行仪器和工具的检验校正，选用适当的观测程序和方法等，使系统误差得到抵消或削减。

3. 偶然误差及特性

在相同观测条件下对某量进行多次观测，其误差大小和符号没有一致的倾向性，表现为偶然性，但从整体看，大量观测误差具有偶然事件的统计规律，这种误差称为偶然误差，亦称随机误差。例如望远镜的照准误差、水准尺上毫米数的估读等。偶然误差应按其规律进行调整以求得最可靠值。

偶然误差的特性：

(1)偶然误差的绝对值不超过一定的界限，即有界性。

(2)绝对值小的误差比绝对值大的误差出现的或然率大，即小误差密集性。

(3)绝对值相等的正、负误差出现的或然率相等，即对称性。

(4)当观测次数趋于无穷大时，偶然误差的算术平均值的极限为零，即抵偿性。

4. 过失误差

观测过程中可能出现粗差，亦称过失误差或错误，不允许存在于观测结果中，也不属测量误差讨论的范畴。应在工作中仔细认真，提高责任心，严格遵守作业规范，避免错误。

(二)评定精度的标准

中误差、相对误差和允许误差常作为评定观测成果精度的标准。

1. 中误差

在等精度观测条件下，对某一真值为 X 的物理量观测 n 次，观测值为 $l_i(i=1,2,\cdots,n)$，真误差 $\Delta_i=l_i-X$，则中误差为

$$\left.\begin{aligned} m&=\pm\sqrt{\frac{[\Delta\Delta]}{n}} \\ [\Delta\Delta]&=\Delta_1\Delta_1+\Delta_2\Delta_2+\cdots+\Delta_n\Delta_n \end{aligned}\right\} \tag{4-21}$$

2. 相对误差

观测误差的绝对值与观测值之比，并化为分子为 1 的分数形式，称为相对误差。即

往返丈量相对误差

$$K=\frac{|D_{往}-D_{返}|}{D_{平均}}=\frac{1}{M} \tag{4-22}$$

相对中误差

$$K=\frac{|m|}{D}=\frac{1}{M} \tag{4-23}$$

相对误差常用于距离丈量的精度评定，而不能用于角度测量和水准测量的精度评定，因后两者的误差大小与观测量(角度、高差)的大小无关。

3. 允许误差

容许误差亦称极限误差。从偶然误差的有界性知道，偶然误差的绝对值不会超过一定界限。绝对值大于 2 倍中误差的偶然误差，出现概率为 4.6%，而大于 3 倍中误差者概率为 3‰，所以，规范中规定取 2 倍(或 3 倍)中误差作为允许误差。

即

$$\Delta_{允}=2m \quad 或 \quad \Delta_{允}=3m \tag{4-24}$$

(三)等精度观测的精度评定

在等精度观测条件下，某量的 n 次观测值的算术平均值为 $x=[l]/n$，似真误差为 $v_i=l_i-x(i=1,2,\cdots,n)$，观测值中误差为

$$m=\pm\sqrt{\frac{[vv]}{n-1}} \tag{4-25}$$

算术平均值中误差为

$$M=\frac{m}{\sqrt{n}} \tag{4-26}$$

（四）误差传播定律

某些非直接观测量，是由另一些直接观测量按一定的函数关系通过计算间接得到的。阐明观测值中误差与函数值中误差之间关系的函数式称为误差传播定律。

1. 一般函数的中误差

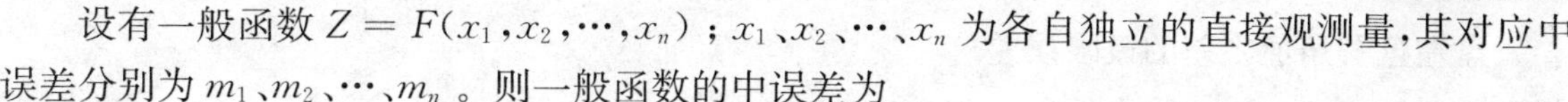

设有一般函数 $Z = F(x_1, x_2, \cdots, x_n)$；$x_1$、$x_2$、…、$x_n$ 为各自独立的直接观测量，其对应中误差分别为 m_1、m_2、…、m_n。则一般函数的中误差为

$$m_Z = \pm\sqrt{\left(\frac{\partial F}{\partial x_1}\right)^2 \cdot m_1^2 + \left(\frac{\partial F}{\partial x_2}\right)^2 \cdot m_2^2 + \cdots + \left(\frac{\partial F}{\partial x_n}\right)^2 \cdot m_n^2} \tag{4-27}$$

即函数的中误差等于函数对各观测量的偏导数与相应观测值中误差乘积之平方和的平方根。

2. 几种常见函数的中误差

应用误差传播定律可以导出各种函数中误差的表达式。

（1）和差函数的中误差

$$Z = x_1 \pm x_2 \pm \cdots \pm x_n$$

则

$$m_Z = \pm\sqrt{m_1^2 + m_2^2 + \cdots + m_n^2} \tag{4-28}$$

即多个独立观测量代数和的中误差等于各对应观测值中误差之平方和的平方根。

（2）倍函数的中误差

即观测量与常数乘积的中误差等于观测值中误差与常数的乘积。

$$Z = kx$$

则

$$m_Z = km \tag{4-29}$$

（3）直线函数的中误差

$$Z = k_1x_1 \pm k_2x_2 \pm \cdots \pm k_nx_n$$

则

$$m_Z = \pm\sqrt{k_1^2m_1^2 + k_2^2m_2^2 + \cdots + k_n^2m_n^2} \tag{4-30}$$

即直线函数的中误差等于各个常数与相应观测值中误差乘积之平方和的平方根。

3. 误差传播定律的应用

（1）钢尺量距的精度

钢尺丈量的中误差与距离的平方根成正比，即

$$m_D = \pm\mu\sqrt{D} \quad (\mu = m/\sqrt{l}) \tag{4-31}$$

式中：m_D——量得距离的中误差；

μ——单位长度的量距中误差；

D——量得的距离；

m——丈量一尺段的中误差；

l——尺段长。

（2）水平角观测的精度

一测回角值的中误差

$$m_\beta = m\sqrt{2} \tag{4-32}$$

半测回角值的中误差

$$m'_{\beta} = m_{\beta}\sqrt{2} \tag{4-33}$$

盘左盘右角值之差的中误差

$$m_{\Delta\beta} = m'_{\beta}\sqrt{2} \tag{4-34}$$

盘左盘右角值之差的极限误差

$$m_{极} = 2m_{\Delta\beta}(或\ 3m_{\Delta\beta}) \tag{4-35}$$

式中：m——一测回方向观测值中误差。

(3)高差测量的误差

高差中误差

$$m_{h} = m\sqrt{2} \tag{4-36}$$

两次高差之差的中误差

$$m_{\Delta h} = m_{h}\sqrt{2} \tag{4-37}$$

两次高差之差的极限误差

$$m_{\Delta h极} = 2m_{h}\sqrt{2}(或\ 3m_{h}\sqrt{2}) \tag{4-38}$$

式中：m——前视或后视水准尺上的读数中误差。

(4)路线水准测量的误差

高差总和的中误差

$$\left.\begin{aligned} m_{\sum h} &= m_{h}\sqrt{n} = m_{d}\sqrt{2n} \\ m_{\sum h} &= m\sqrt{L} \end{aligned}\right\} \tag{4-39}$$

式中：m_{d}——前视或后视尺的读数中误差；

m_{h}——高差中误差；

n——测站数；

m——水准路线单位长度的高差中误差；

L——水准路线长度(km)。

【例 4-1】 甲、乙两组各自用相同的条件观测了六个三角形的内角，得三角形的闭合差(即三角形内角和的真误差)分别如下。

甲：+3″、+1″、−2″、−1″、0″、−3″。

乙：+6″、−5″、+1″、−4″、−3″、+5″。求其测量精度。

解 有限次观测个数 n 计算出标准差的估值为中误差 m，计算公式为

$$m = \pm\hat{\sigma} = \pm\sqrt{\frac{[\Delta\Delta]}{n}}$$

由中误差公式计算得

$$m_{甲} = \pm\sqrt{\frac{[\Delta\Delta]}{n}} = \pm\sqrt{\frac{3^2+1^2+(-2)^2+(-1)^2+0^2+(-3)^2}{6}} = \pm 2.0''$$

$$m_{乙} = \pm\sqrt{\frac{[\Delta\Delta]}{\mathrm{n}}} = \pm\sqrt{\frac{6^2+(-5)^2+1^2+(-4)^2+(-3)^2+5^2}{6}} = \pm 4.3''$$

从上述两组结果中可以看出，甲组的中误差较小，所以观测精度高于乙组。在测量工作中，普遍采用中误差来评定测量成果的精度。

【例 4-2】 在比例尺为 1∶500 的地形图上，量得两点的长度 d=23.4mm，其中误差 m_{d}=

±0.2mm。求该两点的实际距离 m_D 及其中误差。

解 函数关系式为 $D=Md$，属倍数函数，$M=500$ 是地形图比例尺分母。

$D=Md=500\times23.4=11700\text{mm}=11.7\text{m}$

$m_D=Mm_d=500\times(\pm0.2)=\pm100\text{mm}=\pm0.1\text{m}$，两点的实际距离结果可写为 11.7m±0.1m。

【例 4-3】 水准测量中，已知后视读数 $a=1.734\text{m}$，前视读数 $b=0.476\text{m}$，中误差分别为 $m_a=\pm0.002\text{m}$，$m_b=\pm0.003\text{m}$。试求两点的高差及其中误差。

解 函数关系式为 $h=a-b$，属和差函数，得

$h=a-b=1.734-0.476=1.258\text{m}$

$m_h=\pm\sqrt{m_a^2+m_b^2}=\pm\sqrt{0.002^2+0.003^2}=\pm0.004\text{m}$，两点的高差结果可写为 1.258m±0.004m。

【例 4-4】 在斜坡上丈量距离，其斜距为 $L=247.50\text{m}$，中误差 $m_L=\pm0.05\text{m}$，并测得倾斜角 $\alpha=10°34'$，其中误差 $m_\alpha=\pm3'$。求水平距离 D 及其中误差 m_D。

解 首先列出函数式

$$D=L\cos\alpha$$

水平距离

$$D=247.50\times\cos10°34'=243.303\text{m}$$

这是一个非线性函数，所以对函数式进行全微分，先求出各偏导值如下

$\frac{\partial D}{\partial L}=\cos10°34'=0.9830$

$\frac{\partial D}{\partial \alpha}=-L\cdot\sin10°34'=-247.50\times\sin10°34'=-45.3864$

写成中误差形式

$$m_D=\pm\sqrt{\left(\frac{\partial D}{\partial L}\right)^2m_L^2+\left(\frac{\partial D}{\partial \alpha}\right)^2m_\alpha^2}\pm\sqrt{0.9830^2\times0.05^2+(-45.3864)^2\times\left(\frac{3'}{3438'}\times\frac{3'}{3438'}\right)^2}$$

$$=\pm0.006\text{m}$$

故得 $D=243.30\text{m}\pm0.06\text{m}$。

【例 4-5】 图根水准测量中，已知每次读水准尺的中误差为 $m_i=\pm2\text{mm}$，假定视距平均长度为 50m。若以 3 倍中误差为容许误差，试求在测段长度为 L(km)的水准路线上，图根水准测量往返测所得高差闭合差的容许值。

解 已知每站观测高差为

$$h=a-b$$

则每站观测高差的中误差为

$$m_h=\sqrt{2}m_i=\pm2\sqrt{2}\text{mm}$$

因视距平均长度为 50m，则每公里可观测 10 个测站，L 公里共观测 $10L$ 个测站，L 公里高差之和为

$$\sum h=h_1+h_2+\cdots+h_{10L}$$

L 公里高差和的中误差为

$$m_\Sigma=\sqrt{10L}m_h=\pm4\sqrt{5L}\text{mm}$$

往返高差的较差(即高差闭合差)为

$$f_h=\sum h_{往}+\sum h_{返}$$

高差闭合差的中误差为

$$m_{fh}=\sqrt{2}\,m_{\Sigma}=\pm 4\sqrt{10L}\,\text{mm}$$

以 3 倍中误差为容许误差，则高差闭合差的容许值为

$$f_{h容}=3m_{fh}=\pm 12\sqrt{10L}\approx 38\sqrt{L}\,\text{mm}$$

【例 4-6】 对某角等精度观测 6 次，其观测值见表 4-4。试求观测值的最或然值、观测值的中误差以及最或然值的中误差。

等精度直接观测平差计算 表 4-4

观 测 值	改正数 $v('')$	$vv('')$
$L_1=75°32'13''$	2.5	6.25
$L_2=75°32'18''$	−2.5	6.25
$L_3=75°32'15''$	0.5	0.25
$L_4=75°32'17''$	−1.5	2.25
$L_5=75°32'16''$	−0.5	0.25
$L_6=75°32'14''$	1.5	2.25
$x=[L]/n=75°32'15.5''$	$[v]=0$	$[vv]=17.5$

解 由本节可知，等精度直接观测值的最或然值是观测值的算术平均值。首先计算各观测值的改正数 v_i，并利用公式进行检核，计算结果列于表 4-4 中。

观测值的中误差为

$$m=\pm\sqrt{\frac{[vv]}{n-1}}=\pm\sqrt{\frac{17.5}{6-1}}=\pm 1.87''$$

最或然值的中误差为

$$M=\frac{m}{\sqrt{n}}=\pm\frac{1.87''}{\sqrt{6}}=\pm 0.76''$$

五、全站仪的使用方法

全站型电子速测仪是由电子测角、电子测距、电子计算和数据存储等单元组成的三维坐标测量系统，能自动显示测量结果，是能与外围设备交换信息的多功能测量仪器。由于仪器较完善地实现了测量和处理过程的电子一体化，所以人们通常称之为全站型电子速测仪（Electronic Total Station），或简称全站仪。

（一）全站仪的组成

全站仪由以下两大部分组成：

1. 采集数据设备

主要有电子测角系统、电子测距系统，还有自动补偿设备等。

2. 微处理器

微处理器是全站仪的核心装置，主要由中央处理器、随机储存器和只读存储器等构成，测量时，微处理器根据键盘或程序的指令控制各分系统的测量工作，进行必要的逻辑和数值运算以及数字存储、处理、管理、传输、显示等。

通过上述两大部分有机结合，才真正地体现“全站”功能，既能自动完成数据采集，又能自动处理数据，使整个测量过程工作有序、快速、准确地进行。

目前世界各仪器厂商生产出各种型号的全站仪，而且品种越来越多，精度越来越高。常见

的有日本(SOKKIA)SET系列、拓普康(TOPOCON)GTS系列、尼康(NIKON)DTM系列、瑞士徕卡(LEICA)TPS系列,我国的NTS和ETD系列。随着计算机技术的不断发展与应用以及用户的特殊要求,出现了带内存、防水型、防爆型、电脑型、马达驱动型等各种类型的全站仪,使得这一最常规的测量仪器越来越满足各项测绘工作的需求,发挥更大的作用。

全站仪作为一种光电测距与电子测角和微处理器综合的外业测量仪器,其主要的精度指标为测距标准差 m_D 和测角标准差 m_β。仪器根据测距标准差,即测距精度,按国家标准,分为三个等级。小于5mm为Ⅰ级仪器,标准差大于5mm小于10mm为Ⅱ级仪器,大于10mm小于20mm为Ⅲ级仪器。

由于全站仪作为一种现代化的计量工具,必须依法对其进行计量检定,以保证量度的统一性、标准性、合格性。检定周期最多不能超过一年。对全站仪的检定分为三个方面,对测距性能的检测,对测角性能的检测,对其数据记录、数据通信及数据处理功能的检查。

光电测距单元性能按《光电测距仪检定规程》(JJG 703—2003)进行检定,其主要项目包括:调制光相位均匀性、周期误差、内符合精度、精测尺频率,加、乘常数及综合评定其测距精度。必要时,还可以在较长的基线上进行测距的外符合检查。

电子测角系统的检测主要项目包括:光学对中器和水准管的检校,照准部旋转时仪器基座方位稳定性检查,测距轴与视准轴重合性检查,仪器轴系误差(照准差 C,横轴误差 i,竖盘指标差 I)的检定,倾斜补偿器的补偿范围与补偿准确度的检定,一测回水平方向指标差的测定和一测回竖直角标准偏差测定。

数据采集与通信系统的检测包括检查内存中的文件状态,检查储存数据的个数和剩余空间;查阅记录的数据;对文件进行编辑,输入和删除功能的检查;数据通信接口数据、通信专用电缆的检查等。

(二)全站仪的技术指标

全站仪的技术指标主要用全站仪的测距标称精度和测角精度来表示。

全站仪的测距标称精度表达式为

$$m_D = a + bD$$

式中:m_D——测距中误差(mm);

a——标称精度中的固定误差(mm);

b——标称精度中的比例误差系数(mm/km);

D——测距长度(km)。

根据测角精度可分为0.5″、1″、2″、3″、5″、10″等几个等级,工程中常用全站仪的测角精度一般为2″~5″。

(三)全站仪操作和使用

1.全站仪的基本操作

(1)仪器安置

仪器安置包括对中与整平,其方法与光学仪器相同。它有光学对中器,有些仪器还有激光对中器,使用十分方便。仪器有双轴补偿器,整平后气泡略有偏离,对观测并无影响。采用电子气泡安平更方便、精确。

(2)开机和设置

开机后仪器进行自检,自检通过后,显示主菜单。测量工作中进行的一系列相关设置,全站仪除了厂家进行的固定设置外,主要包括以下内容:

①各种观测量单位与小数点位数的设置:包括距离单位、角度单位及气象参数单位等。

②指标差与视准差的存储。

③测距仪常数的设置,包括加常数、乘常数以及棱镜常数设置。

④标题信息、测站标题信息、观测信息。根据实际测量作业的需要,如导线测量、交点放线、中线测量、断面测量、地形测量等不同作业建立相应的电子记录文件。主要包括建立标题信息、测站标题信息、观测信息等。标题信息内容包括测量信息、操作员、技术员、操作日期、仪器型号等。仪器安置好后,应在气压或温度输入模式下设置当时的气压和温度。在输入测站点号后,可直接用数字键输入测站点的坐标,或者从存储卡中的数据文件直接调用。按相关键可对全站仪的水平角置零或输入一个已知值。观测信息内容包括附注、点号、反射镜高、水平角、竖直角、平距、高差等。

(3)角度距离坐标测量

在标准测量状态下,角度测量模式、斜距测量模式、平距测量模式、坐标测量模式之间可互相切换,全站仪精确照准目标后,通过不同测量模式之间的切换,可得到所需要的观测值。

全站仪均备有操作手册,要全面掌握它的功能和使用,使其先进性得到充分的发挥,应详细阅读操作手册。

2.全站仪使用的注意事项

(1)使用全站仪前,应认真阅读仪器使用说明书。先对仪器有全面的了解,然后着重学习一些基本操作,如测角、测距、测坐标、数据存储、系统设置等。在此基础上再掌握其他如导线测量、放样等测量方法。然后可进一步学习掌握存储卡的使用。

(2)电池充电时间不能超过专用充电器规定的充电时间,否则有可能将电池烧坏或者缩短电池的使用寿命。若用快速充电器,一般只需要60~80min。电池如果长期不用,则一个月之内应充电一次。存放温度以0~40℃为宜。

(3)电子手簿(或存储卡)应定期进行检定或检测,并进行日常维护。

(4)严禁在开机状态下插拔电缆,电缆、插头应保持清洁、干燥,插头如有污物,需进行清理。

(5)凡迁站都应先关闭电源并将仪器取下装箱搬运。

(6)望远镜不能直接照准太阳,以免损坏测距部的发光二极管。

(7)在阳光下或阴雨天气进行作业时,应打伞遮阳、遮雨。

(8)仪器安置在三脚架上之前,应检查三脚架的三个伸缩螺旋是否已旋紧。在用连接螺旋将仪器固定在三脚架上之后才能放开仪器。在整个操作过程中,观测者决不能离开仪器,以避免发生意外事故。

(9)仪器应保持干燥,遇雨后应将仪器擦干,放在通风处,待仪器完全晾干后才能装箱。仪器应保持清洁,干燥。由于仪器箱密封程度很好,因而箱内潮湿会损坏仪器。

(10)全站仪长途运输或长久使用以及温度变化较大时,宜重新测定并存储视准轴误差及竖盘指标差。

六、罗盘仪的使用

(一)用罗盘仪测定某一直线的磁方位角的方法

(1)安置罗盘仪于直线的一端点上。

(2)对中。用垂球进行对中。

(3)整平。半松开球臼接头螺旋,推动罗盘盒使水准器气泡居中后,再旋紧球臼连接螺旋,使度盘处于水平位置。

(4)照准。望远镜瞄准直线的另一端点，其步骤同水准仪的望远镜瞄准。

(5)松开磁针固定螺旋，使它自由转动，待磁针静止时，读出磁针所指的度盘读数，即为该直线的磁方位角。

读数时，如果度盘上的0°位于望远镜物镜端时，应按磁针北端读取读数；当0°位于望远镜目镜端时，则按磁针南端读取读数。

(二)使用罗盘仪注意事项

(1)罗盘仪不能在高压线区、铁矿区、铁路旁等区域使用。

(2)罗盘仪使用完毕后，应将磁针升起，固定在顶盖上。

七、GPS 定位的概念及主要特点

GPS 系统确定地面点位的思路是：根据空中卫星发射的信号，确定空间卫星的轨道参数，计算出锁定的卫星在空间的瞬时坐标，然后将卫星看作为分布于空间的已知点，利用 GPS 地面接收机，接收从某几颗(4 颗或 4 颗以上)卫星在空间运行轨道上同一瞬时发出的超高频无线电信号，再经过系统的处理，获得地面点至这几颗卫星的空间距离，用空间后方距离交会的方法，求得地面点的空间位置。GPS 系统所采用的坐标为 WGS-84 坐标系。如图 4-3 所示，地面上 A、B 两点的空间三维坐标分别为：$A(X_a、Y_a、Z_a)$、$B(X_b、Y_b、Z_b)$。

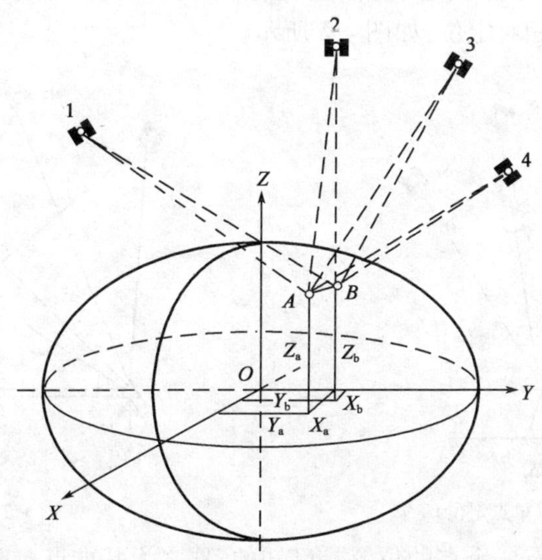

图 4-3 地面点为坐标示意图

由于空间卫星的时钟与地面接收机的时钟不可能同步，因此，需要观测 4 颗或以上的卫星，才能确定 4 个变量的值，即 x、y、z 和时间 t。GPS 系统采用高轨测距体制，以观测站至 GPS 卫星之间的距离作为基本观测量。为了获得距离观测量，主要采用两种方法：

其一是伪距测量，即根据接收机接收到的 GPS 卫星发射的测距 A/C 码和电文内容，通过信号从发射到到达用户接收机的传播时间，从而计算出卫星和接收机天线间的距离。但由于 GPS 卫星时钟与用户接收机时钟难以保持严格的同步，存在时钟差，所以观测的卫星与接收机天线间的距离均含有受到卫星钟与用户接收机钟同步差的影响，并不是真实值，因此习惯上称所测距离为"伪距"。

其二是载波相位测量，即测定 GPS 卫星载波信号在传播路径上的相位变化值，以确定信号传播的距离的方法。采用伪距观测量定位速度最快，而采用载波相位观测量定位精度最高。通过对 4 颗或 4 颗以上的卫星同时进行伪距或相位的测量，即可推算出接收机的三维位置。

(一)绝对定位与相对定位

按定位方式，GPS 定位分为绝对定位(单点定位)和相对定位(差分定位)。

1. 绝对定位

绝对定位又称单点定位，指的是在一个观测点上，利用 GPS 接收机观测 4 颗以上的 GPS 卫星，根据 GPS 卫星和用户接收机天线之间的距离观测量和已知卫星的瞬时坐标，独立确定特定点在地固坐标系(坐标系固定在地球上，随地球一起转动)中的位置，称为绝对定位，如图 4-4所示。

绝对定位的优点是，只需一台接收机便可独立定位，观测的组织与实施简便，数据处理简单。其主要问题是由于 GPS 采用单程测距原理，卫星钟与用户接收机的钟难以保持严格的同步，所以观测的卫星与测站间的距离，含有受到卫星钟与用户接收机钟同步差，以及卫星星历和卫星信号在传播过程中的大气延迟误差的影响，定位精度较低，不能满足工程定位测量的要求。

2. 相对定位

相对定位又称差分定位，指的是在两个或若干个观测站上，设置 GPS 接收机，同步跟踪观测相同的 GPS 卫星，测定它们之间相对位置，根据不同接收机的观测数据来确定观测点之间的相对位置的方法，称为相对定位，如图 4-5 所示。

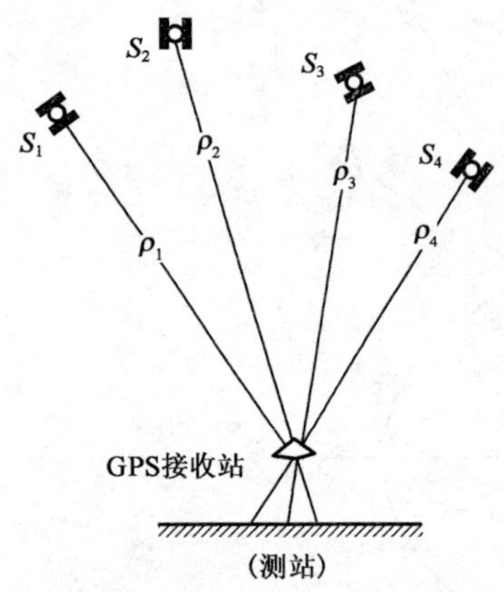

图 4-4　绝对定位(单点定位)

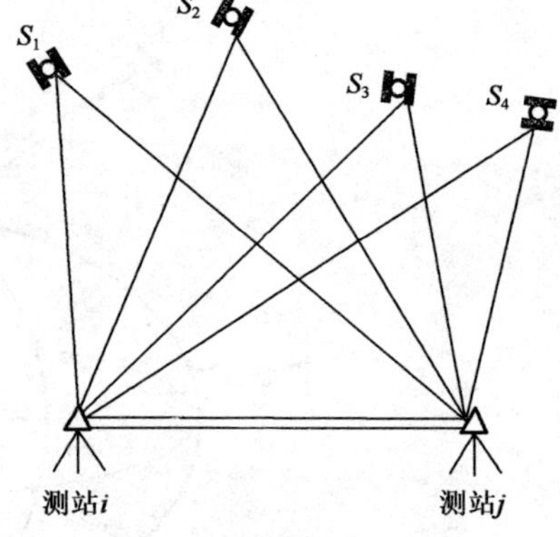

图 4-5　相对定位

在相对定位中，至少有一个点的位置是已知的，称之为基准点。由于相对定位是在几个点同步观测 GPS 卫星数据进行的，因此，可以有效地消除或减弱许多相同的或基本相同的误差，如卫星钟的误差、卫星星历误差、信号的传播延迟误差等，从而可以获得很高的相对定位精度。但相对定位要求各站接收机必须同步跟踪观测相同的卫星，因而作业组织和实施比较复杂，而且两点的距离受到限制，一般在 1000km 以内。

(二)静态定位与动态定位

按待定点相对于地固坐标系的运动状态来区分，GPS 定位可以分为静态定位和动态定位。

1. 静态定位

若观测站相对于地固坐标系，没有可以察觉到的运动，或者有微小的运动，但是在一次观测期间(数小时或若干天)无法察觉到,这样确定待定点位置的方法,称为静态定位。其基本特点是,在 GPS 观测数据处理中,待定点的坐标是个常量,没有速度分量。在静态定位中,可以进行大量的重复观测,以提高定位精度。

2. 动态定位

若观测站相对于地固坐标系有显著的运动,则这样的点的定位称为动态定位。动态定位可以分为两种情况:一是导航动态定位,它要求在用户运动时,实时地确定用户的位置和速度,并根据预先选定的终点和运动路线,引导用户沿预定航线到达目的地;另一种是精密动态定位,其主要目的不是导航,而是精确确定用户各个时刻的位置和速度,目前,后者比较广泛地应用于工程测量中。

习　题

4-5　平整场地时,从水准仪读得后视读数后,在一个方格的四个角 M、N、O 和 P 点上读得前视读数分别为 1.254m、0.493m、2.021m 和 0.213m,则方格上最高点和最低点分别是(　　)。

A. P、O　　B. O、P　　C. M、N　　D. N、M

4-6　M 点高程 H_M=43.251m,测得后视读数 a=1.000m,前视读数 b=2.283m。则 N 点对 M 点的高差 h_{MN} 和待求点 N 的高程 H_N 分别为(　　)。

A. +1.283m,44.534m　　B. −3.283m,39.968m

C. +3.283m,46.534m　　D. −1.283m,41.968m

4-7　水准仪有 $DS_{0.5}$、DS_1、DS_3 等多种型号,其下标数字 0.5、1、3 等代表水准仪的精度,为水准测量每公里往返高差中数的中误差值,单位为(　　)。

A. km　　B. m　　C. cm　　D. mm

4-8　水准仪置于 A、B 两点中间,A 尺读数 a=1.523m,B 尺读数 b=1.305m,仪器转移至 A 点附近,尺读数分别为 a'=1.701m,b'=1.462m,则(　　)。

A. $LL/\!/CC$　　B. LL 不平行于 CC

C. $L'L'/\!/VV$　　D. $L'L'$不平行于 VV

4-9　公式(　　)用于附合水准路线的成果校核。

A. $f_h=\sum h$　　B. $f_h=\sum h_{测}-(H_{终}-H_{始})$

C. $f_h=\sum h_{往}-\sum h_{返}$　　D. $\sum_h=\sum a-\sum b$

4-10　光学经纬仪有 DJ_1、DJ_2、DJ_6 等多种型号,数字下标 1、2、6 表示(　　)。中误差的值,以秒计。

A. 水平角测量一测回角度　　B. 竖直方向测量一测回方向

C. 竖直角测量一测回角度　　D. 水平方向测量一测回方向

4-11　经纬仪观测中,取盘左、盘右平均值是为了消除(　　)的误差影响,而不能消除水准管轴不垂直竖轴的误差影响。

A. 视准轴不垂直横轴　　B. 横轴不垂直竖轴

C. 度盘偏心　　D. A、B 和 C

4-12　水平角观测中,盘左起始方向 OA 的水平度盘读数为 358°12′15″,终了方向 OB 的对应读数为 154°18′19″,则∠AOB 前半测回角值为(　　)。

A. 156°06′04″　　B. −156°06′04″

C. 203°53′56″　　D. −203°53′56″

4-13　测站点 O 与观测目标 A、B 位置不变，如仪器高度发生变化，则观测结果(　　)。

A. 竖直角改变、水平角不变　　B. 水平角改变、竖直角不变

C. 水平角和竖直角都改变　　D. 水平角和竖直角都不变

4-14　经纬仪盘左时，当视线水平，竖盘读数为 90°；望远镜向上仰起，读数减小，则该竖直度盘为顺时针注记，其盘左和盘右竖直角计算公式分别为(　　)。

A. $90°-L, R-270°$　　B. $L-90°, 270°-R$

C. $L-90°, R-270°$　　D. $90°-L, 270°-R$

4-15　某钢尺尺长方程式为 $l_t=50.0044+1.25\times10-5\times(t-20)\times50$，在温度为 31.4℃ 和标准拉力下量得均匀坡度两点间的距离为 49.9062m，高差为 −0.705m，则该两点间的实际水平距离为(　　)。

A. 49.904m　　B. 49.913m　　C. 49.923m　　D. 49.906m

4-16　视距测量时，经纬仪置于高程为 162.382m 的 A 点，仪器高为 1.40m，上、中、下三丝读得立于 B 点的尺读数分别为 1.019m、1.400m 和 1.781m，求得竖直角 $\alpha=-3°12'10''$，则 AB 的水平距离和 B 点高程分别为(　　)。

A. 75.962m，158.131m　　B. 75.962m，166.633m

C. 76.081m，158.125m　　D. 76.081m，166.639m

4-17　某电磁波测距仪的标称精度为 $\pm(3+3\times10^{-6})$mm，用该仪器测得 500m 距离，如不顾及其他因素影响，则产生的测距中误差为(　　)mm。

A. ±18　　B. ±3　　C. ±4.5　　D. ±6

4-18　由标准方向北端起顺时针量到所测直线的水平夹角，该角的名称及其取值范围是(　　)。

A. 象限角、0°～90°　　B. 象限角、0°～±90°

C. 方位角、0°～±180°　　D. 方位角、0°～360°

4-19　等精度观测是指(　　)的观测。

A. 允许误差相同　　B. 系统误差相同

C. 观测条件相同　　D. 偶然误差相同

4-20　用钢尺往返丈量 120m 的距离，要求相对误差达到 1/10000，则往返较差不得大于(　　)m。

A. 0.048　　B. 0.012　　C. 0.024　　D. 0.036

4-21　对某一量进行 n 次观测，则根据公式 $M=\pm\sqrt{\frac{[vv]}{n(n-1)}}$ 求得的结果为(　　)。

A. 算术平均值中误差　　B. 观测值中误差

C. 算术平均值真误差　　D. 一次观测中误差

4-22　用 DJ_6 经纬仪观测水平角，要使角度平均值中误差不大于 3″，应观测(　　)测回。

A. 2　　B. 4　　C. 6　　D. 8

4-23　在△ABC 中，直接观测了∠A 和∠B，其中误差分别为 $m\angle A=\pm3''$ 和 $m\angle B=\pm4''$，则∠C 的中误差 $m\angle C$ 为(　　)。

A. ±8″　　B. ±7″　　C. ±5″　　D. ±1″

第三节　控 制 测 量

测量工作中为了扩展测量工作面及防止误差的积累，应遵循的原则是在布局上从整体到局部，在精度上从高级到低级，在工作程序上从控制到碎部。即在测区内选择一些具有全局性控制意义的点，用精确的方法测定它的平面坐标和高程位置，以这些点作为基础，再以低一级的精度测出其他点。这些在布局、精度和程序上具有控制意义的点称为控制点，由控制点组成的几何图形称为控制网，分为平面控制网和高程控制网。测定控制点平面位置和高程位置的工作分别称为平面控制测量和高程控制测量。

一、平面控制网的定位与定向

地面点的平面位置用平面坐标表示，点与点之间可根据其水平距离和方位角计算坐标增量，如果其中一个点的坐标已知，则另一点的坐标即可求出。

确定一直线与标准方向的夹角的工作称为直线定向。标准方向有三种：真子午线方向、磁子午线方向和中央子午线方向（坐标纵轴方向）。真子午线方向与磁子午线方向的夹角称为磁偏角，真子午线方向与中央子午线方向的夹角称为子午线收敛角。由标准方向北端起顺时针量到直线的水平夹角称为方位角，有真方位角、磁方位角和坐标方位角三种。方位角的取值范围为 $0°\sim360°$。直线 AB 的坐标方位角 α_{AB} 与直线 BA 的坐标方位角 α_{BA} 互为正反方位角，相差 180°。直线的方向还可用象限角表示，它是由标准方向的北端或南端起依顺时针或逆时针量到直线的锐角。直线的象限角不仅要说明大小，而且还要指出所在象限，如直线 OA 的象限角 R_{OA}＝南东 60°36′（或 S60°36′E），象限只能用北东（NE）、北西（NW）、南东（SE）和南西（SW）来表示。坐标方位角和象限角可互相换算，如 R_{OA}＝南东 60°36′，则 $\alpha_{OA}=119°24'$。

二、导线测量

（一）导线的一般知识

导线是由若干条直线段连成的折线，相邻点的连线称为导线边，用测距仪或钢尺或其他方法测定。相邻边的水平角称为转折角，用经纬仪测定。当给定起始边方位角和起始点坐标，就可推算各导线点坐标。它适用于城市的密集建筑区、隐蔽地区和地下工程，也适用于狭长地带。根据不同情况和要求，导线布置形式有：

（1）闭合导线：起止于同一已知点和已知方位角的导线。

（2）附合导线：起始于一个已知点和一个已知方位角，终止于另一个已知点和另一个已知方位角的导线。

（3）支导线：从一个已知点和一个已知方位角开始延伸出去的导线。

（4）导线网：由若干条导线组成的多边形网状导线或结点形式网状导线。

（二）导线测量的外业

导线测量外业包括踏勘选点与建立标志、边长丈量、转折角测量和连接测量，即连接角和连接边的测量。

（三）闭合导线测量的内业计算

导线测量内业计算的目的是根据已知数据，利用外业观测成果和校核条件，正确计算出各导线点的最后坐标。

1. 角度闭合差的计算与调整

n 边闭合多边形的内角和$\sum\beta_{测}$ 与理论值$(n-2)180°$之差称为闭合多边形角度闭合差。

$$f_\beta=\sum\beta_{测}-(n-2)\times180° \tag{4-40}$$

按表 4-5 的指标,检查 f_β 是否在 $f_{\beta允}$ 的范围内。如果精度合格,则 f_β 的分配原则是:将角度闭合差反符号并平均分配到各观测角上(如不能整除时,余数可分配到短边有关角上),则

$$\left.\begin{aligned}v_\beta&=\frac{-f_\beta}{n}\\ \beta_{改正后}&=\beta_{测}+v_\beta\end{aligned}\right\} \tag{4-41}$$

导线测量的主要技术要求 表 4-5

等级	导线长度(km)	平均边长(mm)	测角中误差(″)	测距中误差(mm)	测距相对中误差	测回数		方位角闭合差(″)	相对闭合差
						DJ_2	DJ_6		
一级	4	0.5	±5	±15	≤1/30000	2	4	$\pm10\sqrt{n}$	≤1/15000
二级	2.4	0.25	±8	±15	≤1/14000	1	3	$\pm16\sqrt{n}$	≤1/10000
三级	1.2	0.1	±12	±15	≤1/7000	1	2	$\pm24\sqrt{n}$	≤1/5000
图根	≤1.0M	≤1.5倍测图最大视距	一般30,首级20				1	一般$\pm60\sqrt{n}$,首级$\pm40\sqrt{n}$	≤1/2000

注:n 为测站数,M 为测图比例尺的分母。

2. 用改正后的角值计算各边方位角

当导线点编号为逆时针时,转折角在导线前进方向的左侧,则转折角称为左角;反之称为右角。推算方位角的公式分别如下

左角

$$\alpha_{前}=\alpha_{后}-180°+\beta_{左} \tag{4-42}$$

右角

$$\alpha_{前}=\alpha_{后}+180°-\beta_{右} \tag{4-43}$$

3. 坐标增量闭合差的计算与调整

由边长丈量值和推算的方位角值可求坐标增量。由于量距有误差,改正后的角度有残余误差,致使推得的方位角含有误差,因而只能计算出未经改正的坐标增量。

$$\left.\begin{aligned}\Delta x'&=D\cos\alpha\\ \Delta y'&=D\sin\alpha\end{aligned}\right\} \tag{4-44}$$

从理论上讲,闭合导线各边坐标增量总和$\sum\Delta x_{理}$ 和$\sum\Delta y_{理}$ 均应为零。但实际上$\sum\Delta x'$与$\sum\Delta y'$并不为零,这个值就称为坐标增量闭合差。

$$\left.\begin{aligned}f_x&=\sum\Delta x'\\ f_y&=\sum\Delta y'\end{aligned}\right\} \tag{4-45}$$

而 $f_D=\sqrt{f_x^2+f_y^2}$ 称为导线全长闭合差。为了评定导线的精度,应求出导线全长相对闭合差。

$$K=\frac{f_D}{\sum D}=\frac{1}{M} \tag{4-46}$$

按表 4-4 的指标检查 K 是否在 $K_{允}$ 的范围内。如果精度合格,则 f_x 和 f_y 的分配原则是:将增量闭合差反符号,并按与边长成正比分配到对应边的增量上,则

$$\left.\begin{aligned} v_x &= \left(\frac{-f_x}{\sum D}\right)D \\ v_y &= \left(\frac{-f_y}{\sum D}\right)D \end{aligned}\right\} \tag{4-47}$$

则改正后坐标增量为

$$\left.\begin{aligned} \Delta x &= \Delta x' + v_x \\ \Delta y &= \Delta y' + v_y \end{aligned}\right\} \tag{4-48}$$

4.各点坐标计算

根据起始点坐标和改正后的坐标增量，依次计算各导线点的坐标，如下式

$$\left.\begin{aligned} x_{i+1} &= x_i + \Delta x_{i(i+1)} \\ y_{i+1} &= y_i + \Delta y_{i(i+1)} \end{aligned}\right\} \tag{4-49}$$

最后推算得起始点坐标应与已知值相等，以此作为计算校核。

5.闭合导线计算实例

【例 4-7】 见表 4-6。

(四)闭合导线计算步骤

附合导线计算步骤与闭合导线相同，由于导线的形式不同和原始数据不同，则在角度闭合差和增量闭合差的计算与调整上有所不同。

1.角度闭合差的计算与调整

$$\left.\begin{aligned} &\text{右角} && \sum\beta_{量} = \alpha_{始} - \alpha_{终} + n\times180^\circ \\ &\text{左角} && \sum\beta_{量} = \alpha_{终} - \alpha_{始} + n\times180^\circ \\ & && f_\beta = \sum\beta_{测} - \sum\beta_{理} \\ & && v_\beta = -\frac{f_\beta}{n} \end{aligned}\right\} \tag{4-50}$$

许多书中是采用测算出来的终边方位角 $\alpha'_{终}$ 与已知的终边方位角 $\alpha_{终}$ 之差求 f_β，称为方位角闭合差。

$$\left.\begin{aligned} &\text{右角} && \alpha'_{终} = \alpha_{始} + n\times180^\circ - \sum\beta_{测} \\ &\text{左角} && \alpha'_{终} = \alpha_{始} - n\times180^\circ + \sum\beta_{测} \\ &\text{即} && f_\beta = \alpha'_{终} - \alpha_{终} \\ &\text{右角} && v_\beta = \frac{f_\beta}{n} \\ &\text{左角} && v_\beta = -\frac{f_\beta}{n} \end{aligned}\right\} \tag{4-51}$$

2.坐标增量闭合差的计算与调整

$$\left.\begin{aligned} \sum\Delta x_{理} &= x_{终} - x_{始} \\ \sum\Delta y_{理} &= y_{终} - y_{始} \\ f_x &= \sum\Delta x_{测} - \sum\Delta x_{理} \\ f_y &= \sum\Delta y_{测} - \sum\Delta y_{理} \end{aligned}\right\} \tag{4-52}$$

f_x、f_y 的分配原则同闭合导线式(4-47)。

3.附合导线计算实例

【例 4-8】 见表 4-7。

闭合导线计算表

表 4-6

点号	水平角 观测值 (° ′ ″)	水平角 改正后角值 (° ′ ″)	方位角 (° ′ ″)	距离 (m)	增量计算值 $\Delta x'$	增量计算值 $\Delta y'$	改正后增量值 Δx	改正后增量值 Δy	坐标 x(m)	坐标 y(m)	点号
A	(左)								1000.000	2000.000	A
			125 59 36	140.272	+21 +82.437	+10 +113.492	+82,458	+113.502			
B	+5 107 48 38	107 48 43							917.542	2113.502	B
			33 48 19	106.881	+16 +63.117	+8 +85.254	+63.101	+86.262			
C	+5 73 00 22	73 00 27							980.643	2199.764	C
			306 48 46	172.358	+25 +103.277	+13 +137.989	+103.252	+137.976			
D	+5 89 33 56	89 34 01							1083.895	2061.788	D
			216 22 47	104.186	+15 +83.880	+8 +61.796	+83.895	+61.788			
A	+6 89 36 43	89 36 49							1000.000	2000.000	A
			125 59 36								
B											B
Σ	359 59 39			523.697	+0.077	+0.039	+0.000	+0.000			

$\sum\beta_{测}=359°59'39''$

$\sum\beta_{理}=(n-2)180°=360°$

$f_\beta=\sum\beta_{测}-\sum\beta_{理}=-21''$

$f_{\beta允}=\pm24''\sqrt{n}=\pm48''$

$v_\beta=-f_\beta/n=+5.2''$

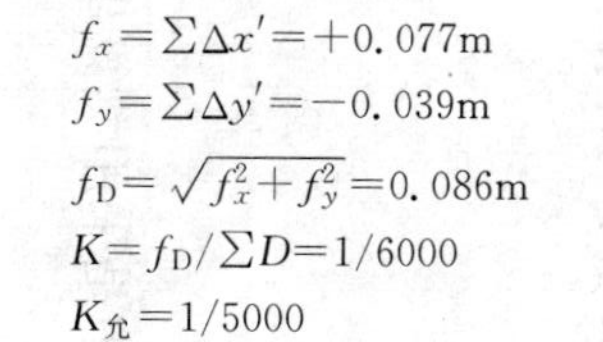

$f_x=\sum\Delta x'=+0.077\text{m}$

$f_y=\sum\Delta y'=-0.039\text{m}$

$f_D=\sqrt{f_x^2+f_y^2}=0.086\text{m}$

$K=f_D/\sum D=1/6000$

$K_{允}=1/5000$

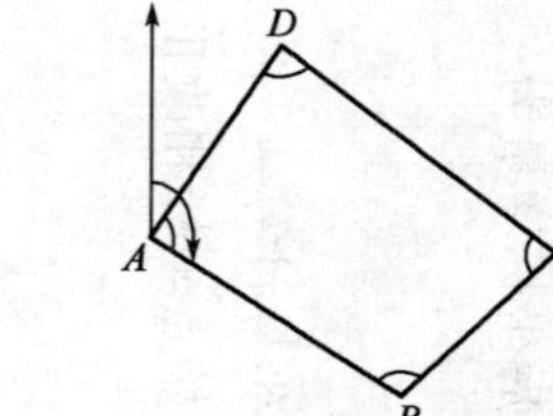

附 合 导 线 计 算 表 表 4-7

点号	水平角		方位角 (° ′ ″)	距离 (m)	增量计算值		改正后增量值		坐 标		点号
	观测值 (° ′ ″)	改正后角值 (° ′ ″)			$\Delta x'$	$\Delta y'$	Δx	Δy	x(m)	y(m)	
A	(右)										A
			65 32 18								
B	+7 95 17 17	95 17 24							3800.00	4500.000	B
			158 14 54	217.624	+13 +188.938	+8 +107.994	+188.925	+107.986			
1	+7 251 36 49	251 36 56							3611.075	4607.986	1
			78 37 58	178.718	+11 +35.225	+6 +175.212	+35.236	+175.206			
2	+7 147 25 24	147 25 31							3646.311	4783.192	2
			111 12 27	194.129	+12 +70.226	+7 +180.982	+70.214	+180.975			
C	+7 171 16 21	171 16 28							3576.097	4964.167	C
			119 55 59								
D											D
Σ	665 35 51	665 36 19		590.471	+223.939	+464.188	+223.903	+464.167			

(右角) $\sum\beta_{理}=\alpha_{始}-\alpha_{终}+n\cdot180°=665°36'19''$

$\left.\begin{array}{l}f_\beta=\sum\beta_{测}-\sum\beta_{理}=-28''\text{，反号平均改正}\\ v_\beta=-f_\beta/n=+7''\end{array}\right\}$

或

$\alpha'_{测}=\alpha_{测}-\sum\beta_{测}+n\cdot180°=119°56'27''$

$\left.\begin{array}{l}f_\beta=\alpha'_{测}-\alpha_{理}=+28°\text{，同号平均改正}\\ v_\beta=f_3/n=+7°\end{array}\right\}$

$f_{\beta允}=\pm16''\sqrt{n}=\pm32''$

$f_x=\sum\Delta x'-(x_{始}-x_{终})=-0.036\text{m}$

$f_y=\sum\Delta y'-(y_{始}-y_{终})=+0.021\text{m}$

$f_u=\sqrt{f_x^2+f_y^2}=0.042\text{m}$

$K=f_D/\sum D=1/14000$

$K_{允}=1/10000$

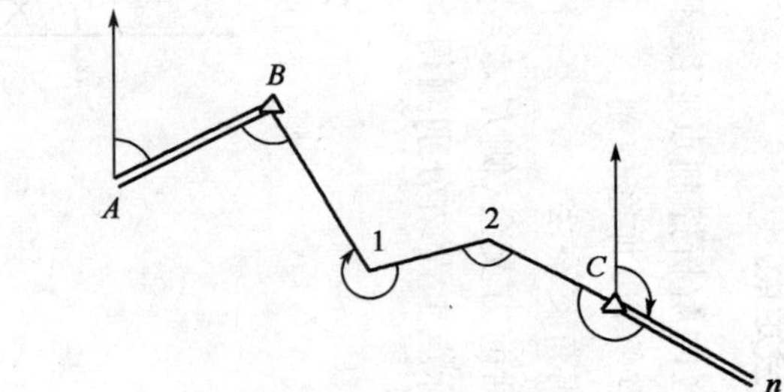

三、交会定点

当测区内解析控制点密度不够时，可以利用两个或两个以上已知点进行测角交会定点、测边交会定点等，以加密控制。

（一）测角交会法

它包括前方交会、侧方交会和后方交会。这里介绍前方交会，如图 4-6 所示。在 A、B 两个已知坐标点上设站分别测得 α、β 角，就可求得待定点 P 的坐标值。

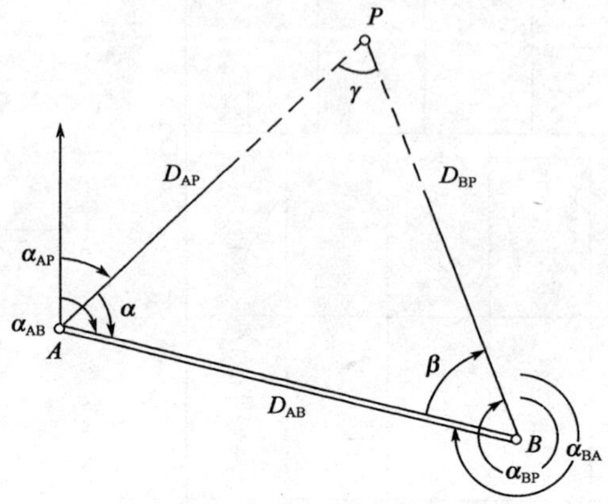

图 4-6 测角交会法

计算方法一：将 A、B、P 三点按逆时针顺序编号，然后应用变形的戎格公式解算。

$$\left.\begin{aligned} x_P &= \frac{x_A\cot\beta + x_B\cot\alpha + (y_B - y_A)}{\cot\alpha + \cot\beta} \\ y_P &= \frac{y_A\cot\beta + y_B\cot\alpha + (x_A - x_B)}{\cot\alpha + \cot\beta} \end{aligned}\right\} \tag{4-53}$$

计算方法二：先计算 AP、BP 边的方位角和边长，公式有 $\alpha_{AP}=\alpha_{AB}-\alpha$，$\alpha_{BP}=\alpha_{BA}+\beta$，$\gamma=180°-(\alpha+\beta)$，$D_{AP}=D_{AB}\times\sin\beta/\sin\gamma$，$D_{BP}=D_{AB}\times\sin\alpha/\sin\gamma$。然后计算 AP、BP 边的坐标增量，并分别从 A、B 推算 P 点坐标。

（二）测边交会法

如图 4-7 所示，已知 A、B 点坐标，用电磁波测距仪测定 D_{AP}、D_{BP}，可以求得待定点 P 的坐标值。当 A、B、P 三点按逆时针顺序编号时，P 点坐标计算公式如下：

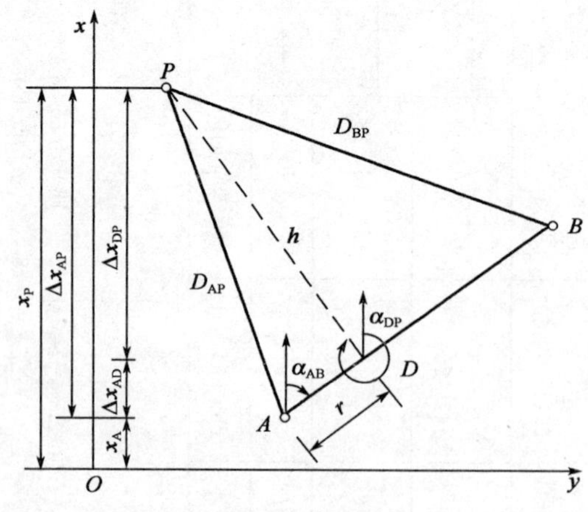

图 4-7 测边交会法

$$
\left.\begin{aligned}
r &= \frac{D_{AB}^2 + D_{AP}^2 - D_{BP}^2}{2D_{AB}} \\
h &= \sqrt{D_{AP}^2 - r^2} \\
x_P &= x_A + r\cos\alpha_{AB} + h\sin\alpha_{AB} \\
y_P &= y_A + r\sin\alpha_{AB} - h\cos\alpha_{AB}
\end{aligned}\right\} \tag{4-54}
$$

四、高程控制测量

小地区高程控制是以三、四等水准测量为首级高程控制，以满足地形图测绘和工程建设测量的需要。

（一）三、四等水准测量

三、四等水准测量应从国家一、二等水准点引出三、四等水准路线。点位应选择在土质坚实易长期保存处，并埋设标石；观测应在通视良好、成像清晰的条件下进行；观测方法是用红黑双面尺法，也可用变更仪器高法进行。三等水准测量采用双面尺法的观测程序是后黑—前黑—前红—后红，四等则可为后黑—后红—前黑—前红。后前前后的观测程序可以消除或削弱水准仪下沉误差的影响。往返观测取平均值可以消除或削弱水准尺下沉误差的影响。

（二）图根水准测量

图根水准测量是在测区内为测绘地形图而加密高程控制点所进行的水准测量工作，精度低于测区的首级高程控制。

（三）三角高程测量

测区内需要有一定数量的水准点，但在地形复杂地区，可采用三角高程测量加密高程控制点，常用于测图高程控制。如图 4-8 所示，高差的计算公式为

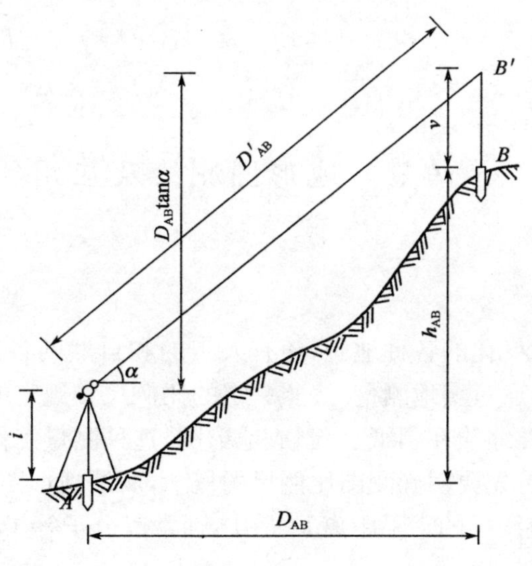

图 4-8　三角高程测量

$$
h_{AB} = D_{AB}\tan\alpha + i - v \tag{4-55}
$$

式中：D_{AB}——水平距离，由直接丈量或图解求得，当其大于 400m 时，高差应作地球曲率和大气折光修正；

α——竖直角；

i——仪器高(度);

v——觇标高。

电磁波测距为三角高程测量提供了有利条件,并顾及大气折光因素影响后,公式可写为

$$h_{AB} = D'_{AB}\sin\alpha + \frac{1}{2R}(D'_{AB}\cos\alpha)^2 + i - v \tag{4-56}$$

式中: D'_{AB}——测距仪测得的斜距(图 4-4);

R——地球半径,取 6371km;

$\frac{1}{2R}(D'_{AB}\cos\alpha)^2$——大气折光对高差的影响。

习　题

4-24　已知直线 AB 的方位角 $\alpha_{AB}=87°$,$\beta_{右}=\angle ABC=290°$,则直线 BC 的方位角 α_{BC} 为(　　)。

A. 23°　　B. 157°　　C. 337°　　D. −23°

4-25　导线测量外业包括踏勘选点与埋设标志、边长丈量、转折角测量和(　　)测量。

A. 定向　　B. 连接边和连接角

C. 高差　　D. 定位

4-26　导线坐标增量闭合差调整的方法是将闭合差按与导线长度成(　　)的关系求得改正数,以改正有关的坐标增量。

A. 正比例并同号　　B. 反比例并反号

C. 正比例并反号　　D. 反比例并同号

4-27　公式(　　)用来计算导线全长闭合差。

A. $f_D=\sqrt{f_x^2+f_y^2}$　　B. $K=f_D/\sum D=1/M$

C. $f_x=\sum\Delta x-(x_{终}-x_{始})$　　D. $f_y=\sum\Delta y-(y_{终}-y_{终})$

第四节　地形图测绘及应用

一、概述

地球表面有高低起伏变化的各种地貌,还有人工的和自然的各种地物。在测区建立控制网后,根据控制点的位置,通过实地测量,按照一定的比例尺和规定的符号,测定测区内地物和地貌的平面位置和高程,并缩绘在图纸上,制成地形图,这种测量工作就是地形图的测绘。

在测绘地形图之前,首先要明确测图比例尺的概念,所谓地形图的比例尺就是图上某一线段的长度 d 与地面上相应线段的水平距离 D 之比,通常以分子等于 1 的分数形式表示,即

$$d/D = 1/M \tag{4-57}$$

式中:M——比例尺分母。

由于地形图的服务对象不同,其比例尺可分为大、中、小三种。1∶500～1∶5000 比例尺的地形图称为大比例尺地形图,通常采用经纬仪或平板仪进行野外测绘而得,现代的方法是利用电磁波测距仪、光电测距仪或全站仪,从野外测量、计算到内业一体化的数字化测量,主要用

于公路、城市道路、铁路、水利设施等各种工程建设的详细规划和设计以及工程量计算等。1∶10000～1∶100000比例尺的地形图称为中比例尺地形图，采用航空摄影测量或航天遥感数字摄影测量方法测绘而成，是国家基尺地形图及各种资料编绘而成的。

根据比例尺的定义，在测图时可将实地的水平距离 D 换算为图上长度 d；在用图时也可将图上长度 d 换算为实地上相应的水平距离 D，其公式为

$$d = D/M \quad 或 \quad D = dM \tag{4-58}$$

这种比例尺称为数字比例尺，分母 M 越大，比例尺越小。为了用图方便以及减小由于图纸伸缩变化而产生的误差影响，常在图上绘制图示比例尺，如图4-9所示。

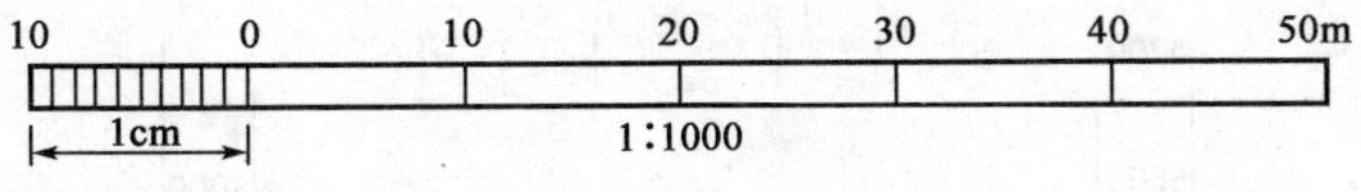

图4-9 图示比例尺

正常情况，人眼在图纸上能分辨出的最小距离为0.1mm，即在图纸上当两点间距离小于0.1mm时，人眼就无法再分辨。因此，在地形图上0.1mm所代表的实地水平距离称为地形图的比例尺精度。即

$$比例尺精度=0.1M(\mathrm{mm}) \tag{4-59}$$

比例尺精度的概念对测图与用图都具有十分重要的意义。首先，根据测图的比例尺，可以知道在地面上量距应准确到什么程度，例如测绘1∶2000比例尺的地形图时，其比例尺的精度为0.1×2000=0.2m，因此测量地面上距离的绝对精度只需0.2m；其次，也可按照地面距离的规定精度来确定采用多大比例尺的地形图，如果要求在图上能表示出地面上0.5m的细节，则由比例尺精度可知所用的测图比例尺不应小于0.1/(0.5×1000)=1/5000，也就是用1∶5000比例尺来测绘地形图就能满足要求，由此可知比例尺越大，表示地形变化的状况越详细，精度越高。所以测图比例尺应根据用图的需要来确定，工程常用的几种大比例尺地形图的比例尺精度如表4-8所列。

大比例尺地形图的比例尺精度 表4-8

比例尺	1∶500	1∶1000	1∶2000	1∶5000	1∶10000
比例尺精度(m)	0.05	0.1	0.2	0.5	1

地形图测绘的工作程序是采取“从整体到局部，先控制后碎部”的原则，根据测图的目的和要求并结合测区具体情况，首先逐级建立平面和高程控制，然后利用控制测量的成果来详细测绘地形图。在测绘过程中都应遵守有关规范的规定。测图方法、仪器和地形取舍要满足测图的精度要求，以保证测图乃至用图的质量。

二、地形图的应用

由于地形图全面、客观地反映了地面的地形情况，因此，被广泛应用于各种工程建设中。利用地形图可以获取很多工程建设中所需的信息。

(一)求点的坐标

如图4-10所示，图上 A 点的坐标，可利用图廓坐标格网的坐标值来求出。首先找出 A 点所在方格的西南角坐标 $x_0=5200\mathrm{m}$，$y_0=1200\mathrm{m}$。然后通过 A 点做出坐标格网的平行线 ab、cd，再按测图比例尺(1∶2000)量取 aA 和 cA 的长度，则

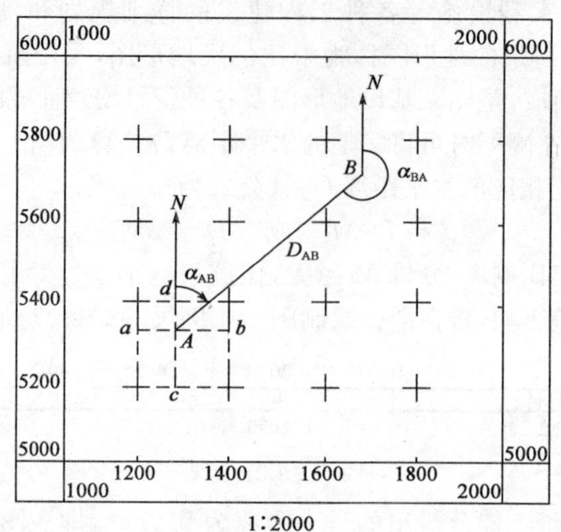

图 4-10　确定点的坐标

$$\left.\begin{aligned} x_A &= x_0 + cA \\ y_A &= y_0 + aA \end{aligned}\right\} \tag{4-60}$$

考虑到图纸伸缩的影响及检核量测的误差，还应量取 ab、cd 的长度。从理论上讲：$ab = cd = 1$，1 为坐标格网边长（一般为 10cm）。由于图纸伸缩，以及量测长度有一定误差，上式一般不成立，则 A 的坐标应按下式计算

$$\left.\begin{aligned} x_A &= x_0 + \frac{l}{cd} \times cA \\ y_A &= y_0 + \frac{l}{ab} \times aA \end{aligned}\right\} \tag{4-61}$$

如图 4-10 所示，根据比例尺量出 $aA=80.4\text{m}$，$cA=135.2\text{m}$，$ab=200.2\text{m}$，$cd=200.4\text{m}$，已知坐标网边长的名义长度为 $l=200\text{m}$，则有

$$x_A = 5200 + \frac{200}{200.4} \times 135.2 = 5334.9\text{m}$$

$$y_A = 1200 + \frac{200}{200.2} \times 80.4 = 1280.3\text{m}$$

（二）求点的高程

在地形图上求任何一点的高程，都可根据等高线和高程注记来完成。如图 4-11 所示，A 点恰好位于等高线上，则其高程就等于该等高线的高程，即 51m。如果所求点位于两条等高线之间时，则可以按比例关系求得其高程。如 B 点位于 54m 和 55m 两根等高线之间，可通过 B 点作一大致与两根等高线相垂直的直线，交两条等高线于 m、n 两点，从图上量得：$mn=d$，$mB=l$，设等高线的等高距为 h（该图 $h=1\text{m}$），则 B 点的高程为

$$H_B = H_m + h \times \frac{l}{d} \tag{4-62}$$

式中：H_m——m 点的高程（在图中为 54m）。

三、地形碎部点的测绘方法

根据所用仪器的不同，地形碎部点测绘的传统方法有大平板仪（光电测距照准仪）测图法、

经纬仪测绘(测记)法及小平板仪联合经纬仪测图法等。下面仅阐述经纬仪测绘(测记)法的具体做法。

(一)安置仪器

将经纬仪安置于测站点(已展绘到图纸上的控制点)A 上,如图 4-12 所示,量取仪器高 i,并测定竖直度盘的指标差 x,然后照准另一控制点 B 作为起始方向,并在该方向上使水平度盘读数配置成 0°0′00″。

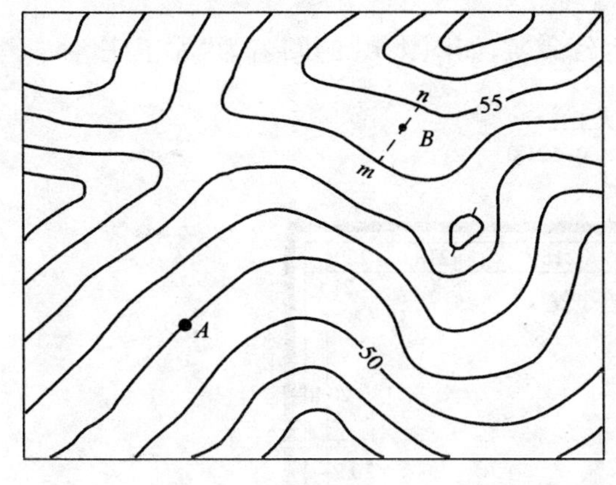

图 4-11 确定点的高程

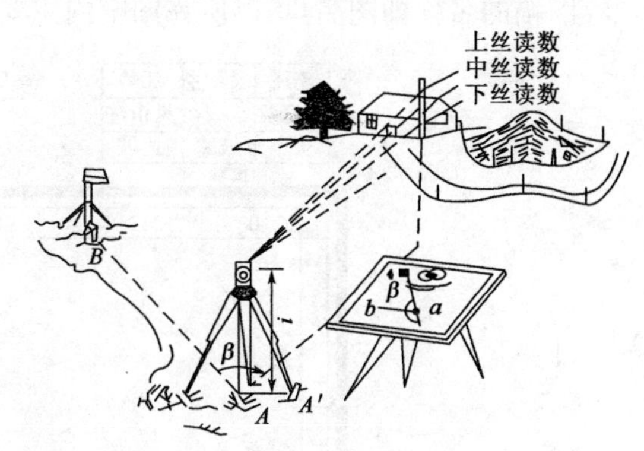

图 4-12 经纬仪测绘(测记)法

(二)观测

照准立在碎部点 1 上的视距尺,读取水平度盘读数或直接读取水平角、中丝读数(一般使中丝对准尺上仪器高 i 处)和视距间隔,并读出竖盘读数,分别记入地形碎部点测量记录表中,见表 4-9。观测 20 个左右的碎部点后,应检查起始方向,归零差不得大于±1.5′。

地形碎部点测量记录表 表 4-9

测站 A; 后视点 B; 仪器高 i=1.42m; 指标差 x=0; 测站高程 H_A=207.40m

点号	视距 kn	中丝读数	竖盘读数	竖直角	初算高差	$\Delta=i-v$ (m)	高差	水平角	水平距离	高程	备注
1	76.0	1.42	93°28′	−3°28′	−4.95	0	−4.95	275°25′	75.7	202.8	屋角
2	75.0	2.42	93°00′	−3°00′	−3.92	−1.00	−4.92	372°30′	74.7	202.5	
3	51.4	1.42	91°45′	−1°45′	−1.57	0	−1.57	7°40′	51.4	205.9	鞍部
4	25.7	1.42	87°26′	+2°34′	+1.15	0	+1.15	178°20′	25.6	208.6	

(三)展绘碎部点

绘图员将裱有图纸的绘图板安置在测站边,根据计算出的测站点到碎部点的水平角、水平距离,按照极坐标法,仍以图上的 ab 方向为零方向,用透明半圆仪量测水平角,得到自测站点到碎部点 1 的方向线,沿此方向线从 A 点截取水平距离在图上的长度,即得碎部点 1 的点位,展绘碎部点 1。碎部点的高程标注在该点位的右侧,同时还要避免与地物符号重叠,也不要标注在图廓外。用同样方法可测绘其他碎部点。

绘图员应边展绘点边对照实物进行检查核对,按照规定的地物、地貌图式绘图。这种方法在技术人员紧张的情况下,也可在野外用经纬仪观测碎部点的数据,做好记录并画出草图,而后在室内根据记录数据和草图来绘制地形图。

经纬仪测绘法测图，操作简单、方便，工作效率高，任务紧迫时可分组进行，因此此法得到了广泛的应用。其缺点是因在室内绘图不能对照实地及时发现问题，因此，成图后应到现场核对，以保证成图质量。

四、地形图的分幅与编号方法

为了便于管理和使用不同比例尺的地形图，地形图实行统一的分幅与编号。具体方法有：梯形分幅编号法（国际上通用）、矩形分幅编号法。

图幅的名称即图名，均以所在图幅内主要的地名命名，如图 4-13 的图名为"大王庄"。

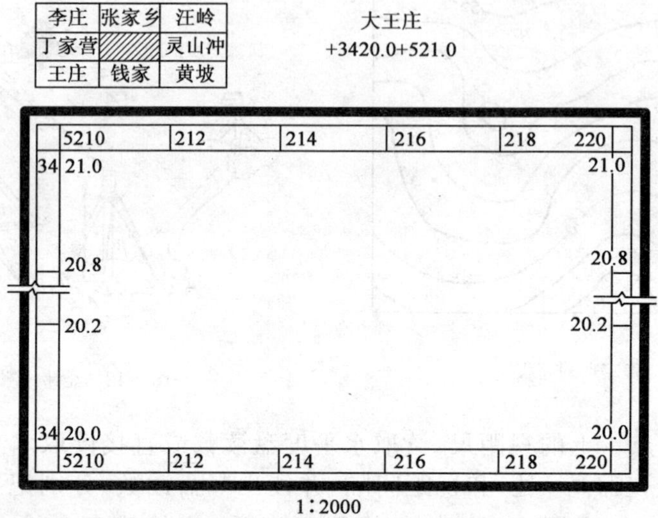

图 4-13　地形图的分幅与编号

为便于储存、检索和使用系列地图，每幅地图都有代号，每张地形图也有一定的图号。图号是该图幅相应分幅办法的编号，标注于图幅上方正中处。我国基本地图的编号是以 1∶100 万地形图的编号为基础进行系统编号的。1∶100 万地形图为国际统一的分幅与编号，按经纬线分幅。分幅与编号方法为：

1∶50 万地形图的编号是 1∶100 万地形图图号后加上大写字母 A、B、C、D。1∶20 万地形图图号是在 1∶100 万地形图图号后加上带方括号的自然序数[1]、[2]、…、[36]。1∶10 万地形图图号是在 1∶100 万地形图图号后加上自然序数 1、2、…、144。1∶5 万地形图图号是在 1∶10万地形图图号后加上大写字母 A、B、C、D。1∶2.5 万地形图图号是在 1∶5 万地形图图号后加上自然序数 1、2、3、4。1∶1 万地形图图号是在 1∶10 万地形图图号后加上带圆括号的自然序数(1)、(2)、…(64)。1∶5000 地形图图号是在 1∶1 万地形图图号后加上小写字母 a、b、c、d。1∶2000 地形图图号是在 1∶5000 地形图图号后加上本比例尺的代号 1、2、…、9。

为了说明本幅图与相邻图幅的联系，供索取和拼接相邻图幅用时，通常把相邻图幅的图号（或图名）标注在邻接图表中。中间绘有斜线的是本图幅，其余方格注以相邻图的图名（或编号），如图 4-13 所示。图廓是地形图的边界线，有内、外图廓之分，如图 4-13 所示，内图廓线就是坐标格网线，外图廓线为图幅最外边界线，以较粗的实线描绘，两图廓线之间的短线用来标记坐标值，以 km 为单位。图中左下角的 3420.0 表示本图的起始纵坐标为 3420km，中间横线上 34 两字省去不写，521.0 表示本图的起始横坐标为 521km。

土建工程使用的大比例尺地形图一般均为按坐标格网划分的正方形分幅编号法。

1∶5000、1∶2000、1∶1000 和 1∶500 比例尺地形图的图幅如表 4-10 所示。1∶5000 的地形图的图幅为 40cm×40cm，其他比例尺的地形图图幅均为 50cm×50cm，这样，较小比例尺的地形图恰好为较大比例尺地形图的 4 幅。

地 形 图 的 图 幅 表 4-10

比例尺	图幅大小(cm×cm)	实地面积(km^2)	一张 1∶5000 的地形图所含图幅数
1∶5000	40×40	4	1
1∶2000	50×50	1	4
1∶1000	50×50	0.25	16
1∶500	50×50	0.0625	64

地形图的编号一般采用图幅西南角坐标公里数编号法。编号时，对于 1∶5000 的地形图，西南角坐标值取至整公里，如图 4-14 所示，其图号为 20～30；对于 1∶2000 和 1∶1000 的地形图，坐标值取至 0.1km；而对于 1∶500 的地形图，坐标值取至 0.01km。例如，某 1∶2000 的地形图，西南角坐标值为 $x=46500$m，$y=19000$m，其图号为 46.5～19.0。

按照图 4-14 中一幅 1∶5000 图中包含该比例尺图幅数，将一幅 1∶5000 的地形图作四等分，便得四幅 1∶2000 比例尺的地形图，分别以Ⅰ、Ⅱ、Ⅲ、Ⅳ表示，其图的编号可在 1∶5000 图编号后加上各自的代号Ⅰ、Ⅱ、Ⅲ、Ⅳ作为 1∶2000 图的编号，例如图 4-14 中左下角阴影部分为:20-30-Ⅲ。依次类推，一幅 1∶2000 图又可分成四幅 1∶1000 图；1∶1000 图再可分成四幅 1∶500 图，其后附加各自的代号均为罗马字Ⅰ、Ⅱ、Ⅲ、Ⅳ。如图 4 14 所示，其他阴影部分 1∶1000的编号为 20-30-Ⅱ-Ⅰ，1∶500 的编号为 20-30-Ⅰ-Ⅰ-Ⅰ。

当测区较小时，可根据工程条件和要求，采用自然序号或行列编号法，也可采用其他编号法。总之应本着从实际出发，根据测图、用图和管理方便及用图单位的要求灵活运用。

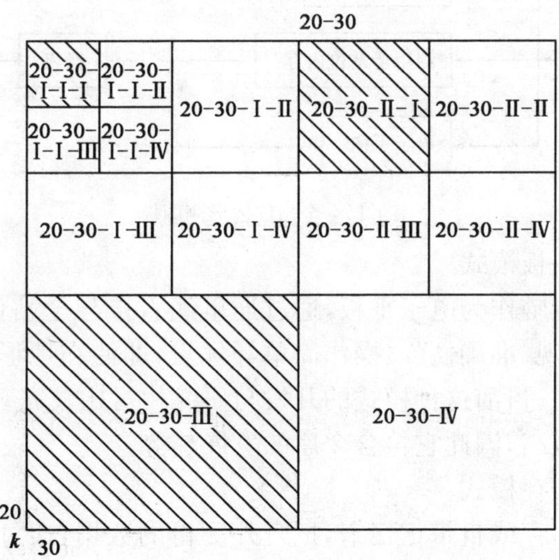

图 4-14 正方形分幅与编号

除正方形分幅外，也有采用矩形分幅的，图幅大小一般为 40cm×50cm。图号也可以采用图幅西南角坐标公里数编号法。

五、地物及其表示方法

凡地面上的自然形成物和人工构筑物统称为地物，如河流、湖泊、森林、房屋、道路等。地面上的地物在地形图上都是用简明、准确、易于判断实物的符号表示的，这些符号称为地形图图式，由国家测绘主管部门统一编制、印刷发行。地形图图式的符号按其特点又分为比例符号、非比例符号、半比例符号和注记符号等，各种符号的图形和尺寸，对于不同比例尺的测图，在地形图图式中都有统一的规定。各种符号是地形图阅读的主要依据，测图时必须正确使用。

有些地物的轮廓较大，如房屋、池塘、稻田等，这些地物能按测图比例尺缩绘在图纸上，所绘制的轮廓称为比例符号，也就是能表示地物位置以及它的形状和大小的符号；有些地物较小，如水井、独立树、旗杆、宝塔、测量控制点等，这些地物按测图比例尺缩小后在图上无法表示出来，必须采用一种特定的、统一尺寸的符号表示它的中心位置，这种符号称为非比例符号；有些呈线状延伸的地物，如铁路、道路、管线、河流、渠道、围墙、篱笆、城墙等，长度可按比例绘出，而宽度则不能，这种表示地物的符号称为半比例符号；用文字、数学或特殊的标记对地物加以说明的符号称为地物注记符号，如城镇名、道路名、高程注记、平面控制点、点号等。

在不同比例尺的地形图上表示地面上同一地物，由于测图比例尺的变化，所使用的符号也会变化。某一地物在大比例尺地形图上用比例符号表示，而在中、小比例尺地形图上则可能就变成为非比例符号或半比例符号。

六、全站仪数字化测图

利用全站仪能同时测定距离、角度、高差，提供待测点三维坐标，将仪器野外采集的数据，结合计算机、绘图仪以及相应软件，就可以实现自动化测图。

（一）全站仪测图模式

结合不同的电子设备，全站仪数字化测图主要有如图4-15所示三种模式。

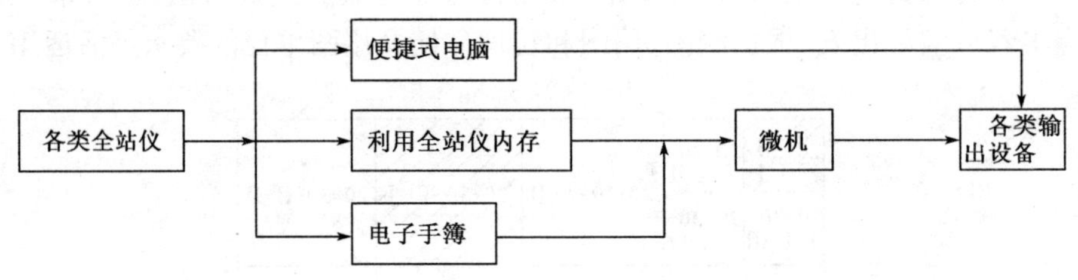

图4-15　全站仪地形测图模

1.全站仪结合电子平板模式

该模式是以便携式电脑作为电子平板，通过通讯线直接与全站仪通信、记录数据，实时成图。因此，它具有图形直观、准确性强、操作简单等优点，即使在地形复杂地区，也可现场测绘成图，避免野外绘制草图。目前这种模式的开发与研究相对比较完善，由于便携式电脑性能和测绘人员综合素质不断提高，因此它符合今后的发展趋势。

2.直接利用全站仪内存模式

该模式使用全站仪内存或自带记忆卡，把野外测得的数据，通过一定的编码方式，直接记录，同时野外现场绘制复杂地形草图，供室内成图时参考对照。因此，它操作过程简单，无须附带其他电子设备；对野外观测数据直接存储，纠错能力强，可进行内业纠错处理。随着全站仪存储能力的不断增强，此方法进行小面积地形测量时，具有一定的灵活性。

3.全站仪加电子手簿或高性能掌上电脑模式

该模式通过通讯线将全站仪与电子手簿或掌上电脑相连，把测量数据记录在电子手簿或便携式电脑上，同时可以进行一些简单的属性操作，并绘制现场草图。内业时把数据传输到计算机中，进行成图处理。它携带方便，掌上电脑采用图形界面交互系统，可以对测量数据进行简单的编辑，减少了内业工作量。随着掌上电脑处理能力的不断增强，科技人员正进行针对全站仪的掌上电脑二次开发工作，此方法会在实践中进一步完善。

（二）全站仪数字测图过程

全站仪数字化测图，主要分为准备工作、数据获取、数据输入、数据处理、数据输出五个阶段。在准备工作阶段，包括资料准备、控制测量、测图准备等，与传统地形测图一样，在此不再赘述，现以实际生产中普遍采用的全站仪加电子手簿测图模式为例，从数据采集到成图输出介绍全站仪数字化测图的基本过程。

1. 野外碎部点采集

一般用"解算法"进行碎部点测量采集，用电子手簿记录三维坐标（x,y,H）及其绘图信息。既要记录测站参数、距离、水平角和竖直角的碎部点位置信息，还要记录编码、点号、连接点和连接线型四种信息，在采集碎部点时要及时绘制观测草图。

2. 数据传输

用数据通讯线连接电子手簿和计算机，把野外观测数据传输到计算机中，每次观测的数据要及时传输，避免数据丢失。

3. 数据处理

数据处理包括数据转换和数据计算。数据处理是对野外采集的数据进行预处理，检查可能出现的各种错误；把野外采集到的数据编码，使测量数据转化成绘图系统所需的编码格式。数据计算是针对地貌关系的，当测量数据输入计算机后，生成平面图形、建立图形文件、绘制等高线。

4. 图形处理与成图输出

编辑、整理经数据处理后所生成的图形数据文件，对照外业草图，修改整饰新生成的地形图，补测重测存在漏测或测错的地方。然后加注高程、注记等，进行图幅整饰，最后成图输出。

（三）数据编码

野外数据采集，仅测定碎部点的位置并不能满足计算机自动成图的需要，必须将所测地物点的连接关系和地物类别（或地物属性）等绘图信息记录下来，并按一定的编码格式记录数据。编码按照《基础地理信息要素分类与代码》（GB/T 13923—2006）进行，地形信息的编码由 4 部分组成；大类码、小类码、一级代码、二级代码，分别用 1 位十进制数字顺序排列。第一大类码是测量控制点，又分平面控制点、高程控制点、GPS 点和其他控制点四个小类码，编码分别为 11、12、13 和 14。小类码又分若干一级代码，一级代码又分若干二级代码。如小三角点是第 3 个一级代码，5 秒小三角点是第 1 个二级代码，则小三角点的编码是 113，5 秒小三角点的编码是 1132。

野外观测，除要记录测站参数、距离、水平角和竖直角等观测量外，还要记录地物点连接关系信息编码。现以一条小路为例（图 4-16），说明野外记录的方法。记录格式见表 4-11，表中连接点是与观测点相连接的点号，连接线型是测点与连接点之间的连线形式，有直线、曲线、圆弧和独立点四种形式，分别用 1、2、3 和空为代码，小路的编码为 443，点号同时也代表测量碎部点的顺序，表中略去了观测值。

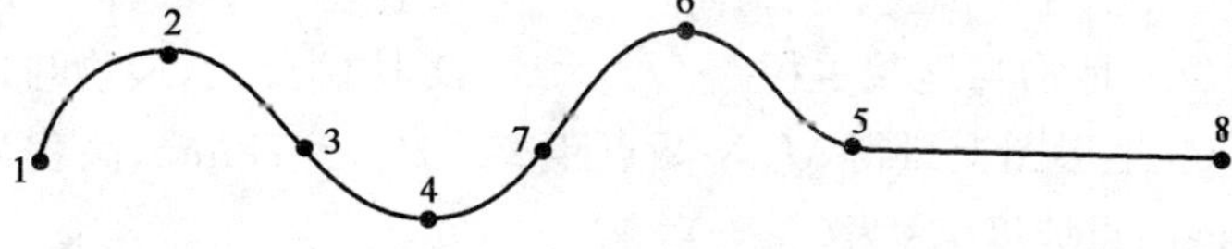

图 4-16　小路的数字化测图记录

小路的数字化测图编码 表 4-11

单元	点号	编号	连接点	连接线性
第一单元	1	443-1		2
	2	443-2	1	
	3	443-3	2	
	4	443-4	3	
第二单元	5	443-5	8	−2
	6	443-6	5	
	7	443-7	4	
第三单元	8	443-8		1

目前开发的测图软件一般是根据自身特点的需要、作业习惯、仪器设备和数据处理方法制定自己的编码规则。利用全站仪进行野外测设时，编码一般由地物代码和连接关系的简单符号组成。如代码 F0、F1、F2…分别表示特种房、普通房、简单房…（F 字为“房”的第一拼音字母，以下类同），H1、H2…表示第一条河流、第二条河流的点位…。

习　题

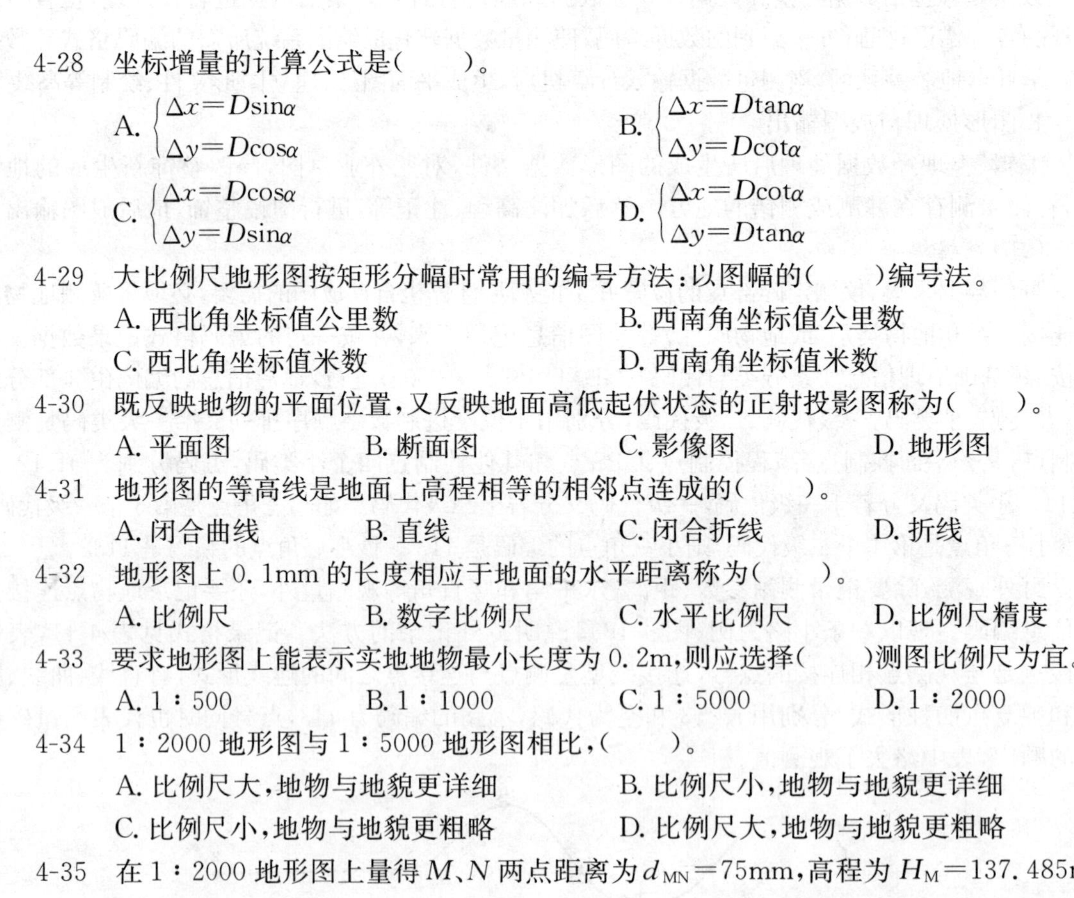

4-28　坐标增量的计算公式是(　　)。

A. $\begin{cases}\Delta x = D\sin\alpha \\ \Delta y = D\cos\alpha\end{cases}$　　B. $\begin{cases}\Delta x = D\tan\alpha \\ \Delta y = D\cot\alpha\end{cases}$

C. $\begin{cases}\Delta x = D\cos\alpha \\ \Delta y = D\sin\alpha\end{cases}$　　D. $\begin{cases}\Delta x = D\cot\alpha \\ \Delta y = D\tan\alpha\end{cases}$

4-29　大比例尺地形图按矩形分幅时常用的编号方法：以图幅的(　　)编号法。

A. 西北角坐标值公里数　　B. 西南角坐标值公里数

C. 西北角坐标值米数　　D. 西南角坐标值米数

4-30　既反映地物的平面位置，又反映地面高低起伏状态的正射投影图称为(　　)。

A. 平面图　　B. 断面图　　C. 影像图　　D. 地形图

4-31　地形图的等高线是地面上高程相等的相邻点连成的(　　)。

A. 闭合曲线　　B. 直线　　C. 闭合折线　　D. 折线

4-32　地形图上 0.1mm 的长度相应于地面的水平距离称为(　　)。

A. 比例尺　　B. 数字比例尺　　C. 水平比例尺　　D. 比例尺精度

4-33　要求地形图上能表示实地地物最小长度为 0.2m，则应选择(　　)测图比例尺为宜。

A. 1∶500　　B. 1∶1000　　C. 1∶5000　　D. 1∶2000

4-34　1∶2000 地形图与 1∶5000 地形图相比，(　　)。

A. 比例尺大，地物与地貌更详细　　B. 比例尺小，地物与地貌更详细

C. 比例尺小，地物与地貌更粗略　　D. 比例尺大，地物与地貌更粗略

4-35　在 1∶2000 地形图上量得 M、N 两点距离为 d_{MN}=75mm，高程为 H_M=137.485m、H_N=141.985m，则该两点坡度 i_{MN} 为(　　)。

A. +3%　　B. −4.5%　　C. −3%　　D. +4.5%

第五节 路线测量

公路工程路线测量主要包括路线中线测量、纵断面测量和横断面测量等。

中线测量是通过直线和曲线的测设，将道路中心线的平面位置用木桩具体地标定在现场上，并测定路线的实际里程。根据其测量的特点，中线测量一般分为测角和中桩两组进行：测角组主要测定路线的转角点、转点和转角；中桩组主要通过直线和曲线的测设，在现场上用木桩标定路线中心线的具体位置，并进行各桩里程的测算。

路线中线测量是公路工程测量中关键性的工作，它是测绘纵、横断面图和平面图的基础，是公路设计、施工和后续工作的依据。

路线纵断面测量又称中线水准测量，简称中平。它的任务是在道路中线测定之后，测定中线上各里程桩（简称中桩）的地面高程，并绘制路线纵断面图，用以表示沿路线中线位置的地形起伏状态，主要用于路线纵坡设计之用。

横断面测量是测定中线上各里程桩处垂直于中线方向的地面高程，并绘制横断面图，用以表示垂直于路线中线方向（横向）的地形起伏状态，供路基设计、计算土石方数量以及施工放边桩使用。

一、点的平面位置的测设

我们已经知道，要确定地面点的空间位置要进行三项基本测量工作。由于施工放样与测绘的目的不同，施工放样是把图纸设计的建筑物测设到施工现场，因此，进行施工放样，仍需要进行三项基本工作，也就是测设水平距离、水平角和高程。下面分别介绍这三项基本工作的测设方法。

（一）已知直线长度的测设

在实地上已知直线的一个端点及直线方向，根据设计的水平距离标定直线的另一个端点的位置，这项工作称为已知直线长度的测设。已知直线长度的测设的方法有：

1. 钢尺量距

钢尺量距是一种传统的量距手段，目前在施工测量中，当测设精度要求不高或条件限制时，仍为一种常用的方法，即从起点开始，按给定的方向和长度，用检定过的钢尺丈量出终点位置。地面有起伏时，须拉平钢尺丈量。为准确起见，可将钢尺移动 20～30cm 再丈量一次，两次丈量之差在允许范围内时，取两次终点的平均位置为最终终点的位置。必要的情况下，须考虑尺长改正数、倾斜改正数和温度改正数，根据已知的水平距离 D，计算出更精确的地面上应量取的距离 D'，沿已知方向进行丈量，并检核。其计算公式为

$$D' = D - \Delta L_l - \Delta L_t - \Delta L_h \tag{4-63}$$

式中：ΔL_l——尺长改正数；

ΔL_t——温度改正数；

ΔL_h——倾斜（高差）改正数。

2. 测距仪（全站仪）测距

在测量技术飞速发展的今天，测距仪或全站仪的使用越来越普遍。现在，几乎所有的设计和施工单位都有测距仪或全站仪，因此，用测距仪或全站仪测距是目前高精度施工测量中最常用的一种方法。具体方法如下：

安置测距仪（全站仪）于起点上，用仪器定出给定的方向，制动仪器，指挥立镜员，在定出的

方向上，终点的概略位置处设置反光镜（棱镜），测出斜距和竖直角，计算出水平距离（或直接测出水平距离），然后与设计所需的水平距离进行比较，将差值通知立镜员，由立镜员在视线方向上用小钢尺进行改正，定出终点的准确位置，重新再进行观测、比较。直接观测所得水平距离与设计所需的水平距离相等（或差值在允许范围内），则可定出最终终点的位置。

（二）水平角测设

水平角测设就是根据地面已知的一条直线方向，在直线的一个端点安置经纬仪，用经纬仪定出水平角的另一条方向，使两条直线方向的水平角等于设计的水平角角值。测设水平角有两种方法：

1. 直接测设法

如图4-17所示，AB 为已知方向（即地面上已知 A、B 两点），现需在实地测设水平角 $\angle BAP$ 等于设计角值 β。测设方法如下：

（1）在 A 点安置经纬仪（将仪器对中、整平）。

（2）经纬仪处于盘左位置，用望远镜照准 B 点，将水平度盘读数配置为 L（L 读数应稍大于 $0°$）。

（3）松开照准部制动螺旋，顺时针方向转动照准部使水平度盘读数为 $L+\beta$，固定照准部，沿视线方向定出 P_1 点。

（4）以盘右位置，用同样的方法定出 P_2 点。

（5）在 P_1、P_2 两点连线的中点定出 P 点，AP 方向线就是需要定出的方向，即 $\angle BAP$ 等于设计角 β。

2. 精确测设法

当测设精度要求较高时，就必须采用精确测设方法（也称为归化法），其工作步骤是：

（1）如图4-18所示，根据设计角值 β，用直接测设法测设 $\angle BAP'$。

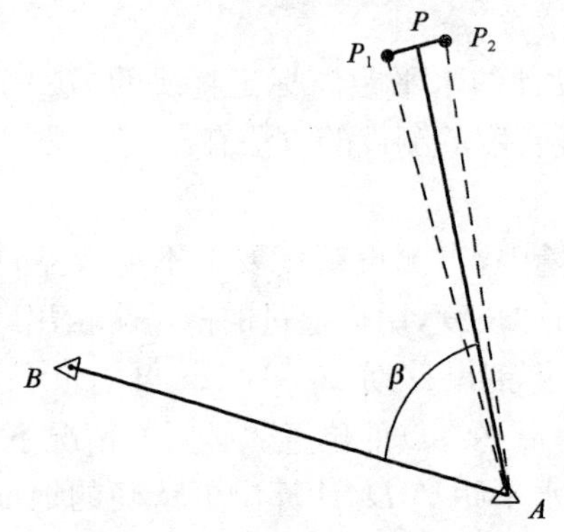

图4-17　直接测设水平角

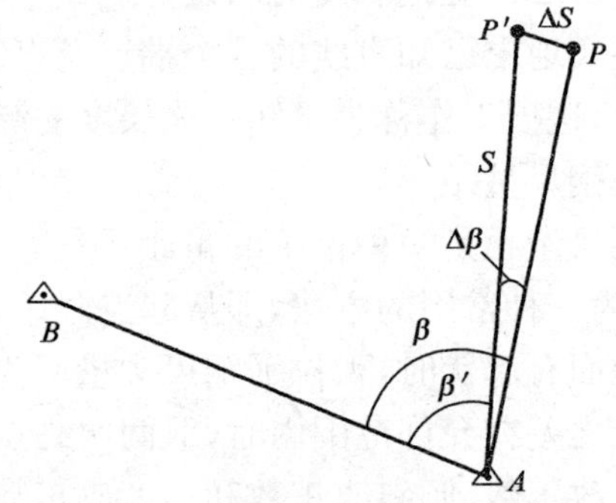

图4-18　精确测设水平角

（2）用测回法对 $\angle BAP'$ 进行若干测回的观测（测回数由测设精度确定或查阅有关测量规范），取各测回的平均值得 β'。

（3）计算观测角度值 β' 与设计角度值 β 之差 $\Delta\beta=\beta'-\beta$。

（4）丈量 AP' 的距离，设 $AP'=S$。

（5）根据角差 $\Delta\beta$ 与 S 计算 P' 点横向改正数 ΔS。

$$\Delta S=P'P=\frac{\Delta\beta}{\rho}\times S \tag{4-64}$$

式中：ΔS——P' 点的横向改正数（m）；

S——AP' 的长度（m）；

ρ——206265″；

$\Delta\beta$——初步放样的角度与放样角度值之差。

(6)通过 P' 点作垂直于 AP 的方向线，以 P' 为起点，量取距离 ΔS 长度得出 P 点，$\angle BAP$ 就是所需测设的水平角。但改正点位时应注意改正方向，当 $\Delta\beta$ 为正值时，应向 $\angle BAP'$ 内改正，反之，向外改正。

(三)高程的放样

在施工中，高程的放样一般采用水准测量的方法。高程放样就是将设计的高程点标注于实地上。

如图 4-19 所示，已知水准点 A 的高程为 H_A，需要放样点 P 的设计高程为 H_P。首先将水准仪安置在已知水准点 A 与放样点 P 之间，在已知点 A 上树立水准尺。水准仪整平后，照准 A 点上的水准尺，并读数得 a，此时仪器的视线高程为

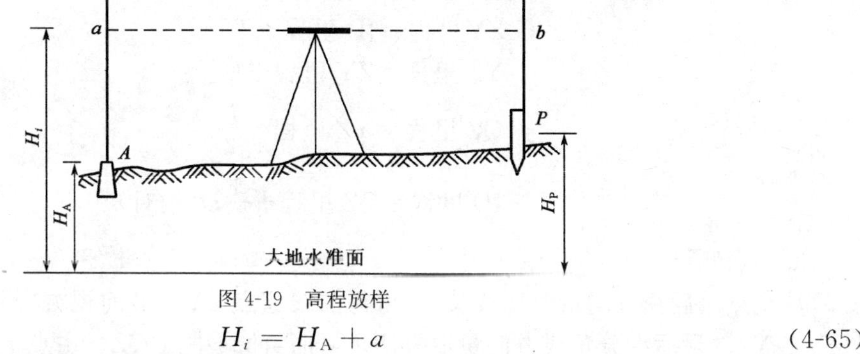

图 4-19　高程放样

$$H_i = H_A + a \tag{4-65}$$

P 点上竖立的水准尺读数(中丝读数)应为

$$b = H_i - H_P = (H_A + a) - H_P \tag{4-66}$$

将水准尺贴靠在 P 点木桩的一侧，水准仪照准 P 点上的水准尺。当水准管气泡居中时，P 点上的水准尺上下移动，当十字丝中丝读数为 b 时，此时水准尺的底部就是所需要放样的高程点 P(在木桩侧面用红漆标定尺子底线位置)。

二、圆曲线、缓和曲线的测设

圆曲线又称单曲线，是由一定半径的圆弧构成，它是路线弯道中最基本的平曲线形式。圆曲线测设的传统方法遵循"先控制后碎部"的原则进行：先定出曲线上起控制作用的曲线主点，然后在主点的基础上进行详细测设，加密曲线上的细部点，完整地标出曲线的平面位置。

(一)圆曲线的主点测设

设在交点 JD 处相邻两直线边与半径为 R 的圆曲线相切，其切点 ZY 和 YZ 称为曲线的起点和终点；分角线与曲线相交的交点 QZ 称为曲线中点，如图 4-20 所示，它们统称为圆曲线主点，其位置是根据曲线要素确定的。

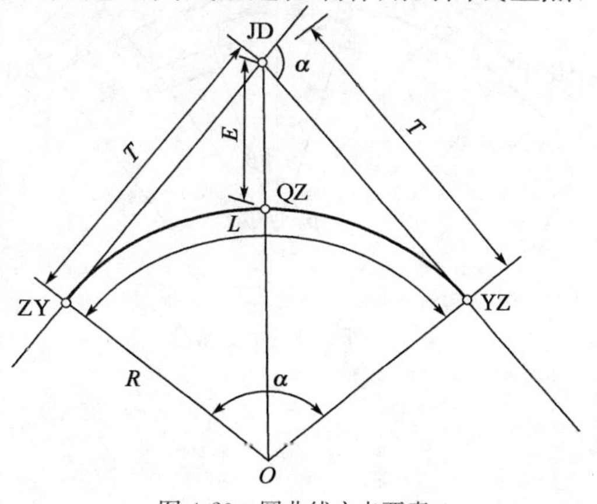

图 4-20　圆曲线主点要素

1. 圆曲线要素计算

圆曲线的半径为 R、路线偏角(又称转折角)α、切线长 T、曲线长 L、外距 E、切曲差 D 是测设圆曲

线的主要元素。其中偏角 α 用经纬仪在交点处测得，圆曲线半径 R 根据工程要求结合地形条件选定。如图 4-20 所示，根据 α 和 R 按下列公式可计算出其他四个要素。

曲线长

$$L=R\cdot\alpha\frac{\pi}{180^\circ} \tag{4-67}$$

外距

$$E=R(\sec\frac{\alpha}{2}-1) \tag{4-68}$$

切曲差

$$D=2T-L \tag{4-69}$$

2. 主点里程计算

交点 JD 的里程已由中线测量时获得。由于中线并不经过交点，故曲线中点 QZ 和终点 YZ 的里程，必须由起点 ZY 的里程沿曲线长度推算，其公式如下。

$$\left.\begin{aligned}&\text{ZY 里程}=\text{JD 里程}-T\\&\text{YZ 里程}=\text{ZY 里程}+L\\&\text{QZ 里程}=\text{YZ 里程}-\frac{L}{2}\\&\text{JD 里程}=\text{QZ 里程}+\frac{1}{2}D(\text{校对})\end{aligned}\right\} \tag{4-70}$$

3. 主点测设

从交点沿后视方向量取切线长 T，可得曲线起点 ZY。沿前视方向量取切线长 T，可得曲线终点 YZ。最后沿分角线方向量取外距 E，即得曲线中点 QZ。主点上控制桩在详细测设时应进行校核，并保证一定的精度。

（二）带有缓和曲线的圆曲线主点测设

1. 内移值 p 与切线增值 q

如图 4-21 所示，在直线与圆曲线之间插入缓和曲线时，必须将原有的圆曲线向内移动距离 p，才能使缓和曲线的起点位于直线方向上，这时切线增长 q。公路上一般采用圆心不动的平行移动方法，即未设缓和曲线时的圆曲线为 FG，其半径为 $(R+p)$；插入两段缓和曲线 AC 和 BH 后，圆曲线向内侧移动，其保留部分为 CMH，半径为 R，所对的圆心角为 $(\alpha-2\beta_0)$。由图 4-21 可知

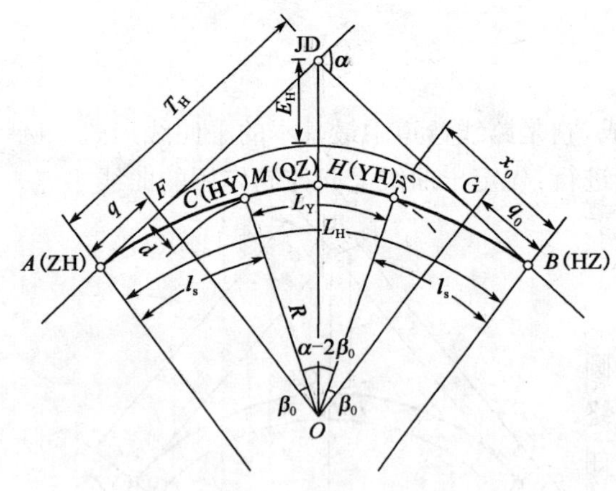

图 4-21　主点测设

$$\left.\begin{aligned}p&=y_0-R(1-\cos\beta_0)\\q&=x_0-R\sin\beta_0\end{aligned}\right\} \tag{4-71}$$

将上式中 $\cos\beta_0$、$\sin\beta_0$ 按泰勒公式展开为级数，略去高次项，可得

$$\left.\begin{aligned}p&=\frac{l_s^2}{24R}\\q&=\frac{l_s}{2}-\frac{l_s^3}{240R^2}\end{aligned}\right\} \tag{4-72}$$

2. 曲线测设元素的计算

当转角 α、圆曲线半径 R 和缓和曲线长 l_s 确定后，即可按下列公式计算曲线测设元素。

切线长 $$T_H = (R+p)\tan\frac{\alpha}{2} + q$$

曲线长 $$L_H = R(\alpha - 2\beta_0)\frac{\pi}{180^\circ} + 2l_s = L_Y + 2l_s$$

圆曲线长 $$L_Y = R(\alpha - 2\beta_0)\frac{\pi}{180^\circ}$$

外距 $$E_H = (R+p)\sec\frac{\alpha}{2} - R$$

切曲差(超距) $$D_H = 2T_H - L_H$$

3. 主点里程

根据交点的里程和曲线测设元素，计算主点里程

直缓点

$$ZH\ 里程 = JD\ 里程 - T_H$$

缓圆点

$$HY\ 里程 = ZH\ 里程 + l_s$$

圆缓点

$$YH\ 里程 = HY\ 里程 + L_Y$$

缓直点

$$HZ\ 里程 = YH\ 里程 + l_s$$

曲中点

$$QZ\ 里程 = HZ\ 里程 - \frac{L_H}{2}$$

交点

$$JD\ 里程 = QZ\ 里程 + \frac{D_H}{2}（校核）$$

4. 主点测设方法

在交点 JD 架设经纬仪，瞄准后视方向的转点，沿此方向量取切线长 T_H 得到曲线起点 ZH，瞄准前视方向的转点，沿此方向量取切线长 T_H 得到曲线终点 HZ，沿分角线方向量取外距 E_H 得到曲线中点 QZ，缓圆点 HY 和圆缓点 YH 一般根据缓和曲线终点的坐标（x_0，y_0）自直缓点和缓直点起，用切线支距法测设。

三、道路中线逐桩坐标计算

在交点 JD 的坐标 X_{JD}、Y_{JD} 已经测定情况下，路线导线的坐标方位角 A 和边长 S 按坐标反算求得。在选定各圆曲线半径 R 和缓和曲线长度 l_s 后，根据各桩的里程桩号，按下述方法即可求出相应的坐标值 X、Y。

(一)HZ 点(包括路线起点)至 ZH 点之间的中桩坐标计算

桩点的坐标按下式计算

$$\left.\begin{aligned} X_i &= X_{HZ_{i-1}} + D_i\cos A_{i-1,i} \\ Y_i &= Y_{HZ_{i-1}} + D_i\sin A_{i-1,i} \end{aligned}\right\} \tag{4-73}$$

式中：$A_{i-1,i}$——路线导线 JD_{i-1} 至 JD_i 的坐标方位角；

D_i——桩点至 HZ_{i-1} 点的距离，即桩点里程与 HZ_{i-1} 点里程之差；

$X_{HZ_{i-1}}$、$Y_{HZ_{i-1}}$——HZ_{i-1} 的坐标，由式(4-74)计算。

$$\left.\begin{aligned} X_{HZ_{i-1}} &= X_{JD_{i-1}} + T_{H_{i-1}}\cos A_{i-1,i} \\ Y_{HZ_{i-1}} &= Y_{JD_{i-1}} + T_{H_{i-1}}\sin A_{i-1,i} \end{aligned}\right\} \tag{4-74}$$

式中：$X_{JD_{i-1}}$、$Y_{JD_{i-1}}$——交点 JD_{i-1} 的坐标；

$T_{H_{i-1}}$——切线长。

(二)ZH 点至 YH 点之间的中桩坐标计算

比较包括第一缓和曲线及圆曲线，可按切线支距公式先算出切线支距坐标 x、y，然后通过坐标变换将其转换成测量坐标 X、Y。坐标变换公式为

$$\begin{bmatrix} X_i \\ Y_i \end{bmatrix} = \begin{bmatrix} X_{ZH_i} \\ Y_{ZH_i} \end{bmatrix} + \begin{bmatrix} \cos A_{i-1,i} & -\sin A_{i-1,i} \\ \sin A_{i-1,i} & -\cos A_{i-1,i} \end{bmatrix} \begin{bmatrix} x_i \\ y_i \end{bmatrix} \tag{4-75}$$

在运用上式计算时，当曲线为左转角时，应以 $y_i=-y_i$ 带入。

(三)YH 点至 HZ 点之间的中桩坐标计算

此段为第二缓和曲线，仍可按切线支距公式先算出切线支距坐标，再按下式转换为测量坐标，即

$$\begin{bmatrix} X_i \\ Y_i \end{bmatrix} = \begin{bmatrix} X_{HZ_i} \\ Y_{HZ_i} \end{bmatrix} - \begin{bmatrix} \cos A_{i,i+1} & -\sin A_{i,i+1} \\ \sin A_{i,i+1} & -\cos A_{i,i+1} \end{bmatrix} \begin{bmatrix} x_i \\ y_i \end{bmatrix} \tag{4-76}$$

当曲线为右转角时，应以 $y_i=-y_i$ 带入。

四、横断面测量与土石方数量计算

(一)路线横断面测量

路线横断面测量是测定各中桩处垂直于中线方向上的地面起伏情况，然后绘制成横断面图。供路基、边坡、特殊构造物的设计、土石方的计算和施工放样之用。横断面测量的宽度由路基宽度和地形情况确定，一般应在公路中线两侧各测 15～50m。进行横断面测量，首先要确定横断面的方向，然后在此方向上测定中线两侧地面坡度变化点的距离和高差。

1. 横断面方向的测定

公路中线是由直线段和曲线段构成的，而直线段和曲线段上的横断面标定方法是不同的，现分述如下：

(1)直线段上横断面方向的测定

直线段横断面方向与路线中线相垂直，一般采用方向架来测定。如图 4-22 所示，方向架为坚固木料制成，长约 1.5m，在上部有两个相互垂直的固定片，确定横断面方向时，将方向架置于桩点上，用其中一个固定片瞄准该直线段上另一个中桩，另一个固定片所指的方向即为该桩的横断面方向。

(2)曲线段上横断面方向的测定

由几何知识可知，圆曲线上一点的横断面方向必定沿该点的半径方向。测定时一般采用求心方向架，即在方向架上安装一个可以转动的活动片，并用一固定螺旋将其固定，如图 4-23 所示。

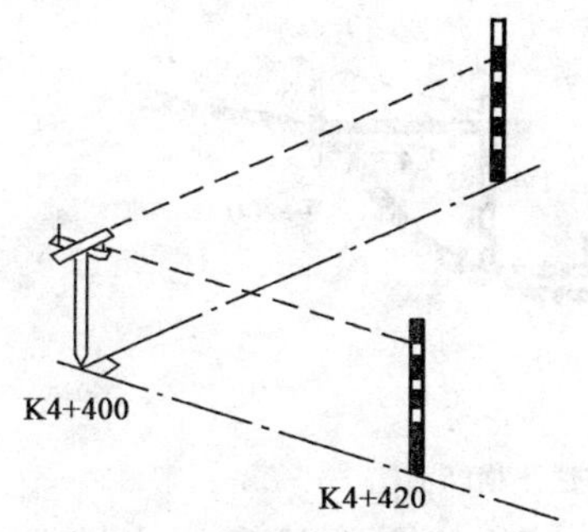

图 4-22　方向架测定直线段横断面方向

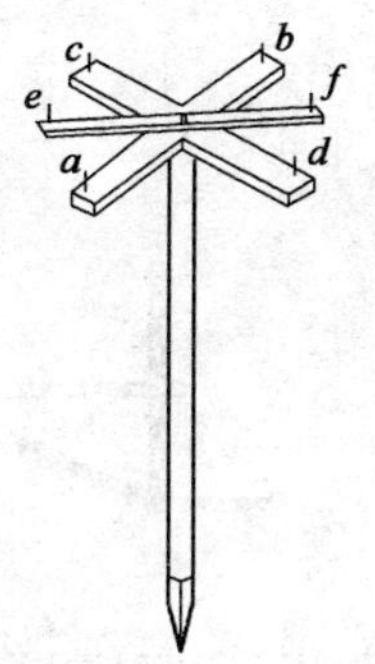

图 4-23　有活动片方向架

用求心方向架测定横断面方向时，如图 4-24 所示，欲测定圆曲线上某桩点的横断面方向，将求心方向架置于 ZY(或 YZ)点上，用固定片 ab 瞄准交点，ab 方向即为切线方向，则另一固定片 cd 所指明方向即为 ZY(或 YZ)点的横断面方向。保持方向架不动，转动活动片 ef 瞄准 1 点并将其固定。将方向架搬至 1 点，用固定片 cd 瞄准 ZY(或 YZ)点，则活动片 ef 所指的方向即为 1 点的横断面方向。在测定 2 点的横断面方向时，可在 1 点的横断面方向上插一花杆，以固定片 cd 瞄准它，ab 片的方向即为切线方向。此后的操作与测定 1 点横断面方向时完全相同，保持方向架不动，用活动片 ef 瞄准 2 点并固定之。将方向架搬至 2 点，用固定片 cd 瞄准 1 点，活动片 ef 的方向即为 2 点的横断面方向：如果圆曲线上桩距相同，在定出 1 点横断面方向后，保持活动片 ef 原来位置，将其搬至 2 点上，用固定片 cd 瞄准 1 点，活动片 ef 即为 2 点的横断面方向。圆曲线上其他各点亦可按照上述方法进行。

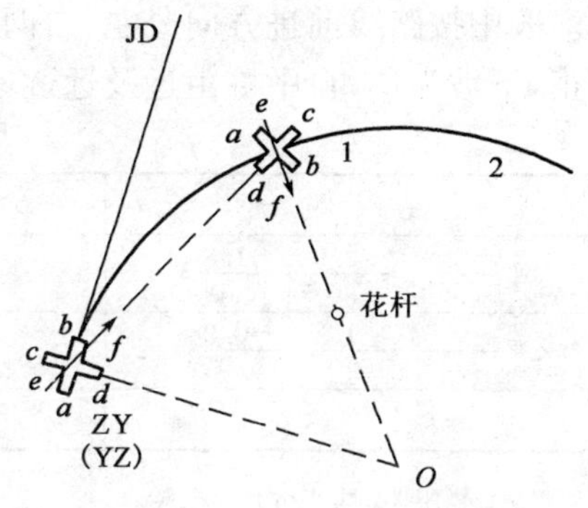

图 4-24　曲线段横断面方向测定

2. 横断面的测量方法

横断面测量的工作是测定路线两侧变坡点的平距与高差，测量方法视线路的等级和地形情况而定，对于铁路、高速公路和一级公路应采用水准仪法或经纬仪视距法测量，对于二级以下公路可采用水准仪皮尺法或标杆皮尺法(抬杆法)测量。横断面测量检测限差应符合表4-12，下面就几种方法分别叙述。

横断面测量检测限差　　表 4-12

路　线	距　离 (m)	高　程 (m)
高速公路、一级公路	$\pm(0.1+L/100)$	$\pm(0.1+h/100+L/200)$
二级及二级以下公路	$\pm(0.1+L/50)$	$\pm(0.1+h/50+L/100)$

注：表中 L 为测点至中桩的水平距离；h 为测点与中桩点间的高差。

(1)标杆皮尺法(抬杆法)

标杆皮尺法(抬杆法)是一根标杆和一卷皮尺测定横断面方向上的两相临变坡点的水平距离和高差的一种简易方法。如图 4-25 所示，要进行横断面测量，根据地面情况选定变坡点 1、2、3、…。

将标杆竖立于 1 点上，皮尺靠中桩地面拉平，量出桩点至 1 点的水平距离，而皮尺截于标杆的红白格数(每格为 0.2m)即为两点间的高差。测量员报出测量结果，以便绘图或记录，报

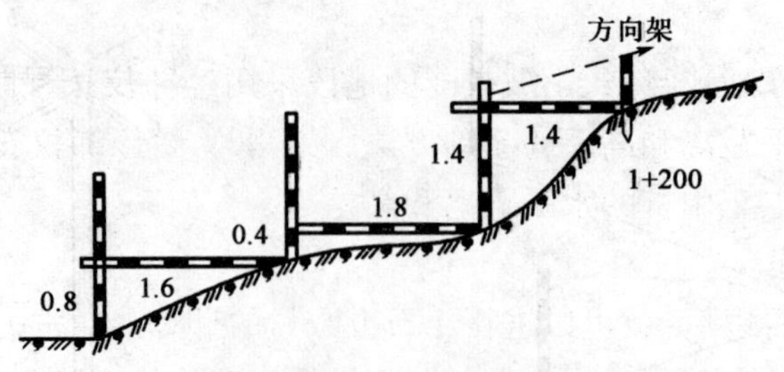

图 4-25　抬杆法测横断面

数时通常省去“水平距离”四字，高差用“低”或“高”。如图 4-25 所示中桩点与 1 点之间，报为“1.4m 低 1.4m”，记录如表 4-13 所列。同法可测得 1 点与 2 点、2 点与 3 点、……的高差和距离。表中按路线前进方向分左、右两侧，用分数形式表示。分母为水平距离，分子为高差，上坡为正，下坡为负，自中桩由近及远逐段记录。

横断面测量记录表　　表 4-13

左　侧	桩　号	右　侧
平 $\frac{-0.8}{2.6}$　$\frac{-2.0}{5.6}$　$\frac{-1.8}{12.0}$	K1＋180	平 $\frac{+0.6}{3.6}$　$\frac{+0.9}{6.2}$　$\frac{+1.8}{10.2}$
平 $\frac{-0.6}{1.6}$　$\frac{-1.2}{6.0}$　$\frac{-0.9}{9.0}$	K1＋160	平 $\frac{+0.8}{6.6}$　$\frac{+0.6}{1.6}$　$\frac{+1.8}{11.8}$
	…	

(2)水准仪皮尺法

水准仪皮尺法是利用水准仪和皮尺，按水准测量的方法测定各变坡点与中桩点间的高差，用皮尺丈量两点的水平距离的方法。如图 4-26 所示，水准仪安置后，以中桩点为后视，在横断面方向的变坡点上立尺进行读数，并用皮尺量出各变坡点至中桩的水平距离。水准尺读数准确到 cm，水平距离准确到 dm，记录格式如表 4-14 所示。此法适用于断面较宽的平坦地区，测量精度较高。

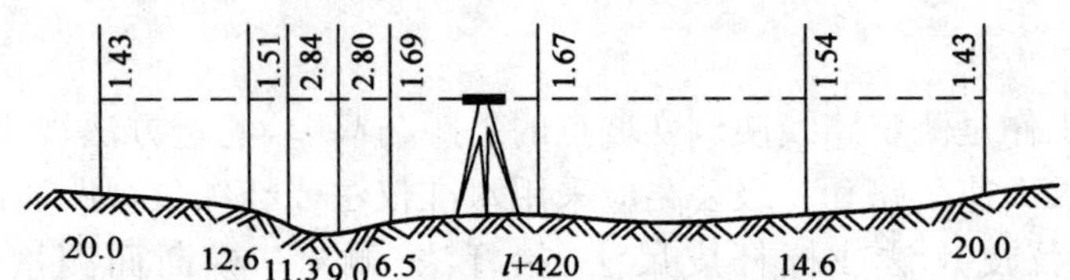

图 4-26　水准仪皮尺法测量横断面

水准仪皮尺法横断面测量记录表　　表 4-14

桩　号	各变坡点至中桩的距离(m)		后视读数(m)	前视读数(m)	各变坡点至中桩的高差(m)	备　注
K1＋360		0.00	1.67			
	左侧	6.6		1.69	－0.02	
		9.6		2.82	－1.15	
		11.9		2.86	－1.19	
		12.8		1.56	＋0.01	
		20.0		1.24	＋0.43	
	右侧	14.6		1.59	＋0.08	
		20.0		1.36	＋0.31	

(3)经纬仪视距法

经纬仪视距法是指在地形复杂、山坡较陡的地段采用经纬仪按视距测量的方法测得各变坡点与中桩点之间的水平距离和高差的一种方法。施测时，将经纬仪安置在中桩上，用视距法测出横断面方向各变坡点至中桩的水平距离和高差。

(二)土石方数量计算

在各断面的面积求得以后，就可以进行土石方数量的计算。通常为方便计，一般均采用平均断面法来近似计算土石方数量。假定相邻断面间为一棱柱体，其高为断面间距 L，则棱柱体体积为

$$V=\frac{A_1+A_2}{2}L \tag{4-77}$$

式中：A_1、A_2——相邻桩号之间断面面积(m^2)；

L——相邻桩号之差，即断面间距(m)。

五、GPS(RTK)和全站仪测设点位

(一)GPS测设点位的方法

根据空中卫星发射的信号，确定空间卫星的轨道参数，计算出锁定的卫星在空间的瞬时坐标，然后将卫星看作分布于空间的已知点，利用GPS地面接收机，接收从某几颗卫星在空间运行轨道上同一瞬时发出的超高频无线电信号，再经过系统的处理，获得地面点至这几颗卫星的空间距离，用空间后方距离交会的方法，求得地面点的空间位置。

(二)全站仪测设点位方法

安置测距仪(全站仪)于起点上，用仪器定出给定的方向，制动仪器，指挥立镜员，在定出的方向上，终点的概略位置处设置反光镜(棱镜)，测出斜距和竖直角，计算出水平距离(或直接测出水平距离)，然后与设计所需的水平距离进行比较，将差值通知立镜员，由立镜员在视线方向上用小钢尺进行改正，定出终点的准确位置，重新再进行观测、比较。直接观测所得水平距离与设计所需的水平距离相等(或差值在允许范围内)，则可定出最终终点的位置。

六、纵断面图的绘制

所谓路线纵断面图，就是过一指定方向(如路线方向)的竖直面与地面的交线，它反映了在这一指定方向上地面的高低起伏形态。在进行道路等工程设计时，为了合理地设计竖向曲线和坡度，或为了对工程的填挖土石方进行概算，均需要了解路线上地面的起伏情况，这时可根据大比例尺地形图中的等高线来绘制纵断面图。

如图4-27所示，欲绘制地形图上 MN 方向的断面图，首先在毫米方格纸上绘出两条互相垂直的坐标轴线，横坐标轴 D 表示水平距离，纵坐标轴 H 表示高程。然后，用两脚规在地形图上自 M 点起沿 MN 方向依次量取两相邻等高线的平距 $M1$、12、…，并以同一比例尺或按需要重新选定比例尺绘在横轴上，得 M、1、2、3、…、N，再根据各点的高程，按高程比例尺作垂线，即得各点在断面图上的位置；最后用圆滑的曲线连接各相邻点，即为直线 MN 的地形断面图。

为了更明显地表示地面的高低起伏情况，纵断面图上的高程比例尺一般比平距比例尺大10倍。

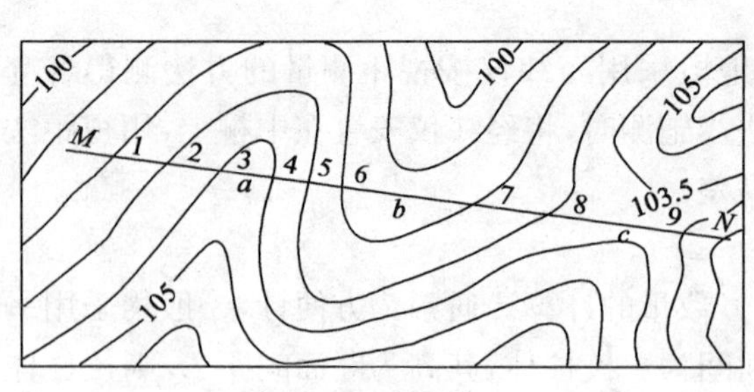

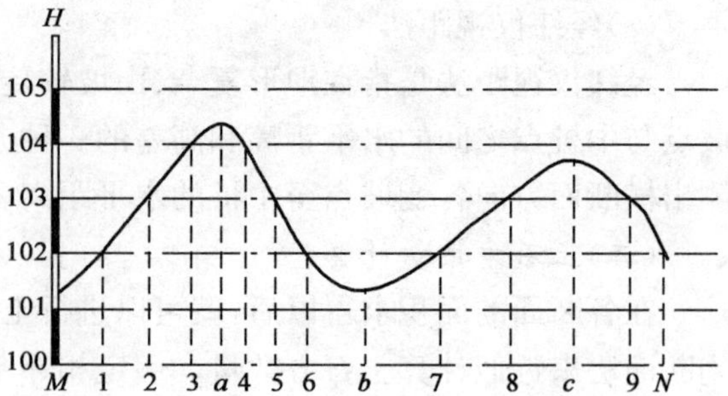

图 4-27　纵断面图的绘制

习　题

4-36　中平测量中,转点的高程等于(　　)。

A. 视线高程－前视读数　　B. 视线高程＋后视读数

C. 视线高程＋后视点高程　　D. 视线高程－前视点高程

4-37　中线测量中,转点 ZD 的作用是(　　)。

A. 传递高程　　B. 传递方向

C. 传递桩号　　D. A、B、C 都不是

4-38　道路纵断面图的高程比例尺通常比里程比例尺(　　)。

A. 小一半　　B. 小 10 倍

C. 大一倍　　D. 大 10 倍

习题提示及参考答案

4-1　**提示**:目前国家采用统一的高程基准为 1985 国家高程基准。

答案:C

4-2　**提示**:带号 $n=[L/6]+1$,中央子午线的经度 $L=6n-3$。

答案:B

4-3　**提示**:根据高斯—克吕格的轴系定义进行判断。

答案:C

4-4　**提示**:测量工作中为了扩展测量工作面及防止误差的积累,应遵循的原则是在布局上从整体到局部,在精度上从高级到低级,在工作程序上从控制到碎部。

答案:A

4-5　**提示**:由视线高法计算公式可知:读数越大,点的高程越低。

答案:A

4-6　**提示**:$H_B=H_A+h_{AB}=H_A+(a-b)$。

答案:D

4-7　**提示**:表示水准仪精度指标中误差值的单位为毫米。

答案:D

4-8　**提示**:$h_{ab}=a-b=0.218$;$a''=b'+h_{ab}=1.680\neq a'$,视准轴不平行于水准管轴。

答案:B

4-9　提示:参见附合水准路线的检核公式。

答案:B

4-10　提示:表示水平方向测量一测回的方向中误差。

答案:D

4-11　提示:参见盘左、盘右平均值所能消除的误差。

答案:D

4-12　提示:$\angle AOB$ 前半测回角值$=OB-OA+360°$。

答案:A

4-13　提示:水平角是两竖直平面间的二面角。

答案:A

4-14　提示:参见经纬仪的竖直角观测原理,$\begin{cases}\alpha_L=90°-L\\ \alpha_R=R-270°\end{cases}$

答案:A

4-15　提示:参见尺长改正计算。

$\Delta l=0.0044$,$\Delta l_t=0.0077$,$\Delta l_h=-0.0050$,所以 $l=49.9127$。

答案:B

4-16　提示:$D-k\times l\times\cos^2\alpha=100\times(1.781-1.019)\times\cos^2(-3°12'10'')=75.862$

$H_B=H_A+h=H_A+D\tan\alpha+i-v=158.131$。

答案:A

4-17　提示:$m_D=\pm(A+B\times D)$,ppm 为百万分之一,即 10^{-6}。

答案:C

4-18　提示:参见方位角的定义。

答案:D

4-19　提示:等精度观测是在观测条件相同下的观测。

答案:C

4-20　提示:由相对中误差 $K=\frac{|m|}{D}$ 可知,$|m|=K\times D=120\times 1/10000=0.012$。

答案:B

4-21　提示:算术平均值中误差 $M=\frac{m}{\sqrt{n}}$。

答案:A

4-22　提示:由公式 $M=\frac{m}{\sqrt{n}}$ 可知 $n=(\frac{m}{M})^2=8$。

答案:D

4-23　提示:$\angle C=180°-\angle A-\angle B$,用误差传播定律计算。

答案:C

4-24　提示:$\alpha_{BC}--=\alpha_{AB}-\beta_{右}+180°(\pm 360°)$。

答案:C

4-25　提示:参见导线测量的外业工作。

答案:B

4-26 提示:参见导线测量的内业计算。

答案:C

4-27 提示:导线全长闭合差的计算公式。

答案:A

4-28 提示:$\Delta x = D\cos\alpha \cdot \Delta y = D\sin\alpha$。

答案:C

4-29 提示:大比例尺地形图的图幅划分方法。

答案:B

4-30 提示:参见地形图的定义。

答案:D

4-31 提示:等高线是闭合的曲线。

答案:A

4-32 提示:参见比例尺精度的定义。

答案:D

4-33 提示:根据比例尺精度的定义,应用$\frac{0.1}{0.2\times 10^3}=\frac{1}{M}\Rightarrow M=2000$,故测图比例尺应选择 1∶2000。

答案:D

4-34 提示:参见比例尺精度的定义。

答案:A

4-35 提示:$i_{MN}=\frac{h_{MN}}{d_{MN}}=\frac{H_N-H_M}{d_{MN}}=\frac{141.985-137.485}{150}=0.03$。

答案:A

4-36 提示:参见仪高法计算公式$\begin{cases}H_i=H_A+a\\H_B=H_i-b\end{cases}$。

答案:A

4-37 提示:当相邻两交点互相不通视或直线较长时,需在其连线上测设一点或数点,以供测交点、转折点、量距或延长直线时瞄准之用,称为转点。

答案:B

4-38 提示:为了更明显地表示地面的高低起伏情况,纵断面图上的高程比例尺一般比平距比例尺大 10 倍。

答案:D

第五章　结构设计原理

复习指导

根据考试大纲要求，本章包括了钢筋混凝土结构、砌体结构的部分内容，主要考察道路工程师是否掌握结构设计所需的基础理论知识。考生应紧扣大纲内容，全面复习与突出重点相结合，即通过复习教程对基本概念、基本原理和基本知识有一个整体把握，并在此基础上对每节的主要内容重点复习，重点掌握。

根据基础考试命题的特点，复习时不要偏重难度大，过于繁杂的知识，而应注重“基本”知识的理解和记忆，掌握“基本”概念、“基本”假设、“基本”思想及主要结论和应用。

结构设计包括了三类不同的结构，每一类结构基本由三部分组成，即：①材料性能；②基本计算方法；③构造。不同类型的结构之间，或同一类结构的不同受力构件之间存在着相同点与不同点，应善于分析比较，找出规律性，这样不仅可以加深记忆，也可事半功倍。

第一节　钢筋混凝土结构的设计原则

一、钢筋与混凝土之间的黏结与锚固

(一)钢筋与混凝土之间的黏结

钢筋混凝土结构中，钢筋和混凝土这两种材料能共同工作的基本前提是：

(1)钢筋和混凝土之间具有足够的黏结强度，能承受由于变形差(相对滑移)沿钢筋与混凝土接触面上产生的剪应力。

(2)钢筋和混凝土的线膨胀系数较为接近(钢为 1.2×10^{-5}，混凝土为 $1.0\times10^{-5}\sim1.5\times10^{-5}$)，温度变化时不会产生较大的温度应力而破坏两者的黏结。

(3)包围在钢筋外面的混凝土可以保护钢筋免遭锈蚀。

1.黏结机理

光圆钢筋与混凝土的黏结作用主要由以下三部分组成：

(1)混凝土中水泥胶体与钢筋表面的化学胶着力。

(2)钢筋与混凝土接触面上的摩擦力。

(3)钢筋表面粗糙不平产生的机械咬合力。

其中，胶着力所占比例很小，发生相对滑移后，黏结力主要由摩擦力和咬合力提供。光圆钢筋的黏结强度较低，为 1.5～3.5MPa。光圆钢筋拔出试验的破坏形态是钢筋自混凝土中被拔出的剪切破坏，其破坏面就是钢筋与混凝土的接触面。

带肋钢筋由于表面轧有肋纹，能与混凝土犬牙交错紧密结合，其胶着力和摩擦力仍然存在，但主要是钢筋表面凸起的肋纹与混凝土的机械咬合作用。带肋钢筋的肋纹对混凝土的斜

向挤压力形成滑移阻力，斜向挤压力沿钢筋轴向的分力使带肋钢筋表面肋纹之间混凝土犹如悬臂梁受弯、受剪；斜向挤压力的径向分力使外围混凝土犹如受内压的管壁，产生环向拉力。因此，变形钢筋的外围混凝土处于复杂的三向应力状态，剪应力及拉应力使横肋混凝土产生内部斜裂缝，而其外围混凝土中的环向拉应力则使钢筋附近的混凝土产生径向裂缝。

2. 钢筋与混凝土之间的黏结应力

钢筋与混凝土接触的界面上沿钢筋纵向分布的纵向剪应力称为黏结应力。在下列三种情况下可能产生黏结应力：

（1）当钢筋伸入混凝土支座内并受到拉力或压力时，在钢筋锚固长度的范围内产生与拉力或压力相平衡的纵向剪应力，称为锚固黏结应力。

（2）当弯矩沿跨度方向变化时，相邻截面的受拉钢筋的应力也发生变化，产生应力差，这使混凝土与钢筋之间产生了黏结应力，称为弯曲黏结应力。

（3）当弯矩与轴力沿纵向不变，构件一旦开裂，则在两相邻裂缝之间的钢筋应力不均匀，存在应力差，在混凝土与钢筋之间产生黏结应力，称为局部黏结应力。

3. 影响黏结强度的因素

影响钢筋和混凝土黏结强度的因素主要有钢筋表面形状、混凝土强度、浇筑位置、保护层厚度和钢筋净间距等。

（1）带肋钢筋与混凝土的黏结强度比光圆钢筋大2～3倍；螺纹钢筋与混凝土的黏结强度比月牙钢筋高10%～15%。

（2）光圆钢筋和变形钢筋的黏结强度均随混凝土强度等级提高而非线性提高；黏结强度与混凝土抗拉强度大致成正比。

（3）黏结强度与钢筋所处的位置有关。水平位置钢筋下面混凝土的下沉和泌水可能削弱钢筋与混凝土间的黏结。

（4）钢筋之间的净距对黏结强度有重要影响。截面上一排钢筋根数越多、净距越小，黏结强度降低越多，钢筋外围混凝土还可能产生劈裂裂缝。

（5）混凝土保护层太薄易导致沿纵向钢筋方向的劈裂裂缝，并使黏结强度显著降低。

（二）钢筋的锚固

根据《公路钢筋混凝土及预应力混凝土桥涵设计规范》(JTG D62—2004)的规定：当计算中充分利用钢筋的强度时，其最小锚固长度 l_a 应符合表5-1的规定。

钢筋最小锚固长度 l_a 表5-1

项目 \ 混凝土强度等级 \ 钢筋种类		R235				HRB335				HRB400、KL400			
		C20	C25	C30	≥C40	C20	C25	C30	≥C40	C20	C25	C30	≥C40
受压钢筋（直端）		40d	35d	30d	25d	35d	30d	25d	20d	40d	35d	30d	25d
受拉钢筋	直端	—	—	—	—	40d	35d	30d	25d	45d	40d	35d	30d
	弯钩端	35d	30d	25d	20d	30d	25d	25d	20d	35d	30d	30d	25d

注：1. d 为钢筋直径。

2. 对于受压束筋和等代直径 $d_e \leqslant 28$mm 的受拉束筋的锚固长度，应以等代直径按表列值确定，束筋的各单根钢筋在同一锚固终点截断；对于等代直径 $d_e > 28$mm 的受拉束筋，束筋内各单根钢筋，应自锚固起点开始，以表内规定的单根钢筋的锚固长度的1.3倍，呈阶梯形逐根延伸后截断，即自锚固起点开始，第一根延伸1.3倍单根钢筋的锚固长度，第二根延伸2.6倍单根钢筋的锚固长度，第三根延伸3.9倍单根钢筋的锚固长度。

3. 采用环氧树脂涂层钢筋时，受拉钢筋最小锚固长度应增加25%。

4. 当混凝土在凝固过程中易受扰动时，锚固长度应增加25%。

受拉钢筋端部弯钩应符合表 5-2 的规定。

受拉钢筋端部弯钩 表 5-2

弯曲部位	弯曲角度	形　状	钢筋	弯曲直径(D)	平直段长度
末端弯钩	180°	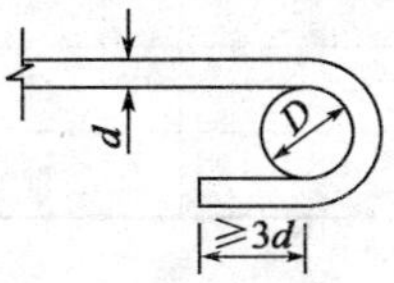	R235	≥2.5d	≥3d
	135°	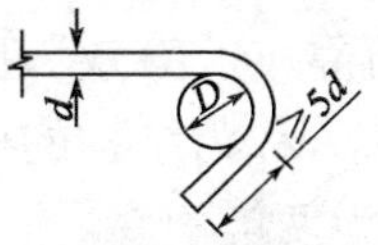	HRB335	≥4d	≥5d
			HRB400 KL400	≥5d	
	90°	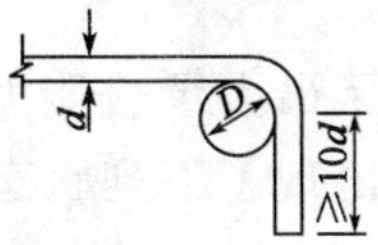	HRB335	≥4d	≥10d
			HRB400 KL400	≥5d	
中间弯折	≤90°	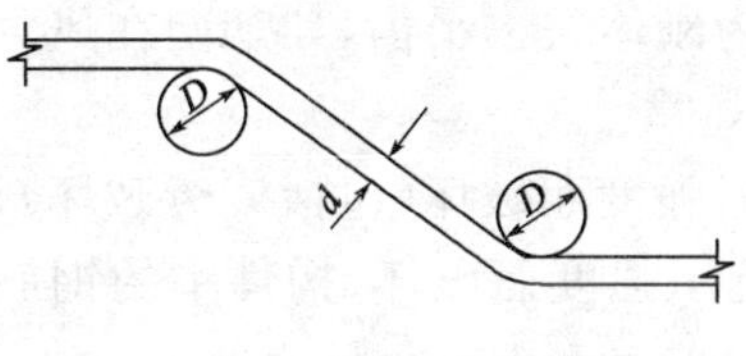	各种钢筋	≥20d	—

二、结构的极限状态设计方法

(一)结构功能要求

根据《公路工程结构可靠度设计统一标准》(GB/T 50283—1999,以下简称《结构统一标准》)所确定的原则,结构设计时采用以概率理论为基础的极限状态设计方法,结构设计的目的是要使所设计的结构能够完成全部预定功能要求,并具有足够的可靠性。

(1)安全性

结构在正常设计、施工和使用条件下,应该能够承受可能出现的各种作用(各种荷载、外加变形、约束变形等)。而且在偶然荷载作用,或偶然事件发生时或发生后,结构应能保持必需的稳定性而不致倒塌。

(2)适用性

结构在正常使用时应能满足预定的使用要求,有良好的工作性能,其变形、裂缝或振动等性能均不能超过规定的限值。

(3)耐久性

结构在正常使用和正常维护条件下,在规定的使用期限内应有足够的耐久性,如保护层不能过薄,裂缝不得过宽,以免引起钢筋锈蚀;不发生混凝土严重风化、腐蚀、老化,以免影响结构的预定使用期限。

上述功能要求,即结构在规定的时间内(在设计基准期内),在规定的条件下(正常设计、正常施工、正常使用和正常维修)完成预定功能的能力,称为结构的可靠性。

结构设计使用年限见表 5-3。

结构设计使用年限分类　　表 5-3

类　别	设计使用年限(年)	示　例
1	5	临时性结构
2	25	易于替换的结构构件
3	50	普通房屋和构筑物
4	100	纪念性建筑和特别重要的建筑物(公路桥涵结构)

(二)结构的极限状态

结构能够满足结构功能要求即称结构“可靠”或“有效”;反之则称结构“不可靠”或“失效”。结构处于“可靠”或“失效”的某一特定临界状态,称为结构的极限状态。

我国《结构统一标准》将结构极限状态分为两类。

1.承载能力极限状态

承载能力极限状态是指结构或构件达到了最大承载能力,出现疲劳破坏或者产生了不适于继续承载的过大变形。当结构或结构构件出现了下列状态之一时,即认为超过了承载能力极限状态:

(1)整个结构或结构的一部分作为刚体失去平衡,如烟囱在风力作用下整体倾倒。

(2)结构构件或其连接因超过材料强度而破坏(包括疲劳破坏),如短的轴心受压构件中混凝土和钢筋分别达到抗压强度而破坏,构件中的钢筋锚固因长度不够而被拔出,或构件因过度变形(塑性)而不适于继续承载。

(3)结构转变为机动体系,如简支梁跨中截面达到抗弯承载力而形成三铰共线的机动体系,丧失承载能力。

(4)结构或构件丧失稳定,如细长柱达到临界荷载后压屈失稳而破坏(屈曲)。

(5)地基丧失承载能力而破坏(如失稳等)。

2.正常使用极限状态

正常使用极限状态是对应于结构或结构构件达到正常使用或耐久性能的某项规定限值。当出现下列状态之一时,即认为超过了正常使用极限状态:

(1)影响正常使用或有碍观瞻的变形,如梁的应变过大影响观瞻或正常使用。

(2)影响正常使用或耐久性的局部损坏,如裂缝过宽影响水池的正常使用或导致钢筋锈蚀。

(3)影响正常使用的振动,如楼盖梁板的振幅过大影响正常使用。

(4)影响正常使用的其他特定状态,如基础相对沉降过大等。

(三)结构的功能函数与极限状态方程

1.作用效应

施加在结构上的直接作用或者间接作用,以及在结构或结构构件内产生的内力和变形(如轴力、弯矩、剪力、扭矩、挠度、转角、裂缝、应力与应变等),总称为作用效应,用“S”表示。由直接作用产生的作用效应称为荷载效应,如汽车、人群和自重引起的作用。

2.结构杭力

结构或结构构件承受内力和变形的能力,总称为结构抗力,用“R”表示。如构件的承载能力、刚度,抵抗裂缝的能力等。结构抗力与结构构件的截面形式、尺寸、材料强度等级等因素有关。

3. 结构的功能函数与极限状态方程

结构或结构构件的工作状态是处于安全可靠，还是处于失效状态，可以由反映作用效应 S 与结构抗力 R 两者之间关系的功能函数 Z 来表达。结构安全可靠的基本条件应符合下式要求：

$$Z=g(R,S)=R-S\geqslant 0 \tag{5-1}$$

式(5-1)称为结构的功能函数，当结构处于极限状态时，则

$$Z=R-S=0 \tag{5-2}$$

式(5-2)称为结构的极限状态方程。

功能函数是判别结构失效或可靠的标准：

(1)当 $Z>0$ 时，结构处于可靠状态。

(2)当 $Z=0$ 时，结构处于极限状态。

(3)当 $Z<0$ 时，结构处于失效状态。

(四)结构可靠度及其指标

结构安全、适用、耐久是结构可靠的标志，总称为结构的可靠性。

1. 结构可靠度的定义

结构的可靠度是指在规定的设计基准期(公路桥涵结构的设计基准基为 100 年)内，在规定的条件下(正常设计、正常施工、正常使用)，完成预定功能(结构安全性、适用性、耐久性)的概率。结构可靠度就是结构可靠性的概率度量。

2. 结构的可靠概率、失效概率与可靠指标

若结构功能函数 $Z=R-S$ 的概率分布曲线如图 5-1 所示，属于正态分布，则结构的可靠概率 P_s、失效概率 P_f，结构的可靠指标之间存在下列关系。

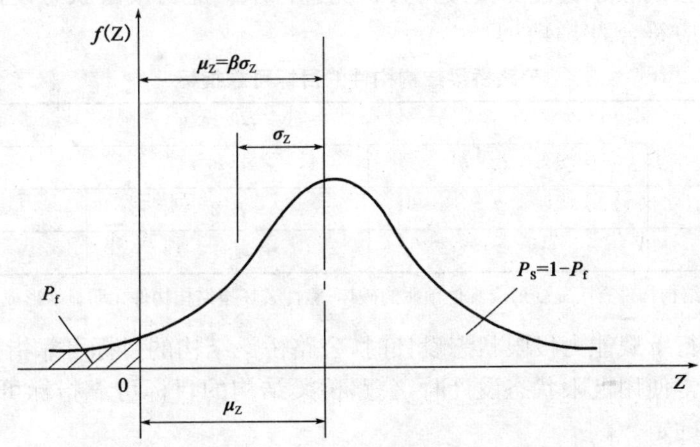

图 5-1　正态分布图上可靠概率、失效概率和可靠指标的表示方法

(1)结构可靠概率是指结构能够完成预定功能的概率($Z=R-S>0$)，即

$$P_s=\int_0^{\infty} f(Z)\mathrm{d}Z \tag{5-3}$$

(2)结构失效概率是指结构不能完成预定功能的概率，即

$$P_f=\int_{-\infty}^{0} f(Z)\mathrm{d}Z \tag{5-4}$$

(3)结构的可靠概率与失效概率的关系为

$$P_s + P_f = 1 \tag{5-5}$$

或

$$P_s = 1 - P_f \tag{5-6}$$

(4)结构的可靠指标β为结构功能函数Z的平均值μ_Z与其标准差σ_Z的比值,即

$$\beta = \frac{\mu_Z}{\sigma_Z} \tag{5-7}$$

或

$$\mu_Z = \beta\sigma_Z \tag{5-8}$$

$$\mu_Z = \mu_R - \mu_S \tag{5-9}$$

$$\sigma_Z = \sqrt{\sigma_R^2 + \sigma_S^2} \tag{5-10}$$

式中:μ_R、σ_R——分别为结构抗力R正态分布随机变量平均值与标准差;

μ_S、σ_S——分别为作用效应S正态分布随机变量平均值与标准差。

用失效概率P_f来度量结构的可靠性有明确的物理意义,能较好地反映问题的实质。但结构功能函数包含多种因素影响,而且每一种因素不一定完全服从正态分布,需要对它们进行当量正态化处理,计算失效概率一般要进行多维积分,数学上复杂。由于可靠指标与失效概率P_f在数量上有一一对应关系,β越大,P_f越小;反之β越小,P_f则越大。若用β来度量结构可靠度,可使问题简化。

3. 目标可靠指标

在解决可靠性的定量尺度后,另一重要问题是选择作为设计依据的可靠指标,即目标可靠指标,以求达到工程上安全与经济的最佳平衡。目标可靠指标主要采用"校准法"并结合工程经验和经济优化原则加以确定。《结构统一标准》采用与国际标准《结构可靠性总原则》(ISO/DIS 2394)衔接的技术标准。其按持久状况进行承载能力极限状态设计时,公路桥梁结构的目标可靠指标应符合表5-4的规定。

公路桥梁结构构件的目标可靠指标 表5-4

破坏类型	安全等级		
	一级	二级	三级
延性破坏	4.7	4.2	3.7
脆性破坏	5.2	4.7	4.2

注:表中延性破坏指结构构件有明显变形或其他预兆的破坏;脆性破坏指结构构件无明显变形或其他预兆的破坏。

按偶然状况进行承载能力极限状态设计时,公路桥梁结构的目标可靠指标,应符合有关规范的规定。进行正常使用极限状态设计时,公路桥梁结构的目标可靠指标可根据不同类型结构特点和工程经验确定。

三、极限状态设计表达式

《公路钢筋混凝土及预应力混凝土桥涵设计规范》(JTG D62—2004)(简称《公路混凝土规范》)采用的是近似概率极限状态设计法,具体设计计算应满足承载能力和正常使用两类极限状态的各项要求。

(一)三种设计状况

根据桥梁在施工和使用过程中面临的不同情况,规定了结构设计的三种状况:持久状况、

短暂状况和偶然状况。这三种设计状况的结构体系、结构所处环境条件、经历的时间长短都是不同的，所以设计时采用的计算模式、作用(或荷载)、材料强度的取值及结构可靠度水平也有差异。

1. 持久状况

持久状况指桥涵建成后承受自重、车辆荷载等作用持续时间很长的状况。该状况是指桥梁的使用阶段。这个阶段持续的时间很长，需对结构的所有预定功能进行设计，即必须进行承载能力极限状态和正常使用极限状态的计算。

2. 短暂状况

短暂状况指桥涵施工过程中承受临时性作用的状况。该状况对应的是桥梁的施工阶段。这个阶段的持续时间相对于使用阶段是短暂的，结构体系、结构所承受的荷载等与使用阶段也不同，设计时要根据具体情况而定。这个阶段一般只进行承载能力极限状态计算(规范中以计算构件截面应力来表达)，必要时才作正常使用极限状态计算。

3. 偶然状况

偶然状况指在桥涵使用过程中偶然出现的状况，如桥梁可能遇到地震等作用的状况。这种状况出现的概率极小，且持续的时间极短。偶然状况的设计原则是，主要承重结构不致因非主要承重结构发生破坏而导致丧失承载能力；或允许主要承重结构发生局部破坏而剩余部分在一段时间内不发生连续倒塌。显然，偶然状况只需进行承载能力极限状态计算，不必考虑正常使用极限状态。

(二)承载能力极限状态计算表达式

承载能力极限状态是对应于桥涵及其构件达到最大承载能力或出现不适于继续承载的变形或变位的状态。按照《结构统一标准》的规定，公路桥涵进行持久状况承载能力极限状态设计时，应根据桥涵结构破坏所产生后果的严重程度，按表 5-5 划分的三个安全等级进行设计，以体现不同情况的桥涵的可靠度差异。在计算上，不同安全等级用结构重要性系数 γ_0 来表示。

公路桥涵结构的安全等级 表 5-5

安全等级	破坏后果	桥涵类型	结构重要性系数 γ_0
一级	很严重	特大桥、重要大桥	1.1
二级	严重	大桥、中桥、重要小桥	1.0
三级	不严重	小桥、涵洞	0.9

注：表中所列特大、大、中桥等系按《公路桥涵设计通用规范》(JTG D60—2004)(简称《公路通用规范》)的单孔跨径确定，对多跨不等跨桥梁，以其中最大跨径为准；表中冠以“重要”的大桥和小桥，系指高速公路上、国防公路上及城市附近交通繁忙的城郊公路上的桥梁。(考虑到 2015 版(公用通用规范)刚刚实施，故本书仍采用 2004 版规范)

在一般情况下，同座桥梁的各种构件宜取相同的安全等级，必要时部分构件可作适当调整，但调整后的级差不应超过一个等级。

公路桥涵的持久状态设计各构件按承载能力极限状态的要求，进行承载能力及稳定计算，必要时还应对结构的倾覆和滑移进行验算。在进行承载能力极限状态计算时，作用(或荷载)的效应(其中汽车荷载应计入冲击系数)应采用其组合设计值；结构材料性能采用其强度设计值。

规范规定桥梁构件的承载能力极限状态的计算以塑性理论为基础，设计的原则是作用效应最不利组合(基本组合)的设计值必须小于或等于结构抗力的设计值，其基本表达式为

$$\gamma_0 S_d \leqslant R \tag{5-11}$$

$$R = R(f_d, a_d) \tag{5-12}$$

式中：γ_0——桥梁结构的重要性系数，按表 5-5 取用；

S_d——作用(或荷载)效应(其中汽车荷载应计入冲击系数)的基本组合设计值；

R——构件承载力设计值；

f_d——材料强度设计值；

a_d——几何参数设计值，当无可靠数据时，可采用几何参数标准值，即设计文件规定值。

(三) 正常使用极限状态计算表达式

公路桥涵正常使用极限状态是指对应于桥涵及其构件达到正常使用或耐久性的某项限值的状态。正常使用极限状态计算在构件持久状况设计中占有重要地位，尽管不像承载能力极限状态计算那样直接涉及结构的安全问题，但如果设计不好，也有可能间接引发出结构的安全问题。

公路桥涵的持久状态设计按正常使用状态的要求进行计算，是以结构弹性理论或弹塑性理论为基础，采用作用(或荷载)的短期效应组合或短期效应组合并考虑长期效应组合的影响，对构件的抗裂、裂缝宽度和挠度进行验算，并使各项计算值不超过规范规定的各相应限值。采用的极限状态设计表达式为

$$S \leqslant C_1 \tag{5-13}$$

式中：S——正常使用极限状态的作用(或荷载)效应组合设计值；

C_2——结构构件达到正常使用要求所规定的限值，例如变形、裂缝宽度和截面抗裂的应力限值。

对公路桥涵结构的设计计算，《公路通用规范》除了要求进行上述持久状况承载能力极限状态计算和持久状况正常使用极限状态计算外，还按照公路桥梁的结构受力特点和设计习惯，要求对钢筋混凝土和预应力混凝土受力构件按短暂状况设计时计算其在制作、运输及安装等施工阶段由自重、施工荷载产生的应力，并不应超过规定的限值；按持久状况设计预应力混凝土受弯构件，应计算其使用阶段的应力，并不应超过限值。构件应力计算的实质是构件强度验算，是对构件承载能力计算的补充。采用极限状态设计表达式为

$$S \leqslant C_2 \tag{5-14}$$

式中：S——作用(或荷载)标准值(其中汽车荷载应计入冲击系数)产生的效应力，当有组合时不考虑荷载组合系数；

C_2——结构的功能限值(应力)。

结构构件持久状况和短暂状况的应力是按照结构弹性理论进行计算的。

四、结构上的作用、作用值与作用效应组合

(一)公路桥梁结构上的作用分类

结构上的作用按随时间的变异性和出现的可能性分为三类，见表 5-6。

(1)永久荷载(恒载)。在结构使用期间，其量值不随时间变化，或其变化值与平均值比较可忽略不计的作用。

(2)可变作用。在结构使用期间，其量值随时间变化，且其变化值与平均值相比较不可忽略的作用。

(3)偶然作用。在结构使用期间出现的概率很小，一旦出现，其值很大且持续时间很短的作用。

作用分类　　表5-6

编　号	作用分类	作用名称
1	永久作用	结构重力(包括结构附加重力)
2		预加力
3		土的重力
4		土侧压力
5		混凝土收缩与徐变作用
6		水的浮力
7		基础变位作用
8	可变作用	汽车荷载
9		汽车冲击力
10		汽车离心力
11		汽车引起的土侧压力
12		人群荷载
13		汽车制动力
14		风力
15		流水压力
16		冰压力
17		温度(均匀温度和梯度温度)作用
18		支座摩阻力
19	偶然作用	地震作用
20		船舶或漂流物的撞击作用
21		汽车撞击作用

(二)作用的代表值

结构或结构构件设计时，针对不同设计目的所采用的各种作用代表值，包括作用标准值、准永久值和频遇值等。

1. 作用的标准值

作用的标准值是结构或结构构件设计时，采用的各种作用的基本代表值。其值可根据作用在设计基准期内最大概率分布的某一分值确定；无充分资料时，可根据工程经验，经分析后确定。

永久作用采用标准值作为代表值。永久作用的标准值，对结构自重，可按结构构件的设计尺寸与材料单位体积的自重(重力密度)计算确定。

承载能力极限状态设计及按弹性阶段计算结构强度(应力)时采用标准值作为可变作用的代表值。可变作用的标准值可按《公路通用规范》规定采用。

2. 可变作用频遇值

在设计基准期间，可变作用超越的总时间为规定的较小比率或超越次数为规定次数的作用值。它是指结构上较频繁出现的且量值较大的荷载作用取值。

正常使用极限状态按短期效应(频遇)组合设计时,采用频遇值为可变作用的代表值。可变作用频遇值为可变作用标准值乘以频遇系数 ψ_1。

3. 可变作用准永久值

指在设计基准期间,可变作用超越的总时间约为设计基准期一半的作用值。它是在结构上常出现的且量值较小的荷载作用值。结构在正常使用极限状态按长期效应(准永久)组合设计时采用准永久值作为可变作用的代表值,实际上是考虑可变作用的长期作用效应而对标准值的一种折减,记为 $\psi_2 Q_k$,其中折减系数 ψ_2 称为准永久值系数。

(三)作用效应组合

公路桥涵结构设计时应当考虑结构上可能出现的多种作用,例如桥涵结构构件上除构件永久作用(如自重等)外,可能同时出现汽车荷载、人群荷载等可变作用。这时应按承载能力极限状态和正常使用极限状态,结合相应的设计状况进行作用效应组合,并取其最不利组合进行设计。作用效应组合是结构上几种作用分别产生的效应的随机叠加,而作用效应最不利组合是指所有可能的作用效应组合中对结构或结构构件产生总效应最不利的一组作用效应组合。

1. 承载能力极限状态计算时作用效应组合

按承载能力极限状态设计时,应根据各自的情况选用基本组合和偶然组合中的一种或两种作用效应组合。基本组合是永久作用标准值效应与可变作用标准值效应的组合,基本表达式为

$$\gamma_0 S_d = \gamma_0 \left(\sum_{i=1}^{m} \gamma_{Gi} S_{Gik} + \gamma_{Q1} S_{Q1k} + \psi_c \sum_{j=2}^{n} \gamma_{Qj} S_{Qjk} \right) \tag{5-15}$$

式中:γ_0——桥梁结构的重要性系数,按结构设计安全等级采用,对于公路桥梁,安全等级一级、二级和三级,分别为 1.1、1.0 和 0.9;

γ_{Gi}——第 i 个永久作用效应的分项系数,当永久作用效应(结构重力和预应力作用)对结构承载力不利时,$\gamma_{Gi}=1.2$;对结构的承载能力有利时,$\gamma_{Gi}=1.0$;其他永久作用效应的分项系数详见《公路通用规范》;

S_{Gik}——第 i 个永久作用效应的标准值;

γ_{Q1}——汽车荷载效应(含汽车冲击力、离心力)的分项系数,$\gamma_{Q1}=1.4$;当某个可变作用在效应组合中超过汽车荷载效应时,则该作用取代汽车荷载,其分项系数应采用汽车荷载的分项系数;对于专为承受某作用而设置的结构或装置,设计时该作用的分项系数与汽车荷载同值;

S_{Q1k}——汽车荷载效应(含汽车冲击力、离心力)的标准值;

γ_{Qj}——在作用效应组合中除汽车荷载效应(含汽车冲击力、离心力)、风荷载外的其他第 j 个可变作用效应的分项系数,取 $\gamma_{Qj}=1.4$,但风荷载的分项系数取 $\gamma_{Qj}=1.1$;

S_{Qjk}——在作用效应组合中除汽车荷载效应(含汽车冲击力、离心力)外的其他第 j 个可变作用效应的标准值;

ψ_c——在作用效应组合中除汽车荷载效应(含汽车冲击力、离心力)外的其他可变作用效应的组合系数,当永久作用与汽车荷载和人群荷载(或其他一种可变作用)组合时,人群荷载(或其他一种可变作用)的组合系数 $\psi_c=0.80$;当其除汽车荷载效应(含汽车冲击力、离心力)外尚有两种可变作用参与组合时,其组合系数取 $\psi_c=0.70$;尚有三种可变作用参与组合时,$\psi_c=0.60$;尚有四种及多于四种的可变作用参与组合时,$\psi_c=0.50$。

2. 正常使用极限状态计算时作用效应组合

按正常使用极限状态设计时，应根据不同结构不同的设计要求，选用以下一种或两种效应组合。

(1)作用短期效应组合

作用短期效应组合是永久作用标准值效应与可变作用频遇值效应的组合，且基本表达式为

$$S_{sd}=\sum_{i=1}^{m}S_{Gik}+\sum_{j=1}^{n}\psi_{1j}S_{Qjk} \tag{5-16}$$

式中：S_{sd}——作用短期效应组合设计值；

ψ_{1j}——第 j 个可变作用效应的频遇值系数，汽车荷载(不计冲击力)$\psi_1=0.7$；人群荷载 $\psi_1=1.0$；风荷载 $\psi_1=0.75$；温度梯度作用 $\psi_1=0.8$；其他作用 $\psi_1=1.0$；

$\psi_{1j}S_{Qjk}$——第 j 个可变作用效应的频遇值。

(2)作用长期效应组合

作用长期效应组合是永久作用标准值效应与可变作用准永久值效应的组合，其基本表达式为

$$S_{ld}=\sum_{i=1}^{m}S_{Gik}+\sum_{j=1}^{n}\psi_{2j}S_{Qjk} \tag{5-17}$$

式中：S_{ld}——作用短期效应组合设计值；

ψ_{2j}——第 j 个可变作用效应的频遇值系数，汽车荷载(不计冲击力)$\psi_2=0.4$；人群荷载 $\psi_1=0.4$；风荷载 $\psi_2=0.75$；温度梯度作用 $\psi_2=0.8$；其他作用 $\psi_2=1.0$；

$\psi_{2j}S_{Qjk}$——第 j 个可变作用效应的准永久值，其他符号意义同前。

五、材料强度指标取值

按照承载能力极限状态和正常使用极限状态进行设计计算时，结构构件的抗力计算中必须用到材料的强度值。由于材料强度具有变异性，为了在设计中合理取用材料强度值，材料强度的取值采用了标准值和设计值。

(一)材料强度指标的取值原则

材料强度标准值是材料强度的一种特征值，是由标准试件按标准试验方法经数理统计以概率分布的 0.05 分位值确定的强度值，即其取值原则是在符合规定质量的材料强度实测值的总体中，材料的强度标准值应具有不小于 95%的保证率，其基本表达式为

$$f_k = f_m(1-1.645\delta_f) \tag{5-18}$$

式中：f_m——材料强度的平均值；

δ_f——材料强度的变异系数。

材料强度的设计值是材料强度标准值除以材料性能分项系数后的值，基本表达式为

$$f = f_k/\gamma_m \tag{5-19}$$

式中：γ_m——材料性能分项系数，需根据不同材料进行构件分析的可靠指标达到规定的目标可靠指标及工程经验校准来确定。

(二) 混凝土强度标准值和强度设计值

1. 混凝土的强度等级

混凝土强度等级($f_{cu,k}$)按立方体抗压强度标准值确定。立方体抗压强度标准值是指按照标准方法制作和养护的边长为150mm 的立方体试件，在28d 龄期用标准试验方法测得的具有95%保证率的抗压强度，按式(5-18)确定。

公路桥梁受力构件的混凝土强度等级有13级，即C20～C80，中间以5MPa进级。C20代表$f_{cu,k}$=20MPa，其余类推。《公路混凝土规范》规定：钢筋混凝土构件的混凝土强度等级不宜低于C20；当采用HRB400、KL400级钢筋时，混凝土强度等级不宜低于C25；预应力混凝土构件不应低于C40。

2. 混凝土强度的标准值

假定混凝土轴心抗压强度f_{cu}和抗拉强度f_t的变异系数相同，则混凝土轴心抗压强度标准值f_{ck}和轴心抗拉强度标准值f_{tk}可按下列公式确定：

$$f_{ck} = f_{c,m}(1-1.645\delta_f) = 0.88\alpha_{c1}\alpha_{c2}f_{cu,m}(1-1.645\delta_f) = 0.88\alpha_{c1}\alpha_{c2}f_{cu,k} \tag{5-20}$$

式中：$f_{c,m}$——混凝土轴心抗压强度平均值；

α_{c1}——混凝土轴心抗压强度与立方体强度的比值；

α_{c2}——混凝土脆性折减系数，对C40及以下混凝土取$\alpha_{c2}=1.0$；对C80混凝土取$\alpha_{c2}=0.87$，其间按线性插入。

$$f_{tk} = f_{t,m}(1-1.645\delta_f) = 0.88\times0.395\alpha_{c2}(f_{cu,k})^{0.55}(1-1.645\delta_f)^{0.45} \tag{5-21}$$

式中：$f_{t,m}$——混凝土轴心抗拉强度平均值。

混凝土轴心抗压强度标准值和轴心抗拉强度标准值可参见相关规范条文。

3. 混凝土强度设计值

《公路混凝土规范》取混凝土轴心抗压强度和轴心抗拉强度的材料性能分项系数为1.45，接近按二级安全等级结构分析的脆性破坏构件目标可靠指标的要求。

按γ_m=1.45代入式(5-19)，可得到混凝土轴心抗压强度设计值f_{cd}和轴心抗拉强度设计值f_{td}。

（三）钢筋的强度标准值和强度设计值

为使钢筋强度标准值与钢筋的检验标准统一，对有明显流幅的热轧钢筋，钢筋的抗拉强度标准值f_{sk}采用国家标准中规定的屈服强度标准值（废品限值，其保证率不小于95%）；对于无明显流幅的钢筋，如钢丝、钢绞线等，根据国家标准中规定的极限抗拉强度确定，其保证率也不小于95%。

必须指出，对钢绞线、预应力钢丝等无明显流幅的钢筋，取0.85σ_b（σ_b为国家标准中规定的极限抗拉强度）作为设计取用的条件屈服强度（指相应于残余应变为0.2%时的钢筋应力）。

热轧钢筋和精轧螺纹钢筋的材料性能分项系数取1.2，钢绞线、钢丝的材料性能分项系数取1.47。将钢筋的强度标准值除以相应的材料性能分项系数，即得到钢筋抗拉强度设计值。

钢筋抗压强度设计值按$f'_{sd}=\varepsilon'_s E'_s$或$f'_{pd}=\varepsilon'_p E'_p$确定。$E'_s$和$E'_p$分别为热轧钢筋和钢绞线等的弹性模量；$\varepsilon'_s$和$\varepsilon'_p$为相应钢筋种类的受压应变，取$\varepsilon'_s(\varepsilon'_p)$等于0.002。$f'_{sd}$（或$f'_{pd}$）不得大于相应的钢筋抗拉强度设计值。钢筋的强度标准值和设计值见规范相关条文。

习　题

5-1　对于有明显屈服点的钢筋，其强度标准值取值的依据（　　）。

A. 极限抗拉强度　　　　B. 屈服强度

C. 0.85倍的极限抗拉强度　　　　D. 钢筋比例极限对应的应力

5-2　混凝土双向受力时，(　　)情况下强度最低。

A. 两向受拉　　B. 两向受压

C. 一拉一压　　D. 两向受拉，且两向拉应力值相等时

5-3　安全等级为二级的延性结构构件的可靠性指标为(　　)。

A. 4.2　　B. 3.7　　C. 3.2　　D. 2.7

5-4　我国规范度量结构构件可靠度的方法是(　　)。

A. 用可靠性指标 β，不计失效概率 P_f

B. 用荷载、材料的分项系数及结构的重要性系数，不计 P_f

C. 用 β 表示 P_f，并在形式上采用分项系数和结构构件的重要性系数

D. 用荷载及材料的分项系数，不计 P_r

5-5　一计算跨度为 4m 的简支梁，梁上作用有恒载标准值(包括自重)15kN/m，活荷载标准值 5kN/m. 其跨中最大弯矩设计值为(　　)。

A. 50kN・m　　B. 50.3kN・m

C. 100kN・m　　D. 100.6kN・m

5-6　结构在设计使用年限超过设计基准期后，结构将发生(　　)。

A. 立即丧失其功能　　B. 可靠度降低

C. 不失效则可靠度不变　　D. 可靠度降低，但可靠指标不变

5-7　结构的可靠指标 β 与失效概率 P_f 的关系为(　　)。

A. 无直接关系　　B. β 越小，失效概率 P_f 越小

C. β 越大，失效概率 P_f 越小　　D. β 越大，失效概率 P_f 越大

5-8　复合受力下，混凝土抗压强度的次序为(　　)。

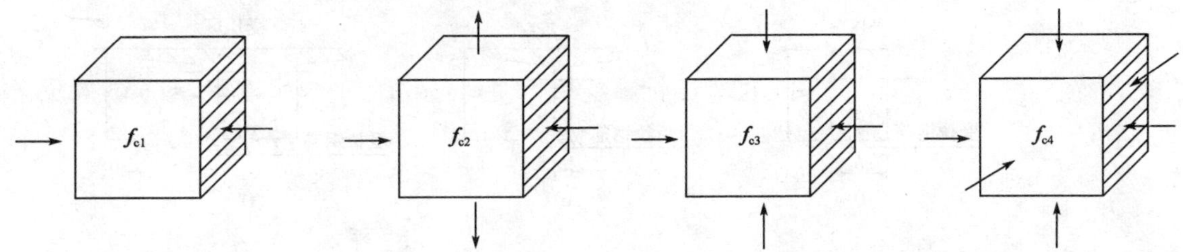

A. $f_{c1}=f_{c2}<f_{c3}<f_{c4}$　　B. $f_{c1}<f_{c2}<f_{c3}<f_{c4}$

C. $f_{c2}<f_{c1}<f_{c3}<f_{c4}$　　D. $f_{c2}<f_{c1}=f_{c3}<f_{c4}$

5-9　荷载效应 S、结构抗力 R 作为两个独立的基本随机变量，根据其功能函数 $Z=R-S$ 有(　　)。

A. $Z>0$ 时结构安全　　B. $Z=0$ 时结构安全

C. $Z<0$ 时结构安全　　D. $Z>0$ 时结构失效

5-10　在长期荷载作用下，钢筋混凝土梁的挠度会随时间而增长，其主要原因是(　　)。

A. 受拉钢筋产生塑性变形　　B. 受拉混凝土产生塑性变形

C. 受压混凝土产生塑性变形　　D. 混凝土的徐变

5-11　混凝土轴心抗压强度试验标准试件尺寸是(　　)mm。

A. 150×150×150　　B. 150×150×300

C. 200×200×400　　D. 150×150×400

5-12　下列各项中能够表明构件达到承载能力极限状态的描述是(　　)。

A. 轴心受压柱因达到临界荷载而丧失稳定性

B. 影响外观的变形

C. 令人不适的振动

D. 影响耐久性能的局部损坏

第二节　受弯构件强度计算

一、受弯构件的截面形式与构造

(一)钢筋混凝土受弯构件的截面形式

钢筋混凝土受弯构件常用的截面形式主要有矩形、T 形和箱形等(图 5-2)。

钢筋混凝土板可分为整体现浇板和预制板。在工地现场搭支架、立模板、配置钢筋,然后就地浇筑混凝土的板称为整体现浇板。其截面宽度较大(图 5-2a),但可取单位宽度(例如以 1m 为计算单位)的矩形截面进行计算。预制板是在预制现场或工地预先制作好的板。预制时板宽度 b 一般控制在 1～1.5m 之间。

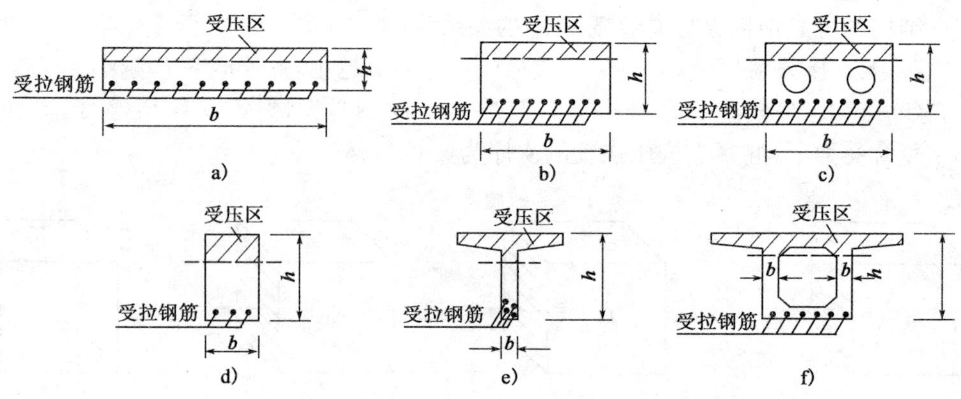

图 5-2　钢筋混凝土的截面形式

板的厚度 h 由其控制截面上最大的弯矩和板的刚度要求决定,但是为了保证施工质量及耐久性要求,《公路通用规范》规定了各种板的最小厚度:人行道板不宜小于 80mn(现浇整体)和 60mm(预制);空心板的顶板和底板厚度均不宜小于 80mm。

钢筋混凝土的截面形式按下面的建议值选用:

(1)现浇矩形截面梁的宽度 b 常取 120mm、150mrn、180mm、200mm、220mm 和 250mm,其后按 50mm 一级增加(当梁高 $h\leqslant$800mm 时)或 100mm 一级增加(当梁高 $h>$800mm 时)。

矩形截面梁的高宽比 h/b 一般可取 2.0～2.5。

(2)预制的 T 形截面梁,其截面高度 h 与跨径 l 之比(称高跨比)一般为 $h/l=1/16$～1/11,跨径较大时取用偏小比值。梁肋宽度 b 常取为 150～180mm,具体根据梁内主筋布置及抗剪要求而定。

T 形截面梁翼缘悬臂端厚度不应小于 100mm,梁肋处翼缘厚度不宜小于梁高 h 的 1/10。

（二）钢筋的构造

梁内的钢筋有纵向受拉钢筋（主钢筋）、弯起钢筋或斜钢筋、箍筋、架立钢筋和水平纵向钢筋等。

梁内的钢筋常常采用骨架形式，一般分为绑扎钢筋骨架和焊接钢筋骨架两种形式。

绑扎骨架是将纵向钢筋与横向钢筋通过绑扎而成的空间钢筋骨架（图 5-3）。焊接骨架是先将纵向受拉钢筋（主钢筋），弯起钢筋或斜筋和架立钢筋焊接成平面骨架，然后用箍筋将数片焊接的平面骨架组成空间骨架（图 5-4）。

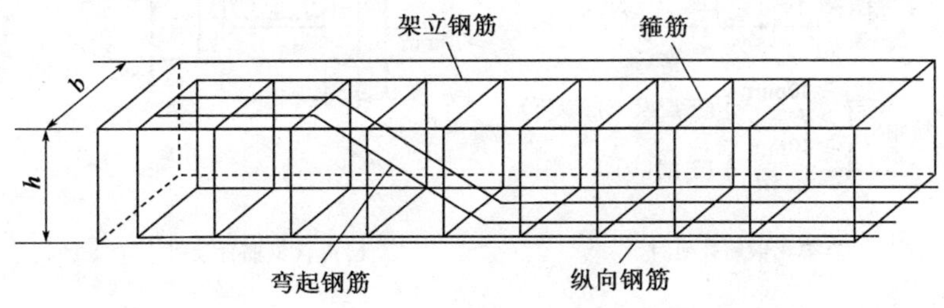

图 5-3　绑扎钢筋骨架

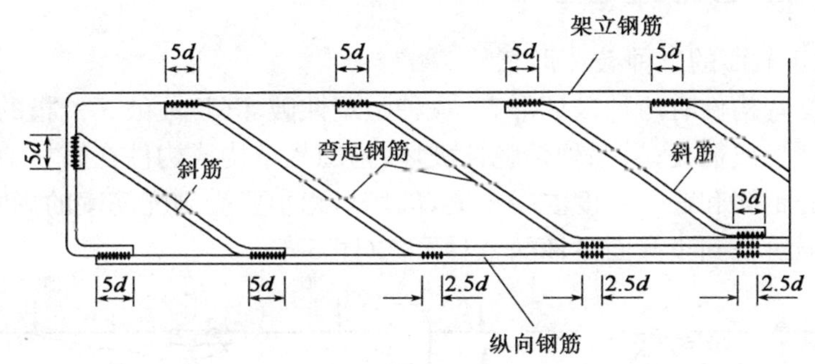

图 5-4　焊接钢筋骨架

绑扎钢筋骨架中，各主钢筋的净距或层与层间的净距为：当钢筋为三层或三层以下时，小于 30mn，并不小于主钢筋直径 d；当为三层以上时，不小于 40mm 或主钢筋直径 d 的 1.25 倍。绑扎钢筋骨架的净距要求见图 5-5a）。

焊接钢筋骨架中，多层主钢筋是竖向不留空隙用焊缝连接，钢筋层数一般不宜超过 6 层。焊接钢筋骨架的净距要求见图 5-5b）。

梁内弯起钢筋是由主钢筋按规定的部位和角度弯至梁上部后，并满足锚固要求的钢筋；斜钢筋是专门设置的斜向钢筋，它们的设置及数量均由抗剪计算确定。

架立钢筋和沿梁高的两侧面呈水平方向布置的水平纵向钢筋，均为梁内构造钢筋。

架立钢筋是为构成钢筋骨架而附加设置的纵向钢筋，其直径依梁截面尺寸而选择，通常采用直径为 10～14mm 的钢筋。

水平纵向钢筋的作用主要是在梁侧面发生混凝土裂缝后，可以减小混凝土裂缝宽度。纵向水平钢筋要固定在箍筋外侧，其直径一般采用 6～8mm 的光圆钢筋，也可以用带肋钢筋。

梁内箍筋是沿梁纵轴方向按一定间距配置并箍住纵向钢筋的横向钢筋，除了帮助混凝土抗剪外，在构造上起着固定纵向钢筋位置的作用，并与纵向钢筋、架立钢筋等组成骨架（图 5-3）。

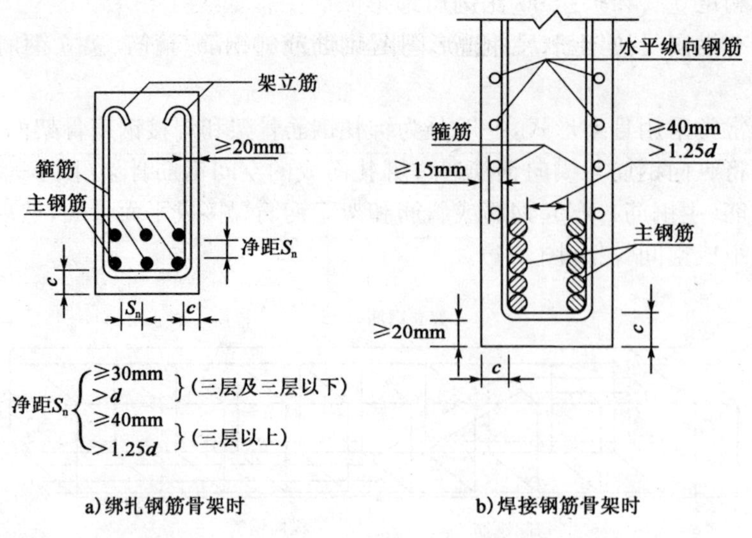

图 5-5　梁主钢筋净距和混凝土保护层

二、受弯构件正截面受力全过程

1. 受弯构件正截面的三种破坏形态

钢筋混凝土受弯构件有两种破坏形态：一种是塑性破坏（延性破坏），指的是结构或构件在破坏前有明显的变形或征兆；另一种是脆性破坏，指的是结构或构件在破坏前无明显变形或征兆。对常用的热轧钢筋和普通强度混凝土梁，破坏形态主要受到配筋率的影响，按配筋情况及相应破坏时的性质可得到正截面破坏的三种形态（图 5-6）。

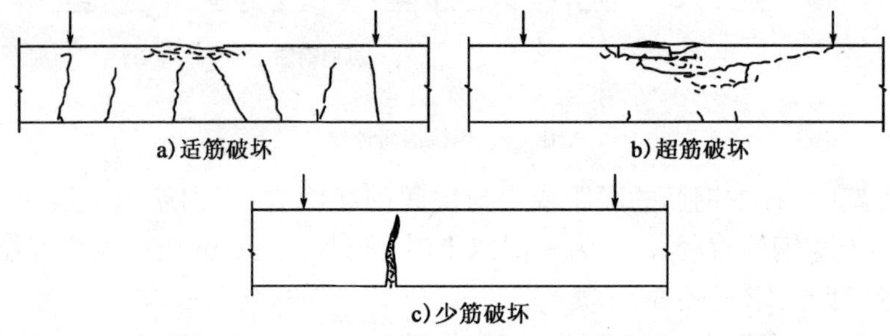

图 5-6　梁的破坏状态

（1）适筋破坏（塑性破坏，图 5-6a）。当正截面混凝土受压区的高度 $x \leqslant \varepsilon_b h_0$（$\varepsilon_b$ 为相对界限受压区高度），$\rho = A_s/(bh_0) > \rho_{min}$ 时，构件纵向受拉筋先达到屈服，然后受压区混凝土被压坏，呈塑性破坏，有明显的塑性变形和裂缝预兆，在设计中应设计成这种梁。

（2）超筋破坏（脆性破坏，图 5-6b）。当正截面混凝土受压区高度 $x > \varepsilon_b h_0$ 时，由于受压区混凝土先压碎，而受拉钢筋尚末达到屈服。破坏前有一定的变形与裂缝预兆，但不如适筋梁明显，属脆性破坏，材料不能充分利用，在设计中应加以避免。

（3）少筋破坏（脆性破坏，图 5-6c）。当构件受拉配筋率 $\rho = A_s/(bh_0) < \rho_{min}$（最小配筋率）时，构件一旦开裂即丧失承载能力，呈脆性破坏，无明显预兆，材料不能充分利用，在设计中应加以避免。

2.适筋梁的破坏全过程

适量配筋情况下的钢筋混凝土梁从加载开始到破坏的全过程，可分为三个阶段：

第Ⅰ阶段末：混凝土受压区的应力基本上仍是三角形分布。但由于受拉区混凝土塑性变形的发展，拉应变增长较快，根据混凝土受拉时的应力—应变曲线，拉区混凝土的应力图形为曲线形。这时，受拉边缘混凝土的拉应变临近极限拉应变，拉应力达到混凝土抗拉强度，表示裂缝即将出现，梁截面上作用的弯矩用 M_{cr} 表示。

第Ⅱ阶段：荷载作用弯矩到达 M_{cr} 后，在梁混凝土抗拉强度最弱截面上出现了第一批裂缝。这时，在有裂缝的截面上，拉区混凝土退出工作，把它原承担的拉力转给了钢筋，发生了明显的应力重分布，钢筋的拉应力随荷载的增加而增加；混凝土的压应力不再为三角形分布，而形成微曲的曲线形，中和轴位置向上移动。

第Ⅱ阶段末：钢筋拉应变达到屈服时的应变值，表示钢筋应力达到其屈服强度，第Ⅱ阶段结束。

第Ⅲ阶段：在这个阶段里，钢筋的拉应变增加很快，但钢筋的拉应力一般仍维持在屈服强度不变（针对具有明显流幅的钢筋）。这时，裂缝急剧开展，中和轴继续上升，混凝土受压区不断缩小，压应力也不断增大，压应力图成为明显的丰满曲线形。

第Ⅲ阶段末：这时，截面受压上边缘的混凝土压应变达到其极限压应变值，压应力图呈明显曲线形，并且最大压应力已不在上边缘而是在距上边缘稍下处，这都是混凝土受压时的应力—应变图所决定的。在第Ⅲ阶段末，受压区混凝土的抗压强度耗尽，在临界裂缝两侧的一定区段内，受压区混凝土出现纵向水平裂缝，随即混凝土被压碎、梁破坏，在这个阶段，纵向钢筋的拉应力仍维持在屈服强度。

三、受弯构件正截面承载能力计算

（一）计算的基本原则

1.受弯构件正截面承载力计算的基本假定

（1）平截面假定。钢筋混凝土受弯构件在加载的各个阶段，截面的平均应变都能较好地符合平截面假定。平截面假定为受弯构件正截面承载能力计算提供了变形协调关系，使计算公式具有更明确的物理意义。

（2）不考虑受拉区混凝土的抗拉强度。在裂缝截面处，受拉区混凝土已大部分退出工作，仅在靠近中和轴附近有一部分混凝土承担拉应力，其值较小，内力偶臂也较小，因此计算中可不考虑混凝土的抗拉强度。

（3）受压区混凝土的应力—应变曲线采用图 5-7 中的曲线。

$$\sigma = \sigma_0 \left[2\left(\frac{\varepsilon}{\varepsilon_0}\right) - \left(\frac{\varepsilon}{\varepsilon_0}\right)^2 \right] \quad (\varepsilon \leqslant \varepsilon_0) \tag{5-22}$$

$$\sigma = \sigma_0 \quad (\varepsilon_0 < \varepsilon \leqslant \varepsilon_{cu}) \tag{5-23}$$

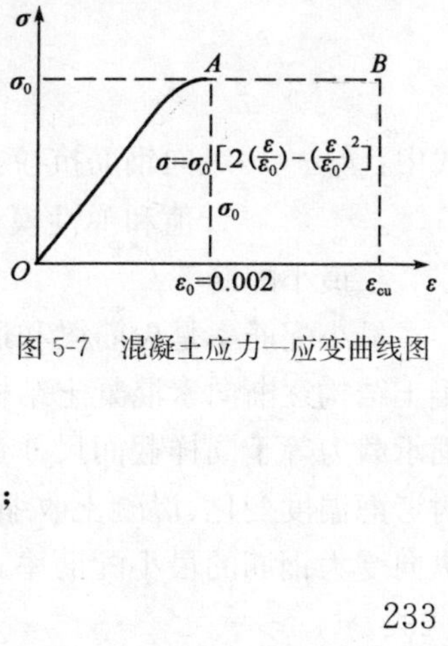

图 5-7　混凝土应力—应变曲线图

式中：σ_0 ——峰值应力，取 $\sigma_0 = 0.85 f_{ck}$；

f_{ck}——混凝土标准圆柱体抗压强度；

ε_0——混凝土压应力刚达到 σ_0 时的压应变，取 $\varepsilon_0 = 0.002$；

ε_{cu}——混凝土极限压应变，取 $\varepsilon_{cu} = 0.0035$。

(4)钢筋的应力—应变曲线采用弹性—全塑性模型曲线。

2.受压区混凝土等效矩形应力图形

受弯构件正截面承载力的计算需要知道破坏时混凝土压应力的分布图形，特别是受压区混凝土的压应力合力及其作用位置。为了计算方便，假设在保持压应力合力的大小及作用位置不变的条件下，用等效矩形的混凝土压应力图来替换实际的混凝土压应力分布图形(图 5-8)。

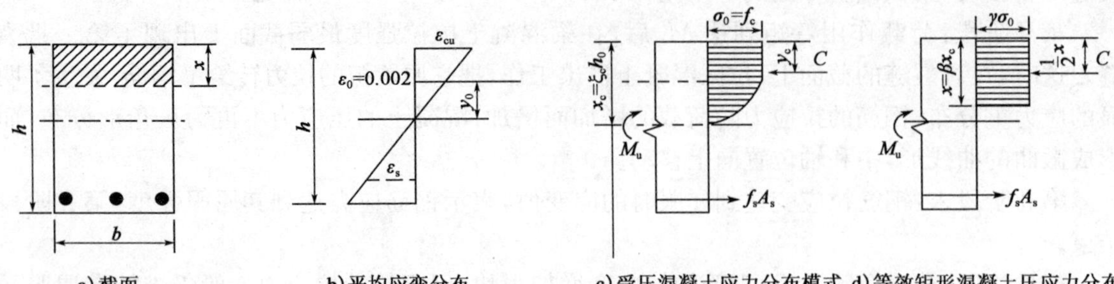

图 5-8 受压区混凝土等效矩形应力图

这个等效的矩形压应力图形由无量纲参数 β 和 γ 确定。β 为矩形压应力图的高度 x 与平截面假定下的中和轴高度 x_c 的比值，即 $\beta = x/x_c$；γ 为矩形压应力图的应力与受压区混凝土最大应力的比值。它们有如下计算公式：

$$\beta = \frac{1-\frac{2}{3}\left(\frac{\varepsilon_0}{\varepsilon_{cu}}\right)+\frac{1}{6}\left(\frac{\varepsilon_0}{\varepsilon_{cu}}\right)^2}{1-\frac{1}{3}\frac{\varepsilon_0}{\varepsilon_{cu}}} \tag{5-24}$$

$$\gamma = \frac{1}{\beta}\left(1-\frac{1}{3}\frac{\varepsilon_0}{\varepsilon_{cu}}\right) \tag{5-25}$$

当 ε_0 和 ε_{cu} 确定后，受压区混凝土实际压应力分布即可换成等效的矩形压应力分布图形。混凝土强度等级对应的 ε_{cu} 和相应的系数 β 的取值可查《公路混凝土规范》获得。

3.相对界限受压区高度

当受拉钢筋刚达到屈服应变时，受压区外边缘混凝土达到受弯的极限压应变 ε_{cu} 时的相对界限受压区计算高度，可以根据平截面假定的比例关系确定。其计算公式为

$$\xi_b = \frac{\beta}{1+\frac{f_{sd}}{\varepsilon_{cu}E_s}} \tag{5-26}$$

式中：f_{sd} ——纵向钢筋抗拉强度设计值。按混凝土轴心抗压强度设计值、不同钢筋的强度设计值和弹性模量值可得到《公路混凝土规范》规定的 ξ_b 取值。

4.最小配筋率

最小配筋率是少筋梁和适筋梁的界限。当梁的配筋率逐渐减小，梁的工作特性从钢筋混凝土结构逐渐向素混凝土结构过渡，所以可按采用最小配筋率的钢筋混凝土梁在破坏时，正截面承载力等于同样截面尺寸、同样材料的混凝土梁正截面开裂弯矩的标准值。有这个原则，同时考虑温度变化、混凝土收缩应力的影响因素和设计经验，《公路混凝土规范》规定了受弯构件纵向受力钢筋的最小配筋率。

（二）几种截面形式受弯构件的计算方法

1.单筋矩形截面受弯构件

（1）计算图式

根据受弯构件正截面承载力计算的基本原理，可以得到单筋矩形截面受弯构件承载力计算简图（图 5-9）。

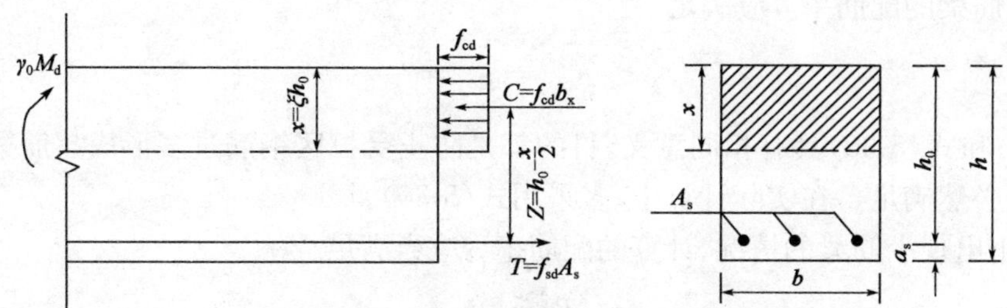

图 5-9　单筋矩形截面受弯构件承载力计算简图

（2）计算公式

按照计算原则，受弯构件计算截面上的最不利荷载基本组合效应计算值 $\gamma_0 M_d$ 不应超过截面的承载能力（抗力）M_u。

由图 5-9 可以写出单筋矩形截面受弯构件正截面计算的基本公式。

由截面上水平方向内力之和为零的平衡条件，即 $T+C=0$，可得到

$$f_{cd}bx = f_{sd}A_s \tag{5-27}$$

由截面上对受拉钢筋合力 T 作用点的力矩之和为零的平衡条件，可得到

$$\gamma_0 M_d \leqslant M_u = f_{cd}bx\left(h_0 - \frac{x}{2}\right) \tag{5-28}$$

由截面上对受压区混凝土合力 C 作用点的力矩之和为零的平衡条件，可得到

$$\gamma_0 M_d \leqslant M_u = f_{sd}A_s\left(h_0 - \frac{x}{2}\right) \tag{5-29}$$

式中：M_d——计算截面上的弯矩组合设计值；

γ_0——结构的重要性系数；

M_u——计算截面的抗弯承载力；

f_{cd}——混凝土轴心抗压强度设计值；

f_{sd}——纵向受拉钢筋抗拉强度设计值；

A_s——纵向受拉钢筋的截面面积；

x——等效矩形应力图的计算受压区高度；

b——截面宽度；

h_0——截面有效高度。

（3）公式适用条件

式（5-27）～式（5-29）仅适用于适筋梁，而不适用于超筋梁和少筋梁。因为超筋梁破坏时钢筋的实际拉应力 σ_s 并未到达抗拉强度设计值，故不能按 f_{sd} 来考虑。因此，公式具有两个适用条件。

①为防止出现超筋梁情况，计算受压区高度 x 应满足

$$x \leqslant \xi_b h_0 \tag{5-30}$$

式中：ξ_b——相对界限受压区高度，可根据混凝土强度级别和钢筋种类由规范查得。

$$\xi = \frac{x}{h_0} = \frac{f_{sd}}{f_{cd}} \frac{A_s}{bh_0} = \rho \frac{f_{sd}}{f_{cd}} \tag{5-31}$$

当 $\xi = \xi_b$ 时，可得到适筋梁的最大配筋率（ρ_{max}）为

$$\rho_{max} = \xi_b = \frac{f_{cd}}{f_{sd}} \tag{5-32}$$

显然，适筋梁的配筋率 ρ 应满足

$$\rho \leqslant \rho_{max} = \xi_b = \frac{f_{cd}}{f_{sd}} \tag{5-33}$$

式(5-33)和式(5-30)具有相同意义，目的都是防止受拉区钢筋过多形成超筋梁，满足其中一式，另一式必然满足。在实际计算中，多采用式(5-30)。

②为防止出现少筋梁的情况，计算的配筋率 ρ 应当满足

$$\rho \geqslant \rho_{min} \tag{5-34}$$

2. 双筋矩形截面受弯构件

当截面承受的弯矩组合设计值 M_d 较大，而截面尺寸受到使用条件限制或混凝土强度又不宜提高，按单筋截面设计出现 $\xi > \xi_b$ 时，则应改用双筋截面，即在截面受压区配置钢筋来协助混凝土承担压力且将 ξ 减小到 $\xi \leqslant \xi_b$，破坏时受拉区钢筋应力可达到屈服强度，而受压区混凝土不致过早压碎。当梁截面承受异号弯矩时，则必须采用双筋截面。一般情况下，采用受压钢筋来承受截面的部分压力是不经济的。但是，受压钢筋的存在可以提高截面的延性，并可减少构件在长期荷载作用下的变形。

(1)计算图式

试验表明，双筋截面破坏时的受力特点与单筋截面相似。只要满足 $\xi \leqslant \xi_b$，双筋截面仍具有适筋破坏特征，即破坏时受拉钢筋的应力先达到其屈服强度，然后，受压区混凝土的应力达到其抗压强度。这时，受压区混凝土的应力图形为曲线分布，边缘纤维的压应变已达到极限应变 ε_{cu}，由于受压区混凝土塑性变形的发展，受压钢筋的应力一般也将达到其抗压强度。

因此，在建立双筋截面承载力的计算公式时，受拉钢筋的应力可取抗拉强度设计值 f_{sd}，受压钢筋的应力一般可取抗压强度设计值 f'_{sd}，受压区混凝土仍可采用等效矩形应力图形和混凝土抗压设计强度 f_{cd}。双筋矩形截面受弯承载力计算的图式如图 5-10 所示。

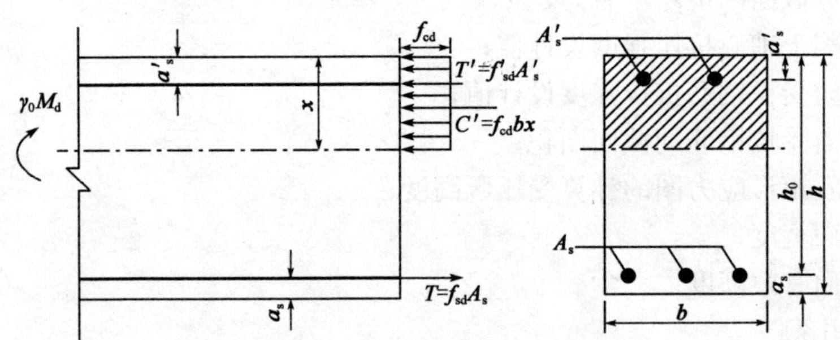

图 5-10 双筋矩形截面受弯构件承载力计算简图

(2)计算公式

由截面上水平方向内力之和为零的平衡条件，即 $T + C + T' = 0$，可得

$$f_{cd}bx + f'_{sd}A'_s = f_{sd}A_s \tag{5-35}$$

由截面上对受拉钢筋合力 T 作用点的力矩之和为零的平衡条件，可得

$$\gamma_0 M_d \leqslant M_u = f_{cd}bx\left(h_0 - \frac{x}{2}\right) + f'_{sd}A'_s(h_0 - a'_s) \tag{5-36}$$

由截面上对受压钢筋合力 T' 作用点的力矩之和为零的平衡条件，可得

$$\gamma_0 M_d \leqslant M_u = -f_{cd}bx\left(\frac{x}{2} - a'_s\right) + f_{sd}A_s(h_0 - a'_s) \tag{5-37}$$

式中：f'_{sd}——受压区钢筋的抗压强度设计值；

A'_s——受压区钢筋的截面面积；

a'_s——受压区钢筋合力点至截面受压边缘的距离；

其他符号与单筋矩形截面相同。

(3)公式适用条件

①为了防止出现超筋梁情况，计算受压区高度 x 应满足

$$x \leqslant \xi_b h_0 \tag{5-38}$$

②为了保证受压钢筋 A'_s 达到抗压强度设计值 f'_{sd}，计算受压区高度 x 应满足

$$x \geqslant 2a'_s \tag{5-39}$$

在实际设计中，若求得 $x < 2a'_s$，则表明受压钢筋 A'_s 可能达不到其抗压强度设计值，此时可取 $x = 2a'_s$，即假设混凝土压应力合力作用点与受压区钢筋 A'_s 合力作用点相重合，对受压钢筋合力作用点取矩，可得到正截面抗弯承载力的近似表达式为

$$M_u = f_{sd}A_s(h_0 - a'_s) \tag{5-40}$$

双筋截面的配筋率 ρ 一般均能大于 ρ_{min}，所以往往不必再计算。

3. T 形截面受弯构件

1) T 形截面受弯构件的特点

矩形截面梁在破坏时，受拉区混凝土早已开裂，不再承担拉力，对截面的抗弯承载力不起作用，因此可将受拉区混凝土挖去一部分，将受拉钢筋集中布置在剩余受拉区混凝土内，形成钢筋混凝土 T 形梁的截面，其承载能力与原矩形截面梁相同，可节省混凝土、减轻梁自重、增加跨越能力。

T 形截面一般由翼缘板(简称翼板)和梁肋(或称梁腹、腹板)构成。翼板一般是变厚度的，计算时取其平均厚度。翼板与梁肋交汇处常以承托加强。当截面承受正弯矩作用时，翼板受压(图 5-11a)；当截面承受负弯矩作用时，翼板受拉，其承载能力与肋宽为 b、梁高为 h 的矩形截面梁相同(图 5-11b)。

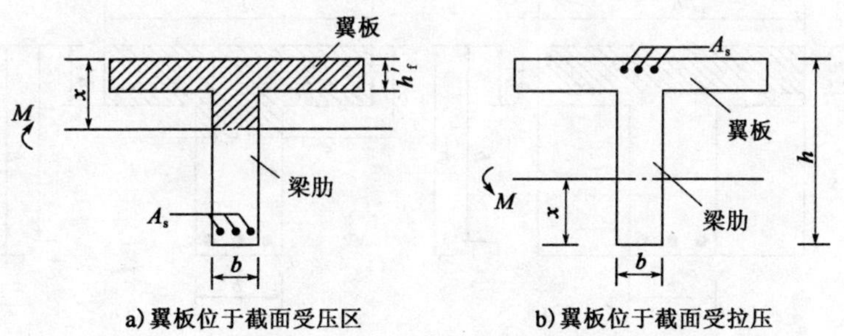

图 5-11 T 形截面的受压区位置

工程中采用的空心板、工字形梁、箱形梁，在进行正截面抗弯承载力计算时，均可等效成 T 形截面来处理。等效的原则是等效前后的面积、惯性矩及形心位置不变。

T 形截面中的翼板受压时，在翼板宽度方向上纵向压应力的分布是不均匀的，这是由剪力

滞引起的，如图 5-12 所示。离梁肋越远，压应力越小，为了方便计算，根据等效受力原则，把与梁肋共同工作的翼板宽度限制在一定的范围内，称为受压翼板的有效宽度 b'_f。在 b'_f 宽度范围内的翼板可以认为是全部参与工作，并假定其压应力是均匀分布的，而在这范围内以外部分，则不考虑它参与受力。

《公路混凝土规范》规定，T 形截面梁（内梁）受压翼板有效宽度 b'_f 取下列三者中最小值。

①简支梁计算跨径的 1/3，对连续梁各中间跨正弯矩区段，取该跨计算跨径的 0.2 倍；边跨正弯矩区段，取该跨计算跨径的 0.27 倍；各中间支点负弯矩区段，则取该支点相邻两跨计算跨径之和的 0.07 倍。

②相邻两梁的平均间距。

③ $b+2b_h+12h'_f$。当 $h_h/b_h<1/3$ 时，取（$b+6b_h+12h'_f$）。此处，b、b_h、h_h 和 h'_f 见图 5-13。其中，h_h 为承托根部厚度。

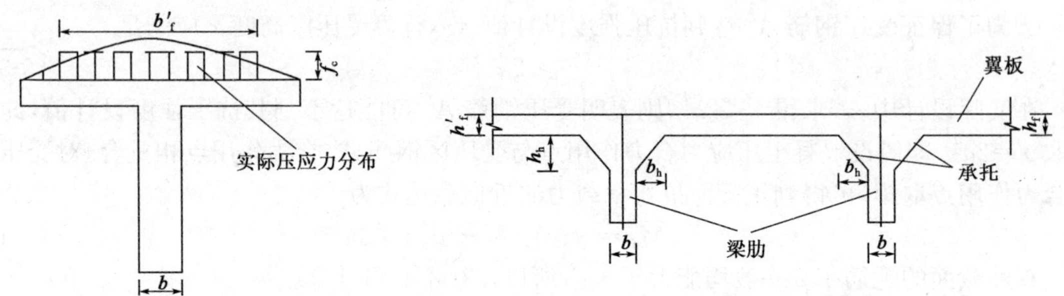

图 5-12　T 形梁受压翼板的正应力分布　　　　图 5-13　T 形截面受压翼板有效宽度计算示意图

边梁受压翼板的有效宽度取相邻内梁翼缘有效宽度之半加上边梁肋宽度之半，再加 6 倍的外侧悬臂板平均厚度或外侧悬臂板实际宽度两者中的较小者。

此外，《公路混凝土规范》还规定，计算超静定梁内力时，T 形梁受压翼缘的计算宽度取实际全宽度。

2）基本计算公式及适用条件

T 形截面按受压区高度的不同可分为两类：受压区在翼板厚度内，即 $x\leqslant h'_f$（图 5-14a），为第一类 T 形截面；受压区已进入梁肋，即 $x>h'_f$（图 5-14b），为第二类 T 形截面。

下面介绍这两类单筋 T 形截面梁正截面抗弯承载力计算基本公式。

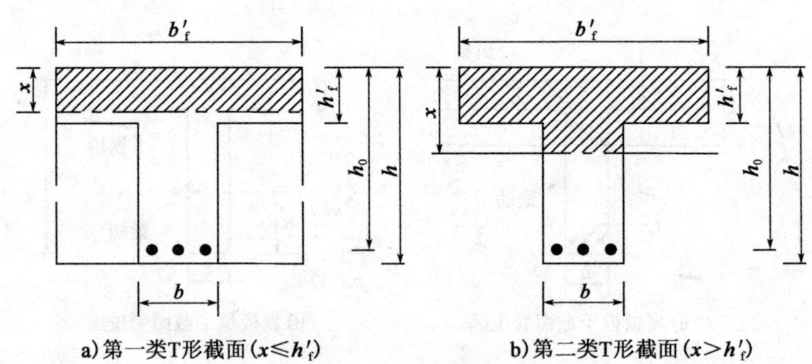

a）第一类T形截面（$x\leqslant h'_f$）　　b）第二类T形截面（$x>h'_f$）

图 5-14　两类 T 形截面

（1）第一类 T 形截面

第一类 T 形截面，中和轴在受压翼板内，受压区高度 $x\leqslant h'_f$。此时，截面虽为 T 形，但受压

区形状为宽 b_f' 的矩形，而受拉区截面形状与截面抗弯承载力无关，故以宽度为 b_f' 的矩形截面进行抗弯承载力计算。计算时只需将单筋矩形截面公式中梁宽 b 以翼板有效宽度 b_f' 置换即可。

由截面平衡条件(图 5-15)可得到基本计算公式为：

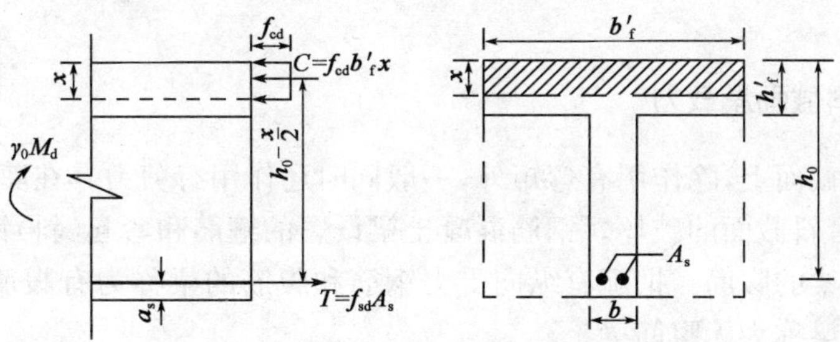

图 5-15 第一类 T 形截面抗弯承载力计算图式

$$f_{cd}b_f' x = f_{sd}A_s \tag{5-41}$$

$$\gamma_0 M_d \leqslant M_u = f_{cd}b_f' x\left(h_0 - \frac{x}{2}\right) \tag{5-42}$$

$$\gamma_0 M_d \leqslant M_u = f_{sd}A_s\left(h_0 - \frac{x}{2}\right) \tag{5-43}$$

基本公式具有如下适用条件：

① $x \leqslant \xi_b h_0$

第一类 T 形截面的 $x = \xi_b h_0 \leqslant h_f'$，即 $\xi \leqslant \frac{h_f'}{h_0}$，由丁一般 T 形截面的 $\frac{h_f'}{h_0}$ 较小，因而 ξ 值也小，所以一般均能满足这个条件。

② $\rho > \rho_{min}$

这里的 $\rho = \frac{A_s}{bh_0}$，b 为 T 形截面的梁肋宽度。

(2)第二类 T 形截面

第二类 T 形截面，中和轴在梁肋部，受压区高度 $x > h_f'$，受压区为 T 形(图 5-16)，故可将受压区混凝土压应力的合力分为两部分求得：一部分是宽度为肋宽 b、高度为 x 的矩形，其合力 $C_1 = f_{cd}bx$；另一部分是宽度为 $(b_f' - b)$、高度为 h_f' 的矩形，其合 $C_2 = f_{cd}h_f'(b_f' - b)$。

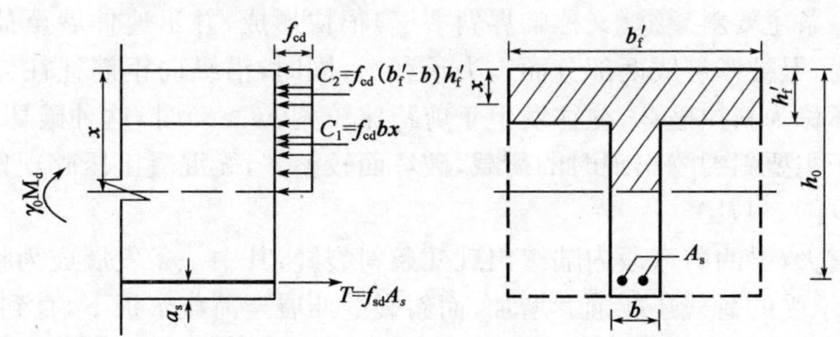

图 5-16 第二类 T 形截面抗弯承载力计算图式

由图 5-16 的截面平衡条件可得到第二类 T 形截面的基本计算公式为

$$f_{cd}bx + f_{cd}h_f'(b_f' - b) = f_{sd}A_s \tag{5-44}$$

$$\gamma_0 M_d \leqslant M_u = f_{cd}bx\left(h_0 - \frac{x}{2}\right) + f_{cd}(b_f' - b)h_f'\left(h_0 - \frac{h_f'}{2}\right) \tag{5-45}$$

基本公式具有如下适用条件：

① $x \leqslant \xi_b h_0$。

② $\rho \geqslant \rho_{min}$。第二类T形截面的配筋率较高，一般情况下均能满足 $\rho \geqslant \rho_{min}$ 的要求，故可不必进行验算。

四、受弯构件斜截面承载力

受弯构件的各截面上，除作用有弯矩外，一般同时还作用有剪力。在剪力和弯矩共同作用的区段，可能发生沿斜截面的破坏。钢筋混凝土梁设置的箍筋和弯起(斜)钢筋都起抗剪作用，一般把它们统称为梁的腹筋。把配有纵向受力钢筋和腹筋的梁称为有腹筋梁；仅有纵向受力钢筋而不设腹筋的梁称为无腹筋梁。

(一)无腹筋梁斜截面破坏的主要形态

在讨论无腹筋简支梁截面破坏形态之前，有必要引出"剪跨比"概念。剪跨比是一个无量纲常数，用 $m=\frac{M}{Vh_0}$ 来表示，此时称为"广义剪跨比"，此处 M 和 V 分别为剪弯区段中某个竖直截面的弯矩和剪力，h_0 为截面有效高度。对于集中荷载作用下的简支梁，常采用 $m=\frac{a}{h_0}$ 表示剪跨比，此剪跨比称为"狭义剪跨比"，其中 a 为集中力作用点至简支梁最近的支座之间的距离。

试验研究表明，随着剪跨比 m 的变化，无腹筋简支梁斜截面破坏的主要形态有以下三种(图5-17)。

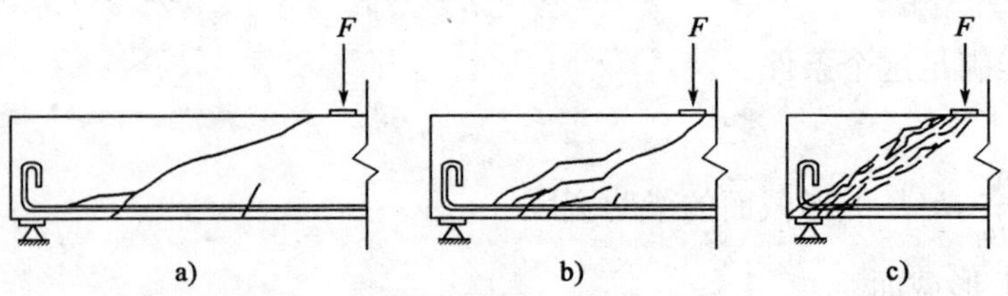

图5-17　斜截面破坏形态

(1)斜拉破坏(图5-17a)

在荷载作用下，梁的剪弯段产生由梁底竖向裂缝沿主压应力轨迹线向上延伸发展而成的斜裂缝。其中有一条主要斜裂缝(又称临界斜裂缝)很快形成，并迅速伸展至荷载垫板边缘而使梁体混凝土裂通，梁被撕裂成两部分而丧失承载力；同时，沿纵向钢筋往往伴随产生水平撕裂裂缝。这种破坏称为斜拉破坏，往往发生于剪跨比较大($m>3$)时，这种破坏发生突然，破坏荷载等于或略高于主要斜裂缝出现时的荷载，破坏面较整齐，无混凝土压碎现象。

(2)剪压破坏(图5-17b)

随着荷载的增大，梁的剪弯段内陆续出现几条斜裂缝，其中一条发展成为临界斜裂缝。临界裂缝出现后，梁承受的荷载还能继续增加，而斜裂缝伸展至荷载垫板下，直到斜裂缝顶端(剪压区)的混凝土在正应力 σ_x、剪应力 τ 及荷载引起的竖向局部压应力 σ_y 的共同作用下被压酥而破坏，破坏处可见到很多平行的斜向短裂缝和混凝土碎渣，这种破坏称为剪压破坏，多见于剪跨比为 $1 \leqslant m \leqslant 3$ 的情况中。

(3)斜压破坏(图5-17c)

当剪跨比较小($m<1$)时，首先是荷载作用点和支座之间出现一条斜裂缝，然后出现若干条大体相平行的斜裂缝，梁腹被分割成若干个倾斜的小柱体。随着荷载增大，梁腹发生类似混

凝土棱柱体被压坏的情况，破坏时斜裂缝多而密，但没有主裂缝，故称为斜压破坏。

总的来看，不同剪跨比无腹筋简支梁的破坏形态虽有不同，但荷载达到峰值时梁的跨中挠度都不大，而且破坏较突然，均属于脆性破坏。

（二）有腹筋简支梁斜截面的受力状态

1. 有腹筋梁裂缝出现前后的受力状态

当梁中配置箍筋或弯起钢筋后，有腹筋梁中力的传递和抗剪机理将发生较大的变化。对于有腹筋梁，在荷载作用较小、斜裂缝出现之前，腹筋中的应力很小，腹筋的作用不大，对斜裂缝出现荷载影响很小。但是，斜裂缝出现后，与斜裂缝相交的腹筋应力显著增大，直接承担部分剪力。同时，腹筋能限制斜裂缝的开展和延伸，增大斜裂缝上端混凝土剪压区的截面面积，提高混凝土剪压区的抗剪能力。此外，箍筋还将提高斜裂缝交界面骨料的咬合和摩擦作用，延缓沿纵筋的劈裂裂缝的发展，防止混凝土保护层的突然撕裂，提高纵向钢筋的销栓作用。因此，腹筋将使梁的抗剪承载力有较大的提高。

试验证明，弯筋仅在穿越斜裂缝的部位才可能屈服。当弯筋恰好从斜裂缝顶端越过时，因接近受压区，弯筋有可能达不到屈服强度，计算时要考虑这个因素。弯起钢筋虽能提高梁的抗剪承载力，但数量少而面积集中，对限制大范围内的斜裂缝宽度的作用不大，所以，弯筋不宜单独使用，而总是与箍筋联合使用。

2. 有腹筋梁斜截面破坏的形态

随着 m 及 ρ_{sv} 的变化，斜截面可能发生以下三种破坏形态：

①$\rho_{sv}<\rho_{sv,min}$（最小配箍率），$m>3$ 时，斜裂缝 出现，箍筋马上屈服并进入强化阶段，立即丧失斜截面的承载力，产生斜拉破坏。这种破坏预兆性很差，承载力低，不能充分利用材料，设计中应当避免。

②$\rho_{sv,max}\geqslant\rho_{sv}\geqslant\rho_{sv,min}$，或虽然 $\rho_{sv}<\rho_{sv,min}$，但 $1\leqslant m\leqslant 3$ 时，当临界斜裂缝形成后，箍筋先屈服，然后斜裂缝顶端剪压区混凝土达到了复合受力的极限强度，丧失了斜截面抗剪压的承载力，称为剪压破坏。这种破坏事前有一定的预兆，其承载力随 ρ_{sv} 加大而提高，远大于斜拉破坏承载力。

③$\rho_{sv}>\rho_{sv,max}$，或虽然 $\rho_{sv}<\rho_{sv,max}$，但 $m<1$ 时，梁的腹板上发生多条近似平行的斜向裂缝，腹板的混凝土发生斜向压坏，称之为斜压破坏。这种破坏是由于主压应力达到混凝土的抗压强度而引起的，承载力很高，但破坏预兆性差，箍筋达不到屈服，箍筋强度不能充分利用，在设计中也应加以避免。

（三）影响受弯构件斜截面抗剪承载力的主要因素

试验研究表明，影响受弯构件斜截面抗剪承载力的因素很多，主要有剪跨比、混凝土强度、纵向受拉钢筋配筋率和箍筋数量及其强度等。

1. 剪跨比 m

剪跨比 m 是影响受弯构件斜截面破坏形态和抗剪能力的主要因素之一。剪跨比 m 实质反映了梁内正应力 σ 与剪应力 τ 的相对比值。m 不同，则 σ/τ 也不同，梁内主应力的大小和方向也就不同，从而影响着梁的斜截面受剪承载力和破坏形态。由图 5-18 所示试验结果可以看出，随着剪跨比 m 的增大，破坏形态按斜压、剪压和斜拉的顺序演变，而抗剪能力逐步降低，当 $m>3$ 后，斜截面抗剪能力趋于稳定，剪跨比的影响不再明显。

2. 混凝土抗压强度 f_{cu}

梁的斜截面破坏是由于混凝土达到相应应力状态下的极限强度而发生的。因此，混凝土的抗压强度对梁的抗剪强度影响很大。由图 5-19 所示试验结果可见，梁的抗剪能力随混凝土抗压强度的提高而提高，其影响大致按线性规律变化。但是，由于在不同剪跨比下梁的破坏形态不同，所以，这种影响的程度也不相同。

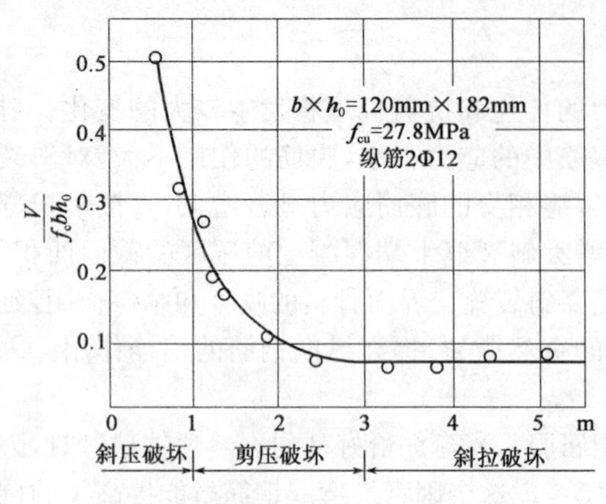

图 5-18 剪跨比 m 对梁抗剪能力的影响

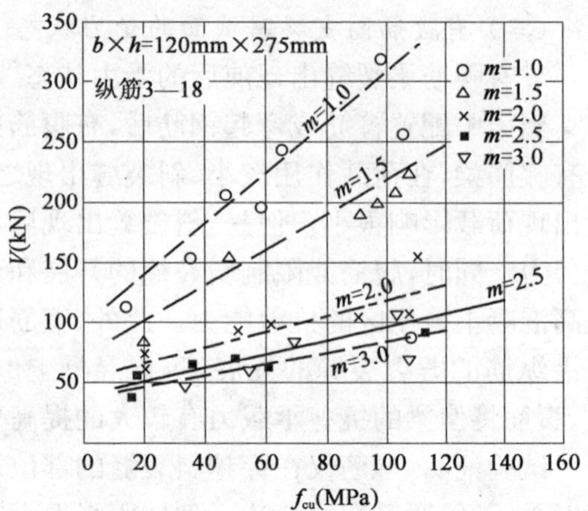

图 5-19 混凝土抗压强度对梁抗剪能力的影响

3. 纵向钢筋配筋率

试验表明，梁的抗剪能力随纵向钢筋配筋率 ρ 的提高而增大。一方面，因为纵向钢筋能抑制斜裂缝的开展和延伸，使斜裂缝上端的混凝土剪压区的面积增大，从而提高了剪压区混凝土承受的剪力 V_c，另一方面，纵向钢筋配筋率 ρ 对梁的抗剪能力的影响程度，随着剪跨比 m 的不同，ρ 的影响程度也不同。钢筋配筋率对梁抗剪能力的影响如图 5-20 所示。

4. 配筋率和箍筋强度

有腹筋梁斜裂缝出现后，箍筋不仅直接承受相当部分的剪力，而且能有效地抑制斜裂缝的开展和延伸，对提高剪压区混凝土的抗剪能力和纵向钢筋的销栓作用都有着积极的影响。

箍筋用量一般用箍筋配筋率（工程上习惯称配箍率）ρ_{sv} 表示，即

$$\rho_{sv}=\frac{A_{sv}}{bS_v} \tag{5-46}$$

式中：A_{sv}——斜截面内配置在沿梁长度方向一个箍筋间距 S_v 范围内的箍筋各肢总截面积；

b——截面宽度，对 T 形截面梁取 b 为肋宽；

S_v——沿梁长度方向箍筋的间距。

图 5-21 表示配筋率与箍筋抗拉强度的乘积对梁抗剪能力的影响。当其他条件相同时，两者大体成线性关系。

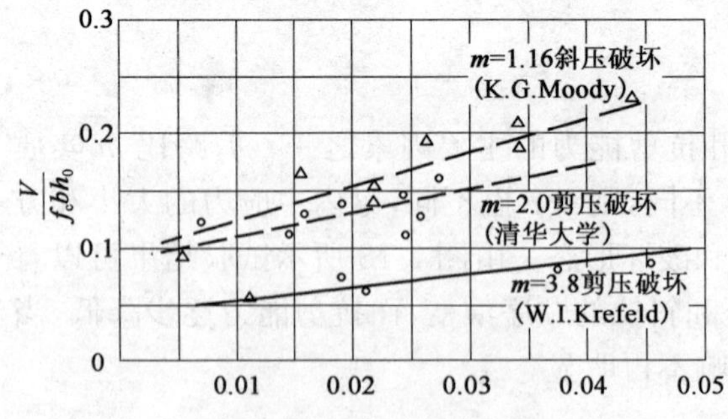

图 5-20 钢筋配筋率对梁抗剪能力的影响

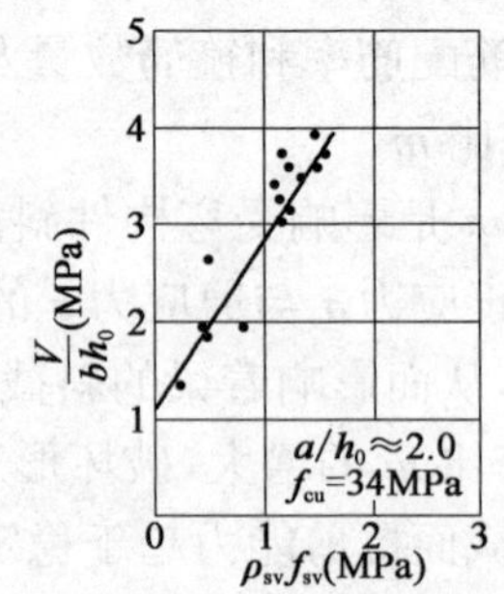

图 5-21 配箍率对梁抗剪能力的影响

由于梁斜截面破坏属于脆性破坏，为了提高斜截面的延性，不宜采用高强度钢筋作为箍筋。

(四)受弯构件的斜截面抗剪承载力

如前所述，钢筋混凝土梁沿斜截面的主要破坏形态有斜压破坏、斜拉破坏和剪压破坏等。在设计时，对于斜压和斜拉破坏，一般是采用截面限制条件和一定的构造措施予以避免。对于常见的剪压破坏形态，梁的斜截面抗剪承载力变化幅度较大，必须进行斜截面抗剪承载力的计算。

1. 基本公式

配有箍筋和弯起钢筋的钢筋混凝土梁，当发生剪压破坏时，其抗剪承载力 V_u 是由剪压区混凝土抗剪力 V_c、箍筋所能承受的剪力 V_{sv} 和弯起钢筋所能承受的剪力 V_{sb} 所组成，即

$$V_u = V_c + V_{sv} + V_{sb} \tag{5-47}$$

在有腹筋梁中，箍筋的存在抑制了斜裂缝的开展，使剪压区面积增大，导致了剪压区混凝土抗剪能力的提高。其提高程度与箍筋抗拉强度和配箍率有关。因而，式(5-47)中的 V_c 与 V_{sv} 是紧密相关的，但两者目前尚无法分别予以精确定量，而只能用 V_{cs} 来表达混凝土和箍筋的综合抗剪承载力，即

$$V_u = V_{cs} + V_{sb} \tag{5-48}$$

《公路混凝土规范》根据国内外的有关试验资料，对配有腹筋的钢筋混凝土梁斜截面抗剪承载力的计算采用下述半经验半理论的公式：

$$\gamma_0 V_d \leqslant V_u = \alpha_1\alpha_2\alpha_3(0.45\times10^{-3})bh_0\sqrt{(2+0.6p)\sqrt{f_{cu,k}}\rho_{sv}f_{sv}} + (0.75\times10^{-3})f_{sd}\sum A_{sb}\sin\theta_s \tag{5-49}$$

式中：V_d——斜截面受压端上由作用(或荷载)效应所产生的最大剪力组合设计值(kN)；

γ_0——桥梁结构的重要性系数；

α_1——异号弯矩影响系数，计算简支梁和连续梁近边支点梁端的抗剪承载力时，$\alpha_1=1.0$；计算连续梁和悬臂梁近中间支点梁端的抗剪承载力时，$\alpha_1=0.9$；

α_2——预应力提高系数，对钢筋混凝土受弯构件，$\alpha_2=1$；

α_3——受压翼缘的影响系数，对具有受压翼缘的截面，取 $\alpha_3=1.1$；

b——斜截面受压区顶端截面处矩形截面宽度，或 T 形和 I 形戴面腹板宽度(mm)；

h_0——斜截面受压端正截面上的有效高度，自纵向受拉钢筋合力点到受压边缘的距离(mm)；

p——斜截面内纵向受拉钢筋的配筋率，$p=100\rho$，$\rho=A_s/bh_0$，当 $\rho>2.5$，取 $p=2.5$；

$f_{cu,k}$——混凝土立方体抗压强度标准值(MPa)；

ρ_{sv}——箍筋配筋率，见式(5-46)；

f_{sv}——箍筋抗位强度设计值(MPa)；

f_{sd}——弯起钢筋的抗拉强度设计值(MPa)；

A_{sb}——斜截面内在同一个弯起钢筋平面内的弯起钢筋总截面面积(mm^2)；

θ_s——弯起钢筋的切线与构件水平纵向轴线的夹角。

这里要指出以下几点：

(1)式(5-49)所表达的斜截面抗剪承载力中，混凝土和箍筋提供的综合抗剪承载力为 $V_{cs}=\alpha_1\alpha_2\alpha_3(0.45\times10^{-3})bh_0\sqrt{(2+0.6p)\sqrt{f_{cu,k}}\rho_{sv}f_{sv}}$，弯起钢筋提供的抗剪承载力为 $V_{sb}=(0.75\times10^{-3})f_{sd}\sum A_{sb}\sin\theta_s$。当不设弯起钢筋时，梁的斜截面抗剪力 V_u 等于 V_{cs}。

(2)式(5-49)是一个半经验半理论公式，使用时必须按规定的单位代入数值，而计算得到

的斜截面抗剪承载力 V_u 的单位为 kN。

2. 公式适用条件

式(5-49)是根据剪压破坏形态发生时的受力特征和试验资料得出的，仅在一定的条件下才适用，因而必须限定其适用范围，即计算公式的上、下限值。

(1)上限值——截面最小尺寸

当梁的截面尺寸较小而剪力过大时，就可能在梁的肋部产生过大的主压应力，使梁发生斜压破坏。这种梁的抗剪承载力取决于抗压强度及梁的截面尺寸，不能增加腹筋数量来提高抗剪承载力。《公路混凝土规范》规定了截面最小尺寸的限制条件，即

$$\gamma_0 V_d \leqslant (0.51 \times 10^{-3}) \sqrt{f_{cu,k}} b h_0 \tag{5-50}$$

式中：V_b——验算截面处由作用(或荷载)产生的剪力组合设计值(kN)；

$f_{cu,k}$——混凝土立方体抗压强度标准值(MPa)；

b——相应于剪力组合设计值处矩形截面的宽度，或 T 形和 I 形截面腹板宽度(mm)；

h_0——相应于剪力组合设计值处截面的有效高度(mm)。

若(5-50)不满足，则应加大截面尺寸或提高混凝土强度等级。

(2)下限值——按构造要求配置箍筋

若截面尺寸足够大，则不需进行斜截面承载力的计算，但为防止发生斜拉破坏，《公路混凝土规范》规定，若符合下式，则不需进行斜截面抗剪承载力的计算，而仅按构造要求配置箍筋：

$$\gamma_0 V_d \leqslant (0.5 \times 10^{-3}) \alpha_2 f_{td} b h_0 \tag{5-51}$$

式中的 f_{td} 为混凝土抗拉强度设计值(MPa)，其他符号的物理意义及单位与式(5-50)相同。对于实体板，下限值可提高 25%。

(五)受弯构件的斜截面抗弯承载力

受弯构件中纵向钢筋的数量是根据控制截面最大弯矩计算值计算的，而实际弯矩沿梁长通常是变化的，因此沿梁长各截面纵筋数量也可随弯矩的减小而减小。从实际工程中可以把纵筋弯起或截断，但如果弯起或截断的位置不恰当，会引起斜截面的受弯破坏。因此，还必须研究斜截面受弯承载力和纵筋弯起和截断对斜截面受弯承载力的不利影响。

1. 斜截面抗弯承载力计算

试验研究表明，斜裂缝的发生与发展，除了可能引起前述的剪切破坏外，还可能使与斜裂缝相交的箍筋、弯起钢筋及受拉钢筋的应力达到屈服强度，这时，梁被斜裂缝分开的两部分将绕位于斜裂缝顶端受压区的公共铰转动，最后，受压区混凝土被压碎而破坏。

图 5-22 为斜截面抗弯承载力的计算图式，取斜截面隔离体的力距平衡可得到斜截面抗弯承载力计算的基本公式为

$$\gamma_0 M_d \leqslant M_u = f_{sd} A_s Z_s + \sum f_{sd} A_{sb} Z_{sb} + \sum f_{sv} A_{sv} Z_{sv} \tag{5-52}$$

式中：M_d——斜截面受压顶端正截面的最大弯矩组合设计值；

A_s，A_{sv}，A_{sb}——分别为与斜截面相交的纵向受拉钢筋、箍筋与弯起钢筋的截面积；

Z_s，Z_{sv}，Z_{sb}——分别为钢筋 A_s，A_{sv} 和 A_{sb} 的合力点对混凝土受压区中心点 O 的力臂。

在实际的设计中，一般是采用构造规定来避免斜截面受弯破坏。例如，在进行弯起钢筋布置时，为满足斜截面抗弯强度的要求，弯起钢筋的弯起点位置应设在按正截面抗弯承载力计算该钢筋的强度全部被利用的截面以外，其距离不小于 $0.5h_0$ 处。换句话说，若弯起钢筋的弯起点至弯起筋强度充分利用截面的距离(S_1)满足 $S_1 \geqslant 0.5h_0$，并且满足《公路混凝土规范》关于弯起钢筋规定的构造要求，则可不进行斜截面抗弯承载力的计算。

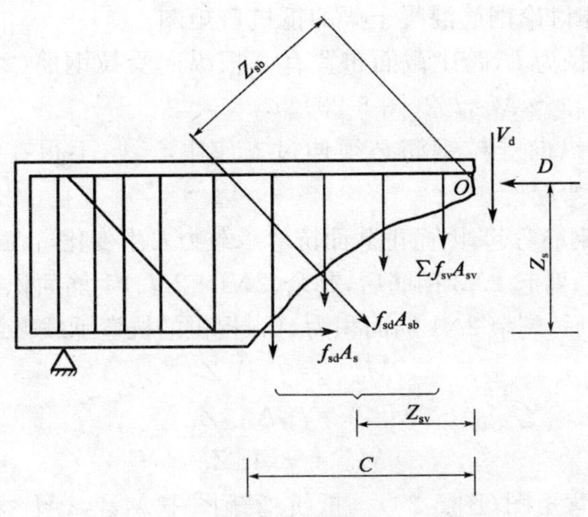

图 5-22 斜截面抗弯承载力计算图式

2.纵向受拉钢筋的弯起

在梁斜截面抗剪设计中已初步确定了弯起钢筋的弯起位置，但是纵向钢筋能否在这些位置弯起，显然应考虑同时满足正截面及斜截面抗弯承载力的要求。这个问题一般采用梁的抵抗弯矩图应覆盖计算弯矩包络图的原则来解决。

弯矩包络图是沿梁长度各截面上弯矩组合设计值 M_d 的分布图，其纵坐标表示该截面上作用的最大设计弯矩。简支梁的弯矩包络图一般可近似为一条二次抛物线（图 5-23）。

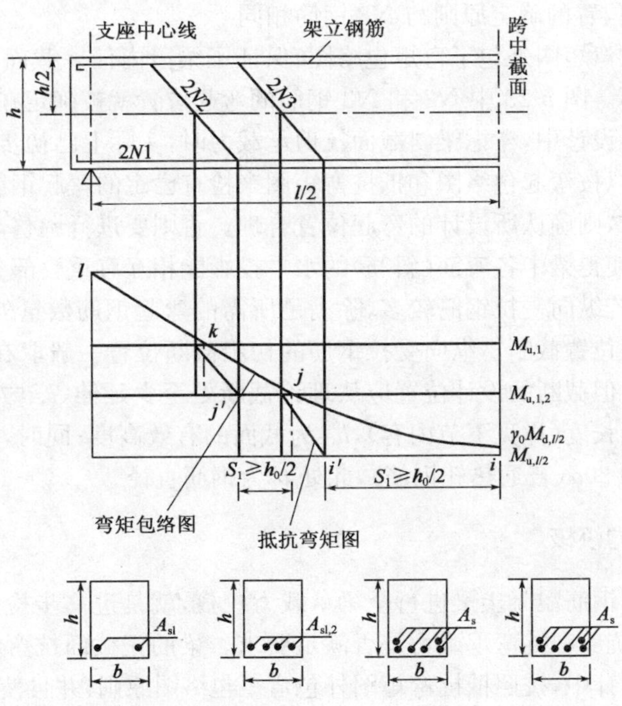

图 5-23 简支梁的弯矩包络图及抵抗弯矩图（对称半跨）

抵抗弯矩图（又称材料图），就是沿梁长各个正截面按实际配置的总受拉钢筋面积能产生的抵抗弯矩图，即表示各正截面所具有的抗弯承载力。在确定纵向钢筋弯起位置时，必须使用抵抗弯矩图，故下面具体讨论钢筋混凝土梁的抵抗弯矩图。

设一简支梁计算跨径为 L，跨中截面布置有 6 根纵向受拉钢筋（$2N1+2N2+2N3$），其正截面抗弯承载力为 $M_{u,l/2}>\gamma_0 M_d,l/2$（图 5-23）。

假定底层 2 根 $N1$ 纵向受拉钢筋必须伸过支座中心线，不得在梁跨间弯起，而 $2N2$ 和 $2N3$ 钢筋考虑在梁跨间弯起。

由于部分纵向受拉钢筋弯起，因而正截面抗弯承载力发生变化。在跨中截面，设全部钢筋提供的抗弯承载力为 $M_{u,l/2}$；弯起 $2N3$ 钢筋后，剩余（$2N1+2N2$）钢筋面积 $A_{s1,2}$，提供的抗弯承载力为 $M_{u,l/2}$；弯起 $2N3$ 钢筋后，剩余 $2N1$ 筋面积为 A_{s1}，提供的抗弯承载力为 $M_{u,1}$。计算公式如下：

$$M_{u,l/2}=f_{sd}A_sZ_s \tag{5-53}$$

$$M_{u,l/2}=f_{sd}\mathrm{A}_{s1,2}Z_{1,2} \tag{5-54}$$

$$M_{u,1}=f_sA_{s1}Z_1 \tag{5-55}$$

这样可以作出抵抗弯矩图（图 5-23）。抵抗弯矩图中 $M_{u,1,2}$，$M_{u,1}$ 水平线与弯起包络图的交点即为理论的弯起点。

由图 5-23 可见，在跨中点处，所有钢筋的强度被充分利用；在 j 点处 $N1$ 和 $N2$ 的钢筋强度被充分利用，而 $N3$ 钢筋在 j 点以外（向支座方向）就不再需要了；同样，在 k 点以外也就不再需要了。通常可以把 i、j、k 三个点分别称为 $N3$、$N2$ 和 $N1$ 钢筋的“不需要点”。

为了保证斜截面抗弯承载力，$N3$ 钢筋与梁中轴线的交点必须在其不需要点 j 以外，这是由于弯起钢筋的内力臂是逐渐减小的，故抗弯承载力也逐渐减小，当弯筋 $N3$ 穿过梁中轴线基本上进入受压区后，它的正截面抗弯作用才认为消失。

$N2$ 钢筋的弯起位置的确定原则与 $N3$ 钢筋相同。

这样获得的抵抗弯矩图外包了弯矩包络图，保证了梁段内任一截面都不会发生正截面破坏和斜截面抗弯破坏。图 5-23 中 $N2$ 和 $N3$ 钢筋的弯起位置就被确定在 i' 和 j' 两点处。

在钢筋混凝土梁设计中，考虑梁斜截面抗剪承载力时，实际上已初步确定了各弯起钢筋的弯起位置。因此，可以按弯起包络图和抵抗弯矩图来检查已定的弯起钢筋的弯起初步位置，若满足前述的各项要求，则确认所设计的弯起位置合理。否则要进行调整，必要时可加设斜筋或附加弯起钢筋，最终使得梁中各弯筋（斜筋）的水平投影能相互有重叠部分，至少相接。

应该指出的是，若纵向受拉钢筋较多，除满足所需的弯起钢筋数量外，多余的纵向受拉钢筋可以在梁跨间适当位置截断。纵向受拉钢筋的初步截断位置一般取在理论截断处（类似弯起筋的理论弯起点），但截断的设计位置应从理论截断处至少延伸（l_a+h_0）的长度，此处 l_a 为受拉钢筋的最小锚固长度（详见下节内容），h_0 为截面的有效高度；同时，尚应考虑从不需要该钢筋的截面至少延伸 $20d$（普通热轧钢筋），此处 d 为钢筋直径。

五、全梁承载能力校核

对基本设计好的钢筋混凝土梁进行全梁承载力校核，就是进一步检查梁截面的正截面抗弯承载力、斜截面的抗剪和抗弯承载力是否满足要求。梁的正截面抗弯承载力按前述方法复核。在梁弯起钢筋设计中，按照抵抗弯矩图外包弯矩包络图原则，并且使弯起位置符合规范要求，故梁间任一正截面和斜截面的抗弯承载力已近满足要求，不必再进行复核。但是，腹筋设计仅仅是根据近支座斜截面上的荷载效应（即计算剪应力包络图）进行的，并不能得出梁间其他斜截面抗剪承载力一定大于或等于相应的剪力计算值 $V=\gamma_0 V_d$，因此，应该对已配置腹筋的梁进行斜截面抗剪承载力复核。

（一）斜截面抗剪承载力的复核

对已基本设计好腹筋的钢筋混凝土简支梁的斜截面进行抗剪承载力复核，采用(5-49)、式(5-50)和式(5-51)。在使用式(5-49)时，应注意以下问题。

1. 斜截面抗剪承载力复核截面的选择

《公路混凝土规范》规定，在进行钢筋混凝土简支梁斜截面抗剪承载力复核时，其复核位置应按照下列规定选取：

(1)距支座中心 $h/2$(梁高一半)处的截面。

(2)受拉区弯起钢筋弯起处的截面以及锚于受拉区的纵向钢筋开始不受力处的截面。

(3)箍筋数量或间距有改变处的截面。

(4)梁的肋板宽度改变处的截面。

2. 斜截面顶端位置的确定

按照式(5-49)进行斜截面抗剪承载力复核时，式中的 V_b、b 和 h_0 均指斜截面顶端位置处的数值。通常采用下述方法确定斜截面顶端的位置：

(1)选择斜截面顶端位置。

(2)以底端位置向跨中方向取距离为 h_0 的截面，认为验算斜截面顶端就在此正截面上。

(3)由验算斜截面顶端的位置坐标，可以从内力包络图推得该截面上的最大剪力组合设计值 $V_{d,x}$ 及相应的弯矩组合设计值 $M_{d,x}$，进而求得剪跨比 $m=\frac{M_{d,x}}{V_{d,x}h_0}$ 及斜截面投影长度 $c=0.6mh_0$。

由斜截面投影长度，可确定与斜截面相交的纵向受拉钢筋配筋百分率 ρ、弯起钢筋数量 A_{sb} 和箍筋配筋率 ρ_{sv}。

取验算斜截面顶端正截面的有效高度 h_0 及宽度 b。

(4)将上述各值及与斜裂缝相交的箍筋和弯起钢筋数量带入式(5-49)，即可进行斜截面抗剪承载力复核。

（二）有关的构造要求

构造要求及其措施是结构设计中的重要组成部分，构造措施对防止斜截面破坏显得尤其重要，下面结合《公路混凝土规范》的规定进行介绍。

1. 纵向钢筋在支座处的锚固

在梁近支座处出现裂缝时，斜截面处纵向钢筋应力将增大，若锚固长度不足，钢筋与混凝土的相对滑移将导致斜裂缝宽度显著增大，甚至会发生黏结锚固破坏。为了防止钢筋被拔出而破坏，《公路混凝土规范》还规定：底层两外侧之间不向上弯曲的受拉主筋，伸出支点截面以外的长度应不小于 $10d$(R235 钢筋应带半圆钩)；对环氧树脂涂层钢筋应不小于 $12.5d$，d 为受拉主筋直径(图 5-24)。

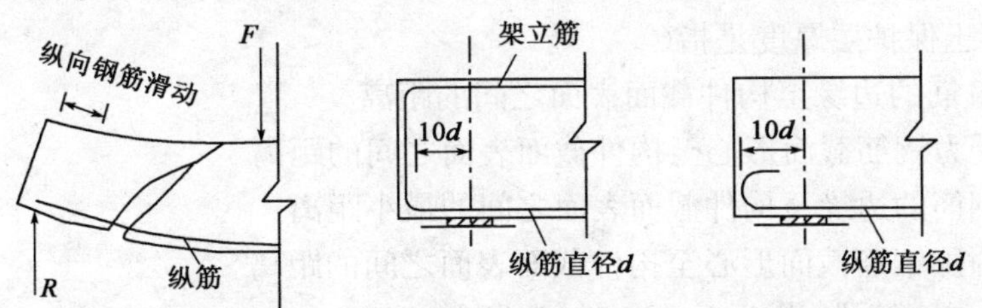

a)支座附近纵向钢筋锚固破坏　b)焊接骨架在支座处锚固　c)绑扎骨架在支座处锚固

图 5-24　主钢筋在支座处的锚固

2. 纵向钢筋在梁跨间的截断与锚固

当某根纵向受拉钢筋在梁跨间的理论截断点处截断后，该处混凝土所承受的拉应力突增，往往会过早出现斜裂缝，如果截面的钢筋锚固不足，甚至可能降低构件的承载能力，因此，纵向受拉钢筋不宜在受拉区截断。若需要截断，为了保证钢筋强度的充分利用，必须将钢筋从理论截断点外伸一定的长度(l_a+h_0)再截断，其中 l_a 称为钢筋的锚固长度。

根据钢筋拔出试验结果和我国的工程实践经验，《公路混凝土规范》规定了不同受力情况下钢筋最小锚固长度，见表 5-1。

3. 箍筋的构造要求

(1)钢筋混凝土梁应设置直径不小于 8mm，且不小于主钢筋直径的箍筋。箍筋的最小配筋率：R235 钢筋，$(\rho_{sv})_{min}=0.18\%$；HRB335 钢筋，$(\rho_{sv})_{min}=0.12\%$。

(2)箍筋的间距。箍筋的间距不应大于梁高的 1/2，且不大于 400mm；当所箍钢筋为按受力需要的纵向受压钢筋时，不应大于受压钢筋直径的 15 倍，且不应大于 400mm。支座中心向跨径方向长度不小于一倍梁高范围内，箍筋间距不宜大于 1000mm。近梁端第一根箍筋应设置在距端面一个混凝土保护层的距离处。梁与梁或梁与柱的交接范围内可不设箍筋，靠近交接范围的第一根箍筋，其与交界的距离不大于 50mm。

4. 弯起钢筋

除已述内容对弯起钢筋的构造要求，《公路混凝土规范》还规定：简支梁第一排(对支座而言)弯起钢筋的末端弯折点应位于支座中心截面处，以后各排弯起钢筋的末端折点应落在或超过前一排弯起钢筋的弯起点。不得采用不与主筋焊接的斜钢筋(浮筋)。

习　题

5-13　纵筋弯起时弯起点必须设在该钢筋的充分利用点以外不小于 $h_0/2$ 的地方，这一要求是为了保证(　　)。

A. 正截面抗弯强度　　B. 斜截面抗剪强度

C. 斜截面抗弯强度　　D. 斜截面抗剪及抗弯强度

5-14　梁的抗剪设计中，如果出现 $\gamma_0 V_d \leqslant (0.5\times10^{-3})\alpha_2 f_{td} bh_0$ 的情况，应该(　　)。

A. 按构造要求配置箍筋用量　　B. 增加截面尺寸

C. 增加箍筋数量　　D. 设置弯起钢筋

5-15　双筋矩形截面正截面受弯承载力计算，验算 $x\geqslant 2a_s'$ 是为了(　　)。

A. 保证受压钢筋达到抗压设计强度　　B. 构件不开裂

C. 保证受拉钢筋达到屈服　　D. 保证构件破坏不是从受拉一侧先破坏

5-16　混凝土保护层厚度是指(　　)。

A. 箍筋的边缘至构件截面表面之间的距离

B. 受力钢筋截面形心至构件截面表面之间的距离

C. 钢筋的边缘至构件截面表面之间的最小距离

D. 附加钢筋截面形心至构件截面表面之间的距离

5-17　对于无腹筋梁，当 $1<m<3$ 时，常发生(　　)。

A. 斜压破坏　　B. 剪压破坏

C. 斜拉破坏　　D. 弯曲破坏

5-18　适筋梁在逐渐加载过程中，当正截面受拉钢筋达到屈服以后(　　)。

A. 该梁即达到最大承载力而破坏。

B. 该梁达到最大承载力，一直维持到受压混凝土达到极限压应变而破坏

C. 该梁承载力略有所增高，但很快受压区混凝土达到极限压应变，承载力急剧下降而破坏

D. 该梁达到最大承载力，随后承载力缓慢下降直到破坏

5-19.　受弯构件正截面承载力中，对于双筋截面，下面哪个条件可以满足受压钢筋的屈服？(　　)

A. $x \leqslant \xi_b h_0$　　B. $x > \xi_b h_0$

C. $x \geqslant 2a'_s$　　D. $x < 2a'_s$

5-20　下面关于钢筋混凝土受弯构件截面弯曲刚度的说明中，错误的是(　　)。

A. 截面弯曲刚度随着荷载增大而减小

B. 截面弯曲刚度随着时间的增加而减小

C. 截面弯曲刚度随着裂缝的发展而减小

D. 截面弯曲刚度不变

5-21　双筋矩形截面梁正截面受弯承载力计算时，受压钢筋设计强度规定不得超过400MPa，这是因为(　　)。

A. 受压混凝土强度不够　　B. 为了改善结构延性

C. 受压边缘混凝土已达到极限压应变　　D. 受压钢筋不致被压屈服

5-22　适筋梁正截面破坏时，其主要特征是(　　)。

A. 受压区混凝土先压碎，然后受拉钢筋屈服

B. 受拉钢筋被拉断，而受压区混凝土还未被压碎

C. 受拉钢筋先屈服，然后受压区混凝土被压碎

D. 受拉钢筋屈服，同时受压区混凝土被压碎

5-23　受弯构件斜截面承载力计算中，通过限制最小截面尺寸来防止(　　)。

A. 斜压破坏　　B. 斜拉破坏

C. 剪压破坏　　D. 弯曲破坏

5-24　与素混凝土梁相比，适量配筋的钢混凝土梁的承载力和抵抗开裂的能力(　　)。

A. 承载力提高很多，抗裂提高不多　　B. 均提高很多

C. 抗裂提高很多，承载力提高不多　　D. 均提高不多

5-25　抗剪承载力计算公式适用于(　　)。

A. 剪压破坏　　B. 斜压破坏　　C. 斜拉破坏　　D. 斜弯破坏

5-26　对于无腹筋梁，当剪跨比 $m > 3$ 时，常发生的破坏形式是(　　)。

A. 斜压破坏　　B. 斜拉破坏

C. 剪压破坏　　D. 弯曲破坏

5-27　一矩形截面梁，$b \times h = 200\text{mm} \times 500\text{mm}$，混凝土强度等级为 C20($f_c = 9.6\text{N/mm}^2$)，受拉区配有 4ϕ20($A_s = 1256\text{mm}^2$)的 HRB335 级钢筋($f_{sd} = 300\text{N/mmi}^2$)，该梁沿正截面的破坏为(　　)。

A. 少筋破坏　　B. 超筋破坏

C. 适筋破坏　　D. 界限破坏

5-28　当构件截面尺寸与材料强度等相同时，钢筋混凝土受弯构件正截面承载力 M_u 与纵向受拉钢筋配筋率 ρ 的关系是(　　)。

A. ρ 越大，M_u 也越大

B. ρ 越大，M_u 按线性关系增大

C. 当 $\rho_{min} \leqslant \rho \leqslant \rho_{max}$ 时，M_u 随 ρ 增大按线性关系增大

D. 当 $\rho_{min} \leqslant \rho \leqslant \rho_{max}$ 时，M_u 随 ρ 增大按非线性关系增大

5-29　对于适筋梁，当受拉钢筋刚达到屈服时，其状态是(　　)。

A. 达到极限承载能力

B. 受压边缘混凝土的压应变 $\varepsilon_c = \varepsilon_u$($\varepsilon_u$ 为混凝土的极限压应变)

C. 受压边缘混凝土的压应变 $\varepsilon_c \leqslant \varepsilon_u$

D. 受压边缘混凝土的压应变 $\varepsilon_c = 0.002$

5-30　设计双筋矩形截面梁，当 A_s 和 A_s' 均未知时，使用钢量接近最少的方法是(　　)。

A. 取 $\xi = \xi_b$　　　　B. 取 $A_s = A_s'$

C. 使 $x = 2a_s'$　　　　D. 取 $\rho = 0.8\% \sim 1.5\%$

5-31　无腹筋钢筋混凝土梁沿斜截面的抗剪承载力与剪跨比的关系是(　　)

A. 随剪跨比的增加而提高

B. 随剪跨比的增加而降低

C. 在一定范围内随剪跨比的增加而提高

D. 在一定范围内随剪跨比的增加而降低

第三节　受压构件强度计算

一、配有纵向钢筋和普通箍筋的轴心受压构件

当构件受到位于截面形心的轴向压力作用时，称为轴心受压构件。虽然严格意义上的轴心受压构件并不存在，但在实际工程中的某些构件可以按轴心受压构件设计。其破坏特征与承载力如下。

(1)当长细比 $l_0/b \leqslant 8$ 时，将发生短柱破坏，构件出现纵向裂缝，混凝土被压碎，纵筋压屈外鼓呈灯笼状。其正截面抗压承载力为

$$\gamma_0 N_d \leqslant N_u = 0.9(f_{cd}A + f'_{sd}A'_s) \tag{5-56}$$

式中：N_d——轴向力组合设计值；

A——构件截面面积，当纵向钢筋配筋率大于3%时，式中 A 改为混凝土净截面积 $A_n = A - A'_s$；

A'_s——受压钢筋全部截面积；

f_{cd}——混凝土轴心抗压强度设计值；

f'_{sd}——受压钢筋抗压强度设计值。

(2)当长细比 $l_0/b > 8$ 时，将发生长柱破坏，其一侧出现纵向裂缝，混凝土被压碎，纵筋压屈外鼓；而另一侧出现横向裂缝，钢筋应力可能达不到屈服强度，其正截面抗压承载力为

$$\gamma_0 N_d \leqslant N_u = 0.9\varphi(f_{cd}A + f'_{sd}A'_s) \tag{5-57}$$

式中：φ——钢筋混凝土构件轴心受压的稳定系数。

随构件长细比的增加而降低，取值可参照《公路混凝土规范》表5.3.1，对于短柱$\varphi=1$。

二、配有纵向钢筋和螺旋箍筋的轴心受压构件

配有符合适用条件的螺旋式或焊接环式间接箍筋时，可以考虑其对柱核心混凝土约束的间接作用，考虑混凝土为三向受压，其正截面的抗压承载力为

$$\gamma_0 N_d \leqslant N_u = 0.9(f_{cd}A_{cor} + kf_{sd}A_{s0} + f'_{sd}A'_s) \tag{5-58}$$

式中：A_{cor}——构件的核心截面面积；

A_{s0}——螺旋式或焊接环式间接箍筋的换算截面面积，$A_{s0}=\dfrac{\pi d_{cor}A_{s01}}{S}$；

d_{cor}——构件截面核心混凝土的直径；

A_{s01}——单根螺旋箍筋的截面面积；

A'_s——纵向钢面积；

f_{cd}——混凝土轴心抗压强度设计值；

f'_{sd}——受压钢筋抗压强度设计值；

k——间接钢筋对混凝土约束的折减系数，混凝土强度等级C50及以下时取2.0，C50～C80时取2.0～1.70，中间按线性内插。

应当注意，按式(5-58)设计时应考虑下列应用条件。

(1)式(5-58)算得的设计值不应大于由式(5-57)算得的设计值的1.5倍，这是为了保证在使用荷载作用下不发生保护层剥落。

(2)式(5-58)不适用于下列情况。

① 当构件长细比$\lambda=\dfrac{l_0}{r}\geqslant 48$($r$为截面最小回转半径)时，或圆形截面柱长细比$\lambda=\dfrac{l_0}{d}\geqslant 12$($d$为圆形截面直径)时，因为这种柱由于侧向挠度引起的附加偏心矩过大，使承载力降低过多，螺旋箍作用不能充分发挥。

② 当间接钢筋的换算截面面积小于纵向钢筋全部截面面积A'_s的1/4时，不能充分约束混凝土。

③ 当按式(5-58)计算的设计承载力小于按式(5-57)计算的设计承载力时，与实际情况不符合。

三、偏心受压构件的破坏形态及其影响因素

1.影响偏心受压构件破坏形态的主要因素

影响偏心受压构件破坏形态的主要因素，除构件截面尺寸、形式及材料强度等级之外，还有构件的长细比(计算长度l_0与偏心方向截面高度h之比l_0/h，或l_0/i，i为弯矩作用平面内的回转半径)、相对偏心距($e_0/h_0=M/Nh_0$)，纵向钢筋的配筋率(靠近轴力一侧的受压配筋率ρ'与远离轴向力一侧的配筋率)。

2.偏心受压短柱随e_0/h_0、ρ、ρ_0变化发生的破坏形态

(1)大偏心受压破坏

① 当相对偏心距e_0/h_0较大，但受拉钢筋的配筋率$\rho<\rho_{min}$时，将发生少筋破坏。这种破坏，构件的材料不能充分发挥作用，预兆性差，设计中应避免。

② 当 e_0/h_0 较大，且 ρ 适当时，发生大偏心受压破坏，或称拉坏。这种破坏始于受拉区，其特点是远离轴向力一侧受拉区混凝土出现多条横向裂缝，最终有一条是主裂缝，在主裂缝处纵筋先受拉屈服，以后随着主裂缝的发展，受压区缩小，导致受压区混凝土压碎，受压钢筋达到抗压强度设计值(可以屈服或不屈服)。

(2) 小偏心受压破坏

① 当 e_0/h_0 较小或很小，或虽然 e_0/h_0 较大，但 ρ 也很大时，将发生小偏心受压破坏。其破坏始于靠近荷载一侧的受压区，受压区的钢筋先达到抗压强度设计值(一般能达到屈服)，混凝土出现纵向裂缝并且先压碎。而远离轴向力一侧不出现横向裂缝或者存在一些小的横向裂缝，但不存在主横向裂缝，其钢筋一般达不到屈服强度(可能受拉或受压)。

② 当 e_0/h_0 较小，但 $\rho' \gg \rho$，截面几何重心与物理重心相差较多，轴向力 N 位于这两者之间时，构件将首先发生远离轴向力一侧混凝土压碎，钢筋 A_s 达到受压屈服，而 A'_s 却达不到屈服。对于这种小偏心破坏，材料利用不合理，在设计中应加以避免。

3. 长细比对偏心受压构件破坏形态的影响

随着长细比的加大，偏心受压柱将发生短柱破坏、长柱破坏、细长柱破坏三种形式。现以矩形截面柱加以说明。

(1) 当 $l_0/h \leqslant 8$ 时为短柱，发生材料破坏。设计时可以忽略纵向弯曲二阶效应的作用，不考虑偏心距增大系数的影响。

(2) 当 $8 < l_0/h \leqslant 30$ 时(一般工程中常取 $l_0 \leqslant 15$) 为长柱，虽然也发生材料破坏，但在设计中纵向弯曲的二阶效应不能忽略，应考虑初始偏心距增大系数的影响。

(3) 当 $l_0/h > 30$ 时为细长柱，将发生失稳破坏。材料强度不能充分发挥作用，设计中应避免。

4. N-M 承载力相关曲线

偏心受压构件实际上是弯矩 M 和轴心压力 N 共同作用的构件，偏心距 $e_0 = M/N$。因此，弯矩和轴心压力的不同组合使偏心距不同，将对给定材料、截面尺寸、配筋的偏心受压构件的承载力产生不同的影响，即在达到承载力极限状态时，截面承受的轴力 N 与弯矩 M 具有相关性，构件可以在不同 N 和 M 的组合下达到承载能力极限状态。

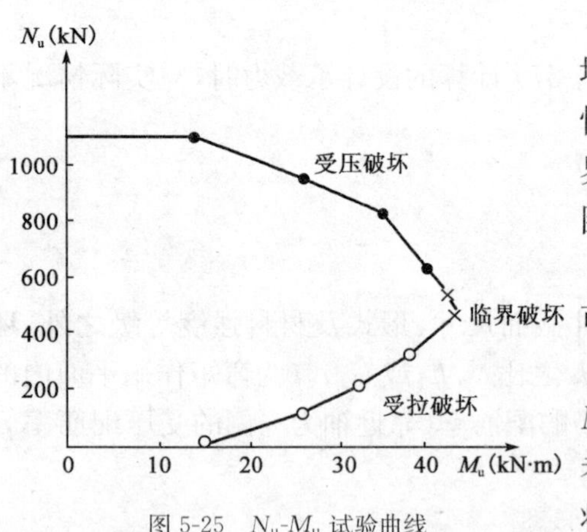

图 5-25 N_u-M_u 试验曲线

试验表明，在"受压破坏"的情况下，随着轴力的增加，构件的抗弯能力随之减小；但在"受拉破坏"的情况下，轴力的存在反而使构件的抗弯能力提高。在界限状态时，构件的抗弯能力达到最大值，见图 5-25。

由图 5-25 所示偏心受压构件的 N-M 相关曲线可以得出以下结论：

(1) 当 $N > N_b(\xi > \xi_b)$ 时，为小偏心受压，随着 N 的加大，截面能够承担的 M 将减小；反之亦然。或者说，对称配筋时，随着 N 或 M 的加大，$A'_s = A_s$ 将增加。

(2) 当 $N < N_b(\xi < \xi_b)$ 时，为大偏心受压，当 N 加大时，截面能够承担的 M 加大。或者说，随着 N 的加大，对称配筋时，$A'_s = A_s$ 将减小。

(3) 当 $N = N_b(\xi = \xi_b)$ 时，为界限破坏，达到了最大的抗弯承载力 M_{max}。

四、偏心受压构件的纵向弯曲

钢筋混凝土受压构件在承受偏心力作用后，将产生纵向弯曲变形，即会产生侧向变形（变位）。对于长细比小的短柱，侧向挠度小，计算时一般可忽略其影响。而对长细比较大的长柱，由于侧向变形的影响，各截面所受的弯矩不再是 N_{e_0} 而变成 $N(e_0+y)$，y 为构件任意点的水平侧向变形。在柱高度中点处，侧向变形最大，截面上的弯矩为 $N(e_0+u)$。u 随着荷载的增大而不断加大，因而弯矩的增长也越来越快。如图 5-26 所示。一般把偏心受压构件截面弯矩中的 Ne_0 称为初始弯矩或一阶弯矩（不考虑构件侧向变形时的弯矩），将 Nu 或 Ny 称为附加弯矩或二阶弯矩。由于二阶弯矩的影响，将造成偏心受压构件不同的破坏类型。

（一）偏心受压构件的破坏类型

钢筋混凝土偏心受压构件按长细比可分为短柱、长柱和细长柱。

1. 短柱

偏心受压短柱中，虽然偏心力作用将产生一定的侧向变形，但其 u 值很小，一般可忽略不计。即可以不考虑二阶弯矩，各截面中的弯矩均可认为等于 Ne_0，弯矩 M 与轴向力 N 呈线性关系。

随着荷载的增大，当短柱达到极限承载能力时，柱的截面由于材料达到其极限强度而破坏。在 N-M 曲线图中，从加载到破坏的路径为直线，当直线与截面承载力线相交于 B 点时就发生材料破坏，即图 5-27 中的 OB 直线。

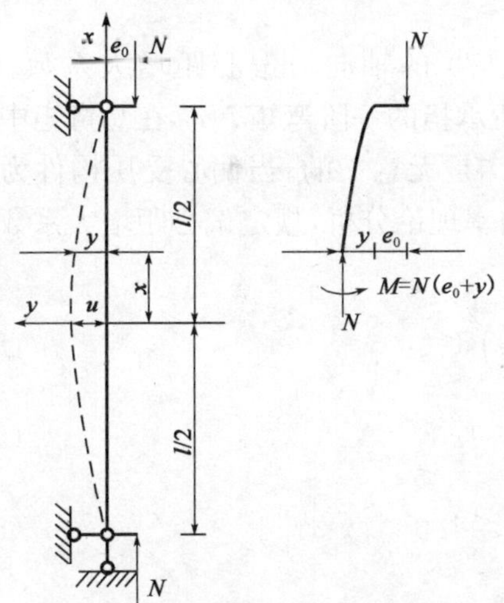

图 5-26　偏心受压构件的受力图示

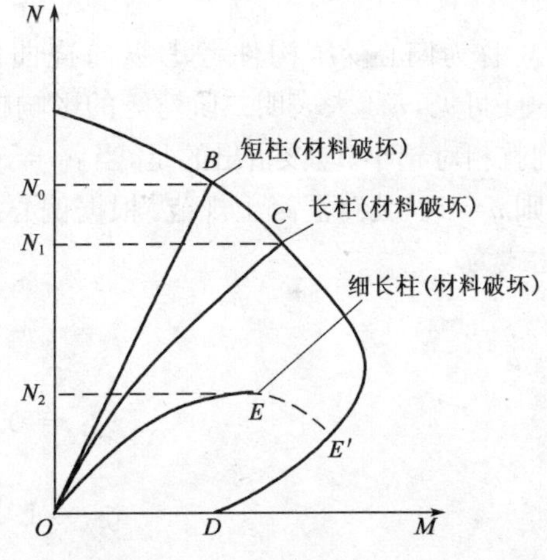

图 5-27　构件长细比的影响

2. 长柱

对于矩形截面柱，当 $8<h_0/h\leqslant 30$ 时即为长柱。长柱受偏心力作用时的侧向变形 u 较大，二阶弯矩影响已不可忽视，因此，实际偏心距是随荷载的增大而非线性增加，构件控制截面最终仍然是由于截面中材料达到其强度极限而破坏，属材料破坏。

偏心受压长柱在 N-M 曲线图上从加载到破坏的受力路径为曲线，与截面承载能力曲线相交于 C 点而发生材料破坏，即图 5-27 中 OC 曲线。

3. 细长柱

对于长细比很大的柱，当偏心压力 N 达到最大值时（图 5-27 中 E 点），侧向变形 u 突然剧增，此时，偏心受压构件截面上钢筋和混凝土的应变均未达到材料破坏时的极限值，即压杆达到最大承载能力发生在其控制截面材料强度还未达到其破坏强度时，这种破坏类型称为失稳破坏。在构件失稳后，若控制作用在构件上的压力逐渐减小以保持构件继续变形，则随着 u 增大到一定值及相应的荷载下，截面也可达到材料破坏点（点 E'）。但这时的承载能力已明显低于失稳时的破坏荷载。由于失稳破坏与材料破坏有本质的区别，故设计中一般尽量不采用细长柱。

在图 5-27 中，短柱、长柱和细长柱的初始偏心距是相同的。但破坏类型不同。短柱和长柱受力路径分别为 OB 和 OC，为材料破坏；细长柱受力路径为 OE，为失稳破坏。随着长细比的增大，其承载力 N 值也不同，其值分别为 N_0、N_1 和 N_2，而 $N_0 > N_1 > N_2$。

（二）偏心距增大系数

实际工程中最常遇到的是长柱，由于其最终破坏是材料破坏，因此，在设计计算中需考虑由于构件侧向变形（变位）而引起的二阶弯矩的影响。

偏心受压构件控制截面的实际弯矩应为

$$M = N(e_0 + u) = N\frac{e_0 + u}{e_0}e_0 \tag{5-59}$$

令

$$\eta = \frac{e_0 + u}{e_0} = 1 + \frac{u}{e_0}$$

则

$$M = N \cdot \eta e_0 \tag{5-60}$$

η 称为偏心受压构件考虑纵向挠曲影响（二阶效应）的轴向力偏心距增大系数。由式(5-60)可见，η 越大表明二阶弯矩的影响越大，则截面所承担的一阶弯矩 Ne_0 在总弯矩中所占比例就相对越小。应该指出的是，当 $e_0 = 0$ 时，式(5-60)是无意义的。当偏心受压构件为短柱时，则 $\eta = 1$。《公路混凝土规范》根据偏心压杆的极限曲率理论分析，规定偏心距增大系数计算表达式为

$$\eta = 1 + \frac{1}{1400e_0/h_0}\left(\frac{l_0}{h}\right)^2\zeta_1\zeta_2 \tag{5-61}$$

$$\zeta_1 = 0.2 + 2.7\frac{e_0}{h_0} \leqslant 1.0 \tag{5-62}$$

$$\zeta_2 = 1.15 - 0.01\frac{l_0}{h} \leqslant 1.0 \tag{5-63}$$

式中：l_0—— 构件的计算长度；

e_0—— 轴向力对截面重心轴的偏心距；

h_0—— 截面的有效高度；

h—— 截面的高度，对圆形截面取 $h = d_1$，d_1 为圆形截面直径；

ζ_1—— 荷载偏心率对截面曲率的影响系数；

ζ_2—— 构件长细比对截面曲率的影响系数。

《公路混凝土》规定，计算偏心受压构件正截面承载力时，对长细比 $l_0/r > 17.5$（r 为构件截面的回转半径）的构件或长细比 $l_0/r > 5$（矩形截面）、长细比 $l_0/d_1 > 4.4$（圆形截面）的构件，应考虑构件在弯矩作用平面内的变形（变位）对轴向力偏心距的影响。此时，应将轴向力对截面重心轴的偏心距 e_0 乘以偏心距增大系数 η。

五、矩形截面偏心受压构件

钢筋混凝土矩形截面偏心受压构件是工程中应用最广泛的构件，其截面长边为 h，短边为 b。在设计中，应该以长边方向的截面主轴面 x-x 为弯矩作用平面。

矩形偏心受压构件的纵向钢筋一般集中布置在弯矩作用方向的截面两对边位置上，以 A_s 和 A'_s 来分别代表离偏心压力较远一侧和较近一侧的钢筋面积。当 $A_s \neq A'_s$ 时，称为非对称布筋；当 $A_s = A'_s$ 时，称为对称布筋。

与受弯构件相比，偏心受压构件的正截面承载力计算采用下列基本假定：

(1) 截面应变分布符合平截面假定。

(2) 不考虑混凝土的抗拉强度。

(3) 受压混凝土的极限压应变 $\varepsilon_{cu} = 0.003 \sim 0.0033$。

(4) 混凝土的压应力图形为矩形，应力集度为 f_{cd}，矩形应力图的高度 x 等于按平截面确定的受压区高度 x_c 乘以系数 β，即 $x = \beta x_c$。

矩形截面偏心受压构件正截面承载力计算图示见图 5-28。

对于矩形截面偏心受压构件，用 ηe_0 表示纵向弯曲的影响。只要是材料破坏类型，无论是大偏心受压破坏，还是小偏心受压破坏，受压区边缘混凝土都达到极限压应变，同一侧的受压钢筋 A'_s，一般都能达到抗压强度设计值 f'_{sd}，而对面一侧的钢筋 A_s 的应力，可能受拉（达到或未达到抗拉强度设计值 f_{sd}），也可能受压，故在图 5-28 中以 σ_s 表示 A_s 钢筋中的应力，从而可以建立一种包括大、小偏心受压情况的统一正截面承载力计算图式。

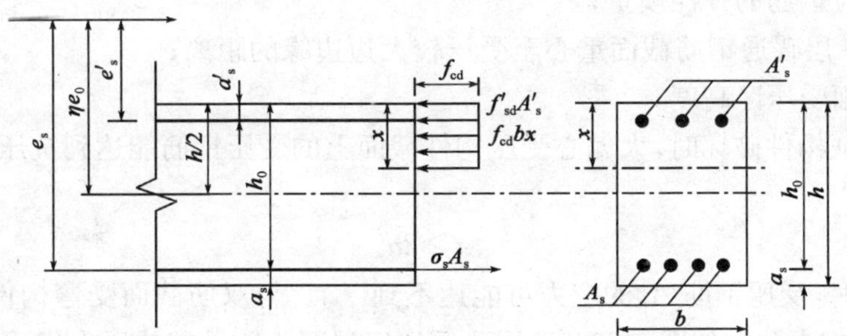

图 5-28　矩形截面偏心受压构件正截面承载力计算图式

由沿构件纵轴方向的内外力之和为零，可得到

$$\gamma_0 N_d \leqslant N_u = f_{cd}bx + f'_{sd}A'_s - \sigma_s A_s \tag{5-64}$$

由截面上所有对钢筋 A_s 合力点的力矩之和为零，可得到

$$\gamma_0 N_d e_s \leqslant N_u e_s = f_{cd}bx\left(h_0 - \frac{x}{2}\right) + f'_{sd}A'_s(h_0 - a'_s) \tag{5-65}$$

由截面上所有力对钢筋 A'_s 合力点的力矩之和为零，可得到

$$\gamma_0 N_d e'_s \leqslant N_u e'_s = -f_{cd}bx\left(\frac{x}{2} - a'_s\right) + \sigma_s A_s(h_0 - a'_s) \tag{5-66}$$

由截面上所有力对 N_u 作用点力矩之和为零，可得到

$$f_{cd}bx\left(e_s - h_0 + \frac{x}{2}\right) = \sigma_s A_s e_s - f'_{sd}A'_s e'_s \tag{5-67}$$

式中：x——混凝土受压区高度；

e_s、e'_s——分别为偏心压力 N_u 作用点至钢筋 A_s 合力作用点和钢筋 A'_s 合力作用点的距离。

$$e_s=\eta e_0+h/2-a_s \tag{5-68}$$

$$e'_s=\eta e_0-h/2+a'_s \tag{5-69}$$

式中：e_0——轴向力对截面重心轴的偏心距。

$$e_0=M_d/N_d \tag{5-70}$$

式中：η——偏心距增大系数。

关于式(5-64)～式(5-67)的使用要求及有关说明如下。

(1)钢筋 A_s 的应力 σ_s 取值。

当 $\xi=x/h_0\leqslant\xi_b$ 时，构件属于大偏心受压构件，取

$$\sigma_s=f_{sd} \tag{5-71}$$

当 $\xi=x/h_0>\xi_b$ 时，构件属于小偏心受压构件，σ_s 应按式(5-72)计算，但应满足 $-f'_{sd}\leqslant\sigma_{si}\leqslant f_{sd}$。

$$\sigma_{si}=\varepsilon_{cu}E_s\left(\frac{\beta h_{0i}}{x}-1\right) \tag{5-72}$$

式中：σ_{si}——第 i 层普通钢筋的应力，按公式计算正值表示拉应力；

E_s——受拉钢筋的弹性模量；

h_{0i}——第 i 层普通钢筋截面重心至受压较大边边缘的距离；

x——截面受压区高度。

(2)为了保证构件破坏时，大偏心受压构件截面上的受压钢筋能达到抗压强度设计值 f'_{sd}，必须满足

$$x\geqslant 2a'_s \tag{5-73}$$

当 $x<2a'_s$ 时，受压钢筋 A'_s 的应力可能达不到 f'_{sd}。与双筋截面受弯构件类似，这时近似取 $x=2a'_s$，截面应力分布如图 5-29a)所示。受压区混凝土所承担的压力作用位置与受压钢筋承担的压力 $f'_{sd}A'_s$ 作用位置重合。由截面受力平衡条件(对受压钢筋 A'_s 合力点的力矩之和为零)可写出：

$$\gamma_0 N_d e'_s\leqslant N_u e'_s=f_{sd}A_s(h_0-a'_s) \tag{5-74}$$

(3)当偏心轴向力作用的偏心距较小，即小偏心受压情况下，全截面受压。若靠近偏心压力一侧的纵向钢筋 A'_s 配置较多，而远离偏心压力一侧的纵向钢筋 A_s 配置较少时，钢筋 A_s 的应力可能达到受压屈服强度，离偏心受力较远一侧的混凝土也有可能压坏，这时的截面应力分布如图 5-29b)所示。为使钢筋 A_s 数量不致过少，《公路混凝土规范》规定：对于小偏心受压构件，若偏心轴向力作用于钢筋 A_s 合力点和 A'_s 合力点之间时(满足 $\eta e_0<h/2-a'_s$)尚应符合下列条件：

$$\gamma_0 N_d e'_s\leqslant N_u e'_s=f_{cd}bh\left(h_0{}'-\frac{h}{2}\right)+f'_{sd}A_s(h_0{}'-a_s) \tag{5-75}$$

式中：h'_0——轴向钢筋 A'_s 合力点离偏心压力较远一侧边缘的距离，即 $h'_0=h-a'_s$(图 5-29)；

e'——受压钢筋距偏心轴向力的距离，按 $e'=h/2-e_0-a'_s$ 计算。

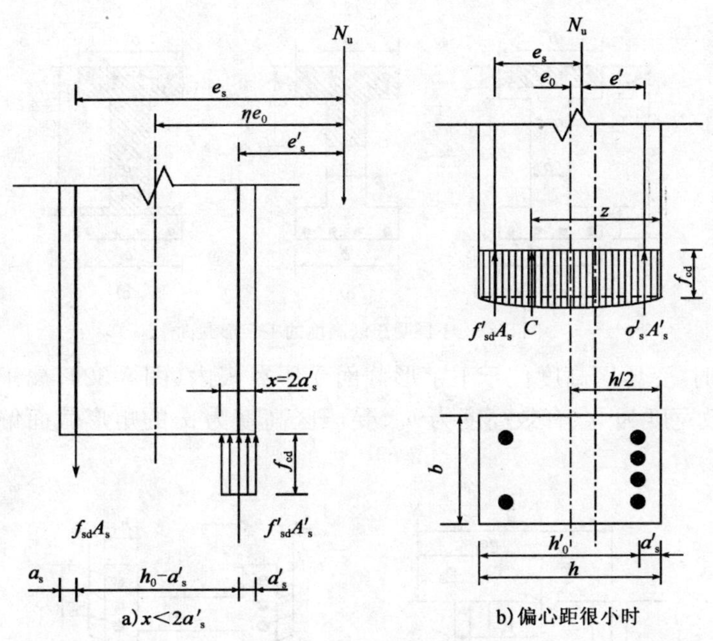

图 5-29　偏心受压矩形截面计算图式

六、工字形截面偏心受压构件

(一)工字形截面偏心受压构件的特点

对于工字形、箱形和T形截面偏心受压构件的构造要求,与矩形偏心受压构件相同。在箍筋的布置上,应注意不允许采用有内折角的箍筋(图 5-30b),因为有内折角的箍筋受力后有拉直的趋势,其合力使内折角处混凝土崩裂。应采用图 5-30a)所示的叠套箍筋形式并要求在箍筋转角处设置纵向钢筋,以形成骨架。

工字形截面除去其受拉翼板,即成为具有受压翼板的T形截面,而箱形截面也很容易化为等效工字形截面来计算,可以说工字形截面偏心受压构件具有T形截面和箱形截面偏心受压构件的共性,故本节以工字形截面偏心受压构件来介绍这一类截面形式的偏压构件计算原理。

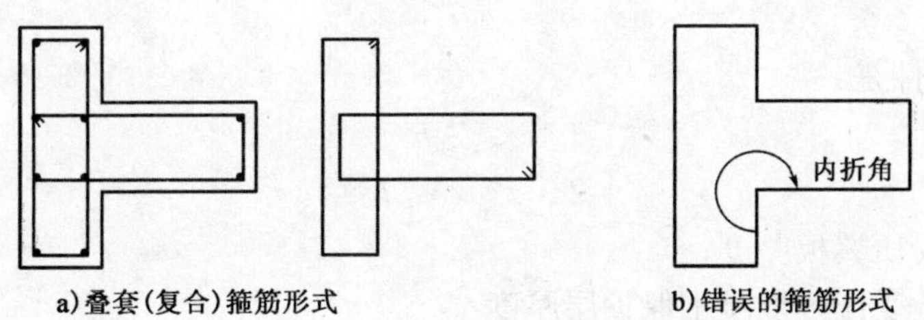

图 5-30　T形截面偏压构件箍筋形式

(二)正截面承载力基本计算公式

工字形截面偏心受压构件,也有大偏心受压和小偏心受压两种情况,取决于截面受压区高度。但是,与矩形截面不同之处是受压区高度 x 的不同,受压区的形状不同(图 5-31),因而计算公式有所不同。在下述计算公式中,N 为轴向力计算值,$N=\gamma_0 N_d$,其中 N_d 为轴向力组合设计值。

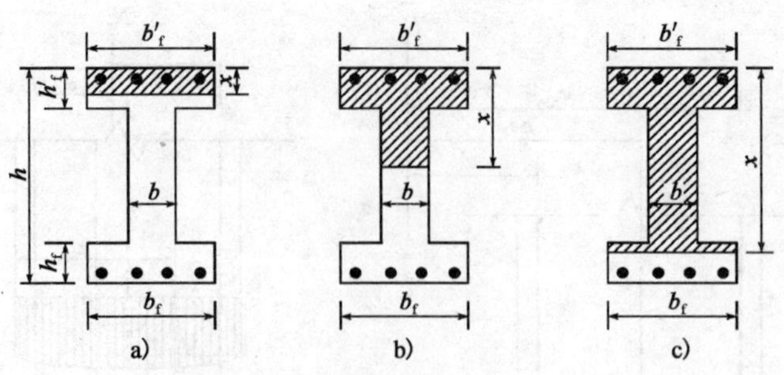

图 5-31　不同受压区高度的工字形截面

(1)当 $x \leqslant h'_f$ 时，受压区高度位于工字形截面受压翼板内(图 5-32)，属于大偏心受压。这时可按照翼板有效宽度为 b_f、有效高度为 h_0、受压区高度为 x 的矩形截面偏心受压构件来计算其正截面承载能力。

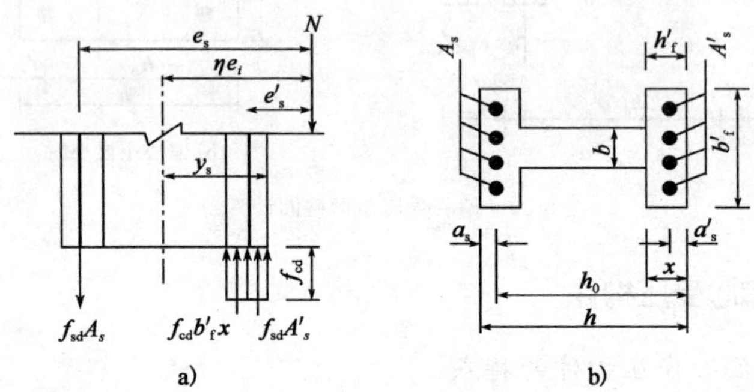

图 5-32　$x \leqslant h_f$ 时截面计算图式

基本计算公式为

$$N \leqslant N_u = f_{cd}b'_f x + f'_{sd}A'_s - f_{sd}A_s \tag{5-76}$$

$$Ne_s \leqslant N_u e_s = f_{cd}b'_f x\left(h_0 - \frac{x}{2}\right) + f'_{sd}A'_s(h_0 - a'_s) \tag{5-77}$$

$$f_{cd}b'_f x\left(e_s - h_0 + \frac{x}{2}\right) = f_{sd}A_s e_s - f'_{sd}A'_s e'_s \tag{5-78}$$

以上公式中的 $e_s = \eta e_0 + h_0 - y_s$，$e'_s = \eta e_0 - y_s + a'_s$，$y_s$ 为截面形心轴至截面受压区边缘的距离。

公式的适用条件是：

$$x \leqslant \xi_b h_0 \tag{5-79a}$$

$$2a'_s \leqslant x \leqslant h'_f \tag{5-79b}$$

式中：h'_f——截面受压翼板厚度；

a'_s——混凝土受压区混凝土保护层厚度。

(2)当 $h'_f < x \leqslant (h - h_f)$ 时，受压区高度 x 位于肋板内(图 5-33)，基本计算公式为

$$N \leqslant N_u = f_{cd}[bx + (b'_f - b)h'_f] + f'_{sd}A'_s - \sigma_s A_s \tag{5-80}$$

$$Ne_s \leqslant N_u e_s = f_{cd}\left[bx\left(h_0 - \frac{x}{2}\right) + (b'_f - b)h'_f\left(h_0 - \frac{h'_f}{2}\right)\right] + f'_{sd}A'_s(h_0 - a'_s) \tag{5-81}$$

$$f_{cd}bx\left(e_s - h_0 + \frac{x}{2}\right) + f_{cd}(b'_f - b)h'_f\left(e_s - h_0 + \frac{h'_f}{2}\right) = \sigma_s A_s e_s - f'_{sd}A'_s e'_s \tag{5-82}$$

对于式(5-80)和式(5-82)中钢筋 A_s 的应力 σ_s 取值规定为：当 $x \leqslant \xi_b h_0$ 时，取 $\sigma_s = f_{sd}$；当

$x>\xi_b h_0$ 时，取 $\sigma_s=\varepsilon_{cu}E_s\left(\dfrac{\beta}{\xi}-1\right)$。

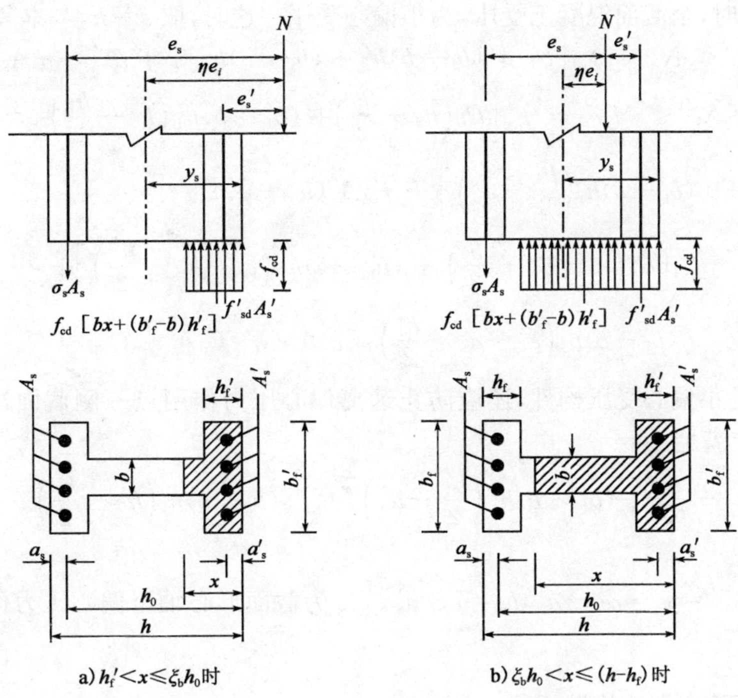

a) $h_f'<x\leqslant\xi_b h_0$时　　b) $\xi_b h_0<x\leqslant(h-h_f)$时

图 5-33　$h_f'<x(h-h_f)$时截面计算图式

(3)当$(h-h_f)<x\leqslant h$ 时，受压区高度 x 进入工字形截面受拉或受压较小的翼板内(图 5-34)。这时，显然为小偏心受压，基本计算公式为

$$N\leqslant N_u=f_{cd}[bx+(b_f'-b)h_f'+(b_f-b)(x-h+h_f)]+f_{sd}'A_s'-\sigma_s A_s \tag{5-83}$$

$$Ne_s\leqslant N_u e_s=f_{cd}\left[bx\left(h_0-\frac{x}{2}\right)+(b_f'-b)h_f'\left(h_0-\frac{h_f'}{2}\right)+\right.$$
$$\left.(b_f-b)(x-h+h_f)\left(h_f-a_s-\frac{x-h+h_f}{2}\right)\right]+f_s'A_s'(h_0-a_s') \tag{5-84}$$

$$f_{cd}\left[bx\left(e_s-h_0+\frac{x}{2}\right)+(b_f'-b)h_f'\left(e_s-h_0+\frac{h_f'}{2}\right)+(b_f-b)(x-h+h_f)\right.$$
$$\left.\left(e_s+a_s-h_f+\frac{x-h+h_f}{2}\right)\right]=\sigma_s A_s e_s-f_{sd}'A_s'e_s' \tag{5-85}$$

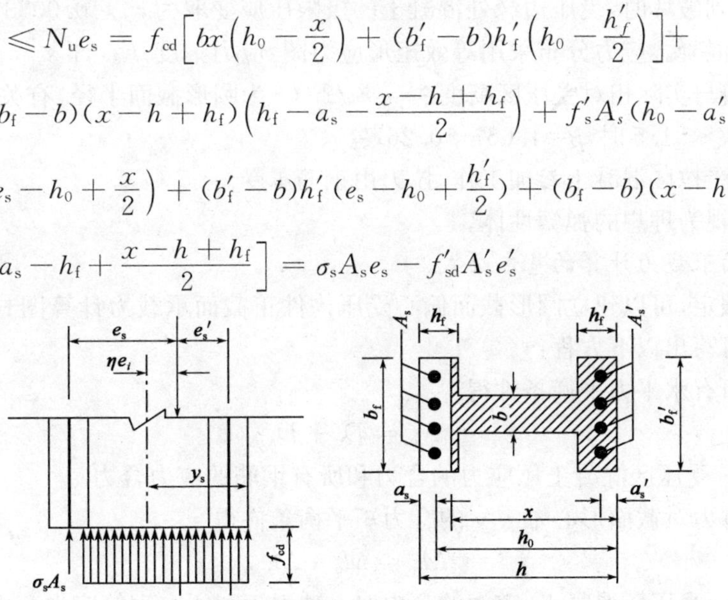

a)　　b)

图 5-34　$(h-h_f)<x\leqslant h$ 时截面计算图式

以上公式中 e_s、e'_s的物理意义同前;σ_s 为钢筋应力,$\sigma_s=\varepsilon_{cu}E_s\left(\frac{\beta}{\xi}-1\right)$。

(4)当 $x>h$ 时,全截面混凝土受压,为小偏心受压。这时,取 $x=h$,基本公式为

$$N\leqslant N_u=f_{cd}[bh+(b_f-b)h'_f+(b_f-b)h_f]+f'_{sd}A'_s-\sigma_sA_s \tag{5-86}$$

$$\begin{aligned}Ne_s\leqslant N_ue_s=f_{cd}\Big[&bh\left(h_0-\frac{h}{2}\right)+(b'_f-b)h'_f\left(h_0-\frac{h_f}{2}\right)+\\&(b_f-b)h_f\left(\frac{h_f}{2}-a_s\right)\Big]+f'_{sd}A'_s(h_0-a'_s)\end{aligned} \tag{5-87}$$

$$\begin{aligned}f_{cd}\Big[&bh\left(e_s-h_0+\frac{h}{2}\right)+(b'_f-b)h'_f\left(e_s-h_0+\frac{h'_f}{2}\right)\Big]+\\&(b_f-b)h_f\left(e_s+a_s-\frac{h_f}{2}\right)=\sigma_sA_se_s-f'_{sd}A'_se'_s\end{aligned} \tag{5-88}$$

对于 $x>h$ 的小偏心受压构件,还应防止远离偏心压力作用点一侧截面边缘混凝土先压坏的可能性,即应满足:

$$Ne'_s\leqslant f_{cd}\left[bh\left(h'_0-\frac{h}{2}\right)+(b'_f-b)h'_f\left(\frac{h'_f}{2}-a'_s\right)\right]+f_{cd}(b_f-b)h_f\left(h'_0-\frac{h_f}{2}\right)+f'_{sd}{'}A_s(h'_0-a_s) \tag{5-89}$$

以上公式中,$e'_s=y_s-\eta e_0-a'_s$,$h'_0=h-a'_s$。y_s 为截面形心轴至偏心压力作用一侧截面边缘的距离。

七、圆形截面偏心受压构件

(一)正截面承载力计算的基本假定

沿周边均匀配筋的圆形截面偏心受压构件,其正截面承载力计算的基本假定是:

(1)截面变形符合平截面假定。

(2)构件达到破坏时,受压边缘处混凝土的极限压应变取为 $\varepsilon_{cu}=0.0033$。

(3)受压区混凝土应力分布采用等效矩形应力图,应力集度 f_{cd},计 $x=\beta x_0$(x_0 为实际受压区高度),β 值与实际相对受压区高度 $\xi=x_0/2r$(r 为圆形截面半径)有关,即:当 $\xi<1$ 时,$\beta=0.8$;当 $1<\xi\leqslant1.5$ 时,$\beta=1.067-0.267\xi$。

(4)不考虑受拉区混凝土参加工作,拉力由钢筋承受。

(5)将钢筋视为理想的弹塑性体。

(二)正截面承载力计算的基本公式

根据基本假定,可以建立圆形截面偏心受压构件正截面承载力计算图式(图 5-35),同时,根据平衡条件可写出以下方程:

由截面上所有水平力平衡条件得

$$N_u=D_c+D_s \tag{5-90}$$

式中:D_c、D_s——受压区混凝土压应力的合力和所有钢筋的应力合力。

由截面所有力对截面形心轴 y-y 的合力矩平衡条件得

$$M_u=M_c+M_s \tag{5-91}$$

式中:M_c、M_s——受压区混凝土,应力的合力对 r 轴力矩和所有钢筋应力合力对 y 轴的力矩。

在具体求解式(5-90)和式(5-91)等号右边各项之前,将图 5-35 中各有关直角坐标系中符号与极坐标系的相应表达式列示如下:

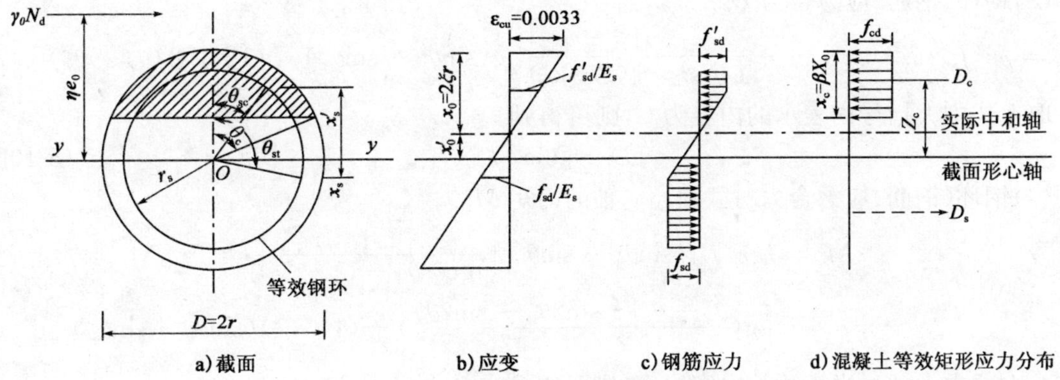

图 5-35　圆形截面偏心受压构件计算简图

(1)计算中和轴位置 x_c，相应的圆心角之半为

$$\theta_c = \arccos(1-2\beta\xi) \leqslant \pi \tag{5-92}$$

(2)钢环受压进入屈服强度点坐标(x'_s)为

$$x'_s = \left[\frac{2r\xi}{\varepsilon_{cu}} \cdot \frac{f'_{sd}}{E_s} + r(1-2\xi)\right] \leqslant gr \tag{5-93}$$

相应的圆心角之半为

$$\theta_{sc} = \arccos\left[\frac{2\xi}{g\varepsilon_{cu}} \cdot \frac{f'_{sd}}{E_s} + \frac{1-2\xi}{g}\right] \leqslant \pi \tag{5-94}$$

(3)钢环受拉进入屈服强度点坐标(x_s)为

$$x_s = \left[-\frac{2r\xi}{\varepsilon_{cu}} \cdot \frac{f_{sd}}{E_s} + r(1-2\xi)\right] \geqslant -gr \tag{5-95}$$

相应的圆心角之半为

$$\theta_{st} = \arccos\left[-\frac{2\xi}{g\varepsilon_{cu}} \cdot \frac{f_{sd}}{E_s} + \frac{1-2\xi}{g}\right] \leqslant \pi \tag{5-96}$$

(4)钢环上任意一点的应力表达式为：

当 $0<\theta\leqslant\theta_{sc}$ 时，

$$\sigma_s = f_{sd} \tag{5-97}$$

当 $\theta_{sc}<\theta\leqslant\theta_{st}$ 时，

$$\sigma_s = \frac{g\cos\theta-(1-2\xi)}{g\cos\theta_{st}-(1-2\xi)} f'_{sd} \tag{5-98}$$

当 $\theta_{st}<\theta\leqslant\pi$ 时，

$$\sigma_s = -f_{sd} \tag{5-99}$$

式中以负号表示拉应力。

(5)实际中和轴的位置为

$$x'_c = r(1-2\xi) \tag{5-100}$$

下面讨论式(5-90)和式(5-91)的具体表达式。

(1)受压区混凝土的应力合力 D_c：

$$D_c = Ar^2 f_{cd} \tag{5-101}$$

(2)受压区混凝土的应力合力对 y-y 抽的力矩 M_c：

$$M_c = Br^3 f_{cd} \tag{5-102}$$

式中：$B = \frac{2}{3}\sin^3\theta_c$ 。

(3)钢环(钢筋)应力合力 D_s：

$$D_s = \rho r^2 f_{sd}\left\{\theta_{sc} - \pi + \theta_{st} + \frac{1}{g\cos\theta_{sc} - (1-2\xi)}\left[g(\sin\theta_{st} - \sin\theta_{sc}) - (1-2\xi)(\theta_{st} - \theta_{sc})\right]\right\}$$

取上式中大括号内表示的内容为 C，则可得到

$$D_s = C\rho r^2 f_{sd} \tag{5-103}$$

(4)钢环(钢筋)应力合力对截面 y-y 轴的力矩 M_s：

$$M_s = \rho g r^3 f_{sd}\left\{\sin\theta_{sc} - \sin\theta_{st} + \frac{1}{g\cos\theta_{st} - (1-2\varepsilon)}\cdot\left[g\left(\frac{\theta_{st} - \theta_{sc}}{2} + \frac{\sin2\theta_{st} - \sin2\theta_{sc}}{2}\right) - (1-2\xi)(\sin\theta_{st} - \sin\theta_{sc})\right]\right\}$$

令上式中大括号内表示的内容为 D，则可得到

$$M_s = D\rho g r^3 f_{sd} \tag{5-104}$$

将式(5-101)～式(5-104)分别代入式(5-92)和式(5-93)内，可得到圆形截面偏心受压构件正截面承载能力计算的基本公式为

$$\gamma_0 N_d \leqslant N_u = Ar^2 f_{cd} + C\rho r^2 f_{sd} \tag{5-105}$$

$$\gamma_0 N_d \eta e_0 \leqslant M_u = Br^3 f_{cd} + D\rho g r^3 f_{sd} \tag{5-106}$$

习　题

5-32　钢筋混凝土偏心受压构件，其大小偏心受压的根本区别是(　　)。

A. 截面破坏时，远离轴向力一侧的钢筋是否受拉屈服

B. 截面破坏时，受压钢筋是否屈服

C. 偏心距的大小

D. 受压一侧的混凝土是否达到极限压应变

5-33　在钢筋混凝土双筋梁、大偏心受压和大偏心受拉构件的正截面承载力计算中，要求受压区高度 $x \geqslant 2a_s'$ 是为了(　　)。

A. 保证受压钢筋在构件破坏时能达到其抗压强度设计值

B. 防止受压钢筋压屈

C. 避免保护层剥落

D. 保证受压钢筋在构件破坏时能达到其极限抗压强度

5-34　矩形截面对称配筋的偏心受压构件，发生界限破坏时的 N_b 值为(　　)。

A. 将随配筋率 ρ 值的增大而增大

B. 将随配筋率 ρ 值的增大而减小

C. N_b 与 ρ 值无关

D. N_b 与 ρ 值无关，但与配箍率有关

5-35　轴向压力 N 对构件抗剪承载力 V 的影响是(　　)。

A. 不论 N 的大小，均可提高构件的抗剪承载力 V

B. 不论 N 的大小，均会降低构件的 V

C. N 适当时提高构件的 V

D. N 大时提高构件的 V，N 小时降低构件的 V

5-36　螺旋箍筋约束混凝土使其抗压强度提高的原因是(　　)。

A. 螺旋箍筋直接受压　　B. 螺旋箍筋使混凝土密实

C. 螺旋箍筋使混凝土中不出现微裂缝　　D. 螺旋箍筋约束了混凝土的横向变形

5-37　偏心受压构件，当 $\eta e_i < 0.3h_0$，但 $x < \xi_b h_0$ 时，该构件将发生(　　)破坏。

A. 轴心受压　　B. 界限受压　　C. 小偏心受压　　D. 大偏心受压

5-38　钢筋混凝土短柱在持续不变的轴心压力作用下，经一段时间后，(　　)。

A. 钢筋的应力增加，混凝土的应力减小

B. 钢筋的应力减小，混凝土的应力增加

C. 钢筋和混凝土的应力均增加

D. 钢筋和混凝土的应力均不变

5-39　矩形截面大偏心受压构件截面设计时令 $x=\xi_b h_0$，这是为了(　　)。

A. 保证不发生小偏心受压破坏　　B. 使钢筋用量最少

C. 保证受拉钢筋屈服　　D. 保证受压钢筋屈服

第四节　受弯构件的应力、裂缝和变形计算

钢筋混凝土构件除了可能由于材料强度破坏或失稳等原因达到承载能力极限状态以外，还可能由于构件变形或开裂过大影响构件的适用性和耐久性，而达不到结构正常使用的要求。因此，钢筋混凝土构件除要进行持久状况承载能力极限状态计算外，还要进行持久状况正常使用极限状态计算，以及短暂状况的构件应力计算。与承载能力极限状态计算相比，钢筋混凝土受弯构件在使用阶段的计算有如下特点：

(1) 受弯构件的承载能力极限状态是取构件破坏阶段(第Ⅲ阶段)，而使用阶段是以带裂缝工作阶段(第Ⅱ阶段)为基础的。

(2)使用阶段计算是按照构件使用条件对已设计的构件进行验算，以保证在正常使用状态下的裂缝宽度和变形小于规范规定的各项限值。

(3)正常使用极限状态计算时作用(或荷载)效应应取用短期效应和长期效应的一种或两种组合，汽车荷载可不计入冲击系数。

一、换算截面

钢筋混凝上受弯构件受力进入第Ⅱ工作阶段的特征是弯曲竖向裂缝已形成并开展，中和轴以下大部分混凝土已退出工作，由钢筋承受拉力，应力 σ_s 还远小于其屈服强度，受压区混凝土的压应力图形大致是抛物线形。而受弯构件的荷载—挠度(跨中)关系曲线是一条接近于直线的曲线。因而，钢筋混凝土受弯构件的第Ⅱ工作阶段又可称为开裂后弹性阶段。对于第Ⅱ工作阶段的计算，一般有下面三项基本假定。

(1)平截面假定。即认为梁的正截面在梁受力并发生弯曲变形以后，仍保持为平面。

根据平截面假定，平行于梁中和轴的各纵向纤维的应变与其到中和轴的距离成正比。同时，由于钢筋与混凝土之间的黏结力，钢筋与其同一水平线的混凝土应变相等，因此，由图 5-36可得到

$$\frac{\varepsilon_c'}{x}=\frac{\varepsilon_c}{h_0-x} \tag{5-107}$$

$$\varepsilon_s=\varepsilon_c \tag{5-108}$$

式中：ε_c、ε_c'——分别为混凝土的受拉和受压平均应变；

ε_s——与混凝土的受拉平均应变为 ε_c 的同一水平位置处的钢筋平均拉应变；

x——受压区高度；

h_0——截面有效高度。

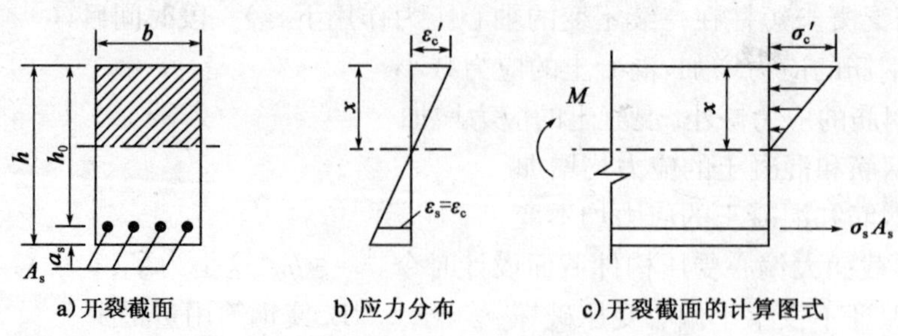

图 5-36　受弯构件的开裂截面

(2)弹性体假定。钢筋混凝土受弯构件在第Ⅱ工作阶段时，混凝土受压区的应力分布图形是曲线形，但此时曲线并不丰满，与直线形相差不大，可以近似地看作直线分布，即受压区混凝土的应力与平均应变成正比。故有

$$\sigma_c' = \varepsilon_c' E_c \tag{5-109}$$

(3)受拉区混凝土完全不能承受拉应力，拉应力完全由钢筋承受，有

$$\sigma_c = \frac{\sigma_s}{E_s} E_c = \frac{\sigma_s}{\alpha_{Es}} \tag{5-110}$$

式中的 α_{Es} 称为钢筋混凝土构件截面的换算系数，等于钢筋弹性模量与混凝土弹性模量的比值，$\alpha_{Es} = E_s / E_c$。

式(5-110)表明在钢筋同一水平位置处混凝土拉应力 σ_c 为钢筋应力 σ_s 的 $1/\alpha_{Es}$ 倍，换言之，钢筋的拉应力 σ_s 是同一水平位置处混凝土拉应力 σ_c 的 α_{Es} 倍。

由钢筋混凝土受弯构件第Ⅱ阶段计算假定而得到的计算图式与材料力学中匀质梁计算图式非常接近，主要区别是钢筋混凝土梁的受拉区混凝土不参与工作。因此，如果能将钢筋和受压区混凝土两种材料组成的实际截面换算成一种拉压性能相同的假想材料组成的匀质截面(称换算截面)，即将实际截面可以看作是由匀质材料组成的截面，从而能采用材料力学公式进行截面计算。

通常，将钢筋截面积 A_s 换算成假想的受拉混凝土截面积 A_{sc}，位于钢筋的重心处(图 5-37)。假想的混凝土所承受的总拉力应该与钢筋承受的总拉力相等，故

$$A_s \sigma_s = A_{sc} \sigma_c \tag{5-111}$$

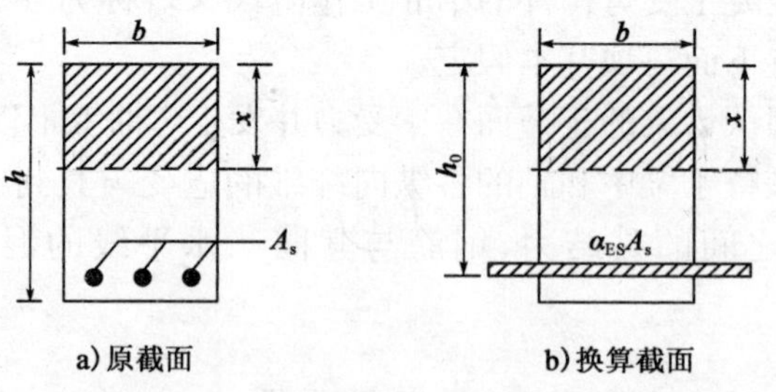

图 5-37　换算截面示意图

由 $\sigma_c=\sigma_s/\alpha_{Es}$，可得到

$$A_{sc}=A_s\frac{\sigma_s}{\sigma_c}=\alpha_{Es}A_s \tag{5-112}$$

将 A_{sc} 称为钢筋的换算面积，而将受压区的混凝土面积和受拉区的钢筋换算面积所组成的截面称为钢筋混凝土构件开裂截面的换算截面(图 5-37)，这样就可以按材料力学的方法来计算换算截面的几何特性。

对于图 5-37 所示的单筋矩形截面，换算截面的几何特性计算表达式如下：

①换算截面面积

$$A_0=bx+\alpha_{Es}A_s \tag{5-113}$$

②换算截面对中和轴的静矩

受压区

$$S_{oc}=\frac{1}{2}bx^2 \tag{5-114}$$

受拉区

$$S_{ot}=\alpha_{Es}A_s(h_0-x) \tag{5-115}$$

③换算截面惯性矩

$$I_{cr}=\frac{1}{3}bx^3+\alpha_{Es}A_s(h_0-x)^2 \tag{5-116}$$

对于受弯构件，开裂截面的中和轴通过其换算截面的形心轴，即 $S_{oc}=S_{ot}$，可得到

$$\frac{1}{2}bx^2=\alpha_{Es}A_s(h_0-x) \tag{5-117}$$

化简后解得换算截面的受压区高度为

$$x=\frac{\alpha_{Es}A_s}{b}\left(\sqrt{1+\frac{2bh_0}{\alpha_{Es}A_s}}-1\right) \tag{5-118}$$

图 5-38 是受压翼缘有效宽度为 b_f' 时，T 形截面的换算截面计算图式。

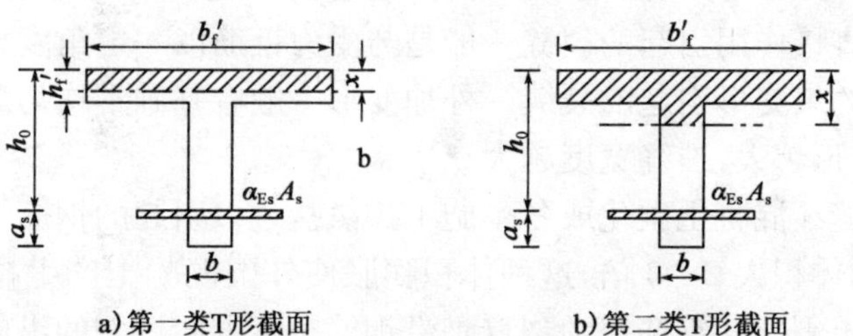

图 5-38　开裂状态下 T 形截面换算计算图式

当受压区高度 $x\leqslant$ 受压翼板高度 h_f' 时，为第一类 T 形截面，可按宽度为 b_f' 的矩形截面应用式(5-113)～式(5-118)来计算开裂截面的换算截面几何特性。

当受压区高度 $x\geqslant h_f'$ 时，表明中性轴位于 T 形截面的肋部，为第二类 T 形截面，这时，换算截面的受压区高度 x 计算式为

$$x=\sqrt{A^2+B}-A \tag{5-119}$$

$$A=\frac{\alpha_{Es}A_s+(b_f'-b)h_f'}{b},B=\frac{2\alpha_{Es}A_sh_0+(b_f'-b)(h_f')^2}{b} \tag{5-120}$$

开裂截面的换算截面对其中和轴的惯性矩 I_{cr} 为

$$I_{cr}=\frac{b_f'x^3}{3}-\frac{(b_f'-b)(x-h_f')^3}{3}+\alpha_{Es}A_s(h_0-x)^2 \tag{5-121}$$

全截面的换算截面是混凝土全截面面积和钢筋的换算面积所组成的截面。对于图 5-39 所示的 T 形截面，全截面的换算截面几何特性计算式如下：

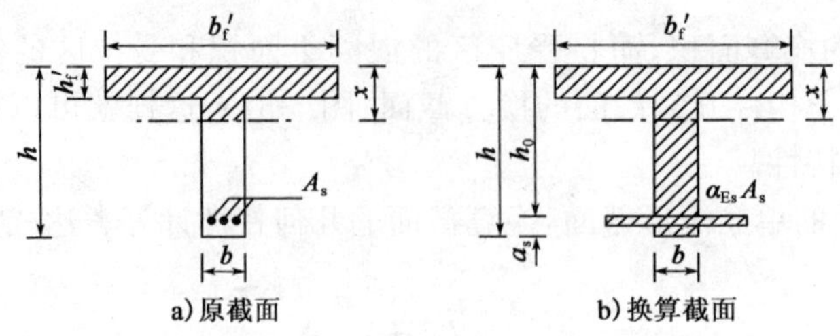

图 5-39　全截面换算示意图

①换算截面面积

$$A_0 = bh + (b_f' - b)h_f' + (\alpha_{Es} - 1)A_s \tag{5-122}$$

②受压区高度

$$x = \frac{\frac{1}{2}bh^2 + \frac{1}{2}(b_f' - b)(h_f')^2 + (\alpha_{Es} - 1)A_s h_o}{A_0} \tag{5-123}$$

③换算截面对中和轴的惯性矩

$$I_o^3 = \frac{1}{12}bh^3 + bh\left(\frac{1}{2}h - x\right)^2 + \frac{1}{12}(b_f' - b)(h_f')^3 + (b_f' - b)h_f'\left(\frac{h_f'}{2} - x\right)^2 + (\alpha_{Es} - 1)A_s(h_0 - x)^2 \tag{5-124}$$

二、产生裂缝的原因及裂缝控制

混凝土的抗拉强度很低，在不大的拉力作用下就可能出现裂缝。引起构件产生裂缝的原因很多，但可归结为以下三类：

(1)作用效应(如弯矩、剪力、扭矩及拉力等)引起的裂缝。其裂缝宽度与裂缝处的钢筋应力近似地成正比，由直接作用引起的裂缝一般是与受力钢筋以一定角度相交的横向裂缝。

(2)外加变形或约束变形引起的裂缝。外加变形一般有基础不均匀沉降、混凝土的收缩及温度变化等。约束变形越大，裂缝宽度越大。

(3)钢筋锈蚀裂缝。混凝土碳化或冬季施工掺氯盐过多引起的钢筋锈蚀的膨胀，锈蚀产物体积比被钢筋侵蚀的体积大 2～3 倍，这种体积膨胀使外围混凝土产生拉应力，引起混凝土开裂，甚至保护层混凝土剥落。钢筋锈蚀裂缝是沿钢筋长度方向劈裂的纵向裂缝。

过多的裂缝或过大的裂缝宽度会影响结构的外观，引起使用者的不安。从结构本身看，某些裂缝的发生或发展，将影响结构的使用寿命。为了保证钢筋混凝土构件的耐久性，必须在设计和施工等方面进行控制。其措施主要有：

(1)外加变形和约束变形引起的裂缝，往往是在构造上和施工工艺上采取相应的措施予以控制，如设伸缩缝、沉降缝，加强保温措施及加强混凝土养护，改进施工条件，减小混凝土的收缩等。对地基不均匀沉降引起的裂缝，主要通过正确的选用地基处理及正确的基础方案、正确的基础设计解决。

(2)钢筋锈蚀裂缝是通过设置足够厚度的混凝土保护层和保证混凝土的密实性，严格控制早凝剂的掺入量来控制的。

(3)实际工程中结构构件的裂缝大部分是变形因素引起的。对受力裂缝主要通过构件抗裂度计算及构造加以控制。

裂缝发展的影响因素很多，较为复杂，如荷载作用、构件性质、环境条件和钢筋种类等都是裂缝的重要影响因素。

三、弯曲裂缝宽度计算

国内外关于受弯构件弯曲裂缝宽度的计算方法主要有两大类：第一类是计算理论法。它是根据某种理论建立计算图式，最后得到裂缝宽度计算公式，然后对公式中一些不易通过计算获得的系数，利用试验资料加以确定。第二类是分析影响裂缝宽度的主要因素，然后利用数理统计方法来处理大量的试验资料而建立计算公式。

计算理论主要有如下三种：

(1)黏结滑移理论。该理论认为裂缝控制主要取决于钢筋和混凝土之间的黏结性能。其要点是钢筋应力通过钢筋与混凝土之间的黏结应力传给混凝土，当混凝土裂缝出现以后，由于钢筋和混凝土之间产生了相对滑移，变形不一致而导致裂缝开展。

(2)无滑移理论。该理论认为在通常允许的裂缝宽度范围内，钢筋与混凝土之间的黏结力并不破坏，相对滑移很小，可以忽略不计，钢筋表面处裂缝宽度要比构件表面裂缝宽度小的多。其要点是表面裂缝宽度是由钢筋至构件表面的应变梯度控制的，钢筋的混凝土保护层厚度是影响裂缝宽度的主要因素。

(3)综合理论。是黏结滑移理论和无滑移理论的综合。通过在钢筋拉杆周围预埋导管并用墨水注入，试验后再剖开试件，观察变形钢筋附近周围形成的内部裂纹规律。既考虑了混凝土保护层厚度对裂缝宽度的影响，也考虑了钢筋和混凝土之间可能出现的滑移，比前两个理论更为合理，我国《混凝土结构设计规范》(GB 50010—2010)就采用综合理论方法。

按数理统计方法建立的裂缝宽度计算公式主要是大连理工大学提出的一种方法。我国公路行业规范在考察了更大范围的试验数据，并参考国际规范，通过对其系数的修正提出了如下最大裂缝宽度 W_{fk} 计算公式：

$$W_{fk}=c_1c_2c_3\frac{\sigma_{ss}}{E_s}\cdot\frac{30+d}{0.28+10\rho} \tag{5-125}$$

式中：c_1——钢筋表面形状系数，对于光面钢筋，$c_1=1.4$；对于带肋钢筋，$c_1=1.0$；

c_2——作用(或荷载)长期效应影响系数，$c_2=1+0.5\dfrac{N_1}{N_2}$，其中 N_1 和 N_2 分别为按作用(或荷载)长期效应组合和短期效应组合计算的内力值(弯矩或轴力)；

c_3——与构件受力性质有关的系数，钢筋混凝土板式受弯构件，$c_3=1.15$；其他受弯构件，$c_3=1.0$；偏心受拉构件，$c_3=1.1$；偏心受压构件，$c_3=0.9$；轴心受拉构件，$c_3=1.2$；

d——纵向受拉钢筋的直径，当用不同直径的钢筋时，改用换算直径 d_e，$d_e=\dfrac{\sum n_id_i^2}{\sum n_id_i}$，对钢筋混凝土构件，$n_i$ 为受拉区第 i 种普通钢筋的根数，d_i 为受拉区第 i 种普通钢筋的公称直径；对于焊接钢筋骨架，d 或 d_e 应乘以系数 1.3；

ρ——纵向受拉钢筋配筋率，$\rho=\dfrac{A_s}{bh_0+(b_f-b)h_f}$，对钢筋混凝土构件，当 $\rho>0.02$ 时，取 $\rho=0.02$；当 $\rho<0.006$ 时，取 $\rho=0.006$；对轴心受拉构件，ρ 按全部受拉钢筋截面面积 A_s 的一半计算；

b_f、h_f——受拉翼缘的宽度与厚度；

h_0——有效高度；

σ_{ss}——由作用(荷载)短期效应组合引起的开裂截面纵向受拉钢筋在使用荷载作用下的应力，对钢筋混凝土受弯构件，$\sigma_{ss}=\dfrac{M_s}{0.87A_sh_0}$；其他受力性质构件的 σ_{ss} 计算式参见《公路混凝土规范》；

E_s——钢筋弹性模量。

《公路混凝土规范》规定，在正常使用极限状态条件下钢筋混凝土构件的裂缝宽度，应按作用(或荷载)短期效应组合并考虑长期效应组合影响进行验算，且不得超过规范规定的限值。在Ⅰ类和Ⅱ类环境条件下，算得的裂缝宽度不应超过 0.2mm；处于Ⅲ类和Ⅳ类环境下的钢筋混凝土受弯构件，容许裂缝宽度不应超过 0.15mm。对于跨径较大的钢筋混凝土简支梁、连续梁等，截面的配筋一般不是由承载能力控制的，而是由裂缝宽度控制的。

四、受弯构件的变形(挠度)验算

(一)受弯构件的刚度

受弯构件的变形计算是持久状况正常使用极限状态计算的一项重要内容，要求受弯构件具有足够的刚度，使构件在使用荷载作用下的最大变形(挠度)计算不得超过容许限值。

受弯构件在使用阶段的挠度应考虑作用(或荷载)长期效应的影响，即按作用(或荷载)短期效应组合和给定的刚度计算挠度值，在乘以挠度长期增长系数 η_θ。挠度长期增长系数取值规定为：当采用 C40 以下混凝土时，$\eta_\theta=1.60$；当采用 C40～C80 混凝土时，$\eta_\theta=1.45\sim1.35$，中间强度等级按直线内插取用。

《公路混凝土规范》规定，钢筋混凝土受弯构件按上述计算的长期挠度值，在消除结构自重产生的长期挠度后不应超过以下规定限值：梁式桥主梁的最大挠度处，$l/600$；梁式桥主梁的悬臂端，$l_1/300$。此处 l 为受弯构件的跨径，l_1 为悬臂的长度。

《公路混凝土规范》关于受弯构件在使用阶段变形验算的方法，是在平截面假定、弹性体假定和受拉区混凝土不参与工作三个基本假定的基础上，采用材料力学的方法，钢筋混凝土梁在弯曲变形时的挠度计算公式为

$$y=w=\alpha\frac{ML^2}{B} \tag{5-126}$$

式中：B——抗弯刚度，对匀质弹性梁，抗弯刚度 $B=EI$。

一般情况下，钢筋混凝土受弯构件各截面的配筋不一样，承受的弯矩也不相等，弯矩小的截面可能不出现弯曲裂缝，其刚度较弯矩大的开裂截面大得多，因此沿梁长度的抗弯刚度是个变值。为简化起见，把变刚度构件等效为等刚度构件，采用结构力学的方法，按在两端弯矩作用下构件转角相等的原则，可求得等刚度受弯构件的等效刚度 B，即为开裂构件等效截面的抗弯刚度。对钢筋混凝土受弯构件，规定计算变形时的抗弯刚度为

$$B=\frac{B_0}{\left(\dfrac{M_{cr}}{M_s}\right)^2+\left[1-\left(\dfrac{M_{cr}}{M_s}\right)^2\right]\dfrac{B_0}{B_{cr}}} \tag{5-127}$$

式中：B——开裂构件等效截面的抗弯刚度；

B_0——全截面的抗弯刚度，$B_0=0.95E_0I_0$；

B_{cr}——开裂截面的抗弯刚度，$B_{cr}=E_cI_{cr}$；

E_c——混凝土的弹性模量；

I_0——全截面换算截面惯性矩；

I_{cr}——开裂截面的换算截面惯性矩；

M_s——按短期效应组合计算的弯矩值；

M_{cr}——开裂弯矩，$M_{cr}=\gamma f_{tk} W_0$；

f_{tk}——混凝土轴心抗拉强度标准值；

γ——构件受拉区混凝土塑性影响系数，$\gamma=2\frac{S_0}{W_0}$；

S_0——全截面换算截面重心轴以上（或以下）部分面积对重心轴的面积矩；

W_0——全截面换算截面抗裂验算边缘的弹性抵抗矩。

（二）预拱度的设置

梁的变形是有结构重力和可变荷载两部分作用产生的。对受弯构件主要验算作用（或荷载）短期效应组合并考虑作用（或荷载）长期效应影响的长期挠度值（扣除结构重力产生的影响值）并满足限值。对结构重力引起的变形，一般可在施工中设置预拱度来加以消除。

当由作用（或荷载）短期效应组合并考虑作用（或荷载）长期效应影响产生的长期挠度不超过 $l/1600$（l 为计算跨径）时，可不设预拱度；当不符合上述规定时，则设预拱度。钢筋混凝土受弯构件预拱度值按结构自重和 1/2 可变荷载频遇值计算的长期挠度值之和采用，即：

$$\Delta=\omega_G+\frac{1}{2}\omega_Q \tag{5-128}$$

式中：Δ——预拱度值；

ω_G——结构重力产生的长期竖向挠度；

ω_Q——可变荷载频遇值产生的长期竖向挠度。

需要注意的是，预拱的设置按最大的预拱值沿顺桥向做成平顺的曲线。

习　题

5-40　受弯构件减小受力裂缝宽度最有效的措施之一是（　　）。

A. 增加截面尺寸

B. 提高混凝土的强度等级

C. 增加受拉钢筋截面面积，减小裂缝截面的钢筋应力

D. 增加钢筋的直径

5-41　进行简支梁挠度计算时，用梁的最小刚度 B 代替材料力学公式中的 EI，B 是指（　　）。

A. 沿梁长的平均刚度　　B. 沿梁长挠度最大处截面的刚度

C. 沿梁长内最大弯矩处截面的刚度　　D. 梁跨度中央处截面的刚度

5-42　受弯构件挠度验算不满足要求时，调整下列哪个因素对增加构件刚度最为有效？（　　）

A. h_0　　B. ρ　　C. ρ'　　D. E_s

5-43　验算钢筋混凝土受弯构件裂缝宽度和变形的目的是（　　）。

A. 使构件能够带裂缝工作　　B. 使构件满足正常使用极限状态的要求

C. 使构件满足承载能力极限状态的要求　　D. 使构件能在弹性阶段工作

第五节　预应力混凝土结构

混凝土结构构件在承受作用(荷载)以前,利用张拉钢筋回弹挤压混凝土使混凝土截面受到预压应力,而被张拉的钢筋中存在预拉应力,称之为预应力混凝土结构。它与钢筋混凝土结构的受力差别是截面上的混凝土增加了预压应力,增加了预应力钢筋的预拉应力,因而提高了构件的抗裂度与刚度。

一、预应力混凝土的特点

(一)混凝土结构的分类

1. 国外配筋混凝土结构的分类

1970 年欧洲混凝土委员会(CEB)建议,将配筋混凝土按预加应力的大小划分为如下四级:

①Ⅰ级:全预应力——在全部荷载最不利组合下,正截面上混凝土不出现拉应力。

②Ⅱ级:有限预应力——在全部荷载最不利组合下,正截面上混凝土允许出现拉应力,但不超过其抗拉强度(即不出现裂缝);在长期持续荷载作用下,混凝土不出现拉应力。

③Ⅲ级:部分预应力——在全部荷载最不利组合下,正截面上混凝土允许出现裂缝,但裂缝宽度不超过规定容许值。

④Ⅳ级:普通钢筋混凝土结构。

这一分类方法,由于对部分预应力混凝土结构的优越性强调不够,国际上已逐步改用按结构功能要求合理选用预应力度的分类方法。

2. 国内配筋混凝土结构的分类

我国采用按预应力度分为全预应力混凝土、部分预应力混凝土和钢筋混凝土等三种结构。

①全预应力混凝土构件——在作用(荷载)短期效应组合下控制的正截面受拉边缘不允许出现拉应力。

②部分预应力混凝土构件——在作用(荷载)短期效应组合下控制的正截面受拉边缘出现拉应力或出现不超过规定宽度的裂缝。

③钢筋混凝土构件——不预加应力的混凝土构件。

其中,又将部分预应力构件分为两类:

A 类:当对构件控制截面受拉边缘的拉应力加以限制时,为 A 类预应力混凝土构件。

B 类:当构件控制截面受拉边缘的拉应力超过限值或出现不超过宽度限值的裂缝时,为 B 类预应力混凝土构件。

(二)预应力混凝土结构的优缺点

1. 预应力混凝土结构的优点

(1)提高构件的抗裂度和刚度。

(2)改善结构的耐久性。

(3)节省材料,减轻自重。

(4)减小混凝土梁的竖向剪力和主拉应力。

(5)提高结构的耐疲劳性能。

(6)提高工程质量。

(7)可作为结构构件连接的手段，促进桥梁结构新体系与施工方法的发展。

2. 预应力混凝土结构的缺点

(1)工艺复杂，需要配备技术熟练的专业队伍。

(2)需要一定的专门设备。

(3)预应力反拱度不易控制。

(4)预应力混凝土结构的开工费用较大。

(三)适用范围、材料及施加预应力方法

1. 适用范围

(1)先张法预应力混凝土

宜用于预制厂大批制作的中、小型构件，设计和施工条件许可时，也可用于生产非常用的构件。

(2)后张法预应力混凝土

宜用于大型构件及现浇构件。应根据具体情况，如施工条件、构件类型、受力特点、工作环境等可以选用有黏结预应力或无黏结预应力混凝土。

2. 预应力混凝土材料

(1)预应力筋：宜采用预应力钢丝、钢绞线和预应力螺纹钢筋。

(2)非预应力钢筋：宜采用 HRB400，HRB500 钢筋，也可采用 HPB300，HRB335，RRB400 钢筋。

(3)混凝土：混凝土强度等级不应低于 C40，且其强度级别应随使用的钢材强度的提高而提高。

(4)锚具：必须采用由持有生产许可证的制造厂生产，并有合格证书及使用说明书的锚具。

3. 施加预应力方法

施加预应力的具体方法见表 5-8。

施加预应力方法 表 5-8

类别	工　序	原　理	特　点
先张法	1. 在台座或钢模上张拉钢筋； 2. 支模，绑扎其他钢筋，浇注混凝土； 3. 混凝土达到一定强度后切断或放松钢筋，挤压混凝土	预应力钢筋张拉时截面缩小；混凝土硬化后切断端部预应力筋回缩受阻；通过端部黏结应力传递预应力使混凝土预压	1. 工艺较简单无需锚具； 2. 需要台座或钢模； 3. 张拉钢筋一般为直线； 4. 适合于中小型工厂化生产
后张法	1. 浇注混凝土构件，预留孔洞； 2. 混凝土达到一定强度后，穿预应力钢筋，并张拉钢筋预压混凝土，锚固钢筋保持预压应力； 3. 孔道灌浆或不灌浆	利用构件本身作为支点张拉钢筋预压混凝土，利用端部锚具固定预应力钢筋以保持混凝土预压状态	1. 工艺较复杂需要锚具； 2. 无需台座与钢模张拉； 3. 可以采用直线或曲线； 4. 可现场制作大、中型构件或整体结构； 5. 是结构或构件需要的拼装手段

二、预应力钢筋张拉控制应力、预应力损失及损失组合

(一)预应力钢筋张拉控制应力

预应力钢筋张拉控制应力 σ_{con} 是张拉钢筋时施加给预应力筋从制造到使用阶段经受的最大应力，σ_{con} 值越高可以充分利用预应力筋对混凝土建立较高的预应力，节约材料。但若过高，则构件出现裂缝时的荷载接近极限荷载，破坏前预兆性差；而且进行超张拉时，可能使个别钢筋超过屈服强度，产生永久变形或脆断；同时使钢筋松弛损失加大。但若 σ_{con} 过低，经过预应力损失之后，建立预压应力的效果差、不经济，而且有丧失预应力的危险，因此预应力筋的张拉控制应力 σ_{con} 应符合表 5-9 的规定。

张拉控制应力限值 表 5-9

钢筋类别	张拉控制应力限值	钢筋类别	张拉控制应力限值
高强钢丝、钢绞线	$\sigma_{con} \leqslant 0.75f_{pk}$	预应力螺纹钢筋	$\sigma_{con} \leqslant 0.90f_{pk}$

注:f_{pk}——预应力钢筋的抗拉强度标准值。

在下列情况下,可适当提高张拉控制应力:仅需在短时间内保持高应力的钢筋,例如为了减少一些因素引起的应力损失而需要进行超张拉的钢筋;为了提高构件在施工阶段的抗裂性而在使用阶段受拉区所设置的预应力钢筋。但在任何情况下,钢筋的最大张拉控制应力,对于高强钢丝、钢绞线不应超过 $0.80f_{pk}$;对于预应力螺纹钢筋不应超过 $0.95f_{pk}$。

(二)预应力损失

预应力损失与施工工艺、材料性能和环境影响等有关,影响因素复杂,各项预应力损失发生和完成的时间先后不一。预应力损失主要包括以下方面:

(1)预应力筋与管道壁间的摩擦引起的损失 σ_{l1}。

(2)张拉端锚具变形、钢筋内缩和接缝压缩引起的损失 σ_{l2}。

(3)混凝土加热养护时受张拉的钢筋与承拉设备之间的温差引起的损失 σ_{l3}。

(4)混凝土弹性压缩引起的应力损失 σ_{l4}。

(5)预应力钢筋的应力松弛引起的损失 σ_{l5}。

(6)混凝土的收缩和徐变引起的损失 σ_{l6}。

各项预应力损失值的计算见《公路混凝土规范》的相关条文。实际工程中,引起预应力损失的因素不仅仅限于上述各项,应根据具体情况考虑其他因素引起的预应力损失。

(三)有效预应力的计算

预应力钢筋的有效预应力 σ_{pe} 的定义为预应力钢筋锚下控制应力 σ_{con} 扣除相应阶段的应力损失 σ_l 后实际存余的预拉应力值。

(1)预应力损失值组合

根据应力出现损失的先后次序以及完成终值所需时间,具体宜按表 5-10 的规定进行组合。

各阶段预应力损失值的组合 表 5-10

预应力损失值的组合	先张法构件	后张法构件
混凝土预压前的损失(第一批)	$\sigma_{l2}+\sigma_{l3}+\sigma_{l4}+0.5\sigma_{l5}$	$\sigma_{l1}+\sigma_{l2}+\sigma_{l4}$
混凝土预压后的损失(第二批)	$0.5\sigma_{l5}+\sigma_{l6}$	$\sigma_{l5}+\sigma_{l6}$

(2)预应力钢筋的有效预应力

在预加应力阶段,预应力筋中的有效预应力为

$$\sigma_{pe} = \sigma_{p\,\mathrm{I}} = \sigma_{con} - \sigma_{l\,\mathrm{I}} \tag{5-129}$$

在使用阶段,预应力筋中的有效预应力,即永存预应力为

$$\sigma_{pe} = \sigma_{p\,\mathrm{II}} = \sigma_{con} - (\sigma_{l\,\mathrm{I}} + \sigma_{l\,\mathrm{II}}) \tag{5-130}$$

三、预应力混凝土受弯构件的计算

(一)预应力混凝土构件的三个受力阶段

预应力混凝土构件从预加应力到承受外荷载,直到最后破坏,可分为三个阶段:施工阶段、使用阶段和破坏阶段。全预应力构件和 A 类部分预应力构件的三个阶段的受力过程如下。

1. 施工阶段

预应力混凝土构件在制作、运输和安装施工中，将承受不同的荷载作用。在这一过程中，构件在预应力作用下，全截面参与工作并处于弹性工作阶段，可采用材料力学的方法并根据规范的要求进行设计计算。计算中应注意采用构件混凝土的实际强度和相应的截面特性。如后张法构件，在孔道灌浆前应按混凝土净截面计算，孔道灌浆并结硬后则可按换算截面计算。施工阶段依构件受力条件可分为预加应力阶段和运输、安装阶段。

(1)预加应力阶段

预加应力阶段，指从预加应力开始至预加应力结束(即传力锚固)为止的受力阶段。构件所承受的作用主要是偏心预压力(即预加应力的合力)；对于简支梁，由于预加应力的合力的偏心作用，构件将产生向上的反拱，形成以梁两端为支点的简支梁，因此梁的一期恒载(自重荷载)也在施加预应力的同时一起参加作用。

本阶段的设计计算要求是：①受弯构件控制截面上、下缘混凝土的最大拉应力和压应力都不应超出规定限值；②控制预应力筋的最大张拉应力；③保证锚固区混凝土局部承压承载力大于实际承受的压力并有足够的安全度，且保证梁体不出现水平纵向裂缝。

(2)运输、安装阶段

在运输、安装阶段，混凝土梁所承受的荷载仍是预加力和梁的一期恒载。但由于引起预应力损失的因素相继增加，使预加应力的合力要比预加应力阶段小；同时梁的一期恒载作用应根据规范的规定计入 1.20 或 0.85 的动力系数。构件在运输中的支点或安装时的吊点位置常与正常支撑点不同，故应按照梁起吊时一期恒载作用下的计算图式进行验算，特别需要注意验算构件支点或吊点截面上缘混凝土的拉应力。

2. 使用阶段

使用阶段是指桥梁建成运营通车整个工作阶段。构件除承受偏心预加力和梁的一期恒载外，还要承受桥面铺装、人行道、栏杆等后加的二期恒载和车辆、人群等活荷载。试验研究表明，在试用阶段预应力混凝土梁基本处于弹性工作阶段。因此，梁截面的正应力为偏心预加力与以上各项荷载所产生的应力之和。

本阶段各项预应力损失将相继发生并全部完成，最后在预应力钢筋中建立相对不变的预拉应力(即扣除全部预应力损失后所存余的预应力)，这即为永存预应力。永存预应力要小于施工阶段的有效预应力值。

3. 破坏阶段

对于只在受拉区配置预应力钢筋且配筋率适当的受弯构件(适筋梁)，在荷载作用下，受拉区全部钢筋(包括预应力钢筋和非预应力钢筋)将先达到屈服强度，裂缝迅速向上延伸，而后受压区混凝土被压碎，构件即告破坏。破坏时，截面的应力状态与钢筋混凝土受弯构件相似，其计算方法也基本相同。

在正常配筋的范围内，预应力混凝土梁的破坏弯矩主要与构件的组成材料受力性能有关，其破坏弯矩值与同条件普通钢筋混凝土梁的破坏弯矩值几乎相同，而是否在受拉区钢筋中施加预应力对梁的破坏弯矩的影响很小。这说明预应力混凝土结构并不能创造出超越其本身材料强度能力之外的奇迹，而只是大大改善了结构在正常使用阶段的工作性能。

(二)使用阶段正截面抗弯承载计算

预应力混凝土受弯构件持久状况(使用阶段)承载能力极限状态计算作用效应组合采用基本组合，抗弯承载能力的计算与普通钢筋混凝土双筋矩形截面构件的抗弯计算相似。

(1)矩形截面或翼缘位于受拉边的T形截面受弯构件(图5-40),其正截面抗弯承载力应按下式计算:

$$\gamma_0 M_d \leqslant f_{cd}bx\left(h_0-\frac{x}{2}\right)+f'_{sd}A'_s(h_0-a'_s)+(f'_{pd}-\sigma'_{p0})A'_p(h_0-a'_p) \tag{5-131}$$

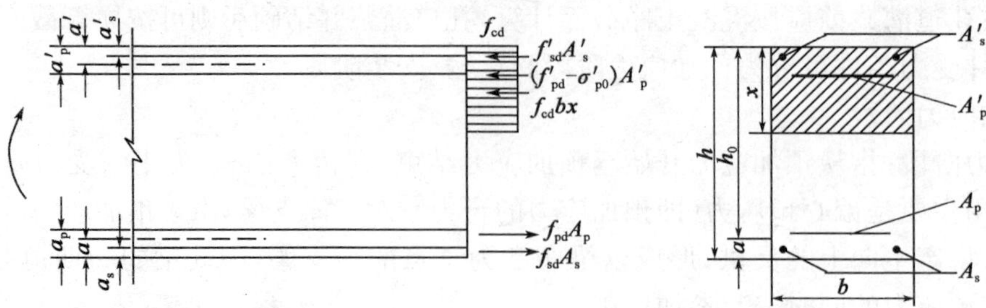

图5-40　矩形截面受弯构件正截面抗弯承载力计算

混凝土的受压区高度按下式计算:

$$f_{sd}A_s+f_{pd}A_p=f_{cd}bx+f'_{sd}A'_s+(f'_{pd}-\sigma'_{p0})A'_p \tag{5-132}$$

混凝土受压区高度应符合下列要求:

为了避免出现超筋梁,则

$$x\leqslant\xi_b h_0 \tag{5-133}$$

为了使钢筋 A'_s 应力达到 f'_{sd} 值,则

$$x\geqslant 2a' \tag{5-134}$$

式中:a'——纵向受压钢筋合力点至受压区边缘的距离,当受压区未配置纵向预应力钢筋或受压区纵向预应力钢筋的应力($\sigma'_{p0}-f'_{pd}$)为拉应力时,式(5-134)中的 a' 用 a'_s 代替;

ξ_b——相对界限受压区高度,按下式计算:

$$\xi_b=\frac{\beta}{1+\frac{0.002}{\varepsilon_{cu}}+\frac{f_{pd}-\sigma_{p0}}{E_s\varepsilon_{cu}}} \tag{5-135}$$

式中:σ_{p0}——受拉区纵向预应力钢筋合力点处混凝土法向应力等于零时的预应力筋应力。

(2)翼缘位于受压区的T形截面受弯构件(图5-41),其正截面抗弯承载力应按下列情况计算:

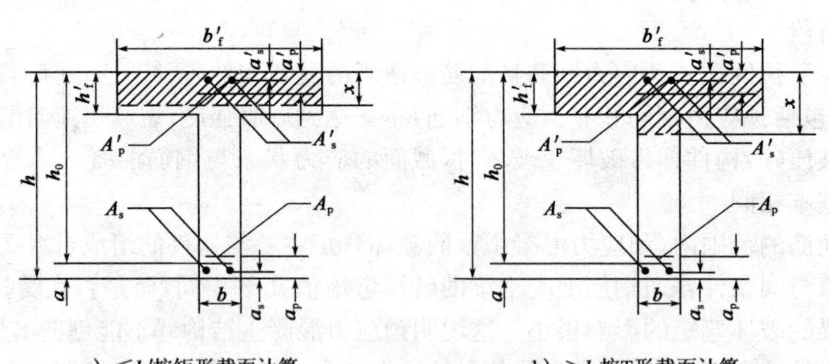

图5-41　T形截面受弯构件受压区高度位置

①当符合下式条件时,则按宽度为 b'_f 的矩形截面计算:

$$f_{sd}A_s + f_{pd}A_p \leqslant f_{cd}b'_f h'_f + f'_{sd}A'_s + (f'_{pd} - \sigma'_{p0})A'_p \tag{5-136}$$

②当不符合式(5-136)的条件时，计算中应考虑截面中腹板的受压作用，其正截面抗弯承载力按下式计算：

$$\gamma_0 M_d \leqslant f_{cd}\left[bx\left(h_0 - \frac{x}{2}\right) + (b'_f - b)h'_f\left(h_0 - \frac{h'_f}{2}\right)\right] + f'_{sd}A'_s(h_0 - a'_s) + (f'_{pd} - \sigma'_{p0})A'_p(h_0 - a'_p) \tag{5-137}$$

其混凝土受压区高度按下式确定：

$$f_{sd}A_s + f_{pd}A_p = f_{cd}[bx + (b'_f - b)h'_f] + f'_{sd}A'_s + (f'_{pd} - \sigma'_{p0})A'_p \tag{5-138}$$

式中：h'_f——T形截面受压区的翼缘高度；

b'_f——T形截面受压区的翼缘计算宽度。

应用式(5-137)和式(5-138)时，混凝土受压区高度尚应符合式(5-133)和式(5-134)的要求。

(三)使用阶段斜截面承载力计算

(1)矩形、T形及I形截面的预应力混凝土受弯构件，其受剪截面应符合的条件同普通钢筋混凝土梁。

(2)在计算预应力混凝土受弯构件斜截面的抗剪承载力时，其计算位置同普通钢筋混凝土梁的规定。

(3)矩形、T形和I形截面的预应力混凝土受弯构件，当配有箍筋与弯起预应力钢筋时，其斜截面抗剪承载力应按下列公式计算：

$$\gamma_0 V_d \leqslant V_{cs} + V_{pb} \tag{5-139}$$

式中：V_d——斜截面受压端正截面上由作用(或荷载)产生的最大剪力组合设计值(kN)；

V_{cs}——斜截面内混凝土和箍筋共同的抗剪承载力设计值(kN)；

V_{pb}——与斜截面相交的预应力弯起钢筋抗剪承载力设计值(kN)。

(4)矩形、T形和I形截面的预应力混凝土受弯构件斜截面抗弯承载力应按下列公式计算：

$$\gamma_0 M_d \leqslant f_{sd}A_sZ_s + f_{pd}A_pZ_p + \sum f_{pd}A_{pb}Z_{pb} + \sum f_{sv}A_{sv}Z_{sv} \tag{5-140}$$

式中：M_d——斜截面受压端正截面的最大弯矩组合设计值；

Z_s、Z_p——纵向普通受拉钢筋合力点、纵向预应力受拉钢筋合力点至受压区中心点的距离；

Z_{pb}——与斜截面相交的同一弯起平面内预应力弯起钢筋合力点至受压中心点的距离；

Z_{sv}——与斜截面相交的同一平面内箍筋合力点至斜截面受压端的水平距离。

计算斜截面抗弯承载力时，其最不利斜截面的位置，需选在预应力钢筋数量变少、箍筋截面与间距变化处，以及构件混凝土截面腹板厚度变化处。

预应力混凝土梁斜截面抗弯承载力的计算比较麻烦，因此也可以同普通钢筋混凝土受弯构件一样，用构造措施来加以保证，具体要求可参照钢筋混凝土梁的相关内容。

(四)使用阶段正截面裂缝验算

预应力混凝土构件的抗裂验算都是以构件混凝土拉应力是否超过规定的限值来表示的，属于结构正常使用极限状态计算的范畴。规范规定，对于全预应力混凝土和A类部分预应力混凝土构件，必须进行正截面抗裂和斜截面抗裂验算。

预应力混凝土受弯构件正截面抗裂验算按作用(或荷载)短期效应组合和长期效应组合两种情况进行，其构件边缘混凝土的正应力计算方法可参考规范。正截面抗裂应对构件正截面混凝土的拉应力进行验算，并应符合下列要求。

(1)全预应力混凝土构件，在短期效应组合下：

$$\sigma_{st}-0.85\sigma_{pc}\leqslant 0 \tag{5-141}$$

(2)A 类部分预应力混凝土构件：

在短期效应组合下 $$\sigma_{st}-\sigma_{pc}\leqslant 0.7f_{tk} \tag{5-142}$$

在长期效应组合下 $$\sigma_{lt}-\sigma_{pc}\leqslant 0 \tag{5-143}$$

式中的 f_{tk} 为混凝土轴心抗拉强度标准值。

(五)使用阶段斜截面裂缝验算

预应力混凝土梁的腹部出现斜裂缝是不能自动闭合的，它不像梁的弯曲裂缝在使用阶段的大多数情况下可能是闭合的。因此，对梁的斜裂缝控制应更严格些，无论是全预应力混凝土还是部分预应力混凝土受弯构件都要进行斜截面抗裂验算。预应力混凝土梁斜截面的抗裂性验算是通过梁体混凝土主拉应力验算来控制的。主应力验算在跨径方向应选择剪力与弯矩均较大的最不利区段截面进行，且应选择计算截面重心处和宽度剧烈变化处作为计算点进行验算。斜截面抗裂性验算只需要验算在作用(或荷载)短期效应组合下的混凝土主拉应力。

验算混凝土主拉应力的目的是防止开始产生自受弯构件腹部中间的斜裂缝并要求至少应具有与正截面同样的抗裂安全度。当算出的混凝土主拉应力不符合下列规定时，则应修改构件截面尺寸。混凝土主拉应力限值应满足如下规定。

(1)全预应力混凝土构件，在作用(或荷载)短期效应组合下：

预制构件 $$\sigma_{tp}\leqslant 0.6f_{tk} \tag{5-144}$$

现场现浇(包括预制拼装)构件 $$\sigma_{tp}\leqslant 0.4f_{tk} \tag{5-145}$$

(2)A 类和 B 类预应力混凝土构件，在作用(或荷载)短期预应力组合下：

预制构件 $$\sigma_{tp}\leqslant 0.7f_{tk} \tag{5-146}$$

现场现浇(包括预制拼装)构件 $$\sigma_{tp}\leqslant 0.5f_{tk} \tag{5-147}$$

式中的 f_{tk} 为混凝土轴心抗拉强度标准值。

(六)使用阶段的变形验算

预应力混凝土构件采用高强度材料，与跨长比较，其截面尺寸较普通钢筋混凝土构件小，而且预应力混凝土结构所使用的跨径范围一般比较大。因此，设计中应注意预应力混凝土梁的变形验算，以避免因变形过大而影响使用功能。

预应力混凝土受弯构件的挠度是由偏心预加力引起的上挠度(又称上拱度)和外荷载(恒载与活载)所产生的下挠度两部分所构成。对于跨径不大的预应力混凝土简支梁，其总挠度一般是较小的。预应力混凝土梁变形的精确计算，应同时考虑混凝土收缩、徐变、弹性模量等随时间而变化的影响因素，计算时常需借助于计算机。对于简支梁等，可采用以下实用计算方法。

1. 预应力引起的上拱值

预应力混凝土受弯构件的上拱变形，又称反拱，是由预应力作用引起的，它与外荷载引起的挠度方向相反。在预应力作用下，预应力混凝土受弯构件的上拱值可根据给定的构件刚度用结构力学的方法计算。后张法简支梁跨中的上拱值为

$$\delta_{pe}=\int_0^l\frac{M_{pe}\overline{M}_x}{B_0}\mathrm{d}x \tag{5-148}$$

式中：M_{pe}——由永存预应力(永存预应力的合力)在任意截面 x 处所引起的弯矩值；

$\overline{M}_x$——跨中作用单位力时在任意截面 x 处所产生的弯矩值；

B_0——构件抗弯刚度，计算时按实际受力阶段取值。

(2)使用荷载作用下的挠度

在使用荷载下，预应力混凝土(包括全预应力混凝土与部分预应力混凝土)受弯构件的挠度，可近似地按结构力学的公式进行计算。主要在于如何合理地确定能够反映构件实际情况的抗弯刚度。对于全预应力构件以及A类部分预应力混凝土构件的等高简支梁、悬臂梁的挠度计算表达式为

$$\overline{w}_{\mathrm{Ms}}=\frac{\alpha M_s l^2}{0.95E_c I_0} \tag{5-149}$$

式中：l——梁的计算跨径；

α——挠度系数，与弯矩图形状和支撑的约束条件有关；

M_s——按作用(或荷载)短期效应组合计算的弯矩；

I_0——构件全截面的换算截面惯性矩。

(七)端部锚固区计算

公路桥梁结构中使用的预应力混凝土构件多采用后张法，后张法构件在端部或其他布置锚具的地方，巨大的预加压力，将通过锚具及其下面不大的垫板面积传递给混凝土。要将这集中预加力均匀地传递到梁体的整个截面，需要一个过渡区段才能完成。试验和理论研究表明，这个过渡区段长度约等于构件的高度，因此又常把等于构件高度的这一过渡区段称为端块。端块的受力情况比较复杂，在靠近垫板处产生横向压应力，在其他部位则产生横向拉应力。当锚具的吨位很大时，这种拉应力可达到很可观的数值，有可能导致构件纵向开裂。此外，端块区域也是主拉应力的高发区，由于上述拉应力的存在，加大了主拉应力，也可能使构件出现斜裂缝。因此，对于后张法预应力混凝土构件，应进行锚下局部承压计算。锚下局部承压验算的方法可参阅规范局部承压计算的相关规定。梁端锚固区的应力状态比较复杂，工程设计时应采取针对性的构造补强措施。

习　题

5-44　先张法和后张法预应力混凝土构件传递预应力方法的区别是(　　)。

A. 先张法是靠钢筋与混凝土之间的黏结力来传递预应力，后张法是靠锚具来保持预应力

B. 先张法是靠锚具来保持预应力，后张法是靠钢筋与混凝土之间的黏结力来传递预应力

C. 先张法是靠传力架来保持预应力，后张法是靠千斤顶来保持预应力

D. 先张法和后张法均是靠锚具来保持预应力，只是张拉顺序不同

5-45　后张法预应力混凝土轴心受拉构件完成全部预应力损失后，预应力筋的总预拉应力 $N_{\mathrm{pII}}=50\mathrm{kN}$. 若加荷至混凝土应力为零时，外荷载 N_0 为(　　)。

A. $N_0=50\mathrm{kN}$　　B. $N_0>50\mathrm{kN}$

C. $N_0<50\mathrm{kN}$　　D. $N_0=50\mathrm{kN}$ 或 $N_0>50\mathrm{kN}$，应看 σ_l 的大小

5-46　预应力钢筋的松弛损失和徐变量都与预应力筋的张拉应力值密切相关，张拉应力越大，松弛损失和徐变变形分别(　　)。

A. 越小，越大　　B. 越大，越小

C. 越小，越小　　D. 越大，越大

5-47　《公路混凝土规范》规定，预应力混凝土构件的混凝土强度等级不应低于(　　)。

A. C20　　B. C30　　C. C35　　D. C40

5-48　对梁施加预应力，可提高梁的(　　)。

A. 抗裂性　　B. 延性

C. 斜截面抗弯强度　　D. 塑性

5-49　全预应力混凝土构件在使用条件下，构件截面混凝土(　　)。

A. 不出现压应力　　B. 允许出现拉应力

C. 不出现拉应力　　D. 允许出现压应力

5-50　对后张法预应力混凝土构件，一次性张拉预应力筋，混凝土受到的最大预压应力发生在(　　)。

A. 张拉预应力筋达到控制应力时　　B. 张拉并锚固后

C. 第二批损失出现后　　D. 构件运营一年以后

5-51　预应力混凝土后张法构件中，传力锚固时的第一批预应力损失 σ_l 应为(　　)。

A. $\sigma_{l1}+\sigma_{l2}$　　B. $\sigma_{l1}+\sigma_{l2}+\sigma_{l4}$

C. $\sigma_{l1}+\sigma_{l2}+\sigma_{l3}+\sigma_{l4}$　　D. $\sigma_{l2}+\sigma_{l3}+\sigma_{l4}+0.5\sigma_{l5}$

第六节　砖、石及混凝土砌体结构

砌体结构是以砌体(砖、混凝土砌块、石材)为主要材料建造的结构。砌体的胶结材料主要为砂浆(水泥石灰混合砂浆、石灰砂浆、水泥砂浆)。

一、块材

常用的砌体块材有砖、砌块和石材，其强度等级是根据块材的标准试件在标准试验条件下测得的抗压强度划分，用“MU”表示。

(一)砖

烧结普通砖、烧结多孔砖的强度等级分为 MU30、MU25、MU20、MU15 和 MU10；蒸压灰砂普通砖、蒸压粉煤灰普通砖的强度等级分为 MU25、MU20 和 MU15。由于砖的强度低、耐久性差，在公路桥涵结构中较少使用。

(二)混凝土

1. 混凝土砌块

混凝土砌块由普通混凝土或轻骨料混凝土制成。建筑用混凝土砌块为空心砌块：主要规格尺寸为 390mm×190mm×190mm、空心率在 25%～50%之间。有单排孔、双排孔和多排孔砌块。砌块的强度等级分为 MU20、MU15、MUl0、MU7.5 和 MU5。桥涵结构中使用的预制混凝土砌块可根据结构构造和施工要求来设计形状和尺寸。

2. 片石混凝土

为避免整体浇筑素混凝土结构产生较大的收缩应力，同时为节省水泥用量，在其中分层掺入含量不多于 20%的片石，称之为片石混凝土。其中片石强度等级不低于表 5-11 规定的最低强度等级，且不低于混凝土强度等级。

圬工材料的最低强度等级 表 5-11

结构物种类	材料最低强度等级	砌筑砂浆最低强度等级
拱圈	MU50 石材 C25 混凝土(现浇) C30(预制块)	M10(大、中桥) M7.5(小桥涵)
大、中桥墩台及基础,轻型桥台	MU40 石材 C25 混凝土(现浇) C30(预制块)	M7.5
小桥涵墩台及基础	MU30 石材 C20 混凝土(现浇) C25(预制块)	M5

3. 小石子混凝土

小石子混凝土是由胶结料(水泥)、粗骨料(细卵石或碎石)、细骨料(砂)加水拌和而成。在砌筑片石、块石砌体时,用小石子混凝土代替砂浆建成的砌体称为小石子混凝土砌体,它比同强度等级砂浆砌筑的片石和块石砌体的极限抗压强度高,可节省水泥和砂。

桥涵结构中整体浇筑的素混凝土结构,因为收缩变形大,施工期容易产生收缩裂缝或温度裂缝,且浇筑时耗费木材多、工期长、质量难控制,较少使用。桥涵结构中混凝土圬工结构使用的混凝土强度等级主要有 C40、C35、C30、C25、C20 和 C15。

(三)石材

石材一般应选择坚硬、均匀、无裂纹且不易风化的石料,常用的天然石材的种类主要有花岗岩和石灰岩等。根据其形状、尺寸、清凿工序和开采方法可分为:片石、块石、细料石、半细料石和粗料石。桥涵结构中使用的石材强度等级主要有 MU120、MU100、MU80、MU60、MU50、MU40 和 MU30。石材的强度等级可用边长为 70mm 的立方体饱和试块的抗压强度表示。

二、砂浆

砌体中常用的砂浆有混合砂浆(水泥石灰混合砂浆、石灰黏土砂浆)、石灰砂浆和水泥砂浆(纯水泥砂浆)。石灰砂浆和混合砂浆的强度低,在桥涵工程中使用较少。桥涵结构使用的砂浆强度等级主要有 M20、M15、M10、M7.5 和 M5,其强度等级是由边长为 70.7mm 的立方体试块 28d 的抗压强度表示。采用同强度等级的水泥砂浆及混合砂浆砌筑的砌体,前者的砌体强度设计值低于后者。施工阶段砂浆尚未硬化的新砌砌体,或经检测砂浆未硬化的已建砌体,均可按砂浆强度为零确定其砌体强度。在施工中很容易产生砂浆强度低于设计强度的现象,应特别注意砂浆配合比和使用水泥的质量,通过试配确定配合比。

水泥石灰混合砂浆和石灰砂浆的强度较低,使用性能较差,故在桥涵工程中主要采用水泥砂浆。对砌体砂浆的基本要求是强度、可塑性和保水性。

(1)砂浆应满足砌体强度、耐久性要求,并具有良好的黏结性能。砂浆的强度应与块材的强度配合,块材强度高则配高强度砂浆,块材强度低则配低强度砂浆。

(2)砂浆的可塑性应保证砂浆在砌筑时容易且均匀地铺开,以提高强度和施工效率。

(3)砂浆保水性好使得在块材上铺设均匀;保水性差易发生离析,使新铺砂浆水分散失或被块材吸收,影响正常硬化,降低砌筑质量。

三、砌体

桥涵工程中常用的砌体种类有：混凝土预制块砌体、片石砌体、块石砌体、粗料石砌体、细料石砌体和半细料石砌体。图 5-42 为常用的几种砌体。桥涵工程中，应根据结构的重要程度、尺寸大小、工程环境、施工条件及材料供应情况综合考虑选用砌体的种类。砌体中的石料和混凝土材料除应符合强度规定外，还应满足抗风化、抗侵蚀、抗冻等特殊要求。

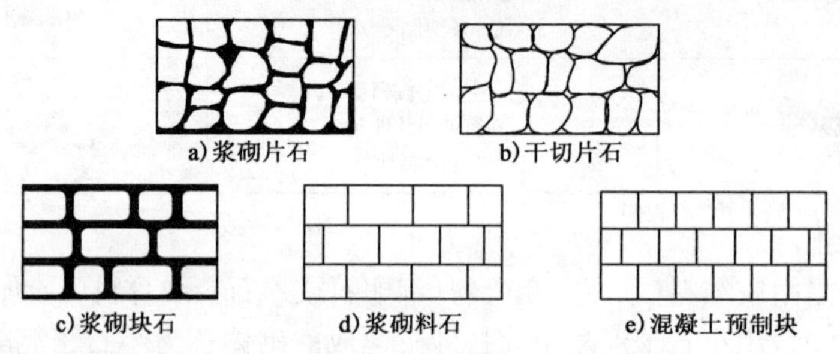

图 5-42　砌体种类

(一)砌体抗压强度

砌体是由块体用砂浆垫平黏结而成，因而它的受压工作与匀质的整体结构构件有很大差别。由于灰缝厚度和密实性的不均匀，以及块体和砂浆交互作用等原因，使块体的抗压强度不能充分发挥，砌体的抗压强度将低于单块块体的抗压强度。具体原因如下：

①砂浆层的非均匀和块体表面的不平整，导致块体处于受弯、受剪和局部受压的复杂应力状态。

②块体横向变形受砂浆影响而增大，砂浆因块体影响而减小，导致砌体中的块体受到横向拉力作用，砂浆处于三向受压。

③竖向灰缝不饱满时，竖向灰缝上的砌块内产生横向拉应力和剪应力集中，加快砌体开裂。

砌体从开始加载到破坏大致经历三个阶段(图 5-43)：

①第Ⅰ阶段：整体工作阶段，即开始加载到个别块材内第一批裂缝出现阶段。此时，如荷载不增加，裂缝也不再发展，荷载约为破坏荷载的 50%～70%。

②第Ⅱ阶段：带裂缝工作阶段，即随荷载继续增大，块材内部裂缝不断发展，并逐渐连接起来形成连续的裂缝。此时，即使荷载不再增加裂缝仍将继续发展，荷载为破坏荷载的 80%～90%。

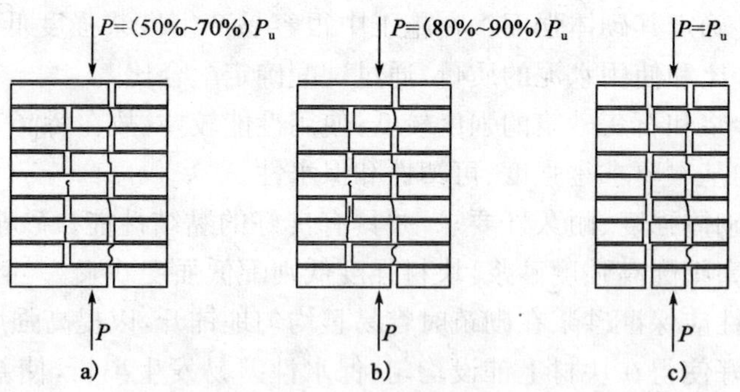

图 5-43　砖砌体受压过程

③第Ⅲ阶段：破坏阶段。当荷载稍微增加，裂缝急剧发展，并连成几条贯通的裂缝，将砌体分成若干小柱，各小柱受力极不均匀，最后由于小柱压碎或失稳导致砌体破坏。

影响砌体抗压强度的因素主要有：

①块体的强度。块体的抗拉、抗剪和抗压等强度对砌体的强度起主要作用。

②块体形状和尺寸。块体的表面平整度和形状影响砌缝厚度变化；块体厚度影响砌体砌缝数量。这些都将影响块体的抗拉、抗剪和抗压受力状态，进而影响砌体强度。

③砂浆的物理力学性能。砂浆的强度等级影响砌体抗压强度和块体的横向变形；同时，砂浆的和易性和保水性对砌体强度也有影响。

④砌缝厚度。砂浆水平砌缝越厚，砌体强度越低。

⑤砌筑质量。

(二)砌体抗拉、抗弯、抗剪强度

砌体的抗拉、抗弯和抗剪强度远低于抗压强度，故应尽可能地使砌体结构用于主要承受压力的结构中。工程中，砌体受拉、受剪和受弯会在挡土墙和拱桥的拱圈等结构中出现。

实践证明，在多数情况下，砌体的受拉、受剪和受弯破坏发生在砂浆与块材的连接面上。因此，砌体的抗拉、抗弯、抗剪强度取决于砌缝间块材与砂浆的黏结强度。块材与砂浆的黏结强度按受力方向可分为两类：一类是作用力平行于砌缝时的切向黏结强度；一类是作用力垂直于砌缝时的法向黏结强度。法向黏结强度不易保证，实际工程中不允许设计成利用法向黏结强度的轴心受拉构件。

1. 轴心受拉强度

在平行于水平砌缝的轴心拉力作用下，砌体的破坏有两种情况：一是砌体沿齿缝截面发生破坏，其强度主要取决于砌缝与块材间的切向黏结强度；二是砌体沿竖向砌缝和块材破坏，其强度主要取决于块材的抗拉强度。另外，当拉力作用方向与水平砌缝垂直时，砌体可能沿通缝截面的破坏，其强度主要取决于砌缝与块材的法向黏结强度。

2. 弯曲抗拉强度

砌体处于弯曲状态时，可能沿通缝截面的破坏，砌体的弯曲抗拉强度主要取决于砂浆与块材间的法向黏结强度。当发生沿齿缝截面的破坏时，其强度主要取决于砌体中块材与砂浆间的切向黏结强度。

3. 抗剪强度

砌体处于受剪状态时，可能沿通缝截面发生受剪破坏，其强度主要取决于砂浆与块材间的切向黏结强度。当发生沿齿缝截面的破坏时，其抗剪强度与块材抗剪强度及块材与砂浆间的切向黏结强度有关。对规则块材，砌体的齿缝抗剪强度取决于块材的抗剪强度，不计灰缝的抗剪作用。

各类砌体的直接抗剪、轴心抗拉及弯曲抗拉强度设计值可从《公路混凝土规范》查得。

四、砌体的计算

(一)受压承载能力计算

1. 砌体受压构件的承载能力计算

受压构件按轴向压力在截面上作用位置的不同，可分为轴向受压、单向偏压和双向偏压；按构件长细比的不同可分为短柱和长柱。为了控制受拉区水平裂缝的过早出现和开展，保证结构的正常使用状态和截面的稳定性，单向和双向偏心受压构件的偏心距 e 应符合表 5-12

的规定。

受压构件偏心距限值　　表 5-12

作用组合	偏心距限值 e	作用组合	偏心距限值 e
基本组合	$\leqslant 0.6s$	偶然组合	$\leqslant 0.7s$

注：1. 混凝土单向偏心受拉边或双向偏心的各受拉边，当设有不小于截面面积 0.05% 的纵向钢筋时，表内规定值可增加 $0.1s$。

2. 表中 s 值为截面或换算截面重心轴至偏心方向截面边缘的距离。

砌体（包括砌体与混凝土组合）受压构件的承载能力应按下式计算：

$$\gamma_0 N_d < \varphi A f_{cd} \tag{5-150}$$

式中：N_d——轴向力设计值；

A——构件截面面积，对于组合截面按强度换算处理（具体规定可查《公路混凝土规范》）；

f_{cd}——砌体或混凝土轴心抗压强度设计值，对组合截面应采用标准层轴心抗压强度设计值；

φ——构件轴向力的偏心距 e 和长细比 β 对受压构件承载力的影响系数。

砌体偏心受压构件承载能力影响系数 φ，按下列公式计算：

$$\varphi = \frac{1}{\dfrac{1}{\varphi_x} + \dfrac{1}{\varphi_y} - 1} \tag{5-151}$$

$$\varphi_x = \frac{1 - \left(\dfrac{e_x}{x}\right)^m}{1 + \left(\dfrac{e_x}{i_y}\right)^2} \cdot \frac{1}{1 + \alpha r_x (r_x - 3)\left[1 + 1.33\left(\dfrac{e_x}{i_y}\right)^2\right]} \tag{5-152}$$

$$\varphi_y = \frac{1 - \left(\dfrac{e_y}{y}\right)^m}{1 + \left(\dfrac{e_y}{i_x}\right)^2} \cdot \frac{1}{1 + \alpha r_y (r_y - 3)\left[1 + 1.33\left(\dfrac{e_y}{i_x}\right)^2\right]} \tag{5-153}$$

式中：φ_x、φ_y——分别为 x 方向和 y 方向偏心受压构件承载力影响系数；

x、y——分别为 x 方向、y 方向截面重心至偏心方向的截面边缘的距离；

e_x、e_y——轴向力在 x 方向、y 方向的偏心距；

m——截面形状系数，对于圆形截面取 2.5；对于 T 形或 U 形截面取 3.5；对于箱形截面或矩形截面（包括两端设有曲线形或圆弧形的矩形墩身截面）取 8.0；

i_x、i_y——弯曲平面内的截面回转半径，$i_x = \sqrt{I_x/A}$、$i_y = \sqrt{I_y/A}$；I_x、I_y 分别为截面绕 x 轴和 y 轴的惯性矩，A 为截面面积，具体取值可查规范；

α——与砂浆强度等级有关的系数，当砂浆强度等级大于或等于 M5 或为组合构件时，α 为 0.002；当砂浆强度等于 0 时，α 为 0.013；

r_x、r_y——构件在 x 方向、y 方向的长细比，当 r_x、r_y 小于 3 时取 3。

计算砌体偏心受压构件承载力的影响系数 φ 时，构件长细比 r_x、r_y 按下列公式计算：

$$r_x = \frac{\gamma_\beta l_0}{3.5 i_y} \tag{5-154}$$

$$r_y = \frac{\gamma_\beta l_0}{3.5 i_x} \tag{5-155}$$

式中：γ_β——不同物体材料构件的长细比修正系数，按表 5-13 的规定采用；

l_0——构件计算长度，按表 5-14 的规定取用；拱的纵、横向计算长度见规范；

i_x、i_y——弯曲平面内的截面回转半径，对于等截面构件，见上述计算；对于变截面构件，可取等代截面的回转半径。

长细比修正系数 表 5-13

砌体材料类别	γ_β	砌体材料类别	γ_β
混凝土预制块或组合构件	1.0	粗料石、块石、片石砌体	1.3
细料石、半细料石砌体	1.1		

构件计算长度 l_0 表 5-14

构件及其两端约束情况		计算长度 l_0
直杆	两端固结	$0.5l$
	一端固定，一端为不移动的铰	$0.7l$
	两端均为不移动的铰	$1.0l$
	一端固定，一端自由	$2.0l$

2.混凝土受压构件的承载能力计算

相对于由块材用砂浆砌筑的砌体，混凝土具有匀质、整体性好的优点。在表 5-12 规定的受压偏心距限值范围内时，混凝土受压构件计算（图 5-44）采用如下公式：

$$\gamma_0 N_d \leqslant \varphi f_{cd} A_c \tag{5-156}$$

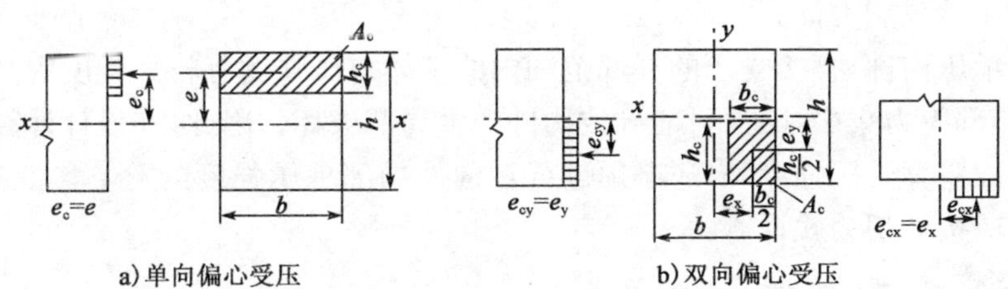

图 5-44 混凝土构件偏心受压

(1)单向偏心受压

变压区高度 h_c 应按下列条件确定（图 5-44a）：

$$e_c = e \tag{5-157}$$

矩形截面的受压承载力可按下式计算：

$$\gamma_0 N_d \leqslant \varphi f_{cd} b(h-2e) \tag{5-158}$$

式中：N_d——轴向力设计值；

φ——弯曲平面内轴心受压构件弯曲系数，按表 5-15 采用；

f_{cd}——混凝土轴心抗压强度设计值；

A_c——混凝土受压区面积；

e_c——受压区混凝土法向应力合力作用点至截面重心的距离；

e——轴向力的偏心距；

b——矩形截面宽度；

h——矩形截面高度。

当构件弯曲平面外长细比大于弯曲平面内长细比时，尚应按轴心受压构件验算其承载力。

混凝土轴心受压构件弯曲系数 表 5-15

l_0/b	<4	4	6	8	10	12	14	16	18	20	22	24	26	28	30
l_0/i	<14	14	21	28	35	42	49	56	63	70	76	83	90	97	104
φ	1.00	0.98	0.96	0.91	0.86	0.82	0.77	0.72	0.68	0.63	0.59	0.55	0.51	0.47	0.44

注：1. l_0 为计算长度，按规范表 5-14 的规定采用；

2. 在计算 l_0/b 或 l_0/i 时，b 或 i 的取值：对于单向偏心受压构件，取弯曲平面内截面高度或回转半径；对于轴心受压构件及双向偏心受压构件，取截面短边尺寸或截面最小回转半径。

(2)双向偏心受压

受压区高度和宽度，应按下列条件确定(图 5-44b)：

$$e_{cy}=e_y \tag{5-159}$$

$$e_{cx}=e_x \tag{5-160}$$

矩形截面的轴心受压承载力可按下列公式计算：

$$\gamma_0 N_d \leqslant \varphi f_{cd}[(h-2e_y)(b-2e_x)] \tag{5-161}$$

式中：φ——轴心受压构件弯曲系数；

e_{cy}——受压区混凝土法向应力合力作用点在 y 轴方向至截面重心距离；

e_{cx}——受压区混凝土法向应力合力作用点在 x 轴方向至截面重心距离；

e_y——轴向力 y 轴方向的偏心距；

e_x——轴向力 x 轴方向的偏心距。

3. 局部受压承载能力计算

对于局部承压构件，直接受压的局部范围内的砌体抗压强度有较大程度提高，但局部受压面积却很小，局部应力集中，因而可能导致构件产生局部破坏。因此，在设计计算受压构件时，除了要按全截面验算受压强度外，还必须进行对构件局部承压强度的验算。混凝土截面局部承压的承载力应按下列公式计算：

$$\gamma_0 N_d \leqslant 0.9\beta A_l f_{cd} \tag{5-162}$$

$$\beta=\sqrt{\frac{A_b}{A_l}} \tag{5-163}$$

式中：N_d——局部承压面积上的轴向力设计值；

β——局部承压强度提高系数；

A_l——局部承压面积；

A_b——局部承压计算底面积，根据底面积重心与局部受压面积重心相重合的原则；

f_{cd}——混凝土轴心抗压强度设计值。

偏心距超过限值情况的计算方法请参考《公路混凝土规范》的相关内容，不再赘述。

(二)受弯、受剪承载能力计算

1. 受弯构件承载能力计算

在弯矩的作用下砌体可能沿通缝截面或齿缝截面产生弯曲受拉而弯曲破坏。对受弯构件正截面的承载力要求截面的受拉边缘最大计算拉应力必须小于弯曲抗拉强度设计值，考虑到结构的安全等级，计入桥梁结构重要性系数，《公桥圬工桥涵设计规范》(JTG D61—2005)规定按下式计算：

$$\gamma_0 M_d \leqslant W f_{tmd} \tag{5-164}$$

式中：M_d——弯矩设计值；

W——截面受拉边缘的弹性抵抗矩；

f_{tmd}——构件受拉边缘的弯曲抗拉强度设计值。

2.受剪构件承载能力计算

砌体构件的试验表明，砌体沿水平向缝的抗剪承载能力为砌体沿通缝的抗剪承载能力及作用在截面上的压力所产生的摩擦力总和。这是由于随着剪力的加大，砂浆产生很大的剪切变形，一层砌体对另一层砌体开始移动，当有压力时，内摩擦力将抵抗滑移。因此，构件正截面通缝直接受剪时，《公桥圬工桥涵设计规范》(JTG D61—2005)规定砌体构件或混凝土构件直接受剪时其承载力按下式计算：

$$\gamma_0 V_d \leqslant A f_{vd} + \frac{1}{1.4}\mu_f N_k \tag{5-165}$$

式中：V_d——剪力设计值；

A——受剪截面面积；

f_{vd}——砌体或混凝土抗剪强度设计值；

μ_f——摩擦系数，采用 $\mu_f=0.7$；

N_k——与受剪截面垂直的压力标准值。

习　题

5-52　下面关于砌体抗压强度正确的说法是(　　)。

A.砌体的抗压强度随砂浆和块体的强度等级的提高按一定比例增加

B.块体的外形越规则、平整，则砌体的抗压强度越高

C.砌体中灰缝越厚，则砌体的抗压强度越高

D.砂浆的变形性能越大，越容易砌筑，砌体的抗压强度越高

5-53　截面尺寸、砂浆和块体强度等级均相同的砌体受压构件，下面说法正确的是(　　)。

①承载力随高厚比的增大而减小；②承载力随偏心距的增大而减小；③承载力与砂浆的强度等级无关；④承载力随相邻横墙间距的增加而增大.

A.①②　　B.①③　　C.①④　　D.②④

5-54　截面尺寸为240mm×370mm的砖砌短柱，轴向压力的偏心距如图所示，其抗压承载力的大小顺序是(　　)。

A　①>②>③>④　　B　③>①>②>④

C　④>②>③>①　　D　①>③>④>②

习题提示及参考答案

5-1　**答案**：B

5-2　**提示**：混凝土一个方向受拉，一个方向受压时，其抗压和抗拉强度均比单轴抗压或抗拉强度低，这是由于异号应力加速变形的发展，使其较快达到极限应变值。

答案：C

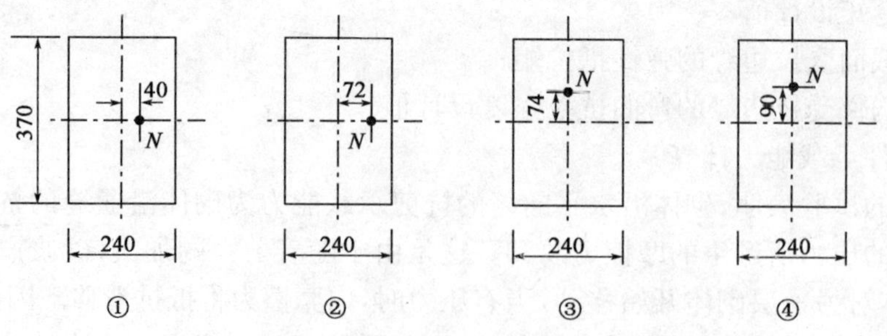

题 5-54 图(尺寸单位:mm)

5-3 **答案**:A

5-4 **提示**:我国规范采用以概率理论为基础的极限状态设计法,并采用多个分项系数(包括结构构件的重要性系数)表达的设计式进行设计。

答案:C

5-5 **提示**:该题为永久荷载效应控制的组合。

$$(1.35\times15+1.4\times0.7\times5)\times16/8=50.3\text{kN}\cdot\text{m}$$

答案:B

5-6 **提示**:结构的使用年限超过设计基准期后,并非立即丧失其使用功能,只是可靠度降低。

答案:B

5-7 **答案**:C

5-8 **答案**:C

5-9 **答案**:A

5-10 **答案**:D

5-11 **答案**:B

5-12 **答案**:A

5-13 **答案**:B

5-14 **答案**:A

5-15 **答案**:A

5-16 **答案**:C

5-17 **答案**:B

5-18 **答案**:C

5-19 **答案**:C

5-20 **答案**:D

5-21 **答案**:C

5-22 **答案**:C

5-23 **答案**:A

5-24 **答案**:A

5-25 **答案**:A

5-26 **答案**:B

5-27 **提示**:相对界限受压区高度:

$$\varepsilon_b=\frac{\beta}{1+f_{sd}/(E_s\varepsilon_u)}=\frac{0.8}{1+300/(2.0\times10^5\times0.0033)}=0.55$$

根据已知条件，

$$\varepsilon=\frac{f_{sd}A_s}{f_0bh_0}=\frac{300\times1256}{9.6\times200\times465}=0.422<\varepsilon_b$$

故不会发生超筋破坏。

配筋率：$\rho=\frac{A_s}{bh_0}=\frac{1256}{200\times465}=1.35\%>\rho_{min}=0.2\%$

也不会发生少筋破坏。

答案：C

5-28 **提示**：只有在适筋情况下，ρ 越大，M_0 越大，但并不是线性关系。

$$M_u=f_{sd}A_s\left(h_0-\frac{x}{2}\right),x=\frac{f_{sd}A_s}{fb}$$

答案：D

5-29 **提示**：界限破坏时受压边缘混凝土的压应变 $\varepsilon_c=\varepsilon_u$，对于适筋梁 $\varepsilon_c\leqslant\varepsilon_u$。

答案：C

5-30 **提示**：此时有三个末知量，而方程只有两个，需补充一个条件，为了充分利用混凝土的抗压强度，取 $\xi=\xi_b$。

答案：A

5-31 **提示**：由剪跨比影响试验 $\frac{V}{f_{cd}bh_0}$ 可知，当 $m>3$ 时斜截面抗剪趋于稳定，剪跨比影响不明显。

答案：D

5-32 **提示**：大偏心受压构件的破坏特征为受拉破坏，类似适筋的双筋梁。对于小偏心受压构件，远离轴向力一侧的钢筋无论是受拉还是受压一般均达不到屈服。

答案：A

5-33 **提示**：为了满足破坏时受压区钢筋等于其抗压强度设计值的假定，混凝土受压区高度 x 应不小于 $2a'_s$。

答案：A

5-34 **提示**：对称配筋时，$N_b=f_{cd}bh_0\xi$，而 ξ 只与材料的力学性能有关。

答案：C

5-35 **提示**：由公式

$$V=\frac{1.75}{m+1}f_{td}bh_0+0.07N$$

当 $N>0.3f_{cd}A$ 时，取 $N=0.3f_{cd}A$。

答案：C

5-36 **答案**：D

5-37 **答案**：D

5-38 **答案**：A

5-39 **答案**：B

5-40 **提示**：增加受拉钢筋截面面积，不仅可以降低裂缝截面的钢筋应力，同时也可提高钢筋与混凝土之间的黏结力,这对减小裂缝宽度十分有效。

答案:C

5-41 提示:弯矩越大,截面的抗弯刚度越小,最大弯矩截面处的刚度,即为最小刚度。

答案:C

5-42 答案:A

5-43 答案:B

5-44 答案:A

5-45 提示:对于后张法预应力混凝土构件,施工阶段采用净截面面积 A_n(预应力钢筋与混凝土之间无黏结)。使用阶段则采用换算截面面积 A_0,有

$N_{pe\,II}=(\sigma_{con}-\sigma_l)A_n$,$N_0=(\sigma_{con}-\sigma_l)A_0$

答案:B

5-46 答案:D

5-47 答案:D

5-48 答案:A

5-49 答案:C

5-50 答案:A

5-51 答案:B

5-52 提示:砖的形状的规则程度显著影响砌体的强度。形状不规则,表面不平整,更可能引起较大的附加弯曲应力而使砖过早断裂。

答案:B

5-53 提示:计算公式中的 φ 是高厚比和偏心距对受压构件承载力的影响系数,同时与砂浆的强度等级有关。

答案:A

5-54 提示:抗压承载力 e/h 成反比,其中 e 为偏心距,h 为偏心方向的截面尺寸。①、②、③、④的 e/h 分别为 0.17、0.3、0.2、0.24。

答案:D

第六章　职业法规

复习指导

根据考试大纲要求，我国有关工程基本建设的法律法规，主要考道路工程师是否掌握与设计相关的法律和法规内容。考生应紧扣大纲内容，参考相关注册考试有关法规试题和本章所附的练习题，突出重点，重点复习和掌握：法的形式和各自的优先级；公路法中对规划和用地要求；建筑法中许可制度和设计资质与责任；合同法中的强制性规定；招标投标法中的强制性限定或废标情况；安全生产法和建设工程安全生产条例中的从业人员权利和义务以及承担的违法责任；建设工程质量管理条例中设计质量不得低于强制性标准和设计师应对设计承担责任；建设工程勘察设计管理条例中注册的规定和设计任务的发包承包。

根据基础考试命题的特点，复习时不要偏重难度大，过于繁杂的知识，而应注重"基本"知识的理解和记忆，掌握"基本"的概念和应用。法律法规的规定要通过生活或实际工程事例加深对概念和规定的理解，例如合同法中规定，只有违反法律和行政法规强制性规定的合同才无效，如果没有违反强制性规定即使是违法的合同可能还有效或是可撤销合同。通过事例不仅可以加深记忆，也可达到事半功倍的效果。

第一节　我国有关工程基本建设的法律法规概述

一、法的形式

法的形式是指法的存在和表现形式，即国家制定和认可的法律规范的各种表现形式，主要有下列形式和具体优先级：

1. 宪法

宪法是我国的最高法律形式，是国家的根本大法。它所规定的是关于国家生活中最根本的问题。宪法具有最高的法律效力，是一般法律的立法基础。宪法的制定和修改要经过特定的程序，宪法的制定和修改只能由全国人民代表大会进行，且须经全国人民代表大会全体代表三分之二以上的人数通过。

2. 法律

法律的制定机关是全国人民代表大会及其常务委员会。全国人民代表大会可以制定和修改刑事、民事、国家机构的和其他的基本法律。全国人民代表大会常委会可以制定除应由全国人民代表大会制定的法律以外的其他法律。

3. 行政法规

行政法规是由国务院制定，是次于宪法和法律的一种法律形式。国务院是国家最高权力机关的执行机关，有权根据宪法和法律，规定行政措施，制定行政法规。它所发布的决议和命令，对在全国范围内贯彻执行宪法和法律，完成国家的组织和管理活动具有重要的作用。

4.部门规章

国务院所属机构，包括各部、各委员会制定的规范性的文件，也是我国法律形式之一。但这些规范性的文件只能在制定和颁布的部、委管辖的业务范围内产生法律效力。

5.地方法规

在不与宪法、法律、行政法规相抵触的前提下，省、自治区、直辖市及有立法权的城市的人民代表大会及其常委会，可以制定并发布地方性法规。这些规范性文件也是我国法的形式之一。

6.地方规章

地方规章是省、自治区、直辖市以及省会(自治区首府)城市和经国务院批准较大城市的人民政府，根据法律和国务院的行政法规，制定并颁布的规范性文件。地方规章也是我国法的形式之一。

7.国际条约

我国与各国签订的国际条约也是我国的法律形式之一。国际条约是指国家之间，就相互交往中的权利与义务关系所达成的各种书面形式的协议。我国同外国签订的条约生效后，对国内的社会组织、公民也具有普遍约束力，因此也是我国法的形式之一，其法律优先级相当于法律。

二、法律法规体系中的优先级

根据《中华人民共和国立法法》(2015 年)87～89 条的规定：宪法＞法律＞行政法规＞地方法规、部门规章、地方规章；地方法规＞地方规章；规章＞政策性文件。

地方法规和地方规章与部门规章之间的优先级一样，不存在地方高于部门或者部门高于地方的情况。《中华人民共和国立法法》(2015 年)第 95 条规定“地方性法规、规章之间不一致时，由有关机关依照下列规定的权限做出裁决”：

(1)同一机关制定的新的一般规定与旧的特别规定不一致时，由制定机关裁决。

(2)地方性法规与部门规章之间对同一事项的规定不一致，不能确定如何适用时，由国务院提出意见，国务院认为应当适用地方性法规的，应当决定在该地方适用地方性法规的规定；认为应当适用部门规章的，应当提请全国人民代表大会常务委员会裁决；

(3)部门规章之间、部门规章与地方政府规章之间对同一事项的规定不一致时，由国务院裁决。

根据授权制定的法规与法律规定不一致，不能确定如何适用时，由全国人民代表大会常务委员会裁决。

第二节 《中华人民共和国公路法》的相关内容

1997 年 7 月 3 日第八届全国人民代表大会常务委员会第二十六次会议通过，1999 年 10 月 31 日第九届全国人民代表大会常务委员会第十二次会议第一次修正；2004 年 8 月 28 日第十届全国人民代表大会常务委员会第十一次会议第二次修正。

一、《公路法》第一章中的条款

第一条 为了加强公路的建设和管理，促进公路事业的发展，适应社会主义现代化建设和人民生活的需要，制定本法。

第二条　在中华人民共和国境内从事公路的规划、建设、养护、经营、使用和管理，适用本法。本法所称公路，包括公路桥梁、公路隧道和公路渡口。

第三条　公路的发展应当遵循全面规划、合理布局、确保质量、保障畅通、保护环境、建设改造与养护并重的原则。

第四条　各级人民政府应当采取有力措施，扶持、促进公路建设。公路建设应当纳入国民经济和社会发展计划。国家鼓励、引导国内外经济组织依法投资建设、经营公路。

第五条　国家帮助和扶持少数民族地区、边远地区和贫困地区发展公路建设。

第六条　公路按其在公路路网中的地位分为国道、省道、县道和乡道，并按技术等级分为高速公路、一级公路、二级公路、三级公路和四级公路。具体划分标准由国务院交通主管部门规定。新建公路应当符合技术等级的要求。原有不符合最低技术等级要求的等外公路，应当采取措施，逐步改造为符合技术等级要求的公路。

第七条　公路受国家保护，任何单位和个人不得破坏、损坏或者非法占用公路、公路用地及公路附属设施。

任何单位和个人都有爱护公路、公路用地及公路附属设施的义务，有权检举和控告破坏、损坏公路、公路用地、公路附属设施和影响公路安全的行为。

二、《公路法》第二章“公路规划”中的具体规定

有关“公路规划”的具体条款如下：

第十二条　公路规划应当根据国民经济和社会发展以及国防建设的需要编制，与城市建设发展规划和其他方式的交通运输发展规划相协调。

第十三条　公路建设用地规划应当符合土地利用总体规划，当年建设用地应当纳入年度建设用地计划。

第十四条　国道规划由国务院交通主管部门会同国务院有关部门并商国道沿线省自治区、直辖市人民政府编制，报国务院批准。

省道规划由省自治区、直辖市人民政府交通主管部门会同同级有关部门并商省道沿线下一级人民政府编制，报省自治区、直辖市人民政府批准，并报国务院交通主管部门备案。县道规划由县级人民政府交通主管部门会同同级有关部门编制，经本级人民政府审定后，报上一级人民政府批准。

乡道规划由县级人民政府交通主管部门协助乡、民族乡、镇人民政府编制，报县级人民政府批准。依照第三款、第四款规定批准的县道、乡道规划，应当报批准机关的上一级人民政府交通主管部门备案。（编者注：归纳为“各级规划由本级政府的交通主管部门会同同级有关部门并商下一级政府编制，报本级人民政府批准；报上一级本级人民政府备案。例外是县道规划”

省道规划应当与国道规划相协调。县道规划应当与省道规划相协调。乡道规划应当与县道规划相协调。（编者注：归纳为“下一级规划应当与上一级规划相协调”）

第十五条　专用公路规划由专用公路的主管单位编制，经其上级主管部门审定后，报县级以上人民政府交通主管部门审核。

专用公路规划应当与公路规划相协调。县级以上人民政府交通主管部门发现专用公路规划与国道、省道、县道、乡道规划有不协调的地方，应当提出修改意见，专用公路主管部门和单

位应当做出相应的修改。

第十六条　国道规划的局部调整由原编制机关决定。

国道规划需要作重大修改的，由原编制机关提出修改方案，报国务院批准。

经批准的省道、县道、乡道公路规划需要修改的，由原编制机关提出修改方案，报原批准机关批准。

第十七条　国道的命名和编号，由国务院交通主管部门确定；省道、县道、乡道的命名和编号，由省、自治区、直辖市人民政府交通主管部门按照国务院交通主管部门的有关规定确定。

第十八条　规划和新建村镇、开发区，应当与公路保持规定的距离并避免在公路两侧对应进行，防止造成公路街道化，影响公路的运行安全与畅通。

第十九条　国家鼓励专用公路用于社会公共运输。专用公路主要用于社会公共运输时，由专用公路的主管单位申请，或者由有关方面申请，专用公路的主管单位同意，并经省、自治区、直辖市人民政府交通主管部门批准，可以改划为省道、县道或者乡道。

三、《公路法》第三章"公路建设"中的具体规定

有关"公路建设"的具体条款如下：

第二十条　县级以上人民政府交通主管部门应当依据职责维护公路建设秩序，加强对公路建设的监督管理。

第二十一条　筹集公路建设资金，除各级人民政府的财政拨款，包括依法征税筹集的公路建设专项资金转为的财政拨款外，可以依法向国内外金融机构或者外国政府贷款。国家鼓励国内外经济组织对公路建设进行投资。开发、经营公路的公司可以依照法律、行政法规的规定发行股票、公司债券筹集资金。

依照本法规定出让公路收费权的收入必须用于公路建设。

向企业和个人集资建设公路，必须根据需要与可能，坚持自愿原则，不得强行摊派，并符合国务院的有关规定。

公路建设资金还可以采取符合法律或者国务院规定的其他方式筹集。

第二十二条　公路建设应当按照国家规定的基本建设程序和有关规定进行。

第二十三条　公路建设项目应当按照国家有关规定实行法人负责制度、招标投标制度和工程监理制度。

第二十四条　公路建设单位应当根据公路建设工程的特点和技术要求，选择具有相应资格的勘察设计单位、施工单位和工程监理单位，并依照有关法律、法规、规章的规定和公路工程技术标准的要求，分别签订合同，明确双方的权利义务。

承担公路建设项目的可行性研究单位、勘察设计单位、施工单位和工程监理单位，必须持有国家规定的资质证书。

第二十五条　公路建设项目的施工，须按国务院交通主管部门的规定报请县级以上地方人民政府交通主管部门批准。

第二十六条　公路建设必须符合公路工程技术标准。

承担公路建设项目的设计单位、施工单位和工程监理单位，应当按照国家有关规定建立健全质量保证体系，落实岗位责任制，并依照有关法律、法规、规章以及公路工程技术标准的要求和合同约定进行设计、施工和监理，保证公路工程质量。

第二十七条　公路建设使用土地依照有关法律、行政法规的规定办理。

公路建设应当贯彻切实保护耕地、节约用地的原则。

第二十八条　公路建设需要使用国有荒山、荒地或者需要在国有荒山、荒地、河滩、滩涂上挖砂、采石、取土的，依照有关法律、行政法规的规定办理后，任何单位和个人不得阻挠或者非法收取费用。

第二十九条　地方各级人民政府对公路建设依法使用土地和搬迁居民，应当给予支持和协助。

第三十条　公路建设项目的设计和施工，应当符合依法保护环境、保护文物古迹和防止水土流失的要求。

公路规划中贯彻国防要求的公路建设项目，应当严格按照规划进行建设，以保证国防交通的需要。

第三十一条　因建设公路影响铁路、水利、电力、邮电设施和其他设施正常使用时，公路建设单位应当事先征得有关部门的同意；因公路建设对有关设施造成损坏的，公路建设单位应当按照不低于该设施原有的技术标准予以修复，或者给予相应的经济补偿。

第三十二条　改建公路时，施工单位应当在施工路段两端设置明显的施工标志、安全标志。需要车辆绕行的，应当在绕行路口设置标志；不能绕行的，必须修建临时道路，保证车辆和行人通行。

第三十三条　公路建设项目和公路修复项目竣工后，应当按照国家有关规定进行验收；未经验收或者验收不合格的，不得交付使用。

建成的公路，应当按照国务院交通主管部门的规定设置明显的标志、标线。

第三十四条　县级以上地方人民政府应当确定公路两侧边沟（截水沟、坡脚护坡道，下同）外缘起不少于一米的公路用地。

第三节　《中华人民共和国建筑法》的相关内容

《中华人民共和国建筑法》（以下简称《建筑法》）于 1997 年 11 月 1 日第八届全国人民代表大会常务委员会第二十八次会议通过，自 1998 年 3 月 1 日起施行；2011 年 4 月 22 日第十一届全国人民代表大会常务委员会第二十次会议修正。《建筑法》是一部规范建筑活动的重要法律，立法的主要目的在于：加强对建筑活动的监督管理，维护建筑市场秩序，保障建筑工程的质量和安全，促进建筑业健康发展。《建筑法》共有八章八十五条，以规范建筑市场行为为起点，以建筑工程质量和安全为主线，主要设置了总则、建筑许可、建筑工程发包与承包、建筑工程监理、建筑安全生产管理、建筑工程质量管理、法律责任、附则等内容。

一、建筑施工许可的主要内容

1. 建筑施工许可的概念

许可是指行政机关根据个人、组织的申请，依法准许个人、组织从事某种活动的行政行为，通常是通过授予书面证书形式赋予个人、组织以某种权利能力，或确认具备某种资格。

建筑施工许可是指建设行政主管部门根据建设单位和从事建筑活动的单位、个人的申请，依法准许建设单位开工或确认单位、个人具备从事建筑活动资格的行政行为。

根据《建筑法》第二章的规定，建筑许可包括三种制度，即：建筑工程施工许可制度、从事建筑活动单位资质制度、个人资格制度。建筑工程施工许可制度是指建设行政主管部门根据建设单位的申请，依法对建筑工程是否具备施工条件进行审查，符合条件者，准许该建筑工程开始施工并颁发施工许可证的一种制度。从事建筑活动的单位资质制度是指建设行政主管部门对从事建筑活动的建筑施工企业、勘察单位、设计单位和工程监理单位为人员素质、管理水平、资金数量、业务能力等进行审查，以确定其承担任务的范围，并发给相应的资质证书的一种制度。从事建筑活动的个人资格制度是指建设行政主管部门及有关部门对从事建筑活动的专业技术人员，依法进行考试和注册，并颁发执业资格证书的一种制度。

2. 从业单位的条件

建筑活动不同于一般的经济活动，从业单位条件的高低直接影响建筑工程质量和建筑安全生产，因此，从事建筑活动的单位必须有严格的法律条件。根据《建筑法》第十二条的规定，从事建筑活动的建筑施工企业、勘察单位、设计单位和工程监理单位应当具备四个方面的条件：

(1)有符合国家规定的注册资本。注册资本反映的是企业法人的财产权，也是判断企业经济力量的依据之一。从事经营活动的企业组织，都必须具备基本的责任能力，能够承担与其经营活动相适应的财产义务，这既是法律权利与义务相一致、利益与风险相一致原则的反映，也是保护债权人利益的需要，因此，建筑施工企业、勘察单位、设计单位和工程监理单位的注册资本必须适应从事建筑活动的需要，不得低于最低限额。注册资本由国家规定，既可以由全国人大及其常委会通过制定法律来规定，也可以由国务院或国务院建设行政主管部门来规定。

(2)有与其从事的建筑活动相适应的具有法定执业资格的专业技术人员。建筑活动具有技术密集的特点，因此，从事建筑活动的建筑施工企业、勘察单位、设计单位和工程监理单位必须有足够的专业技术人员。如建筑施工企业不仅要有工程技术人员，而且要有经济、会计、统计等管理人员。设计单位不仅要有建筑师，还需要有结构、水、电等方面的工程师。建筑活动是一种涉及公民生命和财产安全的一种特殊活动，因此，从事建筑活动的专业技术人员还必须有法定执业资格。这种法定执业资格必须依法通过考试和注册才能取得。如工程设计文件必须由注册建筑师签字才能生效。建筑工程的规模和复杂程度各不相同，因此，建筑活动所要求的专业技术人员的级别和数量也不同，建筑施工企业、勘察单位、设计单位和工程监理单位必须有与其从事的建筑活动相适应的专业技术人员。

(3)有从事相关建筑活动所应有的技术装备。建筑活动具有专业性、技术性强的特点，没有相应的技术装备则无法进行。如从事建筑施工活动，必须有相应的施工机械设备与质量检验测试手段；从事勘察设计活动，必须有相应的勘察仪具设备和设计机具仪器。因此，从事建筑活动的建筑施工企业、勘察单位、设计单位和工程监理单位必须有从事相关建筑活动所应有的技术装备。没有相应技术装备的单位，不得从事建筑活动。

(4)法律、行政法规规定的其他条件。建筑施工企业、勘察单位、设计单位和工程监理单位除了应具备从事建筑活动所必需的注册资本、专业技术人员和技术装备外，还须具备从事经营活动所应具备的其他条件。如按照《中华人民共和国民法通则》第三十七条规定，法人应当有自己的名称、组织机构和场所。按照《中华人民共和国公司法》规定，设立从事建筑活动的有限责任公司和股份有限公司，股东或发起人必须符合法定人数；股东或发起人共同制定公司章程(股份有限公司的章程还须经创立大会通过)；有公司名称，建立符合要求的组织机构；有固定的生产经营场所和必要的生产经营条件。

3. 从业单位资质审查

《建筑法》第十三条对从事建筑活动的建筑施工、勘察单位、设计单位和工程监理单位进行资质审查做出了明确规定，从法律上确立了从业单位资质审查制度。

资质审查是指从事建筑活动的建筑施工企业、勘察单位、设计单位和工程监理单位，均须经过建设行政主管部门对其拥有的注册资本、专业技术人员、技术装备和已完成的建筑工程业绩、管理水平等进行审查，以确定其承担任务的范围，并发给相应的资质证书，并须在其资质等级许可的范围内从事建筑活动。

4. 专业技术人员执业资格

《建筑法》第十四条对从事建筑活动的专业技术人员实行执业资格制度做出了明确规定。

执业资格制度是指对具备一定专业学历的从事建筑活动的专业技术人员，通过考试和注册确定其执业的技术资格，获得相应建筑工程文件签字权的一种制度。

对从事建筑活动的专业技术人员实行执业资格制度非常必要。一是深化我国建筑工程管理体制改革的需要。以往由于专业技术人员的责、权、利不明确，常常出现高资质单位承接的业务，由低水平的专业技术人员来完成的现象，影响了建筑工程质量和投资效益的提高，实行专业技术人员执业资格制度，可以保证建筑工程由具有相应资格的专业技术人员主持完成设计、施工、监理任务。二是我国工程建设领域与国际惯例接轨，适应对外开放的需要。随着我国对外开放的不断扩大，我国的专业技术人员走向世界，其他国家和地区的专业技术人员希望进入中国建筑市场，建立专业技术人员执业资格制度有利于对等互认和加强管理。三是加速人才培养，提高专业技术人员业务水平和队伍素质的需要。执业资格制度有一套严格的考试和注册办法以及继续教育的要求，这种激励机制有利于促进建筑工程质量、专业技术人员水平和从业能力的不断提高。

目前，我国建筑工程的执业人员主要包括：注册建筑师、注册结构工程师、注册监理工程师、注册工程造价师、注册建造师以及法律、法规规定的其他人员。

二、《建筑法》关于建筑工程发承包的主要内容

1. 禁止肢解工程发包的有关规定

《建筑法》第二十四条规定：提倡对建筑工程实行总承包，禁止将建筑工程肢解发包。建筑工程的发包单位可以将建筑工程的勘察、设计、施工、设备采购一并发包给一个工程总承包单位，也可以将建筑工程勘察、设计、施工、设备采购的一项或者多项发包给一个工程总承包单位；但是，不得将应当由一个承包单位完成的建筑工程肢解成若干部分发包给几个承包单位。

2. 承揽工程的有关规定

(1)承包建筑工程的单位应当持有依法取得的资质证书，并在其资质等级许可的业务范围内承揽工程。禁止建筑施工企业超越本企业资质等级许可的业务范围或者以任何形式用其他建筑施工企业的名义承揽工程。禁止建筑施工企业以任何形式允许其他单位或者个人使用本企业的资质证书、营业执照，以本企业的名义承揽工程。

(2)大型建筑工程或者结构复杂的建筑工程，可以由两个以上的承包单位联合共同承包。共同承包的各方对承包合同的履行承担连带责任。两个以上不同资质等级的单位实行联合共同承包的，应当按照资质等级低的单位的业务许可范围承揽工程。

3. 分包的有关规定

(1)禁止承包单位将其承包的全部建筑工程转包给他人，禁止承包单位将其承包的全部建筑工程肢解以后以分包的名义分别转包给他人。

(2)建筑工程总承包单位可以将承包工程中的部分工程发包给具有相应资质条件的分包

单位；但是，除总承包合同中约定的分包外，必须经建设单位认可。施工总承包的，建筑工程主体结构的施工必须由总承包单位自行完成。建筑工程总承包单位按照总承包合同的约定对建设单位负责；分包单位按照分包合同的约定对总承包单位负责。总承包单位和分包单位就分包工程对建设单位承担连带责任。

禁止总承包单位将工程分包给不具备相应资质条件的单位。禁止分包单位将其承包的工程再分包。

三、《建筑法》关于勘察设计单位法律责任的规定

《建筑法》中对勘察设计单位违反本法应承担的法律责任做出了相关规定，具体条款如下：

第六十五条　发包单位将工程发包给不具有相应资质条件的承包单位的，或者违反本法规定将建筑工程肢解发包的，责令改正，处以罚款。超越本单位资质等级承揽工程的，责令停止违法行为，处以罚款，可以责令停业整顿，降低资质等级；情节严重的，吊销资质证书；有违法所得的，予以没收。未取得资质证书承揽工程的，予以取缔，并处罚款；有违法所得的，予以没收。以欺骗手段取得资质证书的，吊销资质证书，处以罚款；构成犯罪的，依法追究刑事责任。

第六十七条　承包单位将承包的工程转包的，或者违反本法规定进行分包的，责令改正，没收违法所得，并处罚款，可以责令停业整顿，降低资质等级；情节严重的，吊销资质证书。承包单位有前款规定的违法行为的，对因转包工程或者违法分包的工程不符合规定的质量标准造成的损失，与接受转包或者分包的单位承担连带赔偿责任。

第六十八条　在工程发包与承包中索贿、受贿、行贿，构成犯罪的，依法追究刑事责任；不构成犯罪的，分别处以罚款，没收贿赂的财物，对直接负责的主管人员和其他直接责任人员给予处分。对在工程承包中行贿的承包单位，除依照前款规定处罚外，可以责令停业整顿，降低资质等级或者吊销资质证书。

第七十三条　建筑设计单位不按照建筑工程质量、安全标准进行设计的，责令改正，处以罚款；造成工程质量事故的，责令停业整顿，降低资质等级或者吊销资质证书，没收违法所得，并处罚款；造成损失的，承担赔偿责任；构成犯罪的，依法追究刑事责任。

第四节　《中华人民共和国森林法》的相关内容

《中华人民共和国森林法》于 1984 年 9 月 20 日第六届全国人民代表大会常务委员会第七次会议通过，1998 年 4 月 29 日第九届全国人民代表大会常务委员会第二次会议进行修正，1998 年 7 月 1 日起施行。2009 年 8 月 27 日第十一届全国人民代表大会常务委员会第十次会议第二次修正。

主要关注以下条款：

第十八条　进行勘查、开采矿藏和各项建设工程，应当不占或者少占林地；必须占用或者征用林地的，经县级以上人民政府林业主管部门审核同意后，依照有关土地管理的法律、行政法规办理建设用地审批手续，并由用地单位依照国务院有关规定缴纳森林植被恢复费。森林植被恢复费专款专用，由林业主管部门依照有关规定统一安排植树造林，恢复森林植被，植树造林面积不得少于因占用、征用林地而减少的森林植被面积。上级林业主管部门应当定期督促、检查下级林业主管部门组织植树造林、恢复森林植被的情况。

任何单位和个人不得挪用森林植被恢复费。县级以上人民政府审计机关应当加强对森林

植被恢复费使用情况的监督。

第二十三条　禁止毁林开垦和毁林采石、采砂、采土以及其他毁林行为。

第四十条　违反本法规定，非法采伐、毁坏珍贵树木的，依法追究刑事责任。

第四十四条　违反本法规定，进行开垦、采石、采砂、采土、采种、采脂和其他活动，致使森林、林木受到毁坏的，依法赔偿损失；由林业主管部门责令停止违法行为，补种毁坏株数一倍以上三倍以下的树木，可以处毁坏林木价值一倍以上五倍以下的罚款。

第五节　《中华人民共和国合同法》的相关内容

1999年3月15日第九届全国人民代表大会第二次会议通过，现予公布，自1999年10月1日起施行。

一、合同的有关概念

1.合同的概念

合同是平等主体的自然人、法人、其他组织之间设立、变更、终止民事权利义务关系的协议。

民法中的合同有广义和狭义之分。广义的合同是指两个以上的民事主体之间设立、变更、终止民事权利义务关系的协议；狭义的合同是指债权合同，即两个以上的民事主体之间设立、变更、终止债权关系的协议。广义的合同除了民法中债权合同之外，还包括物权合同、身份合同，以及行政法中的行政合同和劳动法中的劳动合同等。《中华人民共和国合同法》(以下简称《合同法》)中所称的合同是指狭义上的合同。此外，《合同法》第二条第二款还明确规定，“婚姻、收养、监护等有关身份关系的协议，适用其他法律的规定”。

《合同法》第十二条规定：“合同的内容由当事人约定，一般包括以下条款：(一)当事人的名称或者姓名和住所；(二)标的；(三)数量；(四)质量；(五)价款或者报酬；(六)履行期限、地点和方式；(七)违约责任；(八)解决争议的方法。”

2.合同无效的概念

合同无效，是指虽经合同当事人协商订立，但因其不具备或违反了法定条件，法律规定不承认其效力的合同，即合同不受法律保护。

《合同法》第五十二条规定：有下列情形之一的，合同无效：

(1)一方以欺诈、胁迫的手段订立合同，损害国家利益。

(2)恶意串通，损害国家、集体或者第三人利益。

(3)以合法形式掩盖非法目的。

(4)损害社会公共利益。

(5)违反法律、行政法规的强制性规定。

3.可变更或可撤销合同

《合同法》第五十四条规定：下列合同，当事人一方有权请人民法院或者仲裁机构变更或者撤销：

(1)因重大误解订立的。

(2)在订立合同时显失公平的。

一方以欺诈、胁迫的手段或者乘人之危，使对方在违背真实意思的情况下订立的合同，受损害方有权请求人民法院或者仲裁机构变更或者撤销。

重大误解，是指当事人一方因自己的过失导致对合同的内容等发生重大误解而订立合同的行为。

显失公平，是当事人一方处于紧迫或者缺乏经验的情况下而订立明显对自身重大不利的合同的行为。

4. 合同条款缺陷的处理

合同条款缺陷(或空缺)，是指合同生效后，当事人对合同条款约定有缺陷。

《合同法》第六十一条规定："合同生效后，当事人就质量、价款或者报酬、履行地点等内容没有约定或者约定不明确的，可以协议补充；不能达成补充协议的，按照合同有关条款或者交易习惯确定。"

《合同法》第六十二条规定："当事人就有关合同内容约定不明确，依照本法第六十一条的规定仍不能确定的，适用下列规定：

(一)质量要求不明确的，按照国家标准、行业标准执行；没有国家标准、行业标准的，按照通常标准或者符合合同目的的特定标准履行。

(二)价款或者报酬不明确的，按照订立合同时履行地市场价格履行；依法应当执行政府定价或者政府指导价的，按照规定履行。

(三)履行地点不明确，给付货币的，在接受货币一方所在地履行；交付不动产的，在不动产所在地履行；其他标的，在履行义务一方所在地履行。

(四)履行期限不明确的，债务人可以随时履行，债权人也可以随时要求履行，但应当给对方必要的准备时间。

(五)履行方式不明确的，按照有利于实现合同目的的方式履行。

(六)履行费用的负担不明确的，由履行义务一方负担。"

《合同法》第六十三条规定："执行政府定价或者政府指导价的，在合同约定的交付期限内政府价格调整时，按照交付时的价格计价。逾期交付标的物的，遇价格上涨时，按照原价格执行，价格下降时，按照新价格执行。逾期提取标的物或者逾期付款的，遇价格上涨时，按照新价格执行，价格下降时，按照原价格执行。"

5. 效力待定合同的概念

效力待定合同，是指合同一方当事人签订的合同，已经成立，但因其不完全符合有关合同生效要件的规定，其法律效力能否发生，尚未确定，一般须经有权人表示承认方能生效的合同。

(1)限制民事行为能力人订立的合同，经法定代理人追认后，该合同有效，但纯获利益的合同或者与其年龄、智力、精神健康状况相适应而订立的合同，不必经法定代理人追认。

(2)行为人没有代理权、超越代理权限范围代理或者代理权终止后仍以被代理人的名义订立的合同，属于效力待定的合同。

无权代理人代订的合同对被代理人不发生效力，未经被代理人追认，对被代理人不发生效力，由行为人承担责任；行为人没有代理权、超越代理权或者代理权终止后以被代理人名义订立合同，相对人有正当理由相信行为人有代理权的，该代理行为有效(注：表见代理是有效代理)。

(3)法定代表人、负责人依法享有相应的权利订立的合同是有效的；只有在相对人知道或者应当知道法定代表人、负责人超越权限时，才属无效。

(4)无处分权的人处分他人的财产，经权利人追认或者无处分权的人订立合同后取得处分

权的，该合同有效。（注：无处分权人处理他人财产的，其合同效力待定）

6.合同转让的概念

合同转让，是指合同成立后，当事人依法可以将合同中的全部权利、部分权利或者合同中的全部义务、部分义务转让或转移给第三人的法律行为。合同转让分为权利转让和义务转移，《合同法》还规定了当事人将权利和义务一并转让时适用的法律条款。

1)债权人转让权利

债权转让，是指合同债权人通过协议将其债权全部或者部分转让给第三人的行为。债权转让又称债权让与或合同权利的转让。

《合同法》第七十九条规定："债权人可以将合同的权利全部或者部分转让给第三人，但是下列情形之一的除外：根据合同性质不得转让；按照当事人约定不得转让；依照法律规定不得转让。"

《合同法》第八十条规定："债权人转让权利的，应当通知债务人。未经通知，该转让对债务人不发生效力。债权人转让权利的通知不得撤销，但经受让人同意的除外。"

2)债务人转移义务

债务转移，是指合同债务人与第三人之间达成协议，并经债权人同意，将其义务全部或部分转移给第三人的法律行为。债务转移又称债务承担或合同义务转让。

《合同法》第八十四条规定："债务人将合同的义务全部或者部分转移给第三人的，应当经债权人同意。"

3)合同当事人对合同中权利和义务的概括转让

债权、债务概括转让是指合同当事人一方将其债权债务一并转移给第三人，由第三人概括地接受原当事人的债权和债务的法律行为。

债权债务概括转让的法律规定《合同法》第八十八条规定："当事人一方经对方同意，可以将自己在合同中的权利和义务一并转让给第三人。"

《合同法》第九十条规定："当事人订立合同后合并的，由合并后的法人或者其他组织行使合同权利，履行合同义务。当事人订立合同后分立的，除债权人和债务人另有约定的以外，由分立的法人或者其他组织对合同的权利和义务享有连带债权，承担连带债务。"

7.合同终止的概念

合同终止是指因某种原因而引起的合同权利义务客观上不复存在。

《合同法》第九十一条规定，导致合同终止的原因主要有：

(1)债务已经按照约定履行。

(2)合同解除。

(3)债务相互抵销。

(4)债务人依法将标的物提存。

(5)债权人免除债务。

(6)债权债务同归于一人。

(7)法律规定或者当事人约定终止的其他情形。

二、《合同法》对建设工程合同的具体规定

《合同法》对建设工程合同的具体规定在其第十六章中休现，具体条款如下：

第二百六十九条建设工程合同是承包人进行工程建设，发包人支付价款的合同。建设工

程合同包括工程勘察、设计、施工合同。

第二百七十条　建设工程合同应当采用书面形式。

第二百七十一条　建设工程的招标投标活动，应当依照有关法律的规定公开、公平、公正进行。

第二百七十二条　发包人可以与总承包人订立建设工程合同，也可以分别与勘察人、设计人、施工人订立勘察、设计、施工承包合同。发包人不得将应当由一个承包人完成的建设工程肢解成若干部分发包给几个承包人。

总承包人或者勘察、设计、施工承包人经发包人同意，可以将自己承包的部分工作交由第三人完成。第三人就其完成的工作成果与总承包人或者勘察、设计、施工承包人向发包人承担连带责任。承包人不得将其承包的全部建设工程转包给第三人或者将其承包的全部建设工程肢解以后以分包的名义分别转包给第三人。

禁止承包人将工程分包给不具备相应资质条件的单位。禁止分包单位将其承包的工程再分包，建设工程主体结构的施工必须由承包人自行完成。

第二百七十三条　国家重大建设工程合同，应当按照国家规定的程序和国家批准的投资计划、可行性研究报告等文件订立。

第二百七十四条　勘察、设计合同的内容包括提交有关基础资料和文件（包括概预算）的期限、质量要求、费用以及其他协作条件等条款。

第二百七十五条　施工合同的内容包括工程范围、建设工期、中间交工工程的开工和竣工时间、工程质量、工程造价、技术资料交付时间、材料和设备供应责任、拨款和结算、竣工验收、质量保修范围和质量保证期、双方相互协作等条款。

第二百七十六条　建设工程实行监理的，发包人应当与监理人采用书面形式订立委托监理合同。发包人与监理人的权利和义务以及法律责任，应当依照本法委托合同以及其他有关法律、行政法规的规定。

第二百七十七条　发包人在不妨碍承包人正常作业的情况下，可以随时对作业进度、质量进行检查。

第二百七十八条　隐蔽工程在隐蔽以前，承包人应当通知发包人检查。发包人没有及时检查的，承包人可以顺延工程日期（编者注：即工程工期），并有权要求赔偿停工、窝工等损失。

第二百七十九条　建设工程竣工后，发包人应当根据施工图纸及说明书、国家颁发的施工验收规范和质量检验标准及时进行验收。验收合格的，发包人应当按照约定支付价款，并接收该建设工程。建设工程竣工经验收合格后，方可交付使用；未经验收或者验收不合格的，不得交付使用。

第二百八十条　勘察、设计的质量不符合要求或者未按照期限提交勘察、设计文件拖延工期，造成发包人损失的，勘察人、设计人应当继续完善勘察、设计，减收或者免收勘察、设计费并赔偿损失。

第二百八十一条　因施工人的原因致使建设工程质量不符合约定的，发包人有权要求施工人在合理期限内无偿修理或者返工、改建。经过修理或者返工、改建后，造成逾期交付的，施工人应当承担违约责任。

第二百八十二条　因承包人的原因致使建设工程在合理使用期限内造成人身和财产损害的，承包人应当承担损害赔偿责任。

第二百八十三条　发包人未按照约定的时间和要求提供原材料、设备、场地、资金、技术资料的，承包人可以顺延工程日期(编者注：即工程工期)，并有权要求赔偿停工、窝工等损失。

第二百八十四条　因发包人的原因致使工程中途停建、缓建的，发包人应当采取措施弥补或者减少损失，赔偿承包人因此造成的停工、窝工、倒运、机械设备调迁、材料和构件积压等损失和实际费用。

第二百八十五条　因发包人变更计划，提供的资料不准确，或者未按照期限提供必盂的助察、设计工作条件而造成勘察、设计的返工、停工或者修改设计，发包人应当按照助察人、设计人实际消耗的工作量增付费用。

第二百八十六条　发包人未按照约定支付价款的，承包人可以催告发包人在合理期限内支付价款。发包人逾期不支付的，除按照建设工程的性质不宜折价、拍卖的以外，承包人可以与发包人协议将该工程折价，也可以申请人民法院将该工程依法拍卖。建设工程的价款就该工程折价或者拍卖的价款优先受偿。

第二百八十七条　本章没有规定的，适用承揽合同的有关规定。

三、合同的担保形式

担保，是指合同的当事人双方为了使合同能够得到全面按约履行，根据法律、行政法规的规定，经双方协商一致而采取的一种具有法律效力的保护措施。

《中华人民共和国担保法》规定的担保方式有五种，即保证、抵押、质押、留置和定金。

1.保证

保证，是指保证人(编者注：一定是第三人)和债权人约定，当债务人不履行债务时，保证人按照约定履行债务或承担责任的法律行为。

保证人须是具有代为清偿债务能力的人，既可以是法人，也可以是其他组织或公民。下列单位不可以做保证人：

(1)国家机关不得做保证人，但经国务院批准为使用外国政府或国际经济组织贷款而进行的转贷除外。

(2)学校、幼儿园、医院等以公益为目的的事业单位、社会团体不得做保证人。

(3)企业法人的分支机构、职能部门不得做保证人，但有法人书面授权的，可在授权范围内提供保证，保证的方式有两种，一是一般保证，二是连带保证。保证方式没有约定或约定不明确的，按连带保证承担保证责任。

一般保证，是指当事人在保证合同中约定，当债务人不履行债务时，由保证人承担保证责任的保证方式。一般保证的保证人在主合同纠纷未经审判或仲裁，并就债务人财产依法强制执行仍不能履行债务前，对债权人可以拒绝承担保证责任。

连带保证，是指当事人在保证合同中约定保证人与债务人对债务承担连带责任的保证方式。连带责任保证的债务人在主合同规定的债务履行期届满没有履行债务的，债权人可以要求债务人履行债务，也可以要求保证人在其保证范围内承担保证责任。

当事人对保证方式没有约定或者约定不明确的，按照连带保证承担保证责任。

2.抵押

根据《中华人民共和国担保法》、《中华人民共和国物权法》(以下简称《担保法》、《物权法》)的规定，抵押是指债务人或者第三人不转移对特定财产(主要是不动产)的占有，将该财产作为债权的担保。其中，债务人或者第三人称为抵押人，债权人称为抵押权人。禁止抵押的财产有：

(1)土地所有权。

(2)耕地、宅基地、自留地、自留山等集体所有的土地使用权;抵押人依法承包并经发包方同意抵押的荒山、荒沟、荒丘、荒滩等荒地的土地使用权以乡镇村企业厂房等建筑抵押的除外。

(3)学校、幼儿园、医院等以公益为目的的事业单位、社会团体的教育设施、医疗设施和其他社会公益设施。

(4)所有权、使用权不明确或有争议的财产。

(5)依法被查封、扣押、监管的财产。

(6)依法不得抵押的其他财产。

当债务履行期届满而抵押权人未受清偿的,债权人可以与抵押人协议以抵押物折价或者以拍卖、变卖该抵押物所得的价款受偿。协议不成的,抵押权人可以向人民法院提起诉讼。

抵押物折价或者拍卖、变卖后,其价款超过债权数额的部分归抵押人所有,不足部分由债务人清偿。

3.质押

根据《担保法》、《物权法》的规定,质押是指债务人或第三人将其动产或权利转移债权人占有,用以担保债权的实现,当债务人不能履行债务时,债权人依法有权就该动产或权利优先得到清偿的担保法律行为。

质押包括动产质押和权利质押两种。

法律规定下列权利可以质押:

第一,汇票、支票、本票、债券、存款单、仓单、提单。

第二,依法可以转让的股份、股票。

第三,依法可以转让的商标专用权、专利权、著作权中的财产权。

第四,依法可以质押的其他权利。

4.留置

根据《担保法》、《物权法》的规定,留置是指合同债权人按照合同约定占有合同债务人的动产,债务人不按照合同约定的期限履行债务的,债权人有权按照法律规定留置该财产,以该财产折价或者拍卖、变卖该财产的价款优先受偿的法律行为。担保法规定因保管合同、运输合同,加工承揽合同发生的债权,债务人不履行债务的,债权人有留置权。

5.定金

定金,是指合同当事人一方为了证明合同的成立和担保合同的履行,在按合同规定应给付的款额内,向对方预先给付一定数额的货币。定金的数额由当事人约定,但不得超过主合同标的额的20%。

法律规定债务人履行债务后,定金应当抵作价款或者收回,给付定金的一方不履行约定的债务的,无权要求返还定金;收受定金的一方不履行约定的债务的,应当双倍返还定金。

第六节 《中华人民共和国招标投标法》的相关内容

《中华人民共和国招标投标法》(以下简称《招标投标法》)由第九届全国人大常委会第于一次会议于1999年8月30日通过,自2000年1月1日施行。《招标投标法》的立法目的是为了规范招标投标活动,保护国家利益、社会公共利益和招标投标活动当事人的合法权益,提高经济效益,保证项目质量,制定本法。《招标投标法》共六章六十八条,分别从招标、投标、开标、评标和中标等各主要阶段对招投标活动做出了规定。2011 年 11 月 30 日国务院第 183 次常务会议通过并公布《中华人民共和国招标投标法实施条例》(以下简称《招投标法实施条例》)2012 年 2 月 1 日起施行。

一、《招标投标法》的基本原则

1. 必须招标的建设工程项目的规定

1)工程建设项目标范围

(1)大型基础设施、公用事业等关系社会公共利益、公众安全的项目。

(2)全部或者部分使用国有资金投资或者国家融资的项目。

(3)使用国际组织或者外国政府资金的项目。

2)工程建设项目招标规模标准

根据《招投标法实施条例》第三条规定:“依法必须进行招标的工程建设项目的具体范围和规模标准,由国务院发展改革部门会同国务院有关部门制订,报国务院批准后公布施行。”由此发改委的《工程建设项目招标范围和规模标准规定》规定,上述各类工程建设项目,包括项目的勘察、设计、施工、监理以及与工程建设有关的重要设备、材料等的采购,达到下列标准之一的,必须进行招标:

(1)施工单项合同估算价在 200 万元人民币以上的。

(2)重要设备、材料等货物的采购,单项合同估算价在 100 万元人民币以下的。

(3)勘察、设计、监理等服务的采购,单项合同估算价在 50 万元人民币以上的。

(4)单项合同估算价低于第(1)、(2)、(3)项规定的标准,但项目总投资额在 3000 万元人民币以上的。

2. 招投标活动的基本原则

1)公开原则

招标投标活动的公开原则,首先要求进行招标活动的信息要公开。采用公开招标方式,应当发布招标公告,依法必须进行招标的项目的招标公告,必须通过国家指定的报刊、信息网络或者其他公共媒介发布。无论是招标公告、资格预审公告,还是投标邀请书,都应当载明能大体满足潜在投标人决定是否参加投标竞争所需要的信息。另外,开标的程序、评标的标准和程序、中标的结果等都应当公开。

2)公平原则

招标投标活动的公平原则,要求招标人严格按照规定的条件和程序办事,同等地对待每一个投标竞争者,不得对不同的投标竞争者采用不同的标准。招标人不得以任何方式限制或者排斥本地区、本系统以外的法人或者其他组织参加投标。

3)公正原则

在招标投标活动中招标人行为应当公正,对所有的投标竞争者都应平等对待,不能有特殊。特别是在评标时,评标标准应当明确、严格,对所有在投标截止日期以后送到的投标书都应拒收,与投标人有利害关系的人员都不得作为评标委员会的成员。招标人和投标人双方在招标投标活动中的地位平等,任何一方不得向另一方提出不合理的要求,不得将自己的意志强加给对方。

4)诚实信用原则

诚实信用是民事活动的一项基本原则,招标投标活动是以订立采购合同为目的的民事活动，当然也适用这一原则。诚实信用原则要求招标投标各方都要诚实守信，不得有欺骗、背信的行为。

3. 招标方式

根据《招标投标法》第十条规定："招标分为公开招标和邀请招标。公开招标，是指招标人以招标公告的方式邀请不特定的法人或者其他组织投标。邀请招标，是指招标人以投标邀请书的方式邀请特定的法人或者其他组织投标。"

《招标投标法》第十一条规定："国务院发展计划部门确定的国家重点项目和省、自治区、直辖市人民政府确定的地方重点项目不适宜公开招标的，经国务院发展计划部门或者省、自治区、直辖市人民政府批准，可以进行邀请招标。"

二、《招标投标法》关于招标的主要规定

1. 招标程序

根据《招标投标法》和《工程建设项目施工招标投标办法》的规定，招标程序如下：

(1)成立招标组织，由招标人自行招标或委托招标。

(2)编制招标文件和标底(如果有)。

(3)发布招标公告或发出投标邀请书。

(4)对潜在投标人进行资质审查，并将审查结果通知各潜在投标人。

(5)发售招标文件。

(6)组织投标人踏勘现场，并对招标文件答疑。

(7)确定投标人编制投标文件所需要的合理时间。

(8)接受投标书。

(9)开标。

(10)评标。

(11)定标、签发中标通知书。

(12)签订合同。

工程招标投标(合同订立)的过程如图 6-1 所示。

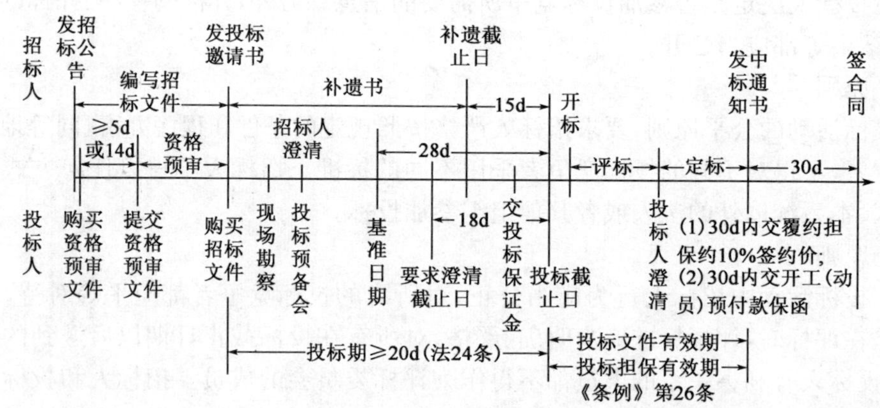

图 6-1　工程招标投标(合同订立)的过程图

2. 招标代理

招标人有权自行选择招标代理机构，委托其办理招标事宜，任何一单位和个人不得以任何

方式为招标人指定招标代理机构。招标人具有编制招标文件和组织评标能力的,可以自行办理招标事宜。任何单位和个人不得强制其委托招标代理机构办理招标事宜。依法必须进行招标的项目,招标人自行办理招标事宜的,应当向有关行政监督部门备案。

招标代理机构是依法设立、从事招标代理业务并提供相关服务的社会中介组织。

招标代理机构应当具备下列条件:

(1)有从事招标代理业务的营业场所和相应资金。

(2)有能够编制招标文件和组织评标的相应专业力量。

(3)有可以作为评标委员会成员人选的技术、经济等方面的专家库。

从事工程建设项目招标代理业务的招标代理机构,其资格由国务院或者省、自治区、直辖市人民政府的建设行政主管部门认定。具体办法由国务院建设行政主管部门会同国务院有关部门制定"从事其他招标代理业务的招标代理机构,其资格认定的主管部门由国务院规定,招标代理机构与行政机关和其他国家机关不得存在隶属关系或者其他利益关系。"

招标代理机构应当在招标人委托的范围内办理招标事宜,并遵守本法关于招标人的规定。

三、《招标投标法》关于投标的主要规定

1.投标的要求和程序

1)投标的要求

《招标投标法》第二十六条规定:"投标人应当具备承担招标项目的能力;国家有关规定对投标人资格条件或者招标文件对投标人资格条件有规定的,投标人应当具备规定的资格条件。"

投标人应当具备承担招标项目的能力。依据建设部 2001 年 7 月 25 日发布并实施的第 93 号令《建设工程勘察设计企业资质管理规定》,工程勘察资质分为工程勘察综合资质、工程勘察专业资质、工程勘察劳务资质;工程设计资质分为工程设计综合资质、工程设计行业资质、工程设计专项资质,每种资质各有其相应等级(如工程勘察、设计综合资质只设甲级)。

根据《建筑法》的有关规定,承包建筑工程的单位应当持有依法取得的资质证书,并在其资质等级许可的范围内承揽工程。《建设工程勘察设计企业资质管理规定》规定的各等级具有不同的承担工程项目的能力,各企业应当在其资质等级范围内承担工程。

2)投标程序

(1)组织投标机构。

(2)编制投标文件。

(3)投标文件的送达。

2.联合体投标

1)联合投标的含义

根据《招标投标法》第三十一条第一款的规定,联合投标是指"两个以上法人或者其他组织可以组成一个联合体,以一个投标人的身份共同投标"。

2)联合体各方的资格要求

《招标投标法》第三十一条第二款规定:"联合体各方均应当具备承担招标项目的相应能力;国家有关规定或者招标文件对投标人资格条件有规定的,联合体各方均应当具备规定的相应资格条件。由同一专业的单位组成的联合体,按照资质等级较低的单位确定资质等级。"

3)联合体各方的权利和义务

《招标投标法》第三十一条第三款规定:"联合体各方应当签订共同投标协议,明确约定各方拟承担的工作和责任,并将共同投标协议连同投标文件一并提交招标人。联合体中标的,联合体各方应当共同与招标人签订合同,就中标项目向招标人承担连带责任。"根据该规定,联合体各方的权利和义务分为内部和外部两种。

(1)联合体各方内部的权利和义务。

共同投标协议属于合同关系,即平等上体的自然人、法人、其他组织之间通过设立、变更、终止民事权利义务关系的协议而形成的关系。联合体内部各方通过协议明确约定各方在中标后要承担的工作和责任,该约定必须详细、明确,以免日后发生争议。同时,该共同协议应当同投标文件一并提交招标人,使招标人了解有关情况,并在评标时予以考虑。

(2)联合体各方外部的权利和义务。

联合体各方就中标项目对外向招标人承担连带责任。

所谓连带责任,是指在同一债权债务关系中两个以上的债务人中,任何一个债务人都负有向债权人履行债务的义务。债权人可以向其中任何一个或者多个债务人请求履行债务,可以请求部分履行,也可以请求全部履行。负有连带责任的债务人不得以债务人之间对债务分担比例有约定来拒绝部分或全部履行债务。连带债务人中一个或者多人履行了全部债务后,其他连带债务人对债权人的履行义务即行解除。但是,对连带债务人内部关系而言,根据其内部约定,债务人清偿债务超过其应承担份额的,有权向其他连带债务人追偿。联合体各方在中标后承担的连带责任包括以下两种情况:

第一种,联合体在接到中标通知书未与招标人签订合同前,除不可抗力外,联合体放弃中标项目的,其已提交的投标保证金不予退还,给招标人造成的损失超过投标保证金数额的,还应当对超过部分承担连带赔偿责任。

第二种,中标的联合体在签约后除不可抗力外,不履行与招标人签订的合同时,履约保证金不予退还,给招标人造成的损失超过履约保证金数额的,还应当对超过部分承担连带赔偿责任。

四、投标的禁止性规定

1. 投标人之间串通投标

《招标投标法》第三十二条第一款规定:"投标人不得相互串通投标报价,不得排挤其他投标人的公平竞争,损害招标人或者其他投标人的合法权益。"

《关于禁止串通招标投标行为的暂行规定》列举了以下几种表现形式:

(1)投标者之间相互约定,一致抬高或者降低投标价。

(2)投标者之间相互约定,在招标项目中轮流以高价位或低价位中标。

(3)投标者之间进行内部竞价,内定中标人,然后再参加投标。

(4)投标者之间其他串通投标行为。

《招投标法实施条例》第三十九条规定,下列情形之一的,属于投标人相互串通投标:

(1)投标人之间协商投标报价等投标文件的实质性内容。

(2)投标人之间约定中标人。

(3)投标人之间约定部分投标人放弃投标或者中标。

(4)属于同一集团、协会、商会等组织成员的投标人按照该组织要求协同投标。

(5)投标人之间为谋取中标或者排斥特定投标人而采取的其他联合行动。

《招投标法实施条例》第四十条规定，有下列情形之一的，视为投标人相互串通投标：

(1)不同投标人的投标文件由同一单位或者个人编制。

(2)不同投标人委托同一单位或者个人办理投标事宜。

(3)不同投标人的投标文件载明的项目管理成员为同一人。

(4)不同投标人的投标文件异常一致或者投标报价呈规律性差异。

(5)不同投标人的投标文件相互混装。

(6)不同投标人的投标保证金从同一单位或者个人的账户转出。

2.投标人与招标人之间串通招标投标

《招标投标法》第三十二条第二款规定："投标人不得与招标人串通投标，损害国家利益、社会公共利益或者他人的合法权益。"

《关于禁止串通招标投标行为的暂行规定》列举了下列几种表现形式：

(1)招标者在公开开标前，开启标书，并将投标情况告知其他投标者，或者协助投标者撤换标书，更改报价。

(2)招标者向投标者泄露标底。

(3)投标者与招标者商定，在招标投标时压低或者抬高标价，中标后再给投标者或者招标者额外补偿。

(4)招标者预先内定中标者，在确定中标者时以此决定取舍。

(5)招标者和投标者之间其他串通招标投标行为(如通过贿赂等不正当手段)，使招标人在审查、评选投标文件时，对投标文件实行歧视待遇；招标人在要求投标人就其投标文件澄清时，故意作引导性提问，以使其中标等。

《招投标法实施条例》第四十一条规定，有下列情形之一的，属于招标人与投标人串通投标：

(1)招标人在开标前开启投标文件并将有关信息泄露给其他投标人。

(2)招标人直接或者间接向投标人泄露标底、评标委员会成员等信息。

(3)招标人明示或者暗示投标人压低或者抬高投标报价。

(4)招标人授意投标人撤换、修改投标文件。

(5)招标人明示或者暗示投标人为特定投标人中标提供方便。

(6)招标人与投标人为谋求特定投标人中标而采取的其他串通行为。

3.投标人以行贿的手段谋取中标

《招标投标法》第三十二条第三款规定："禁止投标人以向招标人或者评标委员会成员行贿的手段谋取中标。"

投标人以行贿的手段谋取中标是违背招标投标法基本原则的行为，对其他投标人是不公平的。投标人以行贿手段谋取中标的法律后果是中标无效，有关责任人和单位应当承担相应的行政责任或刑事责任，给他人造成损失的，还应当承担民事赔偿责任。

4.投标人以低于成本的报价竞标

《招标投标法》第三十三条规定，投标人不得以低于成本的报价竞标。

投标人以低于成本的报价竞标，其目的主要是为了排挤其他对手。

这里的成本应指个别企业的成本。投标人的报价一般由成本、税金和利润三部分组成。当报价为成本价时，企业利润为零。

5.投标人以非法手段骗取中标

《招标投标法实施条例》第四十二条　使用通过受让或者租借等方式获取的资格、资质证书投标的，属于招标投标法第三十三条规定的以他人名义投标。

投标人有下列情形之一的，属于招标投标法第三十三条规定的以其他方式弄虚作假的行为：

(1)使用伪造、变造的许可证件。

(2)提供虚假的财务状况或者业绩。

(3)提供虚假的项目负责人或者主要技术人员简历、劳动关系证明。

(4)提供虚假的信用状况。

(5)其他弄虚作假的行为。

五、《招标投标法》以及相关规定中关于开标、评标和定标的主要规定

1.开标程序

开标应当在招标文件确定的提交投标文件截止时间的同一时间公开进行；开标地点应当为招标文件中预先确定的地点。开标由招标人主持，邀请所有投标人参加。

开标时，由投标人或者其推选的代表检查投标文件的密封情况，也可以由招标人委托的公证机构检查并公证；经确认无误后，由工作人员当众拆封，宣读投标人名称、投标价格和投标文件的其他主要内容。

招标人在招标文件要求提交投标文件的截止时间前收到的所有投标文件，开标时都应当当众予以拆封、宣读。

开标过程应当记录，并存档备查。

2.评标委员会和评标程序

1)评标委员会

评标由招标人依法组建的评标委员会负责。评标委员会由招标人的代表和有关技术、经济等方面的专家组成，成员人数为五人以上单数，其中技术、经济等方面的专家不得少于成员总数的三分之二。评标委员会专家应当从事相关领域工作满八年并具有高级职称或者具有同等专业水平，由招标人从国务院有关部门或者省、自治区、直辖市人民政府有关部门提供的专家名册或者招标代理机构的专家库内的相关专业的专家名单中确定；一般招标项目可以采取随机抽取方式，特殊招标项目可以由招标人直接确定。与投标人有利害关系的人不得进入相关项目的评标委员会；已经进入的应当更换，评标委员会成员的名单在中标结果确定前应当保密。

2)评标程序

(1)招标人应当采取必要的措施，保证评标在严格保密的情况下进行。任何单位和个人不得非法干预、影响评标的过程和结果。

(2)评标委员会可以要求投标人对投标文件中含义不明确的内容作必要的澄清或者说明，但是澄清或者说明不得超出投标文件的范围或者改变投标文件的实质性内容。

(3)评标委员会应当按照招标文件确定的评标标准和方法，对投标文件进行评审和比较；设有标底的，应当参考标底。《招投标法实施条例》第五十条进一步细化规定："招标项目设有标底的，招标人应当在开标时公布。标底只能作为评标的参考，不得以投标报价是否接近标底作为中标条件，也不得以投标报价超过标底上下浮动范围作为否决投标的条件"。评标委员会完成评标后，应当向招标人提出书面评标报告，并推荐合格的中标候选人。《招投标法实施条例》第五十三条进一步细化为中标候选人应当不超过3个，并标明排序。

(4)招标人根据评标委员会提出的书面评标报告和推荐的中标候选人确定中标人。招标人也可以授权评标委员会直接确定中标人。

《评标委员会和评标办法暂行规定》(国家发展计划委员会令第12号2001年,2013年修改)中第二十七条的规定,评标委员会根据本规定第二十条、第二十一条、第二十二条、第二十三条、第二十五条的规定否决不合格投标后,因有效投标不足三个使得投标明显缺乏竞争的,评标委员会可以否决全部投标。(编者注:如果有效标剩二个,评标委员会认为还有竞争性也可以评标)

(5)评标委员会经评审,认为所有投标都不符合招标文件要求的,可以否决所有投标。依法必须进行招标项目的所有投标被否决的,招标人应当依照本法重新招标。

(6)在确定中标人前,招标人不得与投标人就投标价格、投标方案等实质性内容进行谈判。

六、中标和中标通知书的有关规定

1.中标条件

(1)能够最大限度地满足招标文件中规定的各项综合评价标准。

(2)能够满足招标文件的实质性要求,并且经评审的投标价格最低,但是投标价格低于成本的除外。

2.中标候选人的公示和中标人的确定

《招投标法实施条例》第五十四条规定,依法必须进行招标的项目,招标人应当自收到评标报告之日起3日内公示中标候选人,公示期不得少于3日。投标人或者其他利害关系人对依法必须进行招标的项目的评标结果有异议的,应当在中标候选人公示期间提出。招标人应当自收到异议之日起3日内作出答复;作出答复前,应当暂停招标投标活动。

《招投标法实施条例》第五十五条规定,国有资金占控股或者主导地位的依法必须进行招标的项目,招标人应当确定排名第一的中标候选人为中标人。排名第一的中标候选人放弃中标、因不可抗力不能履行合同、不按照招标文件要求提交履约保证金,或者被查实存在影响中标结果的违法行为等情形,不符合中标条件的,招标人可以按照评标委员会提出的中标候选人名单排序依次确定其他中标候选人为中标人,也可以重新招标。

3.中标通知书

中标人确定后,招标人应当向中标人发出中标通知书,并同时将中标结果通知所有未中标的投标人。

中标通知书对招标人和中标人具有法律效力。中标通知书发出后,招标人改变中标结果的,或者中标人放弃中标项目的,应当依法承担法律责任。

招标人和中标人应当自中标通知书发出之日起三十日内,按照招标文件和中标人的投标文件订立书面合同,合同的标的、价款、质量、履行期限等主要条款应当与招标文件和中标人的投标文件的内容一致。招标人和中标人不得再行订立背离合同实质性内容的其他协议。招标文件要求中标人提交履约保证金的,中标人应当提交。

依法必须进行招标的项目,招标人应当自确定中标人之日起十五日内,向有关行政监督部门提交招标投标情况的书面报告。

七、违反《招标投标法》的有关法律责任规定

1.应该招标而未招标的法律责任

违反本法规定，必须进行招标的项目而不招标的，或将必须进行招标的项目化整为零或者以其他任何方式规避招标的，责令限期改正，可以处项目合同金额千分之五以上千分之十以下的罚款；对全部或者部分使用国有资金的项目，可以暂停项目执行或者暂停资金拨付；对单位直接负责的主管人员和其他直接责任人员依法给予处分。

2.招标代理机构法律责任

招标代理机构违反本法规定，泄露应当保密的与招标投标活动有关的情况和资料的，或者与招标人、投标人串通损害国家利益、社会公共利益或者他人合法权益的，处五万元以上二十五万元以下的罚款，对单位直接负责的主管人员和其他直接责任人员处单位罚款数额百分之五以上百分之十以下的罚款；有违法所得的，并处没收违法所得；情节严重的，暂停直至取消招标代理资格；构成犯罪的，依法追究刑事责任。给他人造成损失的，依法承担赔偿责任。上述所列行为影响中标结果的，中标无效。

3.招标人法律责任

(1)招标人以不合理的条件限制或者排斥潜在投标人的，对潜在投标人实行歧视待遇的，强制要求投标人组成联合体共同投标的，或者限制投标人之间竞争的，责令改正，可以处一万元以上五万元以下的罚款。

(2)依法必须进行招标的项目的招标人向他人透露已获取招标文件的潜在投标人的名称、数量或者可能影响公平竞争的有关招标投标的其他情况的，或者泄露标底的，给予警告，可以并处一万元以上十万元以下的罚款；对单位直接负责的主管人员和其他直接责任人员依法给予处分；构成犯罪的，依法追究刑事责任。上述所列行为影响中标结果的，中标无效。

(3)依法必须进行招标的项目，招标人违反本法规定，与投标人就投标价格、投标方案等实质性内容进行谈判的，给予警告，对单位直接负责的主管人员和其他直接责任人员依法给予处分。上述所列行为影响中标结果的，中标无效。

(4)招标人在评标委员会依法推荐的中标候选人以外确定中标人的，或依法必须进行招标的项目在所有投标被评标委员会否决后自行确定中标人的，中标无效，责令改正，可以处中标项目金额千分之五以上千分之十以下的罚款；对单位直接负责的主管人员和其他直接责任人员依法给予处分。

4.投标人法律责任

(1)投标人相互串通投标或者与招标人串通投标的，投标人以向招标人或者评标委员会成员行贿的手段谋取中标的，中标无效，处中标项目金额千分之五以上千分之十以下的罚款，对单位直接负责的主管人员和其他直接责任人员处单位罚款数额百分之五以上百分之十以下的罚款；有违法所得的，并处没收违法所得；情节严重的，取消其一年至二年内参加依法必须进行招标的项目的投标资格并予以公告，直至由工商行政管理机关吊销营业执照；构成犯罪的，依法追究刑事责任。给他人造成损失的，依法承担赔偿责任。

(2)投标人以他人名义投标或者以其他方式弄虚作假，骗取中标的，中标无效，给招标人造成损失的，依法承担赔偿责任；构成犯罪的，依法追究刑事责任。依法必须进行招标的项目的投标人有上述所列行为尚未构成犯罪的，处中标项目金额千分之五以上千分之十以下的罚款，对单位直接负责的主管人员和其他直接责任人员处单位罚款数额百分之五以上百分之十以下的罚款；有违法所得的，并处没收违法所得；情节严重的，取消其一年至三年内参加依法必须进行招标的项目的投标资格并予以公告，直至由工商行政管理机关吊销营业执照。

5.中标人法律责任

(1)中标人将中标项目转让给他人的，将中标项目肢解后分别转让给他人的，违反本法规定将中标项目的部分主体、关键性工作分包给他人的，或者分包人再次分包的，转让、分包无效的，处转让、分包项目金额千分之五以上千分之十以下的罚款；有违法所得的，并处没收违法所得；可以责令停业整顿；情节严重的，由工商行政管理机关吊销营业执照。

(2)中标人不履行与招标人订立的合同的，履约保证金不予退还，给招标人造成的损失超过履约保证金数额的，还应当对超过部分予以赔偿；没有提交履约保证金的，应当对招标人的损失承担赔偿责任。

(3)中标人不按照与招标人订立的合同履行义务，情节严重的，取消其二年至五年内参加依法必须进行招标的项目的投标资格并予以公告，直至由工商行政管理机关吊销营业执照。

第七节　《中华人民共和国安全生产法》的相关内容

《中华人民共和国安全生产法》(以下简称《安全生产法》)于2002年6月29日由第九届全国人大常委会第28次会议通过，并于2002年11月1日起实施，2014年8月21日第十二届全国人民代表大会常务委员会第10次会议修改，2014年12月1日实施。是我国第一部有关安全生产管理的综合性法律，该法对安全生产工作的方针，生产经背单位的安全生产保障，从业人员的权利和义务，生产安全事故的应急救援和调查处理以及违法行为的法律责任等都做出了明确的规定，是加强安全生产管理，提高安全生产工作的重要的法律依据。

一、《安全生产法》的立法目的和安全生产的工作方针

《安全生产法》的立法目的是为了加强安全生产工作，防止和减少生产安全事故，保障人民群众生命和财产安全，促进经济社会持续健康发展。(新法第一条)

安全生产工作应当以人为本，坚持安全发展，坚持安全第一、预防为主、综合治理的方针，强化和落实生产经营单位的主体责任，建立生产经营单位负责、职工参与、政府监管、行业自律和社会监督的机制。(新法第三条)

二、安全生产“三同时”制度及有关规定

生产经营单位新建、改建、扩建工程项目(以下统称建设项目)的安全设施，必须与主体工程同时设计、同时施工、同时投入生产和使用，安全设施投资应当纳入建设项目概算。

矿山建设项目和用于生产、储存危险物品的建设项目，应当分别按照国家有关规定进行安全条件论证和安全评价。建设项目安全设施的设计人、设计单位应当对安全设施设计负责。矿山建设项目和用于生产、储存危险物品的建设项目的安全设施设计应当按照国家有关规定报经有关部门审查，审查部门及其负责审查的人员对审查结果负责。

安全设备的设计、制造、安装、使用、检测、维修、改造和报废，应当符合国家标准或者行业标准。生产经营单位不得使用国家明令淘汰、禁止使用的危及生产安全的工艺、设备。

生产经营单位使用危险物品的容器、运输工具(旧法还包含：涉及生命安全、危险性较大的特种设备)，必须按照国家有关规定，由专业生产单位生产，并经取得专业资质的检测、检验机构检测、检验合格，取得安全使用证或者安全标志，方可投入使用。检测、检验机构对检测、检验结果负责。(新法34条，旧法30条)

三、安全生产中从业人员的权利和义务

1.安全生产中从业人员的权利

(1)知情权,即有权了解其作业场所和工作岗位存在的危险因素、防范措施和事故应急措施。

(2)建议权,即有权对本单位的安全生产工作提出建议。

(3)批评权和检举、控告权,即有权对本单位安全生产管理工作中存在的问题提出批评、检举、控告。

(4)拒绝权,即有权拒绝违章作业指挥和强令冒险作业。

(5)紧急避险权,即发现直接危及人身安全的紧急情况时,有权停止作业或者在采取可能的应急措施后撤离作业场所。

(6)依法向本单位提出要求赔偿的权利。

(7)获得符合国家标准或者行业标准劳动防护用品的权利。

(8)获得安全生产教育和培训的权利。

2.安全生产中从业人员的义务

(1)自律遵规的义务,即从业人员在作业过程中,应当遵守本单位的安全生产规章制度和操作规程,服从管理,正确佩戴和使用劳动防护用品。

(2)自觉学习安全生产知识的义务,要求掌握本职工作所需的安全生产知识,提高安全生产技能,增强事故预防和应急处理能力。

(3)危险报告义务,即发现事故隐患或者其他不安全因素时,应当立即向现场安全生产管理人员或者本单位负责人报告。

四、生产安全事故应急救援与调查处理的法律规定

1.安全生产责任事故应急救援

县级以上地方各级人民政府应当组织有关部门制定本行政区域内特大生产安全事故应急救援预案,建立应急救援体系。单位负责人接到事故报告后,应当迅速采取有效措施,组织抢救,并按照国家有关规定立即如实报告当地负有安全生产监督管理职责的部门,不得隐瞒不报、谎报或拖延不报,不得故意破坏事故现场、毁灭有关证据。

危险物品的生产、经营、储存单位以及矿山、建筑施工单位应当建立应急救援组织;生产经营规模较小、可以不建立应急救援组织的,应当指定兼职的应急救援人员。

危险物品的生产、经营、储存单位以及矿山、建筑施工单位应当配备必要的应急救援器材、设备,并进行经常性维护、保养,保证正常运转。

2.安全生产责任事故报告

(1)生产经营单位发生生产安全事故后,事故现场有关人员应当立即报告本单位负责人。

(2)负有安全生产监督管理职责的部门接到事故报告后,应当立即按照国家有关规定上报事故情况。负有安全生产监督管理职责的部门和有关地方人民政府对事故情况不得隐瞒不报、谎报或者拖延不报。

(3)有关地方人民政府和负有安全生产监督管理职责部门的负责人接到重大生产安全事故报告后,应当立即赶到事故现场,组织事故抢救。

3.安全生产责任事故调查处理

(1)事故调查处理应当按照科学严谨、依法依规、实事求是、注重失效(旧法为实事求是、尊重科学)的原则,及时、准确的查清事故原因,查明事故性质和责任,总结事故教训,提出整改措施,并对事故责任者提出处理意见。

(2)生产经营单位发生生产安全事故,经调查确定为责任事故的,除了应当查明事故单位的责任并依法予以追究外,还应当查明对安全生产的有关事项负有审查批准和监督职责的行政部门的责任,对有失职、渎职行为的,追究法律责任。

(3)任何单位和个人不得阻挠和干涉对事故的依法调查处理。

(4)县级以上地方各级人民政府负责安全生产监督管理的部门应当定期统计分析本行政区域内发生生产安全事故的情况,并定期向社会公布。

五、安全生产费用的确定与使用

1.《安全生产法》授权财政部和安监总局确定安全生产费用的标准和使用范围

2014 年 8 月 21 日第十二届全国人民代表大会常务委员会第 10 次会议修改后的《安全生产法》第二十条规定,生产经营单位应当具备的安全生产条件所必需的资金投入,由生产经营单位的决策机构、主要负责人或者个人经营的投资人予以保证,并对由于安全生产所必需的资金投入不足导致的后果承担责任。有关生产经营单位应当按照规定提取和使用安全生产费用,专门用于完善和改进安全生产条件的有关支出。安全生产费用在成本中据实列支。安全生产费用提取、使用和监督管理的具体办法由国务院财政部门会同国务院安全生产监督管理部门征求国务院有关部门意见后制定。

2.《建设工程安全生产管理条例》规定工程概算中应包含工程安全生产费

根据《建设工程安全生产管理条例》第八条规定,建设单位在编制工程概算时,应当确定建设工程安全作业环境及安全施工措施所需费用。

3.财政部和安监总局规定安全生产费的提取标准

财政部和安监总局的《企业安全生产费用提取和使用管理办法》[财企(2012)16 号]第七条规定,建设工程施工企业以建筑安装工程造价为计提依据。各建设工程类别安全费用提取标准如下:

(1)矿山工程为 2.5%。

(2)房屋建筑工程、水利水电工程、电力工程、铁路工程、城市轨道交通工程为 2.0%。

(3)市政公用工程、冶炼工程、机电安装工程、化工石油工程、港口与航道工程、公路工程、通信工程为 1.5%。

4.财政部和安监总局规定安全生产费的使用范围

《企业安全生产费用提取和使用管理办法》[财企(2012)16 号]第十九条规定,建设工程施工企业安全费用应当按照以下范围使用:

(1)完善、改造和维护安全防护设施设备支出(不含“三同时”要求初期投入的安全设施),包括施工现场临时用电系统、洞口、临边、机械设备、高处作业防护、交叉作业防护、防火、防爆、防尘、防毒、防雷、防台风、防地质灾害、地下工程有害气体监测、通风、临时安全防护等设施设备支出。

(2)配备、维护、保养应急救援器材、设备支出和应急演练支出。

(3)开展重大危险源和事故隐患评估、监控和整改支出。

(4)安全生产检查、评价(不包括新建、改建、扩建项目安全评价)、咨询和标准化建设支出。

(5)配备和更新现场作业人员安全防护用品支出。

(6)安全生产宣传、教育、培训支出。

(7)安全生产适用的新技术、新标准、新工艺、新装备的推广应用支出。

(8)安全设施及特种设备检测检验支出。

(9)其他与安全生产直接相关的支出。

六、违反规定应承担的法律责任

第九十六条　生产经营单位有下列行为之一的，责令限期改正，可以处5万元以下的罚款；逾期未改正的，处5万元以上10万元以下的罚款，对其直接负责的主管人员和其他直接责任人员处1万元以上2万元以下的罚款；情节严重的，责令停产停业整顿；构成犯罪的，依照刑法有关规定追究刑事责任：

(1)未在有较大危险因素的生产经营场所和有关设施、设备上设置明显的安全警示标志的。(旧法83条4点)

(2)安全设备的安装、使用、检测、改造和报废不符合国家标准或者行业标准的。(旧法83条5点)

(3)未对安全设备进行经常性维护、保养和定期检测的。(旧法83条6点)

(4)未为从业人员提供符合国家标准或者行业标准的劳动防护用品的。(旧法83条7点)

(5)危险物品的容器、运输工具，以及涉及人身安全、危险性较大的海洋石油开采特种设备和矿山井下特种设备未经取得专业资质的机构检测、检验合格，取得安全使用证或者安全标志，投入使用的。(旧法83条8点)

(6)使用应当淘汰的危及生产安全的工艺、设备的。(旧法83条9点)

第八节　《建设工程安全生产管理条例》的相关内容

《建设工程安全生产管理条例》于2003年11月12日国务院第28次常务会议通过，2003年11月24日发布，2004年2月1日起施行。

一、《建设工程安全生产管理条例》的内容

1.立法目的

(1)直接目的：贯彻《中华人民共和国建筑法》和《中华人民共和国安全生产法》。

(2)间接目的：为了加强建设工程安全生产监督管理。

(3)根本目的：保障人民群众生命和财产安全。

2.适用范围

(1)在中华人民共和国境内从事建设工程的新建、扩建、改建和拆除等有关活动及实施对建设工程安全生产的监督管理，必须遵守本条例。

本条例所称建设工程，是指土木工程、建筑工程、线路管道和设备安装工程及装修工程。

(2)抢险救灾和农民自建低层住宅的安全生产管理不适用本条例；军事建设工程的安全生产管理，按照中央军事委员会的有关规定执行。

3.方针

安全第一、预防为主、综合治理。

4.建设工程安全生产管理基本制度

1)安全生产责任制度

安全生产责任制度是建筑生产中最基本的安全管理制度,是所有安全管理制度的核心。安全生产责任制度是指各种不同的安全责任落实到负责有安全管理责任的人员和具体岗位人员身上的一种制度。这一制度是安全第一、预防为主方针的具体体现,是建筑安全生产的基本制度。安全生产责任制的主要内容包括:一是从事建筑活动的负责人的责任制。比如,施工单位的法定代表人要对本企业的安全负主要的安全责任。二是从事建筑活动的职能机构或职能处室负责人及其工作人员的安全生产责任制。比如,施工单位根据需要设置的安全处室或者专职安全人员要对安全负责。三是岗位人员的安全生产责任制。岗位人员必须对安全负责。从事特种作业的安全人员必须进行培训,经过考核合格后方能上岗作业。

2)群防群治制度

群防群治制度要求建设企业的职工在施工中应当遵守有关生产的法律、法规和建设行业安全规章、规程,不得违章作业;对于危及生命安全和身体健康的行为有权提出批评、检举和控告。

3)安全生产教育培训制度

施工单位的主要负责人、项目负责人、专职安全生产管理人员应当经建设行政主管部门或者其他有关部门考核合格后方可任职。安全生产教育培训考核不合格的人员,不得上岗。作业人员进入新的岗位或者新的施工现场前,应当接受安全生产教育培训。未经教育培训或者教育培训考核不合格的人员,不得上岗作业。

4)安全生产检查制度

安全生产检查制度是上级管理部门或企业自身对安全生产状况进行定期或不定期检查的制度。通过检查可以发现问题,查出隐患,从而采取有效措施,把事故消灭在发生之前。

5)伤亡事故处理报告制度

施工中发生事故时,企业应当采取紧急措施减少人员伤亡和事故损失,并且按照国家有关规定及时向有关部门报告的制度。事故处理必须遵循一定的程序,做到原因不清不放过,事故责任者和群众没有受到教育不放过,没有防范措施不放过。

6)安全责任追究制度

建设单位、设计单位、施工单位、监理单位,由于没有履行职责造成人员伤亡和事故损失的,视情节轻重给予相应的处理;情节严重的,责令停业整顿,降低资质等级,直至吊销资质证书;构成犯罪的,依法追究刑事责任。

5.勘察、设计有关单位的安全责任

1)勘察单位的安全责任

根据《建设工程安全生产管理条例》第十二条规定,勘察单位的安全责任包括以下几点:

(1)勘察单位应当按照法律、法规和工程建设强制性标准进行勘察,提供的勘察文件应当真实、准确,满足建设工程安全生产的需要。

(2)勘察单位在勘察作业时,应当严格执行操作规程,采取措施保证各类管线、设施和周边建筑物、构筑物的安全。

2)设计单位的安全责任

现在进一步完善为四不放过,即事故原因未查清不放过,事故责任者未受处理不放过,整改措施未落实不放过,有关人员未受到教育不放过。

根据《建设工程安全生产管理条例》第十三条规定,设计单位的安全责任包括以下几点:

(1)设计单位应当按照法律、法规和工程建设强制性标准进行设计，防止因设计不合理导致生产安全事故的发生。

(2)设计单位应当考虑施工安全操作和防护的需要，对涉及施工安全的重点部位和环节在设计文件中注明，并对防范生产安全事故提出指导意见。

(3)采用新结构、新材料、新工艺的建设工程和特殊结构的建设工程，设计单位应当在设计中提出保障施工作业人员安全和预防生产安全事故的措施建议。

(4)设计单位和注册建筑师等注册执业人员应当对其设计负责。

二、建设单位安全生产管理的如下责任和义务

1.不得向有关单位提出不符合建设工程安全生产法律、法规和强制性标准规定的要求

根据《建设工程安全生产管理条例》第七条规定，建设单位不得对勘察、设计、施工、工程监理等单位提出不符合建设工程安全生产法律、法规和强制性标准规定的要求，不得压缩合同约定的工期。

工期并非不可压缩，但是此处的"不得压缩合同约定的工期"指的是不得单方面压缩工期。如果由于外界的原因不得不压缩工期的话，也要在不违背施工工艺的前提下，与合同另一方当事人协商并达成一致意见后方可压缩。

2.应当确定安全生产所需费用

根据《建设工程安全生产管理条例》第八条规定，建设单位在编制工程概算时，应当确定建设工程安全作业环境及安全施工措施所需费用。

三、条例对勘察、设计单位的法律责任规定

违反本条例的规定，勘察单位、设计单位有下列行为之一的，责令限期改正，处10万元以下30万元以下的罚款；情节严重的，责令停业整顿，降低资质等级，直至吊销资质证书；造成重大安全事故，构成犯罪的，对直接责任人员，依照刑法有关规定追究刑事责任；造成损失的，依法承担赔偿责任：

(1)未按照法律、法规和工程建设强制性标准进行勘察、设计的。

(2)采用新结构、新材料、新工艺的建设工程和特殊结构的建设工程，设计单位未在设计中提出保障施工作业人员安全和预防生产安全事故的措施建议的。

(3)注册执业人员未执行法律、法规和工程建设强制性标准的，责令停止执业3个月以上1年以下；情节严重的，吊销执业资格证书，5年内不予注册；造成重大安全事故的，终身不予注册；构成犯罪的，依照刑法有关规定追究刑事责任。

第九节 《建设工程质量管理条例》的相关内容

《建设工程质量管理条例》于2000年1月10日国务院第25次常务会议通过，2000年1月30日中华人民共和国国务院令第279号发布并自发布之日起施行。

一、《建设工程质量管理条例》的内容

1.立法目的

为了加强对建设工程质量的管理，保证建设工程质量，保护人民生命和财产安全，根据《中

华人民共和国建筑法》，制定本条例。

2.适用范围

凡在中华人民共和国境内从事建设工程的新建、扩建、改建等有关活动及实施对建设工程质量监督管理的，必须遵守本条例。

本条例所称建设工程，是指土木工程、建筑工程、线路管道和设备安装工程及装修工程。

3.建设工程质量管理的基本制度

1)工程质量监督管理制度

建设工程质量必须实行政府监督管理。政府对工程质量的监督管理主要以保证工程使用安全和环境质量为主要目的，以法律、法规和强制性标准为依据，以地基基础、主体结构、环境质量和与此有关的工程建设各方主体的质量行为为主要内容，以施工许可制度和竣工验收备案制度为主要手段。

2)工程竣工验收备案制度

《建设工程质量管理条例》确立了建设工程竣工验收备案制度。该项制度是加强政府监督管理，防止不合格工程流向社会的一个重要手段。结合《建设工程质量管理条例》和《房屋建筑工程和市政基础设施工程竣工验收备案管理暂行办法》(2000年4月4日建设部令第78号发布)的有关规定，建设单位应当在工程竣工验收合格后的15天内到县级以上人民政府建设行政主管部门或其他有关部门备案。建设单位办理工程竣工验收备案应提交以下材料：

(1)工程竣工验收备案表。

(2)工程竣工验收报告：竣工验收报告应当包括工程报建日期，施工许可证号，施工图设计文件审查意见、勘察、设计、施工、工程监理等单位分别签署的质量合格文件及验收人员签署的竣工验收原始文件，市政基础设施的有关质量检测和功能性试验资料以及备案机关认为需要提供的有关资料。

(3)法律、行政法规规定应当由规划、公安消防、环保等部门出具的认可文件或者准许使用文件。

(4)施工单位签署的工程质量保修书。

(5)法规、规章规定必须提供的其他文件。

(6)商品住宅还应当提交《住宅质量保证书》和《住宅使用说明书》。

建设行政主管部门或其他有关部门收到建设单位的竣工验收备案文件后，依据质量监督机构的监督报告，发现建设单位在竣工验收过程中有违反国家有关建设工程质量管理规定行为的，责令停止使用，重新组织竣工验收后，再办理竣工验收备案。

3)工程质量事故报告制度

建设工程发生质量事故后，有关单位应当在24小时内向当地建设行政主管部门和其他有关部门报告。对重大质量事故，事故发生地的建设行政主管部门和其他有关部门应当按照事故类别和等级向当地人民政府和上级建设行政主管部门和其他有关部门报告。

4)工程质量检举、控告、投诉制度

任何单位和个人对建设工程的质量事故、质量缺陷都有权检举、控告、投诉。工程质量检举、控告、投诉制度是为了更好地发挥群众监督和社会舆论监督的作用，是保证建设工程质量的一项有效措施。

4.勘察、设计单位的质量责任和义务

《建设工程质量管理条例》第二章明确了勘察、设计单位的质量责任和义务。

第十八条　从事建设工程勘察、设计的单位应当依法取得相应等级的资质证书，并在其资质等级许可的范围内承揽工程。

禁止勘察、设计单位超越其资质等级许可的范围或者以其他勘察、设计单位的名义承揽工程。禁止勘察、设计单位允许其他单位或者个人以本单位的名义承揽工程。

第十九条　勘察、设计单位必须按照工程建设强制性标准进行勘察、设计，并对其勘察、设计的质量负责。

注册建筑师、注册结构工程师等注册执业人员应当在设计文件上签字，对设计文件负责。

第二十条　勘察单位提供的地质、测量、水文等勘察成果必须真实、准确。

第二十一条　设计单位应当根据勘察成果文件进行建设工程设计。

设计文件应当符合国家规定的设计深度要求，注明工程合理使用年限。

第二十二条　设计单位在设计文件中选用的建筑材料、建筑构配件和设备，应当注明规格、型号、性能等技术指标，其质量要求必须符合国家规定的标准。

除有特殊要求的建筑材料、专用设备、工艺生产线等外，设计单位不得指定生产厂、供应商。

第二十三条　设计单位应当就审查合格的施工图设计文件向施工单位做出详细说明。

第二十四条　设计单位应当参与建设工程质量事故分析，并对因设计造成的质量事故，提出相应的技术处理方案。

二、建设单位质量管理的责任和义务

(1)建设单位应当将工程发包给具有相应资质等级的单位，不得将工程肢解发包。

(2)建设单位应当依法对工程建设项目的勘察、设计、施工、监理以及与工程建设有关的重要设备、材料等的采购进行招标。

(3)建设单位不得对承包单位的建设活动进行不合理干预。

(4)施工图设计文件未经审查批准的，建设单位不得使用。

(5)涉及建筑主体和承重结构变动的装修工程，建设单位要有设计方案。

(6)建设单位应按照国家有关规定组织竣工验收，建设工程验收合格的，方可交付使用。

三、条例对勘察、设计单位的法律责任规定

第六十条　违反本条例规定，勘察、设计、施工、工程监理单位超越本单位资质等级承揽工程的，责令停止违法行为，对勘察、设计单位或者工程监理单位处合同约定的勘察费、设计费或者监理酬金1倍以上2倍以下罚款；对施工单位处工程合同价款百分之二以上百分之四以下的罚款，可以责令停业整顿，降低资质等级；情节严重的，吊销资质证书；有违法所得的，予以没收。

以欺骗手段取得资质证书承揽工程的，吊销资质证书，依照本条第一款规定处以罚款；有违法所得的，予以没收。

第六十一条　违反本条例规定，勘察、设计、施工、工程监理单位允许其他单位或者个人以本单位名义承揽工程的，责令改正，没收违法所得，对勘察、设计单位和工程监理单位处合同约定的勘察费、设计费和监理酬金1倍以上2倍以下的罚款；对施工单位处工程合同价款百分之二以上百分之四以下的罚款；可以责令停业整顿，降低资质等级；情节严重的，吊销资质证书。

第六十二条　违反本条例规定，承包单位将承包的工程转包或者违法分包的，责令改正，

没收违法所得，对勘察、设计单位和工程监理单位处合同勘察费、设计费百分之二十五以上百分之五十以下的罚款；对施工单位处工程合同价款千分之五以上千分之十以下的罚款；可以责令停业整顿，降低资质等级；情节严重的，吊销资质证书。

第六十三条　违反本条例规定，有下列行为之一的，责令改正，处 10 万元以上 30 万元以下的罚款：

(1)勘察单位未按照工程建设强制性标准进行勘察的。

(2)设计单位未根据勘察成果文件进行工程设计的。

(3)设计单位指定建筑材料、建筑构配件的生产厂、供应商的。

(4)设计单位未按照工程建设强制性标准进行设计的。

有前款所列行为，造成工程质量事故的，责令停业整顿，降低资质等级；情节严重的，吊销资质证书；造成损失的，依法承担赔偿责任。

第七十二条　违反本条例规定，注册建筑师、注册结构工程师、监理工程师等注册执业人员因过错造成质量事故的，责令停止执业 1 年；造成重大质量事故的，吊销执业资格证书，5 年以内不予注册；情节特别恶劣的，终身不予注册。

第七十七条　建设、勘察、设计、施工、工程监理单位的工作人员因调动工作、退休等原因离开该单位后，被发现在该单位工作期间违反国家有关建设工程质量管理规定，造成重大工程质量事故的，仍应当依法追究法律责任。

第十节　《建设工程勘察设计管理条例》的相关内容

《建设工程勘察设计管理条例》于 2000 年 9 月 20 日国务院第 31 次常务会议通过，2000 年 9 月 25 日中华人民共和国国务院令第 293 号发布并自发布之日起施行。2015 年 6 月 12 日中华人民共和国国务院令第 662 号进行修改。

一、第二章"资质资格管理"和第四章"建设工程勘察设计文件的编制与实施"的如下条款

第七条　国家对从事建设工程勘察、设计活动的单位，实行资质管理制度。具体办法由国务院建设行政主管部门商国务院有关部门制定。

第八条　建设工程勘察、设计单位应当在其资质等级许可的范围内承揽建设工程勘察、设计业务。

禁止建设工程勘察、设计单位超越其资质等级许可的范围或者以其他建设工程勘察、设计单位的名义承揽建设工程勘察、设计业务。禁止建设工程勘察、设计单位允许其他单位或者个人以本单位的名义承揽建设工程勘察、设计业务。

第九条　国家对从事建设工程勘察、设计活动的专业技术人员，实行执业资格注册管理制度。

未经注册的建设工程勘察、设计人员，不得以注册执业人员的名义从事建设工程勘察、设计活动。

第十条　建设工程勘察、设计注册执业人员和其他专业技术人员只能受聘于一个建设工程勘察、设计单位；未受聘于建设工程勘察、设计单位的，不得从事建设工程的勘察、设计活动。

第二十五条　编制建设工程勘察、设计文件，应当以下列规定为依据：

(1)项目批准文件。

(2)城乡规划(原为“城市规划”)。

(3)工程建设强制性标准。

(4)国家规定的建设工程勘察、设计深度要求。

铁路、交通、水利等专业建设工程,还应当以专业规划的要求为依据。

第二十六条　编制建设工程勘察文件,应当真实、准确,满足建设工程规划、选址、设计、岩土治理和施工的需要。

编制方案设计文件,应当满足编制初步设计文件和控制概算的需要。

编制初步设计文件,应当满足编制施工招标文件、主要设备材料订货和编制施工图设计文件的需要。

编制施工图设计文件,应当满足设备材料采购、非标准设备制作和施工的需要,并注明建设工程合理使用年限。

第二十七条　设计文件中选用的材料、构配件、设备,应当注明其规格、型号、性能等技术指标,其质量要求必须符合国家规定的标准。

除有特殊要求的建筑材料、专用设备和工艺生产线等外,设计单位不得指定生产厂、供应商。

第二十八条　建设单位、施工单位、监理单位不得修改建设工程勘察、设计文件;确需修改建设工程勘察、设计文件的,应当由原建设工程勘察、设计单位修改。经原建设工程勘察、设计单位书面同意,建设单位也可以委托其他具有相应资质的建设工程勘察、设计单位修改。修改单位对修改的勘察、设计文件承担相应责任。

施工单位、监理单位发现建设工程勘察、设计文件不符合工程建设强制性标准、合同约定的质量要求的,应当报告建设单位,建设单位有权要求建设工程勘察、设计单位对建设工程勘察、设计文件进行补充、修改。

建设工程勘察、设计文件内容需要作重大修改的,建设单位应当报经原审批机关批准后,方可修改。

第二十九条　建设工程勘察、设计文件中规定采用的新技术、新材料,可能影响建设工程质量和安全,又没有国家技术标准的,应当由国家认可的检测机构进行试验、论证,出具检测报告,并经国务院有关部门或者省、自治区、直辖市人民政府有关部门组织的建设工程技术专家委员会审定后,方可使用。

第三十条　建设工程勘察、设计单位应当在建设工程施工前,向施工单位和监理单位说明建设工程勘察、设计意图,解释建设工程勘察、设计文件。

建设工程勘察、设计单位应当及时解决施工中出现的勘察、设计问题。

二、建设工程勘察、设计的概念及其发包与承包规定

1.工程勘察、设计的概念及有关规定

本条例所称建设工程勘察,是指根据建设工程的要求,查明、分析、评价建设场地的地质地理环境特征和岩土工程条件,编制建设工程勘察文件的活动。本条例所称建设工程设计,是指根据建设工程的要求,对建设工程所需的技术、经济、资源、环境等条件进行综合分析、论证,编制建设工程设计文件的活动。

从事建设工程勘察、设计活动,应当坚持先勘察、后设计、再施工的原则。

建设工程勘察、设计单位必须依法进行建设工程勘察、设计,严格执行工程建设强制性标

准，并对建设工程勘察、设计的质量负责。

国家鼓励在建设工程勘察、设计活动中采用先进技术、先进工艺、先进设备、新型材料和现代管理方法。

2.建设工程勘察设计发包与承包

建设工程勘察、设计方案评标，应当以投标人的业绩、信誉和勘察、设计人员的能力以及勘察、设计方案的优劣为依据，进行综合评定。

建设工程勘察、设计发包依法实行招标发包或者直接发包。

下列建设工程的勘察、设计，经有关主管部门批准，可以直接发包：

(1)采用特定的专利或者专有技术的。

(2)建筑艺术造型有特殊要求的。

(3)国务院规定的其他建设工程的勘察、设计。

发包方不得将建设工程勘察、设计业务发包给不具有相应勘察、设计资质等级的建设工程勘察、设计单位。发包方可以将整个建设工程的勘察、设计发包给一个勘察、设计单位，也可以将建设工程的勘察、设计分别发包给几个勘察、设计单位。

除建设工程主体部分的勘察、设计外，经发包方书面同意，承包方可以将建设工程其他部分的勘察、设计再分包给其他具有相应资质等级的建设工程勘察、设计单位。

建设工程勘察、设计单位不得将所承揽的建设工程勘察、设计转包。

建设工程勘察、设计的发包方与承包方，应当执行国家规定的建设工程勘察、设计程序并签订建设工程勘察、设计合同。

建设工程勘察、设计发包方与承包方应当执行国家有关建设工程勘察费、设计费的管理规定。

三、条例对勘察、设计单位的法律责任规定

违反本条例规定，未经注册，擅自以注册建设工程勘察、设计人员的名义从事建设工程勘察、设计活动的，责令停止违法行为，没收违法所得，处违法所得 2 倍以上 5 倍以下罚款；给他人造成损失的，依法承担赔偿责任。

违反本条例规定，建设工程勘察、设计注册执业人员和其他专业技术人员未受聘于一个建设工程勘察、设计单位或者同时受聘于两个以上建设工程勘察、设计单位，从事建设工程勘察、设计活动的，责令停止违法行为，没收违法所得，处违法所得 2 倍以上 5 倍以下的罚款；情节严重的，可以责令停止执行业务或者吊销资格证书；给他人造成损失的，依法承担赔偿责任。

第十一节　勘察设计从业人员职业道德准则规范

(1)发扬爱国、爱岗、敬业精神，既对国家负责同时又为企业服好务。珍惜国家资金、土地、能源、材料设备，力求取得更大的经济、社会和环境效益。

(2)坚持质量第一，遵守各项勘察设计标准、规范、规程，防止重产值、轻质量的倾向、确保公众人身及财产安全，对工程质量负责到底。

(3)钻研科学技术，不断采用新技术、新工艺，推动行业技术进步；树立正派学(作)风，不搞技术封锁，不剽窃他人成果，采用他人成果要标明出处，尊重他人的正当技术、经济权利。

(4)认真贯彻勘察设计的各项方针政策，合法经营，不搞无证勘察设计，不搞越级勘察设

计，不搞私人勘察设计，不出卖图签图章。

(5)遵守市场管理，平等竞争，严格按规定收费，不超收、不压价，勇于抵制行业不正之风，不收取“回扣”或“介绍费”等，不选用价高质次的材料设备，不贬低他人而抬高自己。

(6)信守勘察设计合同，以高速、优质的服务为行业赢得信誉。

(7)搞好团结协作，树立集体观念，甘当配角，艰苦奋斗，无名奉献。

(8)服从单位法人管理，有令则行，有禁必止。

习 题

6-1 县道规划由县级人民政府交通主管部门会同同级有关部门编制，报(　　)批准。

A. 国务院　　B. 交通运输部　　C. 上一级人民政府　　D. 本级人民政府

6-2 公路建设用地规划应当符合土地利用总体规划，当年建设用地应当纳入(　　)。

A. 国家用地规划　　B. 省级用地规划

C. 总体建设用地规划　　D. 年度建设用地计划

6-3 根据《建筑法》规定，对从事建筑业的单位实行资质管理制度，将从事建筑活动的工程监理单位，划分为不同的资质等级，监理单位资质等级的划分条件可以不考虑(　　)。

A. 注册资本　　B. 法定代表人

C. 已完成的建筑工程业绩　　D. 专业技术人员

6-4 根据《建筑法》规定，某建设单位领取了施工许可证，下列情节中，可能不导致施工许可证废止的是(　　)。

A. 领取施工许可证之日起三个月内因故不能按期开工，也未申请延期

B. 领取施工许可证之日起按期开工后又中止施工

C. 向发证机关申请延期开工一次，延期之日起3个月内，因故仍不能按期开工，也未申请延期

D. 向发证机关申请延期开工两次，超过6个月因故不能按期开工，继续申请延期

6-5 建筑工程开工前，建设单位应当按照国家有关规定申请领取施工许可证，颁发施工许可证的单位应该是(　　)。

A. 县级以上人民政府建设行政主管部门

B. 工程所在地县级以上人民政府建设工程监督部门

C. 工程所在地省级以上人民政府建设行政主管部门

D. 工程所在地县级以上人民政府建设行政主管部门

6-6 按照《建筑法》的规定，下列叙述中正确的是(　　)。

A. 设计文件选用的建筑材料、建筑构配件和设备，不得注明其规格和型号

B. 设计文件选用的建筑材料、建筑构配件和设备，不得指定生产厂和供应商

C. 设计单位应按照建设单位提出的质量要求进行设计

D. 设计单位对施工过程中发现的质量问题应当按照监理单位的要求进行改正

6-7 按照《建筑法》规定，建设单位申领施工许可证，应该具备的条件之一是(　　)。

A. 拆迁工作已经完成　　B. 已经确定监理企业

C. 有保证工程质量和安全的具体措施　　D. 建设资金全部到位

6-8 进行勘查、开采矿藏和各项建设工程，应当不占或者少占林地；必须占用或者征用林

地的，经县级以上人民政府（　　）审核同意后，依照有关土地管理的法律、行政法规办理建设用地审批手续，并由用地单位依照国务院有关规定缴纳森林植被恢复费。

A. 国土部门　　B. 建设主管部门　　C. 林业主管部门　　D. 项目审批部门

6-9　根据《合同法》规定，要约可以撤回和撤销。下列要约，不得撤销的是（　　）。

A. 要约到达要约人　　B. 要约人确定了承诺期限

C. 受要约人未发出承诺通知　　D. 受要约人即将发出承诺通知

6-10　根据《合同法》规定，下列行为不属于要约邀请的是（　　）。

A. 某建设单位发布招标公告　　B. 某招标单位发出中标通知书

C. 某上市公司寄出招股说明书　　D. 某商场寄送的价目表

6-11　《合同法》规定的合同形式中不包括（　　）。

A. 书面形式　　B. 口头形式　　C. 特定形式　　D. 其他形式

6-12　按照《合同法》的规定：招标人在招标时，招标公告属于合同订立过程中的（　　）。

A. 要约　　B. 承诺　　C. 要约邀请　　D. 以上都不是

6-13　某建设项目甲建设单位与乙施工单位签订施工总承包合同后，乙施工单位经甲建设单位认可，将打桩工程分包给丙专业承包单位，丙专业承包单位又将劳务作业分包给丁劳务单位，由于丙专业承包单位从业人员责任心不强，导致该打桩工程部分出现了质量缺陷。对于该质量缺陷的责任承担，以下说法正确的是（　　）。

A. 乙单位和丙单位承担连带责任　　B. 丙单位和丁单位承担连带责任

C. 丙单位向甲单位承担全部责任　　D. 乙、丙、丁三单位共同承担责任

6-14　按照《合同法》的规定，下列情形中，要约不失效的是（　　）。

A. 拒绝要约的通知到达要约人

B. 要约人依法撤销要约

C. 承诺期限届满，受要约人未做出承诺

D. 受要约人对要约的内容做出非实质性变更

6-15　根据《招标投标法》规定，某工程项目委托监理服务的招标活动，应当遵循的原则是（　　）。

A. 公开、公平、公正、诚实信用　　B. 公开、平等、自愿、公平、诚实信用

C. 公正、科学、独立、诚实信用　　D. 全面、有效、合理、诚实信用

6-16　下列属于《招标投标法》规定的招标方式是（　　）。

A. 公开招标和直接招标　　B. 公开招标和邀请招标

C. 公开招标和协议招标　　D. 协议招标和邀请招标

6-17　根据《招标投标法》的规定，某建设工程依法必须进行招标，招标人委托了招标代理机构办理招标事宜，招标代理机构的行为合法的是（　　）。

A. 编制投标文件和组织评标　　B. 在招标人委托的范围内办理招标事宜

C. 遵守《招标投标法》关于投标人的规定　　D. 可以作为评标委员会成员参与评标

6-18　根据《中华人民共和国招标投标法》的规定，招标人对已发出的招标文件进行必要的澄清或修改的，应该以书面形式通知所有招标文件收受人，通知的时间应当在招标文件要求提交投标文件截止时间至少（　　）。

A. 20 日前　　B. 15 日前　　C. 7 日前　　D. 5 日前

6-19　根据《招标投标法》的规定，招标人和中标人按照招标文件和中标人的投标文件订

立书面合同的时间要求是(　　)。

A. 自中标通知书发出之日起30日内

B. 自中标单位收到中标通知书之日起30日内

C. 自中标通知书发出之日起15日内

D. 自中标单位收到中标通知书之日起15日内

6-20　根据《招标投标法》的规定,下列包括在招标公告中的是(　　)。

A. 招标项目的性质、数量　　B. 招标项目的技术要求

C. 对投标人员资格的审查标准　　D. 拟签订合同的主要条款

6-21　某生产经营单位使用危险性较大的特种设备,根据《安全生产法》规定,该设备投入使用的条件不包括(　　)。

A. 该设备应由专业生产单位生产

B. 该设备应进行安全条件论证和安全评价

C. 该设备需经取得专业资质的检测、检验机构检测、检验合格

D. 该设备需取得安全使用证或者安全标志

6-22　某施工单位是一个有职工185人的三级施工资质的企业,根据《安全生产法》规定,该企业下列行为中合法的是(　　)。

A. 只配备兼职的安全生产管理人员

B. 委托具有国家规定相关专业技术资格的工程技术人员提供安全生产管理服务,由其负责承担保证安全生产的责任

C. 安全生产管理人员经企业考核后即任职

D. 设置安全生产管理机构

6-23　根据《安全生产法》的规定,生产经营单位主要负责人对本单位的安全生产负总责,某生产经营单位的主要负责人对本单位安全生产工作的职责是(　　)。

A. 建立、健全本单位安全生产责任制

B. 保证本单位安全生产投入的有效使用

C. 及时报告生产安全事故

D. 组织落实本单位安全生产规章制度和操作规程

6-24　根据《安全生产法》的规定,生产经营单位使用的涉及生命安全、危险性较大的特种设备以及危险物品的容器、运输工具,必须按照国家有关规定由专业生产单位生产并经取得专业资质的检测、检验机构检测、检验合格取得(　　)。

A. 安全使用证和安全标志方可投入使用

B. 安全使用证或安全标志方可投入使用

C. 生产许可证和安全使用证方可投入使用

D. 生产许可证或安全使用证方可投入使用

6-25　按照《建设工程安全生产管理条例》规定,工程监理单位在实施监理过程中,发现存在安全事故隐患的应当要求施工单位整改;情况严重的应当要求施工单位暂时停止施工,并及时报告(　　)。

A. 施工单位　　B. 监理单位　　C. 有关主管部门　　D. 建设单位

6-26　某建设工程项目完成施工后,施工单位提出工程竣工验收申请,根据《建设工程质量管理条例》规定,该建设工程竣工验收应具备的条件不包括(　　)。

A. 有施工单位提交质量保证金

B. 有工程使用的主要材料、建筑构配件和设备的进场试验报告

C. 有勘察、设计、施工、工程监理等单位分别签署的质量合格文件

D. 有完整的技术档案和施工管理资料

6-27 根据《建设工程质量管理条例》的规定，施工图必须经过审查批准，否则不得使用。建设单位投资的大型工程项目施工图设计已经完成，该施工图应该报审的管理部门是（ ）。

A. 县级以上人民政府建设行政主管部门 B. 县级以上人民政府工程设计主管部门

C. 县级以上政府规划部门 D. 工程监理单位

6-28 按照《建设工程质量管理条例》规定，施工人员对涉及结构安全的试块、试件以及有关材料进行现场取样时应当（ ）。

A. 在设计单位监督现场取样

B. 在监督单位或监理单位监督下现场取样

C. 在施工单位质量管理人员监督下现场取样

D. 在建设单位或监理单位监督下现场取样

6-29 根据《建设工程勘察设计管理条例》的规定，建设工程勘察设计方案的评标一般不考虑（ ）。

A. 投标人资质 B. 勘察、设计方案的优劣

C. 设计人员的能力 D. 投标人的业绩

6-30 根据《建设工程勘察设计管理条例》的规定，编制初步设计文件应当（ ）。

A. 满足编制方案设计文件和控制概算的需要

B. 满足编制施工招标文件、主要设备材料订货和编制施工图设计文件的需要

C. 满足非标准设备制作，并注明建筑工程合理使用年限

D. 满足设备材料采购和施工的需要

习题提示及参考答案

6-1 **提示：**《公路法》第 14 条第 3 款。县道规划由县级人民政府交通主管部门会同同级有关部门编制，经本级人民政府审定后，报上一级人民政府批准。

答案：C

6-2 **提示：**《公路法》第 13 条。公路建设用地规划应当符合土地利用总体规划，当年建设用地应当纳入年度建设用地计划。

答案：D

6-3 **提示：**《建筑法》第 12 条。从事建筑活动的建筑施工企业、勘察单位、设计单位和工程监理单位，应当具备下列条件：（一）有符合国家规定的注册资本；（二）有与其从事的建筑活动相适应的具有法定执业资格的专业技术人员；（三）有从事相关建筑活动所应有的技术装备；（四）法律、行政法规规定的其他条件。

答案：B

6-4 **提示：**《建筑法》第 9～11 条。

答案：B

6-5 **提示：**《建筑法》第 7 条。建筑工程开工前，建设单位应当按照国家有关规定向工程

所在地县级以上人民政府建设行政主管部门申请领取施工许可证。

答案:D

6-6 提示:《建筑法》第25条。按照合同约定,建筑材料、建筑构配件和设备由工程承包单位采购的,发包单位不得指定承包单位购入用于工程的建筑材料、建筑构配件和设备或者指定生产厂、供应商。

《建设工程勘察设计管理条例》第27条。设计文件中选用的材料、构配件、设备,应当注明其规格、型号、性能等技术指标,其质量要求必须符合国家规定的标准。除有特殊要求的建筑材料、专用设备和工艺生产线等外,设计单位不得指定生产厂、供应商。

答案:B

6-7 提示:《建筑法》第8条。

答案:C

6-8 提示:《森林法》第18条。

答案:C

6-9 提示:《合同法》第19条。要约人确定了承诺期限或者以其他形式明示要约不可撤销。

答案:B

6-10 提示:《合同法》第15条。要约邀请是希望他人向自己发出要约的意思表示。寄送的价目表、拍卖公告、招标公告、招股说明书、商业广告等为要约邀请。

答案:B

6-11 提示:《合同法》第10条。

答案:C

6-12 提示:《合同法》第15条。

答案:C

6-13 答案:A

6-14 提示:《合同法》第20条。

答案:D

6-15 提示:《招标投标法》第5条。

答案:A

6-16 提示:《招标投标法》第10条。

答案:B

6-17 提示:《招标投标法》第15条。招标代理机构应当在招标人委托的范围内办理招标事宜,并遵守本法关于招标人的规定。

答案:B

6-18 提示:《招标投标法》第23条。

答案:B

6-19 提示:《招标投标法》第46条。

答案:A

6-20 提示:《招标投标法》第16条。

答案:A

6-21 **提示:**新《安全生产法》第 34 条。

答案:B

6-22 **提示:**《安全生产法》第 13、21、24 条。

答案: D

6-23 **提示:**《安全生产法》第 18 条。

答案:A

6-24 **提示:**《安全生产法》第 34 条。取得安全使用证或者安全标志,方可投入使用。

答案:B

6-25 **提示:**《建设工程安全生产管理条例》第 14 条。工程监理单位在实施监理过程中,发现存在安全事故隐患的,应当要求施工单位整改;情况严重的,应当要求施工单位暂时停止施工,并及时报告建设单位。施工单位拒不整改或者不停止施工的,工程监理单位应当及时向有关主管部门报告。

答案:D

6-26 **提示:**《建设工程质量管理条例》第 16 条。

答案:A

6-27 **提示:**《建设工程质量管理条例》第 11 条。

答案:A

6-28 **答案:**D

6-29 **提示:**《建设工程勘察设计管理条例》第 14 条。

答案:A

6-30 **提示:**《建设工程勘察设计管理条例》第 26 条第 3 款。

答案:B